法悟

张少鹏 著

法伴一生

厦门大学出版社
XIAMEN UNIVERSITY PRESS

国家一级出版社
全国百佳图书出版单位

图书在版编目(CIP)数据

法悟/张少鹏著.—厦门:厦门大学出版社,2018.3
ISBN 978-7-5615-6813-2

Ⅰ.①法…　Ⅱ.①张…　Ⅲ.①法学-文集　Ⅳ.①D90-53

中国版本图书馆 CIP 数据核字(2017)第 316844 号

出 版 人	郑文礼
责任编辑	甘世恒
封面设计	张雨秋
技术编辑	许克华

出版发行　厦门大学出版社

社　　　址	厦门市软件园二期望海路 39 号
邮政编码	361008
总 编 办	0592-2182177　0592-2181406(传真)
营销中心	0592-2184458　0592-2181365
网　　　址	http://www.xmupress.com
邮　　　箱	xmupress@126.com
印　　　刷	厦门市金凯龙印刷有限公司

开本	787mm×1092mm　1/16
印张	19
字数	382 千字
版次	2018 年 3 月第 1 版
印次	2018 年 3 月第 1 次印刷
定价	99.00 元

厦门大学出版社
微信二维码

厦门大学出版社
微博二维码

序

今年春节过后,听少鹏说拟写《法悟》一书,乍听顿觉这书名太大了。法,浩如烟海,故古人曰之:法网恢恢。这么大的题目,不知张兄咋写?没多久,他发给我一幅书法:"法悟 一名老律师对法律的些许感悟。"看了之后,我才释然了,有一副标题圈着,便由其信步于法里,想悟多少是多少,贴切多了,和谐多了。

《法悟》一书有一定的法学理论功底,但更偏重于律师实务,与少鹏毕生所从事的法学教学与律师业务密切相关,与少鹏平生喜爱的书法、诗词紧密结合,形成一个创新性的法律文章写作方法的类型,真是独具匠心。《法悟》一书精心挑选的案例,大多颇具典型意义。比如:盗运珍贵文物出口案和虚假注册资本案,此两个罪名现已被弃用,但仍具有史料价值;又如:物权保护案,一起并不十分复杂的案件,居然从1982年的第一份判决书诞生至今还没有消停,其间,已历35年,已出十几份法院的司法文书,还未最终解决,极大地浪费了有限的司法资源,堪称经典;再如:股权转让案,当事人由于一时的疏忽没有将股权转让价款写清楚,因而引发10余起一、二审诉讼,该是多么沉痛的教训啊;等等。对于法的感悟,亦可圈可点。虽没有以论文的形式出现,但创新性地走出法学问题探索的一条新路,这样的路是否妥当,唯有仁者见仁,智者见智。但毕竟发现了一些闪光点:在这种另类的研究方法中,提出了许多司法实践中尚未解决的问题和立法上需进一步完善的问题,虽无进一步引经据典论证,但使我们看到了需要进一步解决的问题,无疑是有益的。有必要替他说句公道话:"第二编法悟 七、执行难"一文,乍看似在对法院工作责难,但从文中提出的多项建议和内容,可见其从内心里在为法院分忧,为法院提出解决执行难的办法,使我们在充耳的赞声中能清醒地看到存在的问题,良药苦口,不应责怪,反而应向其表示敬意!

少鹏说过拟书写"百法",我随即联想到"百寿""百福",除此人尽皆知的"双百"外,多少年了,没人再书写过百什么的。前些天,他将写完的"百法"初整的录像发给我,目睹实物,谁人不信?服!70个以上行书的"法"字,居然找不出两个相同的"法"字,独具匠心。他说要将这"百法"作为封面设计。我以为,倘若设计得好,将是封面设计界的一个独创!为这"百法",少鹏自书了一副对联:"百法治理天下,百法圆梦中华。"点睛之联，我看出了他写"百法"的真实用意，我看到了他的拳拳爱国之心和家国情怀。

不应缺失的是本书的体例。《法悟》一书的每篇文章，都是由书法、悟源、释义、案（法）悟、综语这五个方面构成。一位年届八十的文学教授曾说：我阅书无数，未见如此体例。我虽阅书没有"无数"，却也未见有此体例。看来，这样的表达方式，应是少鹏的独创。以这样的方式书写法律方面的文章，能否尽人皆赏，不得而知，但其毕竟创出了一条新的路子，尝试一下，亦应允许。我乐见其之存在并受欢迎。

为本书写序，并非表示我对书中观点皆予认可。作为学术观点，允许各抒己见，百花齐放，百家争鸣，论出真理，辩出真谛，共同为实现"两个一百年"奋斗目标、实现中华民族伟大复兴的中国梦而添砖加瓦。

少鹏好学，同窗皆知。记得1981年，学校组织观看热播影片《牧马人》，并要求写观后感。过后，他写的观后感被摘要刊登于《文汇报》上。1982年，他作为华东政法学院首届书画协会会长，为学校组织的校庆30周年活动精心安排了一场规模较大的院师生书画展，颇受师生赞赏。1983年，《福建公安》期刊发表了他参与案例讨论的文章。院宣传部主办的院内部周报，几乎每期都能看到他写的文章……毕业后，他笔耕不辍，常有论文发表。如今，已至耳顺之年，还念念不忘练笔头，厚积薄发，半年之中，他的真知灼见大珠小珠落玉盘般呈现在读者面前，令人钦佩！

少鹏是个大孝子。毕业时，他被分配到福建省高级人民法院工作，本可在官场上大展宏图，可他却偏偏想着回老家赡养长辈（注：在当时，少鹏家有奶奶、外婆、父、母等），尽孝道。生于斯、养于斯、长于斯、逝于斯，故土难忘，赡养长辈之心无悔，难能可贵。看来，古城泉州应属一方沃土，滋养着一代代名人学士，培育着一代代眷念故乡之有情人。真想莅临古城，采撷邹鲁古风，浸润圣人仙气，体会先贤赞语——"此地古称佛国，满街都是圣人"（朱熹语）。

书成之日，鹏兄抬举，约我为序。虽顾影惭形，无能为役，但兄命难违，却之不恭。仅聊聊我所认识的少鹏，是为序吧。

孙华璞

2017年9月于北京

自　序

自 1998 年 4 月厦门大学出版社出版本人与他人合著的《行政处罚法律制度研究》(74 万字)以来；

自 1998 年第 6 期《中国法学》发表本人的论文《"土地使用权"是独立的不动产物权》[1]以来；

自 1999 年 7 月离开华侨大学，从事专职律师工作以来；

……

没有再写过书，亦鲜有论文发表。

自 1996 年 8 月破格评上副教授以来；

自 1997 年 1 月参加中国法学会第四次全国会员代表大会以来；

自 1998 年 2 月被福建省法学会评为"福建省十佳中青年法学、法律工作者"以来；

自 1998 年 9 月论文《关于将在建物作为贷款抵押物的立法建议》被福建省人民政府评为福建省第三届社会科学优秀成果奖三等奖以来；

自 1998 年 10 月被福建省教育委员会评为"第二届福建省普通高校优秀中青年骨干教师"以来；

……

为了破格参评教授职称，披星戴月，含辛茹苦，银发一片，换来了发表论文 13 篇，著、合著、主编著作、教材四部，却因此成"祸"，愤然离开曾经为之付出巨大心血之地，于是，谈"祸"色变，不再染指科研。

近些年来，陆续有好友建议我将毕生从事律师业务方面的工作总结一下，写点什么。起初不以为然，渐渐的，说的人多了，便有了回心转意的念头，于是，开始谋划着如何不让朋友们失望。

---

[1]　此文发表后，曾被多名学者引用、探究。

写东西，是个累活，不赚钱不说，还真是个脑力活，别忘了再加上体力活，没体力，光有脑力能动吗？炎炎夏日，电风扇吹着，空调降温着，还得加上干毛巾擦着，没有体力，不热晕过去才怪哩。

耳顺之人，是非明白了不少，好坏辨识了一些，写东西也就不那么拘泥于"八股"了。

本书如何构筑？思考了很久。论文式？专著式？显已力不从心。最后决定以平生所学、所好、所历、所思、所悟，揉进点随想的元素，跟进些立法建议的脚步，掺和点平生对书法的爱好，回想着年轻时习修过的诗词，自以为换了一种写法律文章的形式，不知会否被人唾骂？不知是否有人接受？只能试着吧。我又不求功名，不求评职称，但求留点精神食粮。

本书还是有一些益处的，它随想着便提出了立法建议。这块砖，兴许让有心人看到了，发挥了，被立法者采纳了，于是乎，便成幸事了。立法和制度设计等建议是多方面的、多角度的，比如：

1. 在第一编"四、财产损害赔偿案"一文中，建议法院有意识地培养某一方面的专家型法官；

2. 在第一编"五、物权保护案"一文中，设想了"申请再审"的两个立法条文；

3. 在第一编"六、股权转让案"一文中，提出了对伪造证据行为应当制定相应的强制措施的立法建议；

4. 在第一编"七、股权转让合同案"一文中，提出了执行阶段不宜认定"合同无效""主体不适格"等问题；

5. 在第一编"七、股权转让合同案"一文中，建议最高人民法院出台管理超过审理期限的处理规定；

6. 在第二编"一、法律"和"十六、法治自信"两文及"代前言"中，建议增加"法治自信"，形成"五个自信"，即：道路自信、理论自信、制度自信、文化自信、法治自信。

7. 在第二编"二、民法典"一文中，提出了何时诞生专门研究民法的学术期刊的期望；

8. 在第二编"四、租赁"一文中，提出了政府应当拨出一定的资金奖励公房管理者的建议；

9. 在第二编"四、租赁"一文中，公布了我就住房城乡建设部《住房租赁和销售管理条例（征求意见稿）》提出的十项反馈意见；

10. 在第二编"七、执行难"一文中，提出了建议全国人大对拒不执行判决、裁定罪增设几种不同的法定刑的立法建议；

11. 在第二编"七、执行难"一文中，提出了"必须研究一个根本解决转移财产问题的办法"的建议；

12.在第二编"七、执行难"一文中,建议及早出台《民事强制执行法》；

13.在第二编"八、反腐败"一文中,建议中央在制度设计上,制定对地方官员为政一方时的戒律；

14.在第二编"八、反腐败"一文中,建议全国人大常委会着手起草《反腐败法》；

15.在第二编"十、见义勇为"一文中,对公安部《见义勇为人员奖励和保障条例(草案公开征求意见稿)》第二十二条提出修改建议；

16.在第二编"十一、著作权"一文中,建议制定侵犯著作权的赔偿标准以及其他立法建议；

17.在第二编"十二、征收"一文中,提出了若干个需要进一步研究、解决的问题；

18.在第二编"十三、旅游合同"一文中,对《旅游法》第五章的规定提出了六点修改意见；

19.在第二编"十四、职称"一文中,对评审职称所涉几个问题提出了多项建议以及对评审工作立法的建议；

……

但愿这些建议在不久的将来能绽放出灿烂的立法、制度之花,香艳人间。

本书还是有一些妙语的,它们是随思考生出的自诩的佳句、妙想。比如:

1.在第一编"二、虚报注册资本案"一文中,吐出了自诩的佳句:"诗和远方是一种境界和情怀,可望难即,不能当饭吃。"

2.在第一编"八、买卖合同案"一文中,发出了这样的感叹:"似判决书这样的'纸',何时才能像手工宣纸那样年年升值?"

3.在第二编"一、法律"一文中,悟出了如此的妙语:"对法律的掌握宽度决定律师水平的下限,对法律的理解程度决定律师水平的上限。"

4.在第二编"二、民法典"一文中,道出了学生的心声:"我不是导演,否则,真想拍摄一部泰斗们为之耕耘一辈子的影片;我不是作家,否则,真想写一本泰斗们为之耕耘一辈子的书;我不是记者,否则,真想写一篇记录泰斗们为之耕耘一辈子的报告文学。"

5.在第二编:"三、继承"一文中,写出了善者的情怀:"继承遗产老夫视若粪土,承继精神我辈一马当先。"

……藏于字里行间,就不一一罗列出来了。

2017年3月的某一日,何老(82岁,华侨大学中文系退休教授)在微信里发给我一张图片,内容写道:"时间 是单向的列车 每个今天一生都只有一次。"我不假思索地回复:"不浪费'每个今天'的最佳办法——让'每个今天'都变成文字。我正在实践中。"牛皮吹出去了，收不回来了，只得快马加鞭，践行曾经说过的话。

小时候，家里穷，没钱买笔、墨、纸培养我对书法的兴趣。上初中后，在同学家里，看见他在"尺二砖"①上蘸水习字。回家后，求妈妈在厂里向包工头讨了一块"尺二砖"，用铁钉画了几条方块线，高兴地习起字来。于是，埋下了爱好书法的种子。

我断定我练不成书法家，我必须赚点钱养家糊口，我是穷怕了。对于书法，只是一种爱好。写本书时，将儿时的爱好捡起。每篇文章的书法，仅为文章结构服务，并非展示本人拙劣的书法。写着、写着，突然冒出一个大胆的想法：写一百个不同的"法"字。胆子够大的，自有文字以来的数千年里，有人写过"百寿"，有人写过"百福"，还真没见人写过"百法"。书法老清新，"初生牛犊不怕虎"，试着写吧，不管能否见人，又不卖钱，权当一种创新吧，至于效果、质量等等如何，任由仁者评说。

"文革"期间，正值学习的年龄，可惜的是，那个年代不教如何写诗。由于对诗的爱好，在工作之后，偶然看到一本教写诗的书，于是，如饥似渴地依样画葫芦，终因无人面授，只记得平平仄仄仄平平，哪写得了诗。在每篇文章的最后部分，原本设计是加引号的"诗曰"。请教过何老。何老以为不妥，建议改为"综语"。我真想有一天做个好梦，梦见王羲之为了这事，召集其父（王旷）叔（王廙）子（王献之）侄（王珣）孙（王法极）友（谢安、孙绰等）们，在美丽的兰亭里再次畅饮，流觞出我需要的诗句。可惜的是，临时抱佛脚，太不诚意了，能成真吗？凡事都要靠长期的学习积累，来不得半点虚假。心有不甘地采纳了何老的建议，活该！诗到用时方恨少啊！谁叫你之前不续学如何写诗词呢？

今春喜闻儿媳妇怀孕了，高兴之余，思考着拿什么给孙子（女）作见面礼。物质的，太俗不可耐了，不应是读书人干的事；精神的，不是想写书吗？于是，快马加鞭，赶着在孙子（女）出世前候着，这应是写作本书的原动力。三十余年的律师业务实践和对法律的感悟，亦应是写本书的不竭源泉。

最近，中央电视台播放了《中国诗词大会》，我有空便看，回忆了一些曾经学过的诗词，悔恨了一些未曾学过的诗词，已近黄昏，无力回曦，只能作罢。庆幸的是，三期擂主陈更女士最近出版的《几生修得到梅花》（东方出版社 2017 年 7 月版）一书，让我眼前一亮，原来，写读诗词的感想，也可以如此表达，与我写本书的方法有点异曲同工。别看这丫头小我三十几岁，文笔真不赖，试举一例读之：

"什么是田园呢？田园是什么样子的？田园里，没有盆栽展览上罗汉松无奈地将一树碧绿甩向一边，假装正享受'狂风吹我心'；没有银杏俯下身来，顺从地长成孔雀的尾巴；没有花枝摆出的'新春快乐'；没有槐树乖乖长成一把伞；没有小灌木长成一

① 闽南语，正方形一尺二的红地砖，以前闽南的民居多铺此砖，易吸水，防潮湿。

长列浑圆的半径精准的球。田园里野草自是参差不齐,野花自是放肆烂漫,有风就晃一晃,没风就闲着。"

诗词这么晦涩难懂的文字,她能这么表达;法律如此枯燥乏味的条文,我又为何不能换一种轻松一些的写法?唯不知编辑能否与我相向?

《人民日报》2017年6月19日16版刊登的吴晓明先生《中国学术要有自我主张》一文写道:"在哲学社会科学工作座谈会上,习近平同志明确提出:'要按照立足中国、借鉴国外、挖掘历史、把握当代、关怀人类、面向未来的思路,着力构筑中国特色哲学社会科学,在指导思想、学科体系、学术体系、话语体系等方面充分体现中国特色、中国风格、中国气派。'这是一项艰巨的历史任务,也是当今时代赋予我国哲学社会科学工作者的光荣使命。为了完成这一任务和使命,我国哲学社会科学必须摆脱长期以来对于西方学术的学徒状态,形成自我主张。"是啊,没有自我主张,何来创新?中国学术,只有自我主张多了,百花齐放,百家争鸣,学术才能繁荣,才能诞生出有益于国家、社会、人民的学术成果。

中共中央办公厅、国务院办公厅《关于实行国家机关"谁执法谁普法"普法责任制的意见》规定:"(六)建立法官、检察官、行政执法人员、律师等以案释法制度。"这一制度性安排,激励我争分夺秒,奋笔疾书,契合了我的写作思路,尚方宝剑啊!

最高人民法院党组成员、审判委员会委员孙华璞二级大法官欣然为本书作序,我们之间淡水之交三十五年,我一直心存感怀!

在毕生科研的征途中,永远感怀的几位贤人历历在目:厦门大学政法学院原院长盛新民教授、原副院长薛景元教授十分关心、鼓励我写作、发表论文,增长了我的科研自信;福建省社会科学院法学研究所原所长王克袁研究员曾帮我修改过论文,使该论文得以发表、转载、获奖;《中国法学》杂志原社长张学春教授鼓励、支持我组织全国性的房地产法制研讨会,使我的组织能力、科研能力得以实践与提高;1997年厦门大学法学院聘我参加在职硕士研究生毕业论文评审会,在午宴上,时任厦大副校长(后任校长)的朱崇实教授称我是"厦大法学院流失的人才"。此语一直激励着我……写作本书的过程中,前辈们的谆谆教导如在耳旁,鞭策着我……

20世纪90年代,在厦门大学出版社特别是黄茂林先生的大力支持下,该社为本人出版过《借款合同的理论与实务》(主编)、《中国经济法通论》(主编)、《中国市场经济法律基础教程》(主编)、《行政处罚法律制度研究》(合著)等书,此次,黄茂林、甘世恒先生听说本人拟写书,又再次伸出无私的援手,使本书能得以顺利成稿、出版。借此机会,一并致以衷心地感谢!

十分期待阅者给予宝贵的修改意见。

自1980年9月初踏入华东政法学院(现更名为华东政法大学)大门以来,法已伴

我年届三十七年,亦将伴我老去,故斗胆书曰:

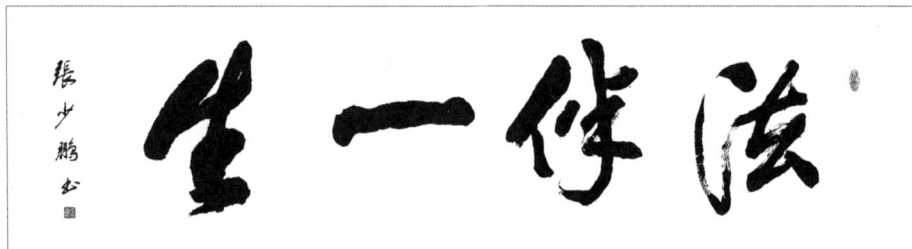

生 一 伴 法

張少鵬书

2017 年 8 月 7 日立秋日,写于古城泉州橘园

关于建立新时代中国特色社会主义
法治自信国度的建议[*]（代前言）

看完《人民日报》2017 年 9 月 1 日头版头条刊登的：《中共中央政治局会议建议中国共产党第十九次全国代表大会 10 月 18 日在北京召开　中共中央总书记习近平主持会议》一文中再次提到的"道路自信、理论自信、制度自信、文化自信"，突然想到应当建议增加"法治自信"的构想。于是，在本书的"第二编　一、法律"一文的末后，简要提出了这一设想，并在本书中增加了"第二编　十六、法治自信"一文。之后，又写了本文，作为不成熟的建议，以为抛砖引玉。

我们认为，在现阶段，提出建立新时代中国特色社会主义法治自信国度的建议，有其充分的自信。

一、历史自信

泱泱中华五千年文明史长河中，据有文字记载的史实，在两千多年前的春秋战国时期，我国已经开始进行"以法治国"的实践。

在古文献资料中，最早看到"法治"一词的书籍，如《晏子春秋·谏上九》曰："昔者先君恒公之地狭于今，修法治，广政教，以霸诸侯。"又如：《淮南子·泛论训》曰："知法治所由生，则应时而变；不知法治之源，虽循古终乱。"等。

这一时期的法家，提出了"以法治国"的主张，强调"不别亲疏，不殊贵贱，一断于法"。法家对于法律的起源、本质、作用以及法律同社会经济、时代要求、国家政权、伦理道德、风俗习惯、自然环境以及人口、人性的关系等基本问题都做了探讨，而且卓有成效。法家思想自春秋至今仍对我们产生深远的影响，如战国时期的多国（如齐国、晋国、郑国）颁布法令与刑书；秦晋法家的创始人之一李悝所编的中国古代第一部较为完整的法典——《法经》；秦国的商鞅在秦实行两次变法；战国末期的韩非集秦晋法家思想之大成，将"法""术""势"三者糅合为一，将法治理论系统化；东汉末年，曹操

---

*　合作者：张贤达，大连海事大学法学院博士研究生；本文已于 2017 年 11 月 11 日投稿参加司法部主办的"学习贯彻党的十九大精神，推动新时代司法改革发展"主题征文活动。

"揽申、商之法术",受先秦法家思想影响很大;南北朝时期统一北方的北魏道武帝拓跋珪在政治上推崇法家;唐宋以后,独立的法家学派逐渐消失,其法治思想被吸收到儒家的体系中,德刑并用,成为维护地主阶级专政的有力工具;近代产生了"新法治主义"等等。在历代中国这一系列的法治实践、法治思想,尽管与我们当今进行的依法治国并非同途,但是,有着两千多年的法治实践和经验,我们有能力古为今用,汲其精华,弃其糟粕,为我所用。试问:有哪一个国家像我国在法治实践上积累了这么丰富的历史经验和教训? 又有哪一个国家能像我国在法治道路上承前启后,不断创新,继往开来? 这就是我们立于世界民族之林的自信! 这就是我们能够建立新时代中国特色社会主义法治自信国度的历史自信!

二、国际自信

1955 年 4 月在印度尼西亚万隆召开的由 29 个亚非国家及 5 个国家派代表团列席的国际会议,提出了处理国际关系的十项原则,其中,包括在 1954 年 6 月,周恩来总理访问印度和缅甸,在中印和中缅两国总理会谈的联合声明中一致同意,并共同倡导的:互相尊重主权和领土完整,互不侵犯,互不干涉内政,平等互惠和和平共处之五项原则。和平共处五项原则提出后,在国际社会上受到越来越多的国家和国际组织的承认和接受,并载入包括联合国大会通过的宣言在内的一系列重要国际性文件之中。自此,我国长期践行之,受到国际社会的广泛认同,国际地位日渐提高。

2001 年 6 月 15 日在我国境内成立的第一个国际组织——上海合作组织,至今,已经成为世界上幅员最广、人口最多、潜力最大的地区性国际组织。目前,成员国 8 个,观察员国 4 个,对话伙伴国 6 个,客人 3 个等。我国一直在其中发挥着重要作用,并且在政治、安全、经济、教育、国际司法、文化、环保、紧急救灾等领域的合作进展顺利,取得积极成果。

2009 年 6 月,"金砖四国"(即:俄罗斯、中国、巴西、印度四国,英文:BRIC)领导人在俄罗斯举行首次会晤,并发表《"金砖四国"领导人俄罗斯叶卡捷琳堡会晤联合声明》。2010 年 12 月,吸收南非作为正式会员加入"金砖国家"合作机制,"金砖四国"由此更名为"金砖国家"(英文:BRICS)。作为世界上第二大经济体、最大的新兴经济体、最大的发展中国家和最大的金砖国家成员国,中国始终遵循开放透明、团结互助、深化合作、共谋发展和"开放、包容、合作、共赢"的金砖国家精神,致力于构建更紧密、更全面、更牢固的伙伴关系。作为金砖国家中的重要一员,中国充分发挥其在基础设施建设、工业化、投资等领域的优势,与包括金砖国家在内的许多发展中国家联合起来,在全球范围内改善基础设施、推动产业链衔接,共同打造全球供应链和价值链体系。2015 年 12 月 25 日,中国倡导筹建的亚洲基础设施投资银行(英文简称:AIIB)

正式成立,金砖国家全部成为创始成员国。在亚洲基础设施投资银行成立的半年时间里,已批准了包括位于孟加拉国境内的电力配送升级和扩容项目等在内的四个项目,提供的贷款总额为 5.09 亿美元①,为让发展中国家拥有更多发展机会发挥着重要的作用。2017 年 9 月 3 日—5 日,金砖国家领导人第九次会晤在福建省厦门市成功举行。在 2017 金砖"中国年"中,中国以"金砖十"模式扩大金砖"朋友圈",致力于把金砖合作打造成当今最有影响力的南南合作平台,引领南南合作新模式。在中国的推动下,作为新兴市场国家和发展中国家"领头羊"的金砖国家,将以本次厦门峰会为契机,以"金砖十"模式与发展中国家建立更广泛的伙伴关系,开创新兴市场国家和发展中国家共同发展的新局面。② 这也足证我国在"金砖国家"中的地位和重要性。……1949 年以来,我国参加的国际组织,参与签署的国际协定(议)等等越来越多,并积极履行国际义务,践行诺言,积极向国际社会提供中国方案,首次引领制定国际AEO 互认规则③,受到国际社会的广泛认同和好评,国际地位越来越举足轻重,国际话语权越来越非我谁属。

反观美国,越来越"任性",越来越践踏自己的信用:特朗普总统上台不久,即宣布美国退出由 12 个国家谈判 5 年多最终达成的 TPP(英文:Trans-Pacific Partnership Agreement;中文:跨太平洋伙伴关系协定);2017 年 6 月 1 日,美国总统特朗普宣布退出由 170 多个国家共同签署的气候变化问题《巴黎协定》;2017 年 10 月 12 日,美国国务院发表声明称,美将退出联合国教科文组织;2017 年 10 月 13 日,美国总统特朗普在白宫宣布,拒绝证实伊朗遵守由六国共同签署的《伊核协议》,并公布美国最新对伊朗的战略;2017 年 12 月 3 日,美国国务院宣布,美国决定不再参与联合国主导的《移民问题全球契约》的制订进程。④ 美国如此"任性"地说退出就退出,谁还相信美国的国内法律会得到正确实施呢?

几十年来,我国的国际信用与日俱增,从"一带一路"沿线国家积极参与其中足以进一步佐证;中共十九大会议获得国际社会的广泛认同和好评如潮。

"中国共产党与世界政党高层对话会 11 月 30 日至 12 月 3 日在北京举行,国际社会高度关注,此次对话会是中共十九大后我国举办的首场主场多边外交活动,也是中国共产党首次与全球各类政党举行高层对话。这在中共历史上具有开创性意义,

---

① 《亚投行首批四个项目确定 投资机会就在这里》,新浪网,http://finance.sina.com.cn/world/2016—06—26/doc—ifxtmwei9300735.shtml.

② 《中国引领的"金砖十"将对世界经济产生深远影响》,中国网,http://opinion.china.com.cn/opinion_27_171027.html.

③ 《泉州晚报》2017 年 11 月 3 日 10 版《中国海关首次引领制定国际 AEO 互认规则》。

④ 《法制日报》2017 年 12 月 5 日 4 版《宣称为确保边境安全 美退出移民问题契约制订进程》。

在世界政党史上具有突破性意义。"①……所有这一切,都是我们建立起新时代中国特色社会主义法治自信国度的国际自信的最强音。

三、党的自信

1997年9月召开的中共十五大会议,将过去"建设社会主义法制国家"的提法,改为"建设社会主义法治国家",一字之变,凸显治国理政方略的方向性转变,亦为之后的政策导向指明了方向。

2002年11月召开的中共十六大会议,确立全面落实依法治国基本方略,将依法治国作为"发展社会主义民主政治"的一项基本内容。

2014年10月23日中共十八届中央委员会第四次全体会议通过了《中共中央关于全面推进依法治国若干重大问题的决定》,这是一部更全面、更具体、更有针对性的依法治国路线图,是国家治理领域一场广泛而深刻的革命。

2017年10月18日,习近平总书记在中共十九大报告中指出:成立中央全面依法治国领导小组,加强对法治中国建设的统一领导。各级党组织和全体党员要带头尊法学法守法用法,任何组织和个人都不得有超越宪法法律的特权,决不允许以言代法、以权压法、逐利违法、徇私枉法。

从上述过程可以看出,"依法治国"理念的提出,经历了一个从无到有到逐步成熟到自信的发展过程,也是中共中央经过长期深思熟虑而逐步形成的日臻成熟的治国方略。我们有充分的理由相信:在这么强有力的党的定力的推进下,建立新时代中国特色社会主义法治自信国度,已时不我待。这就是我们的党的自信。

四、法制自信

1999年3月第九届全国人大二次会议通过的宪法修正案(即:《宪法》第五条第一款)规定:"中华人民共和国实行依法治国,建设社会主义法治国家。"这是中国近代史上破天荒的事件,是中国治国方略的重大转变。

截至2017年5月,我国现行法律达259部,修正案13个,立法解释25件,条例424项,②加上最高人民法院、最高人民检察院的司法解释,国家各部、委、行、署颁布的行政法规,各省、直辖市或经国务院批准的较大市的人大颁布的地方性法规,各省、直辖市经国务院批准的较大市的政府颁布的地方性政府规章,自治区、自治州人大颁布的自治条例等等,数量可观,已经形成较为庞大的法律群。可以肯定的是:我国已

---

① 《法制日报》2017年12月1日4版《呼唤各国政党共奏命运交响曲》。

② 法律、条例等的具体数字,各种版本说法不一,故本书的数字仅供参考而已。

经初步建立起日臻完善的具有中国特色的社会主义法律体系,在"推进科学立法、民主立法、依法立法、以良法促进发展、保障善治"①的号召下,我们更有理由确立建立新时代中国特色社会主义法治自信国度的法治自信。

五、实践自信

"党的领导是人民当家作主和依法治国的根本保证,人民当家作主是社会主义民主政治的本质特征,依法治国是党领导人民治理国家的基本方式,三者统一于我国社会主义民主政治伟大实践。"②自1997年9月召开的中共十五大会议确立的"建设社会主义法治国家"以来,特别是中共十八大以来的五年依法治国的广泛实践,我们切身体会到:在习近平总书记全面依法治国新理念新思路新战略科学指引下,五年来,以习近平同志为核心的党中央领导全国人民全面推进依法治国,在建设新时代中国特色社会主义法治国家,推进国家治理体系和治理能力现代化的道路上攻坚克难、砥砺奋进,成绩卓著。③ 五年来的依法治国实践充分证明,建立新时代中国特色社会主义法治自信国度是毋庸置疑的!

六、我们的自信

诚然,一个构想的提出并非一蹴而就,何况是"法治自信"这一宏伟工程。回想"文化自信"的确立过程,我们更深感其不易,也更提高了我们的自信。

2012年11月,胡锦涛同志在十八大报告中指出:"中国特色社会主义道路,中国特色社会主义理论体系,中国特色社会主义制度,是党和人民九十多年奋斗、创造、积累的根本成就,必须倍加珍惜、始终坚持、不断发展;全党要坚定这样的道路自信、理论自信、制度自信。"

2014年2月24日,习近平在主持十八届中央政治局第十三次集体学习时的讲话中,提及:"要讲清楚中华优秀传统文化的历史渊源、发展脉络、基本走向,讲清楚中华文化的独特创造、价值理念、鲜明特色,增强文化自信和价值观自信。"在此后的多个场合,习近平多次提到"文化自信"。之后的两年时间,习近平对此又有过多次论述:"增强文化自觉和文化自信,是坚定道路自信、理论自信、制度自信的题中应有之

---

① 《人民日报》2017年10月28日3版习近平在中国共产党第十九次全国代表大会上报告《决胜全面建成小康社会　夺取新时代中国特色社会主义伟大胜利》"第六部分。

② 《人民日报》2017年10月28日3版习近平在中国共产党第十九次全国代表大会上报告:《决胜全面建成小康社会　夺取新时代中国特色社会主义伟大胜利》第六部分。

③ 《法制日报》2017年10月9日1版《开辟法治中国新天地　党的十八大以来推进全面依法治国纪实》一文。

义。""中国有坚定的道路自信、理论自信、制度自信,其本质是建立在 5000 多年文明传承基础上的文化自信"。2016 年 5 月和 6 月,习近平连续两次对"文化自信"加以强调,指出:"我们要坚定中国特色社会主义道路自信、理论自信、制度自信,说到底要坚持文化自信","要引导党员特别是领导干部坚定中国特色社会主义道路自信、理论自信、制度自信、文化自信。"在庆祝中国共产党成立 95 周年大会的讲话上,习近平对"文化自信"加以特别阐析:"文化自信,是更基础、更广泛、更深厚的自信。"

2017 年 8 月 31 日,中共中央政治局召开会议。会议发布的消息明确将"文化自信"写入党的文件,即:"……动员全党全国各族人民坚定中国特色社会主义道路自信、理论自信、制度自信、文化自信……"①在此后的中央会议上,特别是习近平在十九大的报告等,"文化自信"已经成为继道路自信、理论自信、制度自信之后由中央文件确立的中国特色社会主义的"第四个自信"。可见,"文化自信"经历过从无到有的过程。随着全面依法治国方略的进一步向纵深推进,人们将越来越深刻认识到建立新时代中国特色社会主义法治自信国度的重要性,确立"法治自信"构想便水到渠成地被提上议事日程。这就是我们的自信!

良法善治②是依法治国的基石,依法治国是法治自信的前提,法治自信是依法治国的最终目标。

"全面依法治国是中国特色社会主义的本质要求和重要保障。必须把党的领导贯彻落实到依法治国全过程和各方面,坚定不移走中国特色社会主义法律体系,建设中国特色社会主义法治体系,建设社会主义法治国家,发展中国特色社会主义法治理念,坚持依法治国、依法执政、依法行政共同推进,坚持法治国家、法治政府、法治社会一体建设,坚持依法治国和以德治国相结合,依法治国和依规治党有机统一,深化司法体制改革,提高全民族法治素质和道德素质。"③依法治国已经成为习近平新时代中国特色社会主义思想的范畴,我们坚信:建立新时代中国特色社会主义法治自信国度将指日可待。基于此,故提出本建议,冀盼同人赐教。

书法:法治自信

---

① 《人民日报》2017 年 9 月 1 日头版头条刊登的《中共中央政治局会议建议　中国共产党第十九次全国代表大会 10 月 18 日在北京召开　中共中央总书记习近平主持会议》。

② "良法善治"源自习近平在中国共产党第十九次全国代表大会上的报告中首次提出的:"推进科学立法、民主立法、依法立法、以良法促进发展、保障善治。"

③ 见习近平在十九大上的报告。

自

法

信　治

张贤达　张少鹏
2017 年 11 月 1 日写于泉州橘园，
之后作若干修改

目　　录

第一编 案 悟

一、盗运珍贵文物出口案

书法

以自诩的张体书之。

悟源

7月,注定是个难忘的月份。我于1984年7月毕业于华东政法学院(现更名为华东政法大学)。毕业四年之际(1988年7月),当时最年长的老前辈律师陈景桐(系著名数学家陈景润的哥哥)先生介绍本案给我。① 初生牛犊不怕虎的我,毫不犹豫地

---

① 当时,虽然实际办案时间才两年多,但小荷已露尖尖角,凸显的独立办案能力已被业界肯定。

接下了。但是,当阅卷时看到卷宗中有一页纸的边上的内容"从重处理。张明俊"①,着实让我吓了一跳。思考再三,我想到范荣明律师②。于是,向被告人的家属说明原委。她们觉得有道理,于是聘请范老参与本案的一审辩护。

此案并非我从事兼职律师工作以来的第一起无罪辩护案件,但是,由于它经历过一、二审及抗诉(我称之为"三审"),三级法院定谳的无罪辩护案件,三十余年来仅此一例,可谓经典,故需书之。

此罪名已然消失,值其"逝"去二十年之际,写它,还有另一层纪念意义。

释义

盗运珍贵文物出口罪:根据 1979 年《刑法》第一百七十三条的规定,是指违反文物保护法规,盗运珍贵文物出国(边)境的行为。1997 年《刑法》第一百五十一条增设走私文物罪,同时,取消盗运珍贵文物出口罪。

最高人民法院、最高人民检察院《关于办理妨害文物管理等刑事案件适用法律若干问题的解释》,于 2015 年 10 月 12 日由最高人民法院审判委员会第 1663 次会议通过,于 2015 年 11 月 18 日由最高人民检察院第十二届检察委员会第 43 次会议通过,于 2015 年 12 月 30 日公布,自 2016 年 1 月 1 日起施行。根据该司法解释第十八条的规定,最高人民法院、最高人民检察院《关于办理盗窃、盗掘、非法经营和走私文物的案件具体应用法律的若干问题的解释》(法〈研〉发〔1987〕32 号)自 2016 年 1 月 1 日起废止。

案悟

说明:(1)本案已近三十年,当时没有考虑在三十年之后还需要,故将卷宗上缴律师所,没有留存,因写本书的需要,向当事人"回收"了部分有关材料,才得以完成本文的写作;(2)当时,法院、检察院的文书都较简单,只好原文照抄,不尽意时可看看辩护词。

---

① 张老当时任中共泉州市委书记。

② 范老原任福建省军区军事法院院长,当时刚转业从事律师工作,彼时,我们刚合作一起刑案,石狮法院判无罪。

1. 一审刑事判决书

泉州市鲤城区人民法院
刑事判决书

（1988）泉鲤法刑一字第 039 号

公诉人：泉州市鲤城区人民检察院代理检察员曾某某。

被告人：黄某某，男，三十九岁，汉族，台湾省高雄市人，家住台湾省高雄市鼓山二路一四五号，现在押。

被告人：吴某某，男，五十七岁，汉族，惠安县人，泉州武警支队边防分局正营级参谋，家住惠安县螺城镇西门，现取保候审。

辩护人：伍某某，泉州市鲤城律师事务所律师。

辩护人：郑某煌，泉州市鲤城律师事务所律师。

被告人：郑某某，男，四十二岁，汉族，泉州市鲤城区人，泉州武警支队边防分局副营级参谋，家住本区小山新村八号楼二〇四号，现取保候审。

辩护人：范荣明，福建省律师事务所律师。

辩护人：张少鹏，泉州市律师事务所律师。

泉州市鲤城区人民检察院，对被告人黄某某、吴某某、郑某某盗运珍贵文物出口一案，于一九八八年六月四日向本院提起公诉，本院依法组成合议庭，于一九八八年七月二十一日由公诉人出庭支持公诉，公开审理了本案，现查明：

被告人黄某某于一九八六年四至五月到大陆经商期间，通过晋江县安海镇的黄某信（已作免诉处理）介绍，先后向仙游县的傅某某、晋江县的施某某等人购买文物一百六十九件。同期，黄某某还接受被告人郑某某赠送的文物八件。五月三十一日，黄将文物包装成五箱及一件，由被告人吴某某、郑某某陪同乘坐运往惠安县崇武检查站，因黄出境手续不完备，被边防战士阻拦。吴、郑即利用工作方便，答应欲为黄补办手续。黄即将五箱及一件文物未经检查搬上台轮"星财发号"准备随船返台。此后，因台轮机器故障、台风等原因，黄寄存在崇武检查站的文物计一百七十七件被查获。经福建省文管会鉴定：其中九件为二级文物，一百二十件为三级文物，四十七件为一般文物，一件为工艺品。其中郑送黄的八件文物中，六件为三级文物，二件为一般文物。

上述事实，有查获的文物，证人证言，福建省文管会的鉴定书等为证。事实清楚，证据确凿，足以认定。

本庭评议并经本院审判委员会讨论认为：被告人黄某某违反保护文物法规，利用经商之机企图盗运珍贵文物出口，其行为已构成盗运珍贵文物出口罪；但因意志以外的原因未能得逞,系属犯罪未遂,且归案后能坦白交代,认罪态度较好,可予从宽处理。被告人吴某某的行为乃严重失职,被告人郑某某的犯罪行为证据不足。据此,对被告人黄某某依照《中华人民共和国刑法》第一百七十三条、第三十二条、第二十条、第五十九条和第六十条之规定。判决如下:

一、被告人黄某某犯盗运珍贵文物出口罪,判处免于刑事处分,没收全部文物,上缴国库。

二、宣告吴某某无罪。

三、宣告郑某某无罪。

如不服本判决,可于接到判决书的第二天起十日内,向本院提出上诉状及副本两份,上诉于泉州市中级人民法院。

……

一九九〇年四月十日

2. 一审辩护词

被告人郑某某盗运珍贵文物出口案
一审辩护词

尊敬的审判长、人民陪审员:

根据《刑事诉讼法》第二十六条第一项规定,泉州市律师事务所接受被告人郑某某家属的委托,并经被告人本人同意,指派我作为被告人郑某某的辩护人,依法参加本案第一审的诉讼活动。受案后,我认真地查阅了本案的全部卷宗材料,分别会见了各被告人,认真研究了泉州市鲤城区人民检察院泉鲤检刑起字(1987)第077号起诉书和本案中的全部材料。今天,又参加了本案的庭审活动,听取了庭审调查和公诉人的公诉发言,对全案有了较清楚的了解。现在,依法履行辩护人的职责,发表如下辩护意见:

辩护人认为,上述起诉书指控被告人郑某某犯有共同盗运珍贵文物出口罪,事实认定不准,证据不足,对被告人郑某某以犯罪论处不当。其主要事实和理由如下:

一、被告人郑某某把别人送他的八件文物转送给被告人黄某某,纯属赠送性质,其中并不夹杂任何非法的经济目的,因此,不能就此对郑某某以盗运珍贵文物出口罪论处。

1. 黄某某是郑某某负责联系的境外工作对象,这种工作关系的确定是经过领导批准的。为了工作上的需要,郑某某把黄某某作为好朋友对待。这种关系的建立是以黄某某向郑某某提供有关情报为主要依据的,并得到领导的充分肯定。为了让黄某某为郑某某提供更多的有价值的情报,在工作上取得更大的成绩(此系赠送文物的动机),针对黄的爱好特点,郑将别人送给他的文物转送给黄某某。此时,黄对郑说:"我会报答你的恩情。"这里的报答,专指郑要求黄某某提供我所需要的有关情报(见卷一P8—9)。这就是郑某某将八件文物赠送给黄某某的真实动机和目的。

2.郑某某、黄某某双方对这八件文物属于赠送性质的供述,基本是一致的。案卷材料表明:郑某某在案发以后的历次交代和供述中,始终说,"这八件文物给黄某某是出于工作上的目的,并不是为了取得任何非法经济利益"。

黄某某收审以后的历次供述中,虽然出现三次供述上的不同(见卷四 P22、卷三 P280、卷三 P303,在法庭调查时公诉人问黄某某:"在提审时,提审人员有否对你逼供、诱供?"黄某某供述:"在提审时我身体不好躺着,提审人员念了一下记录,我晕晕看了一下就签名了。"辩护人认为这种供述是否可靠,是值得注意的),但是,在黄某某的六次主要供述(见卷四 P19、卷四 P43、卷四 P45、卷一 P8—9、卷三 P269、卷一P13),和我们会见黄时,特别是在今天的法庭调查中,黄都明确肯定这八件文物属朋友之间的赠送性质。两个人之间的交往,无第三人在场,双方供述又基本一致,我们有什么理由和根据硬要否定它的赠送性质? 在起诉书的事实认定部分,对这八件文物公诉机关虽然使用了"送给"一词,但在起诉书的综合意见部分又使用了"提供"一词,同一问题,两个地方两种用词,不仅是自相矛盾的,而且是令人费解的!

3.在黄某某的供述中,有四次(见卷四 P43、卷三 P269、卷三 P309、卷一 P19)供认,准备将来在经济上报答郑某某。这里,辩护人提醒合议庭注意:黄某某这四次供述的开头都有三个字——"心里想"。而"心里想"即人的心理活动。黄某某这种没有表示出来的单方面的心理活动,郑某某根本就不知道! 因此,我们怎能以此作为否认赠送性质的证据呢?

综上所述,辩护人认为,郑某某出于工作上的需要,为达到扩大战果,让黄某某提供更多的台湾方面的情报这一目的,而将他人赠与的八件文物转赠黄某某的行为,根据两高《关于办理盗窃、盗掘、非法经营和走私文物的案件具体应用法律的若干问题的解释》第五条第二项的规定和最高人民检察院高检——发字〔1987〕第二号批复,不构成盗运珍贵文物出口罪。

二、被告人郑某某并不知道黄某某在民间非法收购大量文物。收购后至案发前,郑某某也不知道在黄某某的"五箱一包"中全部或部分是黄某某在民间非法收购的文物。因此,认定郑"明知"黄欲将珍贵文物盗运出口是缺乏事实根据的。

(一)本案并没有任何证据可以证实郑某某知道黄某某在民间非法收购文物的活动。

（二）本案也没有确凿的证据证实郑某某知道黄某某的"五箱一包"中全部或部分是黄某某在民间非法收购的文物。

1.郑某某的历次供述中都否认他知道黄某某的"五箱一包"中藏有黄在民间非法收购的文物。

2.黄某某的供述中实质上也否认了郑某某知道"五箱一包"中有他从民间非法收购的文物。请看黄某某的二次供述：

①卷一 P10－11：问：郑某某知道你去收买文物吗？

答：不知道。

问：你有否在吴某某、郑小泉（即郑某某）面前谈及你去收买文物的情况？

答：没有。

②卷三 P264：

问：你买这些文物向谁说过？

答：我有向吴某某说过……

再者，在今天的法庭调查中，黄某某两次供认他从来没有向郑某某谈及民间非法收购文物之事。

即使黄某某在个别供述中曾谈到，他（指黄某某）认为郑某某是知道"五箱一包"中有文物，但是，黄某某并没有说明郑某某可能知道的根据是什么。因为黄某某以上的供述已经非常清楚地告诉我们，黄某某从来也没有对郑某某讲过"五箱一件"中有黄非法收购来的文物。既然如此，郑某某又从何能知道黄偷藏、偷运文物呢？这无非是黄某某单方面的一种想象、分析或推断而已，这样的供述是不能作为法律上定案的依据的。

3.吴某某的供述，并不能作为认定郑某某知道"五箱一包"中确有黄某某非法收购来的文物的证据。为正确认识这一事实，我们不妨将吴某某的几次供述罗列出来，并从法理上进行分析认定：

①卷一 P27 吴供词："6 月 3 日，……我又向郑某某汇报说：听说黄某某这次买一些古董要带回台湾。"（1986 年 10 月 21 日）。

②卷四 P62 吴某某供词："今年五月间，我打电话到地区边防分局找郑某某，告诉郑：'黄要走了，那些东西（指药和文物）要装上船，能否出去。'但郑可能知道其中有文物，因事先黄曾拿文物给他看。"（1986 年 7 月 28 日）。

③卷四 P66 吴某某供词："……另一次是七月十三日，我对郑说，黄要送文物夹带出口。"（1986 年 7 月 29 日）。

④卷四 P79 吴某某供词："我有将黄运去的药材和部分文物事先告诉郑。"（1986

年 8 月 6 日）。

⑤卷四 P85 吴某某供词："在郑送文物到惠安要黄鉴定,我已告诉了郑称,黄买了文物,他听了以后也没讲什么。所以,我说东西,他就知道是文物。"

⑥卷四 P85 吴某某供词："6 月 3 日,……先前,我和郑某某说过,此行,黄买了一些药材、文物,有些没有发票,没有办准运证,他听了以后,也讲,我才想办法。"（1986 年 8 月 19 日）。

⑦卷四 P102 吴某某供词："今年四五月间,……我告诉郑说:黄某某也有买一些文物,我看见六个杯子,听说买两块石头。郑某某没有说什么。"（1986 年 9 月 6 日）。

⑧法庭调查时,吴供认:在下面两个时间里,吴有向郑汇报黄买了文物:a.约 4 月份;b.5 月 31 日。

尽管吴某某做了上述供述,但都不能证明郑某某知黄某某欲将在民间非法收购的文物盗运出口,这一构成盗运珍贵文物出口罪所必具的实质性要件。因为:

第一,退一步说,假如吴某某曾经向郑某某说过上述话,那么,从这些话可以看出,吴某某并不是很明确地告诉郑某某:黄某某在民间非法收购了文物。就吴某某所讲的这些话分析,既可以得出黄某某的这些文物是在民间非法收购的这一结论,也可以得出黄某某买的这些文物是在国家文物店购买的这一结论。而从郑某某的认识上看,只能是后者。因为:A.郑某某曾告诉黄某某,如要买文物,要到国家正规文物商店买;B.郑某某曾看到黄某某在福州文物店买到一枚有文物店标记的篆刻作品;C.黄某某前几次到大陆时从未到民间买文物,而都在国家文物店买合法出口的。因此,如果要说郑某某主观上有明知的话,也只能说郑某某明知黄某某在国家文物店买过文物。

第二,吴某某的上述供述内容:(1)在时间上是不一致的(法庭上,吴某某讲这些话的时间是 4 月份和 5 月 31 日,而供述上的时间却是 6 月 3 日、5 月间、4 月间、6 月 3 日以前、四五月间),仅仅讲两次,在时间上都这么不一致,又怎么能作为定案的根据呢?(2)有的在同一个时间所讲的话在不同的供述时间里内容却不一致。这种自相矛盾的供述是不能作为定案根据的。

第三,有必要提醒法庭注意的是,本案案发之前,吴某某是郑某某的直接下级,受郑某某的直接领导,为了推卸责任,吴某某可能把明明没有向郑某某汇报的事说成是有,因为,在吴某某上述供述内容的场合,仅有吴、郑两人在场,哪一个人的话真实是很难认定的,吴某某完全可以利用这一特殊情况来推卸自己的责任。

第四,从吴某某自己的认识上看,由于吴某某知道黄某某在民间非法收购文物,因此,一谈到文物,吴某某便意会到是黄非法收购的文物。而从郑某某的认识上看,由于吴某某从来没有向郑某某讲过黄某某在民间非法收购文物,事实上,郑也不知道黄有此非法行为。因此,吴某某即使有向郑某某谈过上述内容,郑某某也无法意会到所谈的"文物",就是黄非法收购的文物。

综上足以证明:郑某某并不知道黄某某欲将珍贵文物盗运出口。

三、起诉书对被告人郑某某犯罪事实的指控,事实不清、证据不足,不能成立。

第一,起诉书指控被告人黄某某将郑某某赠与的八件文物都"运往崇武"与事实不符。

根据黄某某的供述(见卷一 P19、卷三 P304—305),郑某某送给黄某某的八件文物中,只有三件字画①是黄某某包在"一包"中,在 5 月 31 日运往崇武检查站的其他五件瓷器仍寄放在惠安台胞接待站。案发后,在搜查黄某某在惠安接待站的宿舍时,查获了郑送给黄的五件瓷器。这一事实足证:在郑送给黄的八件文物中,仅有三件字画是在 1986 年 5 月 31 日被黄运往崇武边控站,而其他的五件瓷器并没有运往崇武,仍放在惠安台胞接待站黄某某的宿舍内。

第二,起诉书指控郑某某为黄某某盗运"五箱一包"文物出口而"利用工作关系、疏通有关人员"是没有事实根据的。

如第二点代理意见所述,郑某某并不"明知"黄某某在进行盗运文物出口的犯罪活动,因此,退一步说,即使郑某某有对崇武边检站的有关人员说了"给个方便"之类的话,其用意也仅仅在于:考虑到照顾工作对象的问题,在黄某某携带的允许出口的东西中,如超出规定数量,则建议照顾放行。在这里,不能将郑某某为工作上的需要而说的"给个方便"之类的话,牵强附会地硬说成郑某某明知黄某某要将"五箱一包"文物非法偷运出境而为其"疏通有关人员"。

第三,起诉书指控"郑某某多次到边防检查站请求给予放行",同样是缺乏事实根据的。必须注意的是,这里所指的"多次"是指 1986 年 5 月 31 日之后的"多次",然而,本案卷宗材料反映:5 月 31 日以后,郑某某仅到过崇武边检站两次:第一次在 7 月 8 日,但是,这一次是为两个台胞要离港因多带一些自用品而去求吴某某时,在吴某某的要求下,陪同到崇武检查站的,此行的目的并不是为黄某某而去的。请看事实:

1. 庄某某证言(见卷一 P54):"这一天,郑某某、王某某、吴某某、陈某某、黄某某有到崇武检查站,郑某某、王某某二人有到我宿舍找我,其他几个人在外并没有进来,他们来说有一条台轮要返台,几个船员带一些日用片仔癀要出去,我问数量多少,他们说符合自用物品的片仔癀,当时,柯某某也在场,经检查符合自用物品手续。后听说台风来,我又组织台轮到后渚港避风。"

2. 柯某某证言(见卷一 P55)

---

① 其中仅一件为三级珍贵文物。

问:"这段时间,郑某某等人有否来检查站?"

答:"有,吴某某、郑某某等人有来检查站,具体是什么事情我记不清了,但有说到台船员多带一些片仔癀要返回台湾……。"

上述证言足证:1986年7月8日,郑某某是为台胞多带片仔癀而去崇武边检站的,并不是为黄某某的"五箱一包"文物的出站而去"请求给予放行"的。

第二次在1986年7月14日。本案已于7月13日晚上案发,因此,郑某某7月14日到崇武就更不存在去"请求给予放行"。

在这里,辩护人茫然了,到底起诉书中指控的"多次"指的是哪几次? 因为,事实已经告诉我们:在1986年5月31日以后,郑某某一次也没有到过崇武边检站为黄某某的"五箱一包""请求给予放行"!

如果要把郑某某在1986年6月3日写给王立明的条子也硬要说成一次的话,那么,以该条子的内容也不存在"请求给予放行"! 该条子是应吴某某的要求写的,其主要内容是:"王某某,您好! 黄某某和李某某购买的中药及茶壶约二万美元,分别装两条船返台,请给方便是盼……"

在此,辩护人提醒你们注意:法律上的用语是严肃的,一就是一,不能作随意的扩大或延伸。条子中的"请给方便"只能理解为:在王某某及其他人员检查黄某某、李某某携带出口的物品时,如没有不允许出口的物品,只是在数量上略超出限制出口数,则考虑到照顾工作对象给予放行。而不应当也绝不能理解为:对黄某某、李某某所携带出口的物品,不论是否属于禁止出口的物品,一概不必检查即予放行。如果这样理解,就是错误的,违背事实的。而在事实上,6月3日这一天,虽然黄某某没有返台,但是李某某的物品还是经过检查后,发现没有问题后才准予上台轮的。这一事实更加证明,该条子并不存在也不会含有无原则的"请求给予放行"的内容。

再者,退一步说,如果郑某某与黄某某确欲共同将珍贵文物盗运出口,那么,这么大的一件事情,在事前郑没有与王某某通谋(见王某某证言)的情况下,郑难道会这么不慎重地对待他与黄共同实施的盗运珍贵文物出口的行为吗? 如果郑确与黄欲共同将珍贵文物盗运出口,那么,在6月3日,郑为什么要在泉州陪同他的哥哥及其他客人游山玩水而不亲自到崇武边检站疏通关系呢? 郑某某的这一行为,更足以证明他既不知黄欲将珍贵文物盗运出口,写此条子也不包含请求边检人员免检放行之意。

综上所述足证,1986年5月31日以后,郑某某不仅没有"多次",而且一次也没有到边防检查站"请求给予放行"。

四、假如郑某某被黄某某利用而为黄的犯罪活动疏通关系,那么,郑某某的这一行为也不构成犯罪。

如上所述,郑某某对黄某某在民间非法收购文物"不知",对黄准备将文物偷运回台湾"不知",对黄带到崇武的"五箱一包"夹带有非法外运的文物"不知",表明郑某某在黄某某盗运文物出口的犯罪活动中不存在"共同的犯罪故意"。在这种情况下,黄某某为了将非法收购的文物盗运出口,把这些文物说成是"中药""茶壶"以骗取郑的信任而为黄说情、疏通关系,那么,黄某某的这种行为在刑法学上被称为"间接正犯"。然而,在间接正犯(指黄)的场合下,被利用者——郑某某是不构成犯罪的,因为,他们之间不存在共犯关系。况且,郑某某并未被黄利用,他并没有进行起诉书中所指控的"利用工作关系疏通有关人员",请求免检放行的活动。

由上可见,对郑某某定罪,不论从哪种角度讲都是不能成立的。

根据上述各点,辩护人认为,被告人郑某某为了工作上的需要而将他人赠与的文物转赠黄某某,既不明知黄实施了盗运珍贵文物出口的犯罪活动,也没有多次为黄的犯罪活动利用工作关系疏通有关人员,主观上也没有共同的犯罪故意,客观上没有共同的犯罪行为,对被告人郑某某以共同盗运珍贵文物出口罪起诉于情不符、于法不合。因此,辩护人建议合议庭对被告人郑某某宣告无罪,予以释放。

此致
鲤城区人民法院

辩护人:张少鹏
泉州市律师事务所律师
1988 年 7 月 21 日

3. 二审刑事裁定书的认定及裁定内容

福建省泉州市中级人民法院
刑事裁定书

(1990)泉中法刑抗字第 06 号

……

综上所述,案经合议庭评议并经本院审判委员会讨论认为:被抗诉人黄某某违反文物保护法规,利用经商之机企图盗运珍贵文物出口,其行为已构成盗运珍贵文物出口罪。原审认定的事实清楚,定罪准确,适用法律正确,审判程序合法。考虑到黄某某的犯罪属未遂,且认罪态度较好,依法给予从宽处理是正确的。认定被抗诉人吴某某的行为是严重失职;认定郑某某犯罪证据不足,均给予宣告无罪也无不当。抗诉机关的抗诉理由不予采纳;郑某某诉称在崇武检查不是查获一百七十七件的理由成立,予以采纳,其余不予采纳。据此,依照《中华人民共和国刑事诉讼法》第一百三十六条第一项之规定,裁定如下:

驳回抗诉、上诉,维持原判。

……

一九九〇年六月二十五日

4.福建省人民检察院抗诉书

机 密

福建省人民检察院

抗 诉 书

闽检〔1990〕刑抗字 003 号

福建省高级人民法院:

被告人黄某某、吴某某、郑某某盗运珍贵文物出口一案,泉州市鲤城区人民法院审理认为,黄某某构成盗运珍贵文物出口罪,但仍属犯罪未遂,归案后认罪态度较好,判处黄某某免于刑事处分;认定吴某某的行为属于严重失职,郑某某的犯罪行为证据不足,宣告两被告人无罪。鲤城区人民检察院提出抗诉后,泉州市中级人民法院以(1990)泉中刑抗字第 06 号裁定书裁定:驳回抗诉,维持原判。泉州市检察院审查认为,市、区两级法院的判决与裁定是错误的,提请我院依法提出抗诉。

我院经审查认为,一、二审法院的判决和裁定对本案被告人的定罪、量刑均属错误。其理由是:

一、被告人黄某某不具备免除处罚的法定情节。被告人黄某某一次盗运珍贵文物出口(未遂)129 件,其中二级 9 件,三级 120 件。根据 1987 年 11 月 27 日最高人民法院、最高人民检察院《关于办理盗窃、盗掘、非法经营和走私文物的案件具体应用法律的若干问题的解释》第五条第(三)项"对同一案中盗运各级珍贵文物或盗运同级珍贵文物多件的,可以按照盗窃高级别文物的量刑幅度处罚"的规定,被告人黄某某盗运二、三级文物 129 件,其量刑在 10 年以上。被告人犯盗运珍贵文物出口罪(未遂),根据《刑法》第二十条第二款的规定,也只能比照既遂犯从轻或减轻处罚。显然判处被告人黄某某免于刑事处分是没有法律根据的,是错误的。

二、被告人吴某某的行为不是失职,而是犯罪。被告人吴某某明知黄某某欲将在民间收购的禁止出口的文物盗运出境,仍为其提供寄存场所,参与偷运,并利用工作关系伙同郑某某疏通边防检查人员,未作检查即将文物搬上台船,因故出境未遂的行为,构成盗运珍贵文物出口罪的共犯,系从犯。一、二审法院认定"严重失职",宣告无罪显属错误。

三、被告人郑某某参与盗运珍贵文物出口基本事实清楚,基本证据确凿。郑某某明知黄某某要将收集的文物运往台湾,仍送给经其鉴别的禁止出口的文物 8 件(经鉴定属于三级文物 6 件),并利用工作关系,写条子、说情等手段,疏通关系,促使边防检查人员未对黄的"货物"进行检查即搬上台船的事实有基本的证据,可以认定被告人郑某某构成盗运珍贵文物出口罪的共犯,系从犯。一、二审法院却以"证据不足",宣告无罪是错误的。

综上所述:我院认为被告人黄某某、吴某某、郑某某盗运珍贵文物出口(未遂)的行为,已触犯《中华人民共和国刑法》第 173 条第 2 项之规定,应依照刑法和最高人民法院、最高人民检察院《关于办理盗窃、盗掘、非法经营和走私文物的案件具体应用法律的若干问题的解释》,应判处被告人黄某某、吴某某、郑某某有期徒刑。一、二审法院的判决、裁定显属不当。本院根据《中华人民共和国刑事诉讼法》第 149 条第 3 款之规定,特向你院提起抗诉,请予审查纠正。

福建省人民检察院

一九九〇年十二月三十日

抄送:最高人民检察院、省人大常委会法工委、
　　　泉州市人民检察院

附:卷宗五册

5.辩护词暨答辩状

被抗诉人郑某某盗运珍贵文物出口案
辩护词暨答辩状

尊敬的审判长、审判员:

本案已历经数载,且经一、二审人民法院判决、裁定,现省检在没有新的证据的情况下提出了抗诉,因辩护、答辩的理由等在原审期间已经阐明清楚,为避免重复,故破例将辩护词和答辩状合二为一,以免赘述。

辩护人认为:有必要首先提醒你们注意的是,审理本案,不能忽视这样一个既定的事实:在案发前,郑某某是泉州市武警支队边防分局副营级参谋、情报调研组组长,在对台情报调研工作上,做出过较大的成绩,且当时黄某某是郑某某的工作对象,郑某某曾从黄某某处搜集到多份台湾方面的情报,其中八份在当时被认为是我们所需要的台湾方面的情报,这些情报郑某某都是送省武警总队情报调研处(有案可查)。为扩大战果,郑某某投其所好地将挂在墙上、摆在橱里的八件字画、艺术品赠送给黄某某,以求得黄的信任。这是一个不可否认的客观事实。在审理本案时,若不注意上

述事实,其结果必然是错误的,并将导致新的冤假错案,这是一种对同志极不负责的态度,是我党所不允许的作风。

兹就省检(1990)刑抗字003号抗诉书中的有关抗诉内容提出如下主要辩护(答辩)意见:

省检抗诉:"被告人郑某某参与盗运珍贵文物的出口基本事实清楚,基本证据确凿。"然而,辩护人阅遍全案材料,找不出有哪些"基本事实""基本证据"可以认定被控诉人郑某某参与共同盗运珍贵文物出口。兹依据事实和证据辩护(答辩)如下:

(一)省检抗诉:"郑某某明知黄某某要将收集的文物运往台湾,仍送给经其鉴别的禁止出口的文物8件……。"辩护人认为,本案首先应当搞清楚的是:在本案的卷宗材料里,是否有"明知"的确实充分的证据? 而不能捕风捉影!

所谓明知,即明明知道,反映在本案必须是郑某某事前已经知道黄某某在民间非法购买(收集)了文物,并欲将这些文物运往台湾。辩护人从本卷宗中,找不到这方面的证据。仅从三名被抗诉人的原供述内容,也得不出肯定的结论:

第一,被抗诉人郑某某在原审的历次供述中,都没有"明知"的供述内容。

第二,被抗诉人黄某某在原审的历次供述中,没有任何一次供述黄某某在何时、何地明确地向郑讲过黄在民间非法购买了文物,并欲将这些文物运往台湾请求郑给予帮忙免检放行等有关内容。黄既然没对郑讲过这些内容,郑又如何"明知"呢?

第三,被控诉人吴某某在原审的历次供述中,没有任何一次供述:吴某某在何时何地明确告诉郑某某,黄某某这次来大陆,到民间非法购买了一批文物,并欲将这些文物运往台湾。吴某某没有这样明确地告诉郑,若确曾含糊其词地对郑讲过黄某某买"文物""古董"之事,吴所作的这类供述,都没有黄在民间非法购买文物的明确内容,那么,郑又怎能"明知"呢? 因郑某某知道的只是黄某某曾经到国家文物店买过文物,若吴曾对郑讲过黄买"文物""古董"之事,郑也只能理解为黄在国家文物店买了文物,而不应牵强附会地认为吴对郑所讲的黄买了"文物""古董"之事,就是吴告诉郑,黄在民间非法购买了文物。这是一种基本事实,不能为了欲加之罪而滥用"基本事实"!

除了以上三被控诉人的原供述外,本案再没有这方面的有关证据。

综上所述,足以证明:本案没有任何"郑某某明知黄某某要将收集的文物运往台湾"的"基本事实"和"基本证据",又何以抗诉"郑某某明知黄某某要将收集的文物运往台湾"呢?

(二)省检抗诉:"郑某某……并利用工作关系,写条子、说情等手段,疏通关系,促使边防检查人员未对黄的'货物'进行检查即搬上台船的事实有基本的证据。"对此抗诉,我们认为:

第一，上述抗诉内容，是省检认为郑某某实施盗运珍贵文物出口行为在客观上的表现，但是，盗运珍贵文物出口罪是一种故意犯罪，如第一部分的辩护意见，郑某某缺乏主观上的故意，因此，退一万步说，假设郑某某实施了上述客观上的行为，也难以成立盗运珍贵文物出口罪。

第二，辩护人认为这一抗诉内容，主要抗诉的是郑某某采用了"写条子""说情"等手段，但是，在本案中，并不存在这一方面的确实充分的证据，故难以具备成立盗运珍贵文物出口罪在客观上的要件。其理由是：

1. 这里所指的"写条子"，在本案卷宗中，唯有一张郑某某应吴某某的要求而于1986年6月3日写给王某某的条子。但是，从这一"条子"的内容以及当时检查人员对台胞李某某货物检查后才予放行等事实看，郑某某所写的这个条子，既不包含其明知黄欲非法购买的文物运往台湾，更不含有无原则地免检放行之意，而唯有这一含义：在检查人员发现黄的允许出口的货物少量超出限制出口数时，考虑到黄是郑的工作对象，给予照顾放行。若不考虑这一问题，而仅仅是以"左"的思维方法来认识问题，则只能制造更多的冤案。

2. 这里所指的"说情"，到底指的是说什么情、何时何地向谁为黄某某盗运珍贵文物出口的说明，等等，所有这些，在本案中都无任何可靠的证据可以证明。在本案材料中，有两个方面的所谓"说情"的情节，必须提醒贵院注意：

第一，对林某某证明的1986年5月31日，郑某某到崇武边检站"说情"的情况，应当注意的是，林某某在几次询问笔录、自书证言以及在《支部生活》《福建公安》等处对这一情况的证明内容，有明显的很大的出入，这种一个证人对同一事实的证明出现的多处矛盾，不同的证明内容，到底以哪一次为准，是很难确定的。故这种证言在司法实践中是不能采信的（详细理由见一审辩护律师范荣明所书"对公诉人答辩发言的答辩意见"中的第二部分内容）。

第二，若将1986年7月8日，郑某某等人到崇武检查站找庄某某等人的情况也作为"说情"的证据，那未免太可笑了。因为此次郑某某等人去找庄某某等人，并不是为黄某某欲将文物运往台湾而去"说情"，而是应吴某某的请求为两名台胞因多带一些自用片仔癀而去说情的，但是，说情的结果仍要检查物品和手续等，并不是无原则地不予检查即可放行。这一情况与为黄某某"说情"的情况是不同性质的两码事，不应混为一谈。

综上分析，我们认为，本案不存在省检控诉的"写条子""说情"等手段，不仅排除了"利用工作关系"之嫌，更不存在郑某某"促使边防检查人员未对黄的'货物'进行检查即搬上台船的事实"，这样，省检抗诉的郑某某在客观上实施了共同盗运珍贵文物出口的行为，由于缺乏证据而不能成立。

通过以上从事实和证据上对郑某某在主观上、客观上的表现的分析,足以证明:省检抗诉的应当追究郑某某盗运珍贵文物出口罪的共同犯罪的刑事责任,是缺乏事实和证据的,是不能成立的。

谨在此提醒你们,在审理本案时,还应注意到:郑某某是一位长期搞公安、武警工作的受我党培养教育多年的好干部、中共党员,由于出自为党多收集一些台湾方面情报的眷眷之心,不惜忍痛割爱,将自己所喜欢的东西赠与黄,以企望从黄某某处得到我党所急需的有关台湾方面的情报。这样一颗赤子之心,却因涉嫌共同犯罪而牵连五年之久,不仅使郑某某失去了为党工作的机会,连郑的名誉、进步等方面都已受到严重影响,而现在,作为省检这样一个高级执法机关,却为了挽回自己的面子而不惜伤害一名忠心耿耿为党工作的好干部之心,实在是让人心寒!故望贵院的承办人员能出于公正之心,认真细致地审查本案的一切事实和证据,秉公依法,不徇面子,裁定驳回省检的抗诉,以维护事实,维护法律的尊严!

切盼!

此致

福建省高级人民法院

被控诉人:郑某某

辩护人、律师:张少鹏

1991 年 5 月 30 日

6.福建省高级人民法院刑事裁定书的认定及裁定内容

福建省高级人民法院

刑事裁定书

〔1991〕闽法刑监抗字第 20 号

……

综上所述,案经本庭合议并经本院审判委员会讨论认为,被告人黄某某违反保护文物法规,利用经商之机企图盗运珍贵文物出口,其行为已构成盗运珍贵文物出口罪。但属犯罪未遂,且能坦白交代,认罪态度较好,根据本案的具体情况,给予从宽处理是正确的。认定被告人吴某某的行为是严重失职,认定郑某某犯罪证据不足,均给予宣告无罪并无不当。抗诉机关的抗诉理由不予采纳。依照《中华人民共和国刑法》第一百七十三条、第三十二条、第二十条、第五十九条、第六十条和《中华人民共和国刑事诉讼法》第一百三十六条第(一)项之规定,裁定如下:

驳回抗诉,维持原判。

本裁定为终审裁定。

……

一九九一年十月二十八日

7. 案悟

本案由公安机关侦查近两年时间。

本案在侦查阶段,福建省公安厅主办的《福建公安》即做了带有倾向性的大篇幅的报道。

时任中共泉州市委书记张明俊先生曾在本案中批注:"从重处理。"

"山雨欲来风满楼",大有"不定罪誓不休"的味道。

在如此架势面前,我们的唯一选择只有:尊重事实,尊重法律。

事实和理由都写在辩护词中,无须赘述。但是,三十年过去了,难以忘怀的感悟不吐不快。

(1)胆略

阅卷之后,预感到可以发表无罪的辩护意见时,你若没有这个胆量,当事人一生的命运也许就要改写。

本案中的第二、三被告人都是现役军人。第二被告人的两位律师在当时属于资深律师,其中,伍泗滨是众所周知的名律师①。他没有提出无罪辩护,而是认为应当构成他罪②。市委书记"从重处理"的"党鞭"高悬着,谁愿意为一个案件被"鞭"着呢?只有我这个愣头青才不懂深浅。我也担心着呢,否则,怎么会找来挡箭牌——范老呢?我非"孤胆英雄",还是有谋略的,这叫胆略。

(2)慎研

1988年,还没有复印机,阅卷等于抄卷。

我办案历来认真。一边认真阅卷,一边认真抄录需要的内容。当时正值三伏天,我住的家似火炉一样的"烤",没有空调。被告人的家属知道后,为了让我静心慎研,特地在"泉州酒店"开了一间有空调的房间。开庭之前,七天时间专心研究、写辩护词。被告人家属专门请一位钢笔字写得好的好友,为我誊写辩护词。每个细节,每个

---

① 大概是我读大二时,泉州市区发生一起男友用硫酸泼女友脸部的故意伤害案,伍老作为辩护律师,曾经轰动一时。暑假回家时,听说此事,我曾拜访过伍老,并向他索要辩护词。对我这位不速之客,伍老没有嫌弃,誊写了一份辩护词给我。三十五年过去了,伍老也逝去多年了,但我仍念念不忘。

② 什么罪名忘了,是较轻刑的罪名。两被告人的情节不同,是可以理解的,但是,一审法院判两被告人皆无罪,确实是伍老没有想到的。由于亲历本案,故应理解伍老。

辩护理由,都是经过认真推敲,深思熟虑整出来的。这是一份抗辩起诉书(公诉词),说服合议庭(审委会),征服"二审"(包括"三审")的辩护词,从头到尾都贯穿着认真的因子,丝毫不敢马虎。记得当时能够坚定我提出无罪辩护之信心,还是源于我看到了一本刑法书①写的"间接正犯"这一在当时还不是那么让人理解的词。这个词被我用在了第四个辩护意见中,更有信心了。写到此,我突然想记下这样一句话:法理基础是办案的基石。大三时,我在刑法专业班学习,毕业后到大学任教又教的是刑法。当时,刑法的参考书不多,但凡我能买到的,一定要买。20 世纪 80 年代,在报纸上看到刑法学界泰斗高铭暄教授的新书《中华人民共和国刑法的孕育与诞生》出版了,我赶紧写信给他,请他代买一本,没几天,钱没到,书已到,我激动万分。几年后,在人民大学与高老见面时,当面致谢!但他已忘了此事。在当时,作为教师,对资料是多么地渴求呀。也正因如此,在律师业务实践中,才能发挥其应有的作用。

(3)尽职

被告人系公安系统人员,侦查期间,由于担心通风报信,没被关在泉州地区的看守所。我曾到厦门市同安县看守所见到他一次。提起公诉后,才移到泉州市看守所,方能近距离会见到多次。

开庭通知中没有谈及本案"不公开审理",由于本案三名被告人有涉台之事,出于职责,庭审前,我向法院建议本案不公开审理。合议庭简单合议了一下,采纳了我的建议。

本案于 1988 年 7 月 21 日开庭,庭后,经历了漫长的等待,于 1990 年 4 月中旬拿到一审判决书,看了判决结果,十分欣慰,此间的辛劳没有白费。但是,没过几天,收到鲤城区人民检察院的抗诉书,又得费神了。二审没有开庭,书面审理。我将二审辩护词拿给经办法官,并顺便与他交谈。他说:他认为郑某某应当构成盗运珍贵文物出口罪,要判十几年有期徒刑。我没与他争论,仅请他认真看一下我的一、二审辩护词,便借口离开。这是什么水平啊!这次快了,两个月后收到二审裁决书:驳回抗诉、上诉,维持原判。十个多月后,收到福建省人民检察院的抗诉书。1991 年 5 月 30 日,我认真写完了针对抗诉书的"辩护词暨答辩状"。又过了五个多月后,收到福建省高级人民法院的裁定书:驳回抗诉,维持原判。至此,三审定谳,一个经历五年多之久的刑案,终于结束了。我终于可以自豪地大喘一口气了!

当事人及其家属十分感谢我的一路相伴。被告人因此事结案后,耽误了晋升的机会,只能选择转业。在转业选择工作单位时,我也帮了忙,使他能找到如意的工作。可谓尽职吧。

---

① 忘了书名。

（4）情缘

由于此案，我们认识；

由于此案的结果，我们互信；

由于近三十年来的交往，我们互帮，成为相知。

律师工作就是这样，满意者将你视若"救星"；不满意者背后可能针对你宣传一些负面影响的东西。我希望办理的每一起案件都能与当事人交上朋友，俗话说得好：多一个朋友多一条路。世俗如此，我是凡人，能脱俗乎？

综语

铁肩担道义，妙手著文章。①

（本文写于 2017 年 7 月 1 日，此后多次修改）

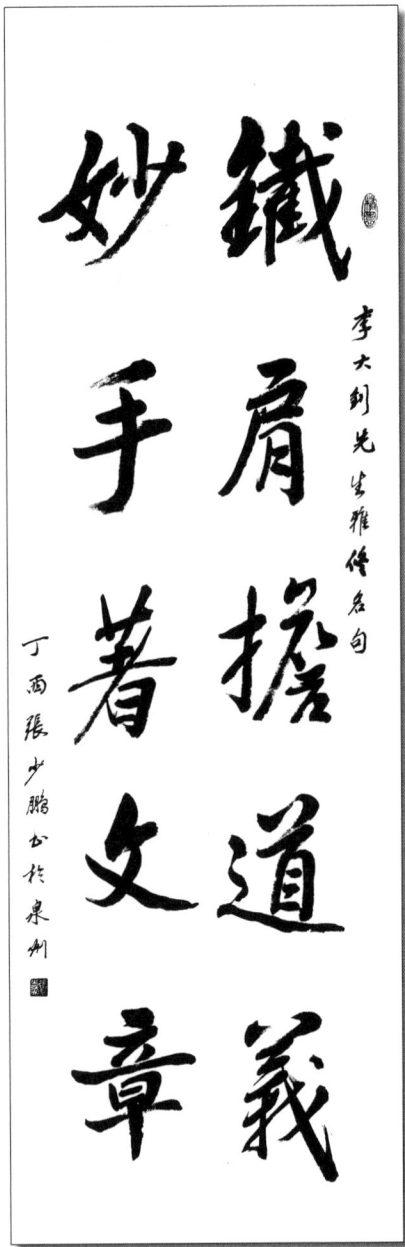

鐵肩擔道義 妙手著文章

李大釗先生雅傳名句

丁酉張少鵬書於泉州

---

① 明朝著名文化人杨继盛曾写对联："铁肩担道义，辣手著文章。"1916 年 9 月，李大钊先生为亲友杨子惠书写这么一副对联时，将"辣"改为"妙"字；1924 年，应章士钊夫人吴弱男女士之邀，重新写了此副对联。故谨以李大钊先生书写过的此副名联作为本文的结束语，一者表示对李先生的崇敬，二者希望律师们能树立如此之精神。

二、虚报注册资本案

书法

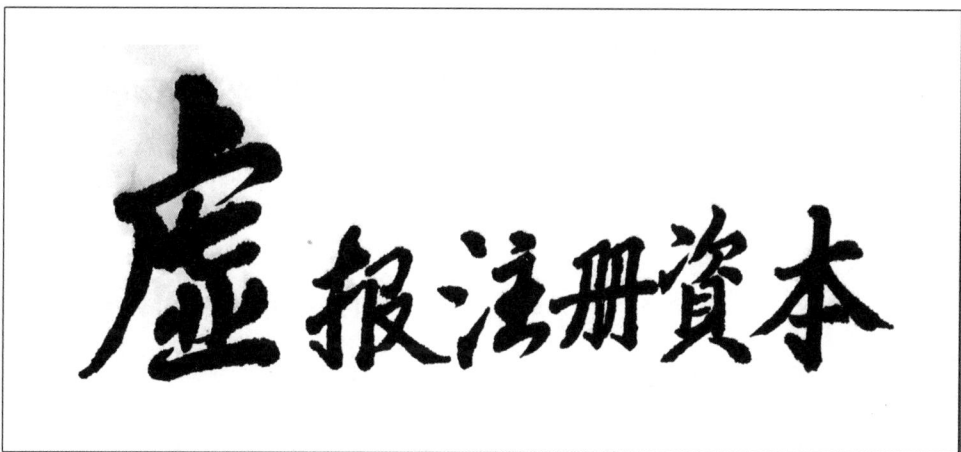

以自诩的张体书之。

悟源

本案本身并不复杂，原计划没想写。在写本编"股权转让合同案"①时，想起了它。与本编"盗运珍贵文物出口案"之罪名一样，如今，虚报注册资本罪已然逝去并已载入刑法罪名史册，方才想写点什么，以为纪念。

释义

虚报注册资本罪，原指申请公司登记的个人或者单位，使用虚假证明文件或者采取其他欺诈手段，虚报注册资本，欺骗公司登记主管部门，取得公司登记，虚报注册资本数额巨大、后果严重或者有其他严重情节的行为。

---

① 本文应与此文结合看，才能全面认识此两文所及之案的经典性。

1993 年 12 月 29 日通过的《中华人民共和国公司法》首先对虚报注册资本行为所产生的法律后果作出了规定,但是,此时刑法中并无此罪,造成司法实践中难以落实《公司法》的相关规定。直至 1995 年 2 月 28 日《关于惩治违反公司法的犯罪的决定》出台,才首次在我国刑事法律中设置了虚报注册资本罪。1997 年新刑法修订时又将此罪吸收刑法典中。2013 年 12 月 28 日,第十二届全国人大常委会第六次会议对《公司法》进行了修改,注册资本由实缴登记制转为认缴登记制,对特殊行业及性质的公司(如银行等)注册资本依然保留了实缴登记制;2014 年 3 月 24 日全国人大常委会《关于〈中华人民共和国刑法〉第一百五十八条、第一百五十九条的解释》,明确规定虚报注册资本罪、虚假出资、抽逃出资罪的公司适用范围仅适用于依法实行注册资本实缴登记制的公司。从此,实质上,原先此类行为在中国大地上已经不再存在犯罪问题。

案悟

1. 福建省泉州市丰泽区人民法院(2010)丰刑初字第 429 号刑事判决书的主要内容

......

经审理查明,2007 年下半年,被告人国某某、缪某某欲与张某某、陈某某合伙设立泉州某公司从事经营活动,在办理泉州某公司的注册登记手续时,申请注册资本为 3800 万元。为取得公司登记,二被告人在未实际出资的情况下,通过中介人员于同年 11 月 15 日向他人短期拆借 760 万元用于交纳第一期注册资本。当天,泉州某公司在泉州市工商行政管理局注册登记成立,国某某为法定代表人。该公司注册资本 3800 万元,实缴资本 760 万元。2009 年 12 月,二被告人在未实际出资的情况下,通过中介人员向福建某公司短期拆借 3040 万元用于交纳泉州某公司其余注册资本。同月 2 日,泉州某公司向泉州市工商行政管理局办理实缴资本的变更登记手续。次日,泉州市工商行政管理局将该公司实缴资本由 760 万元变更为 3800 万元。2010 年 3 月 12 日,公安人员通过电话传唤二被告人接受讯问。当天,被告人缪某某到公安机关接受讯问。同月 19 日,被告人国某某到公安机关接受讯问。二被告人在接受讯问时均如实供述犯罪事实。

另查明,泉州市丰泽区公安局丰泽派出所出具证明表示愿意对被告人国某某监管帮教。泉州市丰泽区司法局矫正办出具监管帮教意见函表示愿意对被告人缪某某监管帮教。在本案的审理过程中,被告人国某某、缪某某各自预交罚金 38 万元。

......

本院认为,被告人国某某、缪某某采取欺诈手段虚报注册资本,欺骗公司登记主管部门,取得公司登记,虚报注册资本数额巨大,其行为均已构成虚报注册资本罪。公诉机关指控的罪名及犯罪事实成立。被告人国某某、缪某某未被采取强制措施时,主动向公安机关投案并如实供述犯罪事实,是自首,可以从轻或减轻处罚。被告人归案后自愿认罪并预交罚金,认罪、悔罪态度较好,可以酌情从轻处罚。综上,决定对被告人国某某、缪某某从轻处罚并适用缓刑。对二被告人辩护人的相关辩护意见予以采纳,其余辩护意见不予采纳。据此,依照《中华人民共和国刑法》第一百五十八条第一款、第二十五条第一款、第六十七条第一款、第七十二条的规定,判决如下:

一、被告人国某某犯虚报注册资本罪,判决有期徒刑一年,缓刑一年六个月,并处罚金人民币 38 万元(已缴纳)。

二、被告人缪某某犯虚报注册资本罪,判决有期徒刑一年,缓刑一年六个月,并处罚金人民币 38 万元(已缴纳)。

······

二〇一一年三月三十日

2. 一审辩护词

······

一、被告人国某某涉嫌本案不具有明显的主观恶意。

关于主观方面的问题,可从下列几方面事实佐证:

1. 组建"泉州某公司"当时,确实拟开发房地产

在被告人国某某的供述(见公安局卷二 P4—5)、缪某某的供述(见公安卷二 P25—26)、张某某的证言(见公安卷 P122—124)中,都谈及:当时合伙设立泉州某公司的初步计划是在南安石井开发房地产,有具体的宗地,也做了一定的工作,由于该地块一部分是农保地不能办理,故这一计划无法实现。从这一情节看,被告人设立"泉州某公司"确实是想做实事,而不仅仅是注册一个空壳公司。因此,其主观恶性是非常小的。

2. 随大流、不知是犯罪,在他人的诱导下涉入犯罪

虚报注册资本,在当今中国,尤其是私营企业,是众所周知的普遍现象,绝大多数的参与者都不知道是犯罪,被告人亦不例外。尤其是被告人在委托中介人员注册"泉州某公司"、虚假注资时,中介人员亦没有告知或暗示这种做法属于犯罪。在这种社会大潮下,在中介人员为了谋取私利而不告知虚报注册资本属于犯罪的误导下,被告人在不知犯罪的情况下实施了虚报注册资本的犯罪行为。这种主观故意,显然与明知是犯罪而故意为之相比,其主观恶性要小得多。

3."泉州某公司"设立后,存在实际上的开支但不懂得将之作为注册资本注入

"泉州某公司"设立后,虽然没有开发项目,但也存在不少开支,比如工资、年检、租金、交通、通信等支出,最为明显的是与厦门某公司商谈、签订《转让合同》、履行该合同、因对方违约而申请仲裁、申请执行等等一系列活动,仅厦门仲裁委员会厦仲裁字(2010)第 0047 号裁决书上涉及的证据所支出的各项费用即达一千多万元,被告人倘若有心做假,做法很简单:将这些费用先汇入"泉州某公司"账户,然后工商登记注册资本后作为公司的正常支出费用。这一处理,至少在形式上符合法律对注册资本的要求。被告人没有这样做,不仅证明其真不知道虚假注资的违法性,更证明其犯罪的主观恶性确实非常小。

4.倘若《转让合同》能顺利履行,便不可能发生本案

这个问题可从下列两个方面说起:

其一,本案的源起:"泉州某公司"与"厦门某公司"签订《转让合同》后,由于"厦门某公司"多项违约,拒不履行合同约定的多项义务,致协商不成后,"泉州某公司"不得已而向厦门仲裁委申请仲裁。从裁决书的结果可知,由于"厦门某公司"首先违约,因此,依据《转让合同》的约定和相关法律的规定,"厦门某公司"必须赔偿"泉州某公司"3000 多万元。"厦门某公司"不仅不正视自己的过错,为了不履行裁决书确定的义务,还开始大肆举报"泉州某公司"及其合伙人。第一,向厦门市公安局举报"泉州某公司"诈骗,厦门市公安局经审查认为"没有犯罪事实"而不予立案(见公安补充侦查卷 P11)。第二,向丰泽公安局举报本案。另外,向厦门市中级人民法院申请撤销仲裁,此后又自己申请撤诉;向厦门市中级人民法院执行庭申请中止执行,致该院因本案而第二次裁决中止执行。所有这一切,明眼人都看得出"厦门某公司"企图通过这一系列的动作来达到赖账的目的。试想,倘若《转让合同》能顺利履行,"厦门某公司"就不可能举报本案,被告人亦不可能由此涉嫌本案。

其二,倘若《转让合同》能顺利履行,其涉及的资金多达 4 个多亿(即:转让款 2.9 亿多元,装修、筹备等费用 1 个多亿),不仅有资金正常注入,还必须根据公司的规模增加注资。可见,只要拿 4 个多亿中的一部分作为注册资本,怎么可能发生本案呢?

上述两个方面都是现实,亦凸显被告人涉嫌本案在主观上的恶性并不明显。

二、被告人国某某涉嫌本案,没有造成严重的危害后果。

从本案证据可知,自被告人设立"泉州某公司"以来,没有给社会造成任何直接的危害后果。公诉人刚才发表的公诉词中也谈到"泉州某公司"设立以来没有实施违法犯罪行为。倘若要考证其犯罪的危害后果,只能用"显著轻微"四个字认定。

三、被告人国某某系自首,且坦白认罪,具备减轻处罚的条件。

基于上述种种主、客观原因及其结果,被告人涉嫌虚报注册资本罪,但是,当其接

到公安机关的电话通知后,即主动投案,并在第一次接受讯问时如实、全部交代了犯罪事实,公诉机关认定其系自首,符合《刑法》第六十七条第一款的规定,是正确的。在此,辩护人谨提醒法庭注意,被告人坦白交代的彻底性。从公安机关的五次讯问笔录可知,在第一次讯问时,被告人即毫不隐瞒地坦白交代了全部犯罪事实,毫无保留,以致公安机关的后四次讯问几乎没有新的讯问内容。由此进一步证明:被告人从不知道是犯罪,到知道是犯罪,到彻底坦白,其认罪服法的真诚和彻底性,使本案的全案及时侦破起到了积极的作用。因此,对像被告人这样的对象,无须采用刑事处罚的方法即可将其改造成对社会有用的人才,故建议贵院依据《刑法》第六十七条第一款的规定对被告人减轻处罚,依据《刑法》第三十七条的规定对被告人免予刑事处罚。

综上所述,辩护人认为,被告人的犯罪情节明显是轻微的。考虑到在司法实践中,已经有地区(如厦门市)由于发现虚报注册资本的犯罪具有普遍性,而试探性地采取较为宽松的做法,即给予半年整改时限,以观后效。在全国的司法实践中,尽管设立虚报注册资本罪这一罪名以来已有十几年的时间,且大量地存在着此种类型的犯罪,但在审判实践中的判例却寥寥无几。这一现实不仅从侧面反映出中国历史上"罚不责众"的古训,更从实践中确实体验到对此类犯罪在处罚上的从轻考量。故此,考虑到被告人系初犯,没有前科,基于上述三个方面的辩护意见,根据《刑法》第三十七条、第六十七条第一款和最高人民法院法发〔2010〕60 号《关于处理自首和立功若干问题的意见》第八条的规定"具有自首或者立功情节的,一般应依法从轻、减轻处罚;犯罪情节较轻的,可以免除处罚",辩护人呈请贵院对被告人国某某免予刑事处罚。谢谢!

此致

丰泽区人民法院

辩护人:张少鹏

2010 年 12 月 31 日

3. 案悟

(1)成败连着国运

人的命运与国运息息相关。

在某一历史时点上,一个人的命运,无不与当时的国运紧紧相连。

历史上的这一关系不胜枚举,本文不研究历史,仅以本案的当事人为背景略谈之。

虚报注册资本罪,在 1995 年之际,应当时之需呼之而出;2014 年,又应当时之需循声而去。本案案发于 2010 年 4 月,当事人受刑法处罚在所难免。倘若能挨到 2014 年,就转运了,不会被刑事处罚了。人命如此,只好自认倒霉。

（2）成败无关学历

两名被告人，皆为高学历，一名硕士研究生，一名大学本科生，但是，触犯虚报注册资本罪，并非其高智商实施的积极作为所追求的目的，而是其因不懂法而犯下的低级错误，是高历低能的充分体现。在他们的主观上，唯有创业获利的追求目标，而无危害社会的丝毫动机，也注定其命孬，多少人如此复制至今毛发未损，唯独孬运降临其身。若非与厦门某公司争议，亦不可能由此被罪。由此，我便想到一个问题：学历再高，做事不先询法，无知触法，无可免责。教训是沉痛的，人人皆应汲取。

（3）成败应汲教训

诗和远方是一种境界和情怀，可望难即，不能当饭吃。

理想可以想，但不应成为幻想；理想很丰满，现实很骨感。

凡事皆应依法，身正不怕影斜，任你风云变幻，我自岿然不动。

本案的教训是应该汲取的，由于急于赚钱，极度浮躁的心影蒙住了聪慧的双眼，如急驰的汽车急刹不住而掉入悬崖似的。还是应听取古人之训：积跬步而致千里，浮躁不得，急躁不得。

结语

宁静致远，厚德载物。①

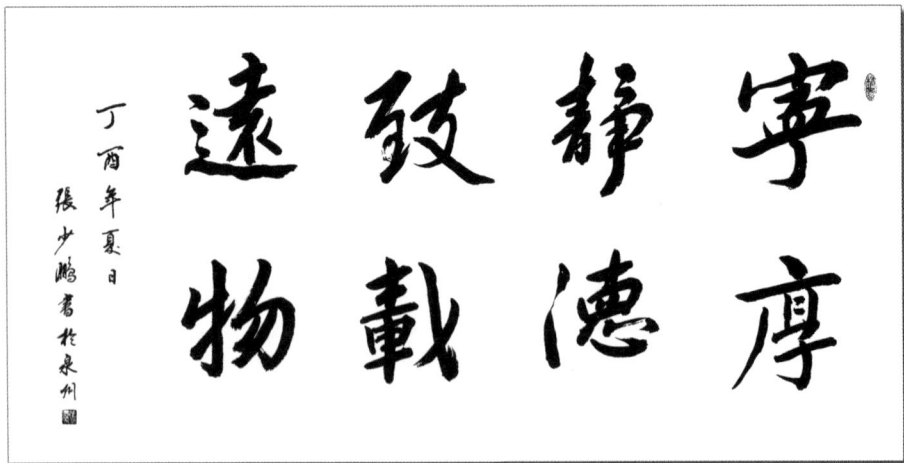

---

① "宁静致远"出自西汉初年刘安的《淮南子·主术训》："人主之居也，如日月之明也。天下之所同侧目而视、侧耳而听、延颈举踵而望也。是故，非淡泊无以明德，非宁静无以致远，非宽大无以怀众，非平正无以制断。"释义：平稳静谧心态，不必杂念左右，静思反省，才能树立（实现）远大的目标。

"厚德载物"出自《周易·坤》："天行健，君子以自强不息；地势坤，君子以厚德载物。"《国语·晋语六》："吾闻之，唯厚德者能受多福，无福而服者众，必自伤也。"厚德载物，雅量容人。释义：重视品德要像大地那样厚重广阔，才能承担重大任务。

但愿创业者都能有"宁静致远""厚德载物"之情怀。

（本文写于 2017 年 7 月 17 日，之后作多次修改）

三、人格权案

书法

以自诩的张体书之。

悟源

2015年国庆节放假期间，泉州某公司老板吴某约我，说是有个被人家告的案子想请我帮忙。好友相托，义不容辞。

看了《民事起诉书》，方知原告黄某，艺名海某，大明星。跟名人搭上官司，赔偿金额就是狮子大开口：经济赔偿195万元，精神赔偿100万元，合计295万元。

这是我从事专、兼职律师30年来接触过的第一起涉及明星人格权的案件，故想留下记忆，以警示后人。

释义

人格权，是指法律予以保护的与权利主体的人格不可分离的权利。人身权之一，包括生命健康、人身自由、名誉、姓名、肖像等不受侵犯的权利。此种权利，始于出生，终于死亡。①

案悟

1. 法院的民事判决书

福建省晋江市人民法院

民事判决书

(2015)晋民初字第 1029 号

原告黄某,女,……。

委托代理人何某某,北京某律师事务所律师。

泉州某公司,住所地福建省晋江市磁灶笑口,组织机构代码 70523394—7。

法定代表人吴某某,该公司执行董事。

委托代理人张少鹏,福建侨经律师事务所律师。

原告黄某与被告泉州某公司人格权纠纷一案,本院于 2015 年 1 月 13 日立案受理后,依法组成合议庭不公开开庭进行了审理。案经二次开庭,原告黄某的委托代理人何某与被告泉州某公司的委托代理人张少鹏均到庭参加诉讼。本案现已审理终结。

原告诉称,原、被告双方于 2010 年 8 月 31 日签署一份《广告形象代言人协议》,约定由原告作为被告的广告形象代言人,合同期限为 2011 年 1 月 1 日至 2013 年 1 月 1 日,酬金 1250000 元。合同签订后,原告依约履行代言义务,被告仅依约支付了第一期款 600000 元。合同到期后,被告仍继续使用原告的肖像、姓名于被告的产品广告及官方网站等领域。请求判令:(1)被告立即停止侵权行为,包括:①被告在企业或产品宣传上(包括但不限于企业官网、新产品包装、户外广告、自营专卖店、媒体及其他印刷版宣传物料,例如手拎袋、纸杯等领域)停止使用原告姓名、肖像的行为;②被告在招商加盟过程中(包括但不限于招商手册、产品宣传单、产品画册、企业画册、宣传类光盘、公司期刊、公司品牌报、人像立牌海报、产品展架等宣传物料)停止使用原告姓名、肖像的行为;③被告立即停止销售生产日期 2013 年 7 月 2 日之后含原告姓名、肖像的产品;④被告立即删除被告企业官网(www.salle.com.cn)页面内含原告姓名、肖像的店铺形象、影视广告、户外广告、物料中心、招商加盟的图片和文字。(2)被告消除因侵权行为给原告带来的不良影响,在被告企业官网(www.salle.com.cn)和全国公开发行的报纸(报纸范围和具体内容请法院酌定)向原告赔礼道歉,并判

① 《法学词典》(增订版),1984 年第 2 版,第 12 页。

令被告向各加盟商、代理商发出要求撤下含原告姓名、肖像宣传物料的书面通知(通知内容请法院核准)。(3)被告支付原告赔偿金共计2950000元(经济赔偿1950000元,精神赔偿1000000元)。审理中,原告撤回第一项诉讼请求。

被告辩称:(1)近些年来,由于全国经济不景气,再加上被告工厂被政府征迁,已停产多时用于寻找新厂址、装修、搬迁等,上述情况直接导致被告的生产经营无以为继,产品销量急剧下降。因此,原告的第一项诉讼请求已没有必要,故请求依法予以驳回。(2)关于对原告的第二项诉讼请求,2010年8月31日被告与北京某公司签订《广告形象代言人协议》之后,被告即享有使用原告肖像的权利。倘若由于上述企业状况致使被告疏忽致合同期满后仍使用原告的肖像,被告特向原告赔礼道歉。被告确非故意延期使用,原告要求在"企业官网"和"全国公开发行的报纸"向其赔礼道歉,确实不合情理,不应予以支持。被告的代理商早已没有含原告姓名、肖像的宣传物料,再发此类通知,已属没有必要。(3)关于赔偿问题,原告的请求确实是天价。

审理过程中,当事人对以下事实没有争议,本院予以确认。原告的艺名为海某。被告与北京某公司于2010年8月31日签订《广告形象代言人协议》一份,合同约定被告聘请北京某公司的艺人即原告作为公司广告的形象代言人,北京某公司提供原告的肖像、图片供被告在宣传产品的广告上(包括包装、户外、卖出、网络、媒体及其他平面宣传物料等)适用,酬金1250000元分期支付,第一期款600000元于被告收到合同7个工作日内支付,第二期款700000元于原告莅临发布会现场当日支付,合同期限为2011年1月1日至2013年1月1日到期,代言到期后,如双方不再续约,给予被告3个月的产品回收期。合同签订后,被告依约支付第一期款600000元。合同到期后,被告的企业官网(www. salle. com. cn)仍继续使用原告的肖像和姓名。原、被告双方共同确认截止于2015年10月23日被告不再侵犯原告姓名权、肖像权。原告主张被告侵权的范围来源于被告的企业官网。

上述事实,有原告提供的被告企业官网(www. salle. com. cn)英文版网页打印件,被告提供的《广告形象代言人协议》一份以及原、被告在法庭上的陈述加以证实,本院予以确认。

当事人争议的焦点主要有:(1)关于原告主张的泉州某公司安徽芜湖实体店的侵权行为是否可以认定系被告所为?(2)被告应当以何种形式对原告进行赔礼道歉?(3)被告侵犯原告姓名权、肖像权的赔偿金数额应当如何认定?对此本院予以查明、分析并认定。

一、关于泉州某公司安徽芜湖实体店的侵权行为的问题

原告认为,泉州某公司安徽芜湖店是被告在安徽的总代理。该店使用原告的相关素材均指向泉州某公司的品牌、资讯及企业活动,与被告企业网站内容相同。为证

明其主张,原告向本院提供以下证据:(1)中华人民共和国北京市方正公证处出具的(2013)京方正内民政字第21752号公证书一份;(2)网址 www.whslq.com 的工业和信息化部 ICP/IP 地址/域名信息备案管理系统查询网页打印件一份;(3)泉州某公司安徽芜湖店使用原告姓名、照片进行宣传的录像光盘及录像截图打印页。

被告质证认为,对证据(1)、(2)的真实性没有异议,但无法证明该门店系被告在安徽的总代理门店或被告与该门店的关系,也无法证明被告授权该门店使用原告的姓名、肖像;对证据(3)的真实性、证明目的有异议,无法证明拍摄地点是被告或被告的代理商设立,泉州某公司的"×××"这三个字并非被告一人独享,录像中的门店并没有体现被告的全称,也没有指出哪个产品使用了原告的姓名、肖像。

被告认为,原告没有提供安徽芜湖店是被告代理商的相关证据。

本院认为,原告提供的证据虽然经过公证处公证,来源真实,但证据(1)、(2)无法证明该门店系被告代理商,也无法证明该商店使用原告的艺名、肖像系基于被告的授权。故原告提供的证据不足以证明该门店侵犯原告姓名权、肖像权的行为系被告所为。

二、关于以何种形式进行赔礼道歉的问题

原告认为,因被告在企业网站有全国招商的经营项目,被告的市场面向全国,加盟商分布广泛,被告应在全国公开发行的报纸向原告赔礼道歉,并且向被告加盟商、代理商作出澄清。再者,被告聘请原告代言的事实,被媒体大肆传播,合同实际履行中被告不仅不解决在先的违约责任问题,还继续擅自使用,导致新的侵权责任发生,被告缺乏诚信,原告不能接受。根据权责相一致的原则,被告应消除侵权行为带来的不良影响,在全国报纸上公开道歉。

被告认为,双方的往来中被告一直比较有诚意。因原、被告关系较好,才聘请原告作为被告的形象代言人。原告起诉后,被告也检查自己的实务,已经明确向原告进行口头及书面的多次赔礼道歉。侵权系因被告忙于拆迁,加上法律意识不足,并没有恶意,请原告理解。被告目前因拆迁整顿并没有生产产品,且在全国的影响也不大,因此没有必要在全国刊物上赔礼道歉。

本院认为,被告在代言合同期限届满再加上3个月的产品回收期即2013年4月1日后,仍继续在企业官网(www.salle.com.cn)上使用原告的肖像和姓名至2015年10月23日,该期间被告已经丧失了原告肖像、姓名的合法使用权,无法继续以营利为目的使用原告的肖像、姓名。虽然被告对于侵权行为已经明确向原告表示口头及书面的道歉,但原告身为公众人物,具有一定的社会知名度,且被告的企业官网系被告用于企业文化、产品等宣传的载体,该网站对社会公开任何人都可以进入浏览,被告的侵权行为影响面大,对原告产生较大影响。被告应当消除侵权行为给原告带来的不良影响。故被告应在其企业官网（www.salle.com.cn）和全国公开发行的报纸向原告赔礼道歉。被告的加盟商、代理商使用含原告姓名、肖像宣传物料虽系各加盟商、代理商的行为，但考虑到被告的加盟商、代理商的营利与被告的营利实际上息息相关，且被告作为广告主负有在代言合同到期后及时清理含原告肖像、姓名的宣传物料的义务，故被告应书面通知加盟商、代理商撤下含原告肖像、姓名的宣传物料。

三、关于赔偿数额的问题

原告认为，自2012年8月27日原告第一次以书面提示被告合同法律风险，被告始终不回应。被告消极不作为及继续使用原告、姓名、肖像进行广告的积极作为，证明被告侵权的主观恶意，原告诉讼维权的历程，被告提出管辖权异议，有意拖延时间，进一步证明被告侵权的主观恶意。被告拒不支付合同尾款，拒不向原告解释，提出管辖权异议拖延时间等系列行为违背诚实信用原则，导致损失进一步扩大，包括原代理合约的可得利益损失及签约第三方代言的损失，被告应对扩大的损失承担赔偿责任。被告的企业官网、微博、博客、微信、代理商、宣传物料等领域使用含原告姓名、肖像的行为，导致泉州某公司品牌影响被提升，为被告招商加盟及产品销售带来巨大利益。原告参与主演《××× 》等电视剧，其肖像和姓名具有较大的商业价值。请求法庭考虑被告的侵权目的、收益情况、侵权行为、时间、后果等情节，及原告知名度、代言标准、实际损失等，综合确定原告所应获得的赔偿数额。为证明其主张，原告向本院提供以下证据：（4）海某的百度百科、百度图片网页打印件；（5）网址 www.salle.com.cn 的工业和信息化部 ICP/IP/地址/域名信息备案管理系统查询网页打印件一份；（6）中华人民共和国北京市方正公证处出具的（2013）京方正内民政字第19177号公证书一份；（7）中华人民共和国北京市方正公证处出具的（2013）京方正内民政字第17403号公证书一份；（8）2012年8月27日出具的（2012）智律函字第082701号提示函、快递单；（9）2012年11月6日出具的（2012）智律函字第110603号律师函、快递单；（10）2013年5月27日出具的（2013）智律函字第052705号律师函、快递单；（11）2014年11月14日出具的（2014）智律函字第111402号律师函、快递单；（12）www.salle.com.cn 网页打印件及光盘，证明被告一直不使用，并未停止；（13）被告企业官网、微博、博客、微信等互联网领域使用含海某姓名、肖像的网页打印件。

被告质证认为：证据（4）系原告自行制作，真实性无法确认，通过几张图片无法证实原告的知名度、美誉度及具有较高的商业价值。证据（5）系原告自行制作，真实性无法确认，但 www.salle.com.cn 确实是被告的官方网站。证据（6）的真实性没有异议，但2012年10月10日还在代言合同期限内，被告在2012年10月10日不存在侵犯原告姓名权、肖像权的事实。对证据（7）的真实性没有异议。证据（8）、（9）、（10）、（11）的真实性没有异议，被告有收到律师函。但原告邮寄证据（8）、（9）给被告时，尚在代言合同期内。证据(9)是合同期满后发送,被告收到律师函后就没有再使用原告的姓名、肖像,且因被告的厂房被征迁,有一段时间没有生产产品,没有使用原告的姓名、肖像。证据(12)的真实性予以认可,但被告的官方网站中文版均不存在原告的肖像,仅有部分文字内容提到原告的艺名海某,但该文字内容前面都冠有时间,该部分的文字表述主要是介绍被告公司的历史,反映的是一种真实的状况,不存在侵犯原告姓名权。被告的官方网站英文版确实存在原告的肖像,经核实系被告的工作人员疏忽,因不懂英语,平时没有登录官方网站英文版所致,特此表示歉意。证据(13)的形成时间均是在合同期限内,且有的系他人转载的并非被告发布,对此被告已积极联系他人进行删除,请原告谅解。

被告认为,原告诉求的赔偿金额太高,没有依据。请求法庭依法处理。

本院认为,原告提供的证据(4)系网络评价,无法证实原告的商业价值,不予认定。证据(5)经被告确认,可以认定被告的官方网站为 www.salle.com.cn。证据(7)、(8)来源合法,内容客观真实,予以认可。证据(8)、(9)、(10)、(11)真实性得到被告的确认,予以认可。结合证据(8)、(9)、(10)、(11)可以证明原告在合同即将到期前已书面提示被告法律风险,且在合同到期后明确向被告提出要求停止侵权并进行赔偿的相关事宜。证据(12)的真实性被告予以认可,本院也予以认定。证据(13)系在原、被告的代言合同期内由他人转载,对此被告已明确表示歉意并积极联系他人进行删除。原告在合同即将到期及到期以后,一直以书面形式明确告知被告注意合同期限,停止侵权,但被告在合同届满后仍继续使用原告的姓名、肖像于被告的官方网站至 2015 年 10 月 23 日。被告侵犯原告姓名、肖像的时间持续两年半。被告的行为侵犯了原告的姓名权、肖像权。根据法律规定,公民的肖像权、姓名权受到侵害的,有权要求赔偿损失。原告作为艺人,代言活动系其一项工作收入来源,被告侵权的事实势必造成原告经济损失及负面影响,故原告要求被告支付经济损失及精神赔偿的主张,本院予以支持。广告代理合同中报酬不仅包含原告肖像、姓名的商业使用价值,还包含原告出席产品宣传活动、拍摄影视平面广告等相关活动产生的费用,且该广告代言合同系与北京某公司签订,北京某公司也需要产生相应的管理费用和公司利润。综合考虑被告的过错程度、侵权行为的具体情节、后果及影响等诸多因素,本院酌定被告应赔偿原告经济损失 250000 元、经济损害 10000 元。

经庭审举证、质证并认证,除当事人无争议事实外,对本案其他主要事实可作如下认定:

原告在代言合同即将到期及到期以后,提醒被告避免、消除侵权行为,但被告未及时履行该义务。被告自 2013 年 4 月 2 日至 2015 年 10 月 23 日期间持续侵犯了原告的肖像权、姓名权。原告于 2015 年 1 月 13 日向本院提起诉讼。

综上所述,本院认为,被告在广告代言合同期限届满后仍继续使用原告的肖像、姓名于被告的企业官网达两年半,侵害了原告的肖像权、姓名权,应当承担相应的民事责任,包括停止侵权、恢复名誉、消除影响、赔礼道歉、赔偿损失等。因该侵权行为已经停止,原告申请撤回关于停止侵权的第一项诉讼请求,本院予以准许。鉴于原告系公众人物,且因被告侵权所造成的影响范围不特定,对原告产生的影响较大,原告要求被告在企业官网(www.salle.com.cn)和全国公开发行的报纸上向原告赔礼道歉的主张,本院予以支持。被告的加盟商、代理商的营利与被告的营利有着紧密联系,且被告作为广告主负有在代言合同到期后及时清理含原告肖像、姓名的宣传物料的义务,故原告要求被告书面通知加盟商、代理商撤下含原告肖像、姓名的宣传物料的请求,本院也予以支持。被告的侵权行为给原告造成了一定的经济损失和精神伤害,本院酌定被告应赔偿原告经济损失250000元、精神损害10000元。原、被告的其他主张,未能提供证据予以证明,不予支持。依照《中华人民共和国民法通则》第九十九条第一款、第一百条、第一百二十条、第一百三十四条第一款,《中华人民共和国侵权责任法》第二条、第三条,《最高人民法院关于确定民事侵权精神损害赔偿责任若干问题的解释》第一条,《中华人民共和国民事诉讼法》第六十四条及《最高人民法院关于适用〈中华人民共和国民事诉讼法〉的解释》第九十条之规定,判决如下:

一、被告泉州某公司应于本判决生效之日起十日内在企业官网(www.salle.com.cn)和全国公开发行的报纸上向原告黄某赔礼道歉,书面内容须事先经本院审查认可。如被告泉州某公司逾期未履行上述判决义务,本院将于相关媒体刊登本判决书的主要内容,所需费用由被告泉州某公司负担。

二、被告泉州某公司应于本判决生效之日起十日内向各加盟商、代理商发出要求撤下含原告姓名、肖像宣传物料的书面通知。

三、被告泉州某公司应于本判决生效之日起十日内赔偿原告黄某经济损失250000元、精神损害10000元,共计260000元。

四、驳回原告黄某的其他诉讼请求。

……

二〇一六年三月二十三日

2. 案悟

本案的侵权事实是客观存在的,否认侵权是徒劳的。律师的本事就是能够在被动中降低、减少赔偿金额,便是极大的成功,将"黑"说成"白",法官又不是傻瓜,只是在欺骗当事人,却无法取得最佳效果。

由于涉及明星诉讼,更应慎之又慎。

办理本案,至少有如下感悟值得分享:

(1)定焦点

原告诉讼请求写了一大堆,450多字,三大项诉求,近十个具体的诉求。第一次看到这样的诉求,乍看还真有点蒙。无非就是停止侵权、赔礼道歉、赔偿损失这三项。而在这三项中,原告追求的根本目的还是赔偿金额问题。找准了这一最为主要的焦点,办案思路就豁然了。

(2)确期限

接案后的第一个工作即要求被告全面检查其企业官网、自身及专营店等的宣传资料,凡涉及原告肖像等的地方,马上删除。这一工作的目的是:减少侵权时间,降低侵权赔偿金额。被告也及时去做了。可惜的是,在企业官网的外文栏目没有删除。原告在公证处取证时查到了这一唯一能延长侵权时间的证据,才使得法院认定的侵权最后日期至2015年12月23日。拿到原告的这份公证证据后,我立即叫被告删除,方能在第二次庭审质证时,当场上网核对,双方确认已经删除,也才不至于将侵权时间继续延长。

(3)降天价

初看原告诉求中的赔偿数额,经济赔偿195万元,精神赔偿100万元,合计295万元,第一印象就是明星在狮子大开口。心中有数的是"精神赔偿100万元"绝无可能。在司法实践中,死亡案件的精神赔偿数额都不可能这么高,用一下肖像就能带来比死亡更为惨烈的精神损害?谁也不会相信。这一方面我是较为自信的。至于原告提出的经济赔偿195万元,这一数额是如何得出的,没有依据。

原告故意不提交《广告形象代言人协议》(以下简称《协议》)。我分析了该《协议》后,决定作为证据提交。这份《协议》约定的广告代言总酬金是130万元[①],但是,酬金的给付被告方享有两大部分主要权利:其一,代言期限2年;其二,原告参加被告举办的发布会等。而《协议》签订后,被告因故没有举办发布会,原告也就没有参加发布会,则这一事项的酬金自应扣除,余额才是2年代言期的酬金。2年时间与酬金金额一除,即可得出每天的代言酬金。被告延期使用天数应付多少金额的酬金就可以算出来了。再怎么算,也算不到195万元。判决书根据本案实际情况酌定为25万元,双方都能接受,于是,双方都没有上诉。

这就是本案的突破口。你若不懂得降低基数,则总额肯定会高;基数一降低,再怎么算,即便延期使用天数多算一些,总额也高不到哪里去。如此,律师的本事就凸显出来了,当事人就能直观地看到委托律师的效果。

---

① 判决书误写为"125万元"。

（4）谋共赢

判决后，听法官说原告不上诉；我亦动员被告不要上诉，并劝被告主动给付赔偿款，以免原告申请强制执行又得损失一笔执行费，且伤了名誉。被告觉得有道理，便让我与原告的律师联系。经友好沟通后，原告同意放弃法院判决的第一、二项判决内容，被告依约支付了赔偿款，皆大欢喜。

我曾异想天开：倘若每一起案件都能像本案如此完美，多好！

（5）查学研

三十余年的律师工作经历，涉及人格权纠纷的案件接触甚少，涉及明星人格权纠纷的案件独此一起。故而十分认真、慎重。翻阅了不少涉及人格权的法律、法理资料，查阅了数起明星人格权纠纷案件的判例，于是，现学现卖起来更胸有成竹，底气十足。法律那么多，谁记得了？但是，自诩法学功底较好者，不怕，需要时立刻学习，办一案，研一案，厚积薄发，功到垂成。

此类案件，侵权时间很重要，它是计算赔偿金额的重要依据之一。从原告起诉到法院判决，还得有一段时间，若将这段时间的侵权行为消除，必然会减少不少赔偿数额。因此，作为律师，接受案件的第一工作就是要找准争议焦点，及时消除可能增加经济损失的隐患，最大限度地减少当事人的损失，努力地以己之知识依法维护当事人的合法权益。

结语

山重水复疑无路，柳暗花明又一村。①

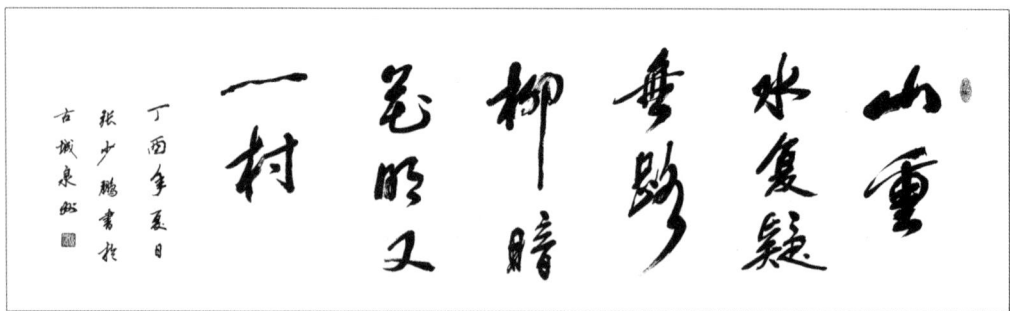

---

① 引用南宋陆游的《游山西村》诗中的名句作为本文的结束语，仅取其中大意而已。

四、财产损害赔偿案

以自诩的张体书之。

2006 年 7 月 27 日 19 时许,原本已经归于平静的原泉州市区中山中路泮宫商店①所在地的七间店铺因电气故障原因引起大火,中山路 44-58 号共 7 间店铺二楼被烧毁,过火面积约 900 平方米。之后,在舆论的风口浪尖里,诉讼开始了。

引发火灾的中山中路 52 号店面的业主许某昆的祖上系许邦光(1781—1833)先生,清嘉庆十六年(1811 年),许先生与林则徐同榜进士,官至光禄寺卿,是《大清一统志》福建卷编修官。一生著述颇丰,书法名噪一时。林则徐路过泉州必登门造访,清道光年间泉州进士龚维琳、陈庆镛均为其门生。我妻子叫许先生后裔许某昆先生舅

---

① 泮宫商店是国有商场,由 9 间店面构成,民间称该商店为“9 间”。9 间店面皆为向私人承租。20 世纪 90 年代,业主为讨回店面曾掀起一场诉讼,我代理过其中 6 间店面的诉讼,因判决要求续租 8 年,业主也熬过来了,刚讨回房屋没几年,正享受着比原先的租金高出 10 倍以上的福利时,一场大火又引发了全城关注的目光。

舅,由于这层亲戚关系,这一火灾引发的诸事、诸诉,我无法回避,且责无旁贷。

　　店面所涉的两度全城聚焦,特别是火灾事故发生后的财产损害赔偿诉讼,虽不复杂,但有留下记忆之必要。

释义

　　财产损害赔偿,是指权利人认为其合法所有的财产遭到侵害而向人民法院提起诉讼要求加害人停止侵害并赔偿的情形。主要法律依据为《民法通则》《民法总则》《侵权责任法》《物权法》《合同法》等。

案悟

　　火灾发生后,7 间店面中的 3 间店面业主和 1 间店面租户选择诉讼;扣除许某昆先生自己的店面及其承租人,另外 3 间店面的业主和 5 间店面的租户都没有提起诉讼,念及邻里和睦,亦无私下主张赔偿。兹将涉及店面的案件审理结果简介如下:

　　1. 中山中路 56 号店面的诉讼
　　(1)一审民事判决书的部分内容

中华人民共和国
福建省泉州市鲤城区人民法院
民事判决书

(2008)鲤民初字第 1896 号

　　……

　　经审理查明:原告陈某 A、陈某 B、陈某 C 是地址在鲤城区中山中路 56 号店铺的共同所有权人,该店铺面积 329.71 平方米,系商业用途,由原告在经营珠宝店。鲤城区中山中路 52 号店铺的产权人是许某某(已故)。许某昆是许某某之子,也是鲤城区中山中路 52 号店铺的管理人、出租人。2005 年 5 月 15 日,许某昆与黄某某签订一份《租约》,约定许某昆将鲤城区中山中路 52 号店铺出租给黄某某经营箱包皮具,租赁期为自 2005 年 5 月 19 日起至 2010 年 5 月 19 日止。黄某某与陈某 D 原系夫妻关系,2005 年 11 月 4 日,黄某某与陈某 D 在连江县婚姻登记中心办理离婚登记手续并签订《离婚协议书》,双方在《离婚协议书》中约定鲤城区中山中路 52 号的皮包店归陈某 D 所有。2006 年 7 月 27 日 18 时,鲤城区中山中路 52 号店铺发生火灾。2006 年 8 月 30 日,泉州市鲤城区公安消防大队分别以泉鲤公消认字〔2006〕第 5 号《火灾原因认定书》、泉鲤公消责字〔2006〕第 5 号《火灾事故责任书》认定如下:"火灾基本情况:

2006 年 7 月 27 日 18 时 56 分,泉州市鲤城区中山中路 52 号店铺发生火灾,火灾造成毗连的中山中路 44-58 号 7 家店铺二层被焚,过火面积 900 平方米,直接经济损失经核定为 285800 元,无人员伤亡。""造成该起火灾的原因为电气故障引起的。""陈某 D 应负间接责任。"泉州市鲤城区公安消防大队的《"7·27"泉州市中山中路火灾调查报告》记载:"火灾原因的认定:一、起火点的电表是两个连在一起……表明电流超负荷或电线短路造成电线起火,烧毁电表,酿成火灾。……三、……(52 号)该店发生火灾前有使用电器造成电流超负荷的可能。综上所述,造成该起火灾的原因为电气引起的。""此次火灾事故责任中陈某 D 应负间接责任。原因是:一、陈某 D 作为承租者……不能正确履行租赁者的管理职责,不能履行店内的消防安全职责,对员工不进行消防安全教育,店内灭火器不能使用不及时更换。二、2005 年对店铺装修未经消防审核和验收擅自装修和投入使用。三、店内设置大量灯具和大功率的空调等电器,且不加强管理,致使火灾事故发生。……"泉州市鲤城区公安消防大队的《火灾直接财产损失核定表》记载鲤城区中山中路 44-58 号店铺已使用 36 年(折旧年限 30 年)、烧毁率为 50%、核定房屋构筑物损失为零元,核定服装、鞋帽等损失为 285800 元(因受灾户未能提供有效原始单据,故采用结算)。

鲤城区中山中路 56 号店铺在火灾发生后经政府部门批准进行翻建,于 2008 年 10 月 1 日重新开始经营使用。经原告申请,本院委托厦门中利资产评估土地房地产估价有限公司对 56 号店铺于 2006 年 7 月 27 日前的建筑成本价值及自 2006 年 7 月起至 2008 年 9 月止每月的租金水平进行评估。厦门中利资产评估土地房地产估价有限公司于 2009 年 8 月 10 日作出中利房估字(2009)QH 第 134 号《房地产估价报告》,得出结论:鲤城区中山中路 56 号店铺自 2006 年 7 月起至 2008 年 9 月止的平均月租金价值为人民币 31385 元(31385 元/月),但因为无法确定 56 号店铺于火灾前的建筑结构及建筑物实际状况,而无法对 56 号店铺的建筑成本作出准确的评估结论。被告认为该估价报告对月租金价值的评估结论偏高。在本案诉讼过程中,原告同意以 23000 元/月的租金价值为标准计算店铺租金损失。

另查明:黄某某将承租经营的鲤城区中山中路 52 号店铺起字号为"泉州市鲤城区雷洛斯天使皮具店",该皮具店系个体工商户,于 2006 年 3 月 2 日核准登记,经营起始日期为 2006 年 3 月 2 日,经营者为黄某某。1999 年 5 月 27 日,被告许某昆与泉州电业局签订一份《低压供用电合同》,合同记载:"一、用电地址:中山中路 52 号;用电性质(1)行业分类:零售业;(2)用电分类:商业用电 1……七、约定事项……3. 安装在用电方的用电计量装置及电力管理负荷管理装置由供电方维护管理,由用电方负责保护其完好和正常运行。如有异常,用电方应及时通知供电方处理;如私自迁移、更动和擅自操作的,按《供电营业规则》第 100 条第 5 项处理。……十三、本合同效力及未尽事宜……2.本合同有效期自 1999 年 5 月 27 日起至 2000 年 5 月 27 日止,到期双方若无异议,本合同继续生效。"2006 年 7 月 24 日,泉州电业局向鲤城区中山中路 52 号店铺的业主发出用电整改通知。

以上事实,有四原告提供的身份证、房屋产权证、户籍证明、个体工商户登记基本信息表《关于中山中路 44-58 号翻建协议》、2006 年 7 月 28 日泉州晚报一份火灾原因认定书,火灾事故责任书,海滨办事处给泉州市规划局的报告,规划设计通知单,中山中路 44-58 号现状图,租赁合同,被告许某昆提供的《租约》,城镇个人建房申请表复印件,《低压供用电合同》,被告陈某 D 提供的火灾直接财产损失核定表,被告黄某某提供的离婚协议书、离婚登记审查处理表,厦门中利资产评估土地房地产估价有限公司的中利房估字(2009)QH 第 116 号房地产估价报告、致本院函件等证据以及当事人的陈述为证,本院予以确认。

本案经本院审判委员会讨论后认为:公民的合法财产受法律保护。公民、法人由于过错侵害国家、集体的财产,侵害他人财产、人身的,应当承担民事责任。鲤城区中山中路 52 号店铺因电气故障发生火灾造成原告所有的鲤城区中山中路 56 号店铺二层被焚的这一事实清楚,应予认定。火灾事故发生后,消防部门出具的调查报告对引起火灾的电气原因作了详细的论述,所谓的电气故障原因引起的火灾就是指鲤城区中山中路 52 号店铺的使用人超负荷用电导致电线起火并烧毁电表酿成火灾,这也是本次火灾事故发生的直接原因。消防部门因此认定被告陈某 D 对火灾事故负间接责任。根据许某昆于 2005 年 5 月 15 日与黄某某签订的《租约》,鲤城区中山中路 52 号店铺的承租人是黄某某,承租起始时间是 2005 年 5 月 19 日,至今租期尚未届满,虽然黄某某与陈某 D 于 2005 年 11 月 4 日离婚时在《离婚协议书》中约定鲤城区中山中路 52 号的皮包店归陈某 D 所有,但黄某某与陈某 D 未能提供证据证明已实际履行了该约定事项。个体工商户等基本信息表体现鲤城区中山中路 52 号店铺于 2006 年 3 月 2 日核准登记,经营起始日期为 2006 年 3 月 2 日,发生在黄某某与陈某 D 离婚之后,经营者仍登记为黄某某。被告许某昆在庭审中也确认是将鲤城区中山中路 52 号店铺出租给黄某某,租金一直也是向黄某某收取的,其与陈某 D 之间不存在租赁合同关系,许某昆直到诉讼后才知道黄某某与陈某 D 离婚事宜。故根据消防部门的认定以及结合以上事实,可以认定被告黄某某与被告陈某 D 是鲤城区中山中路 52 号店铺的承租者与经营者,其对自己经营和使用的店铺负有妥善管理、认真防范火灾的义务,但其未能履行管理职责和消防安全职责,致使电流超负荷或电线短路造成电线起火,烧毁电表发生火灾,从而造成毗连的鲤城区中山中路 56 号店铺二层被焚,被告黄某某与陈某 D 对鲤城区中山中路 52 号店铺发生的火灾事故负有主要过错责任,应承担 70%的赔偿责任。被告许某昆作为房屋出租人,在出租房屋获取经济利益的同时,没有对出租房屋安全合法经营承担监管义务和注意义务,对火灾事故的发生存在一定的过错,应承担 30%的赔偿责任。被告泉州电业局虽然是电表的产权人,但其提供电表的质量没有瑕疵,对电表的日常维护管理中也没有存在过失,在火灾发生前已向鲤城区中山中路 52 号店铺的业主发出用电整改通知,且根据双方签订的《低压供用电合同》的约定,安装在用电方的用电计量装置由供电方维护管理,由用电方负责保护其完好和监视其正常运行,如有异常,用电方应及时通知供电方处理,因此,泉州电业局对本起火灾事故不存在任何过错,无须承担赔偿责任。虽然被告许某昆、陈某 D、黄某某的行为均已构成了侵权,但被告之间没有共同故意或过失,原告要求被告许某昆、陈某 D、黄某某对原告的损失承担连带责任,缺乏法律依据,本院不予支持。厦门中利资产评估土地房地产估价有限公司因无法确定鲤城区中山中路火灾前的建筑结构及建筑实际状况,无法对该店铺在火灾前的建筑成本作出准确的评估结论,原告也没有提供其他证据证明鲤城区中山中路 56 号店铺火灾前的建筑成本,且按公安消防部门《火灾直接财产损失核定表》核定房屋构筑物损失为零元,故原告要求侵权人赔偿鲤城区中山中路 56 号店铺火灾前的建筑成本损失费 98913 元,缺乏依据,不予支持。因 56 号店铺位于鲤城区比较繁华的商业地段,火灾前一直由原告在出租他人经营使用,火灾发生后,已造成原告无法就 56 号店铺自行经营或出租收益的事实,现原告向侵权人主张赔偿因火灾无法出租鲤城区中山中路 56 号店铺而遭受的租金损失,合理合法,应予支持。关于原告主张的租金损失的标准及期限应该如何算的问题,虽然《房地产估价报告》对诉争的中山中路 56 号店铺自 2006 年 7 月起至 2008 年 9 月止的平均月租金价值评估为每月 31385 元,但该评估系翻修后所为,与火灾前存在差异,故原告主张的租金损失宜按每月 15000 元的标准计算,并酌情确定 6 个月翻建期限,合计 90000 元。综上,被告许某昆应赔偿原告经济损失 27000 元(即 90000×30%=27000),被告黄某某、陈某 D 应共同赔偿原告经济损失 63000 元(即 90000×70%=63000)。被告许某昆、陈某 D、黄某某的辩解,依据不足,本院不予采纳。被告泉州电业局的辩解,本院予以采纳。据此,依照《中华人民共和国民事诉讼法》第六十四条第一款、第一百一十七条、第一百三十一条、第一百四十四条第一款第(七)项,《最高人民法院关于适用〈中华人民共和国民事诉讼法〉若干问题的意见》第四十六条,《最高人民法院关于民事诉讼证据的若干规定》第二条之规定,判决如下:

一、被告许某昆应于本判决生效之日起十日内赔偿原告陈某 A、陈某 B、陈某 C经济损失人民币 27000 元;

二、被告陈某 D、黄某某应于本判决生效之日起十日内共同赔偿原告陈某 A、陈某 B、陈某 C 经济损失人民币 35800 元;

三、驳回原告陈某 A、陈某 B、陈某 C 的其他诉讼请求。

......

二〇〇九年十一月二十日

（2）二审民事判决书的部分内容

中华人民共和国福建省泉州市中级人民法院
民事判决书

（2010）泉民终字第 687 号

......

综上，本院认为，原判认定 56 号店铺月租金及租金计付期限有误，应予纠正。原判认定的其他事实清楚，适用法律正确，应予维持。为此，陈某 A、陈某 B、陈某 C 因火灾造成的经济损失 417833 元，许某昆应赔偿 125349.9 元（417833 元×30％），黄某某、陈某 D 应共同赔偿 292483.1 元（417833×70％）。据此，依照《中华人民共和国民事诉讼法》第一百五十三条第一款第（二）项的规定，判决如下：

一、撤销福建省泉州市鲤城区人民法院（2008）鲤民初字第 1896 号民事判决；

二、被上诉人许某昆应于本判决生效之日起十日内赔偿上诉人陈某 A、陈某 B、陈某 C 经济损失 125349.9 元；

三、被上诉人陈某 D、上诉人黄某某应于本判决生效之日起十日内共同赔偿上诉人陈某 A、陈某 B、陈某 C 经济损失 292483.1 元；

四、驳回原审原告陈某 A、陈某 B、陈某 C 的其他诉讼请求。

......

二〇一〇年五月二十日

2. 中山中路 58 号店面的诉讼

（1）一审民事判决书的部分内容①

中华人民共和国
福建省泉州市鲤城区人民法院
民事判决书

（2008）鲤民初字第 1895 号

......

本案经本院审判委员会讨论后认为：......关于原告主张的租金损失的标准及期限应该如何算的问题，虽然《房地产估价报告》对诉争的中山中路 58 号店铺自 2006 年 7 月起至 2008 年 9 月止的平均月租金价值评估为每月 26217 元，但该评估系翻修后所为，与火灾前存在差异，故原告主张的租金损失宜按每月 15000 元的标准计算，并酌情确定 6 个月翻建期限，合计 90000 元。综上，被告许某昆应赔偿原告经济损失 27000 元（即 90000×30％＝27000），被告黄某某、陈某 D 应共同赔偿原告经济损失 63000 元（即 90000×70％＝63000）。被告许某昆、陈某 D、黄某某的辩解，依据不足，本院不予采纳。被告泉州电业局的辩解，本院予以采纳。据此，依照《中华人民共和国民事诉讼法》第六十四条第一款、第一百一十七条、第一百三十一条、第一百四十四条第一款第（七）项，《最高人民法院关于适用〈中华人民共和国民事诉讼法〉若干问题的意见》第四十六条，《最高人民法院关于民事诉讼证据的若干规定》第二条之规定，判决如下：

一、被告许某昆应于本判决生效之日起十日内赔偿原告陈某某经济损失人民币 27000 元；

二、被告陈某 D、黄某某应于本判决生效之日起十日内共同赔偿原告陈某某经济损失人民币 63000 元；

三、驳回原告陈某某的其他诉讼请求。

......

二〇〇九年十一月二十日

---

① 因本案与上案的事实基本一致，故仅介绍法院的认定及判决内容，下案亦同。

（2）二审民事判决书的部分内容

福建省泉州市中级人民法院
民事判决书

（2010）泉民终字第 688 号

……

本院认为，黄某某是 52 号店铺的承租者，也是以 52 号店铺为营业地向工商部门登记经营泉州市鲤城区雷洛斯天使皮具店的登记业主，且该工商登记发生于黄某某与陈某 D 离婚之后，因此黄某某上诉主张 52 号店铺的经营使用完全由陈某 D 管理，其无法行使管理义务，与事实不符，本院不予采纳。黄某某在租用 52 号店铺期间，未能履行管理职责和消防安全职责，对本案火灾事故的发生负有过错责任，原判根据其过错程度判决黄某某与陈某 D 承担 70% 的赔偿责任，并无不当。黄某某上诉主张免于承担本案民事赔偿责任，依法无据，不予采纳。原判认定事实清楚，适用法律正确，应予维持。据此，依照《中华人民共和国民事诉讼法》第一百五十三条第一款第（一）项的约定，判决如下：

驳回上诉人黄某某的上诉，维持原判。

……

二〇一〇年五月十四日

3. 中山中路 60 号店面的诉讼
（1）一审民事判决书的部分内容①

中华人民共和国
福建省泉州市鲤城区人民法院
民事判决书

（2008）鲤民初字第 1897 号

……

关于原告主张的租金损失的标准及期限应该如何算的问题，虽然《房地产估价报告》对诉争的中山中路 60 号店铺自 2006 年 7 月起至 2008 年 9 月止的平均月租金价值评估为每月 14752 元，但该评估系翻修后所为，与火灾前存在差异，故原告主张的

---

① 为避免赘述，仅介绍不太重复部分的判决内容。

租金损失宜按每月 11000 元的标准计算,并酌情确定 6 个月翻建期限,合计 66000 元。综上,被告许某昆应赔偿原告经济损失 19800 元(即 66000×30％＝19800),被告黄某某、陈某某应共同赔偿原告经济损失 46200 元(即 66000×70％＝46200)。被告许某昆、陈某某、黄某某的辩解,依据不足,本院不予采纳。被告泉州电业局的辩解,本院予以采纳。据此,依照《中华人民共和国民事诉讼法》第六十四条第一款、第一百一十七条、第一百三十一条、第一百四十四条第一款第(七)项,《最高人民法院关于适用〈中华人民共和国民事诉讼法〉若干问题的意见》第四十六条,《最高人民法院关于民事诉讼证据的若干规定》第二条之规定,判决如下:

一、被告许某昆应于本判决生效之日起十日内赔偿原告伍某 A、伍某 B、伍某 C、伍某 D 经济损失人民币 19800 元;

二、被告陈某某、黄某某应于本判决生效之日起十日内共同赔偿原告伍某 A、伍某 B、伍某 C、伍某 D 经济损失人民币 46200 元;

三、驳回原告伍某 A、伍某 B、伍某 C、伍某 D 的其他诉讼请求。

……

二○○九年十一月二十日

(2)二审民事判决书的部分内容

中华人民共和国
福建省泉州市中级人民法院
民事判决书

(2010)泉民终字第 822 号

……

……判决如下:

一、撤销泉州市鲤城区人民法院(2008)鲤民初字第 1897 号民事判决;

二、被上诉人许某昆应于本判决生效之日起 10 日内赔偿上诉人伍某 A、伍某 B、伍某 C、伍某 D 经济损失 54174.09 元;

三、上诉人黄某某、被上诉人陈某 D 应于本判决生效之日起 10 日内共同赔偿上诉人伍某 A、伍某 B、伍某 C、伍某 D 经济损失 126406.18 元;

四、驳回上诉人伍某 A、伍某 B、伍某 C、伍某 D 的其他诉讼请求。

……

二○一○年十二月二日

（3）租户的诉讼

A. 一审民事判决书的部分内容

福建省泉州市鲤城区人民法院
民事判决书

（2008）鲤民初字第 1949 号

……

本案经本院审判委员会讨论认为：……原告提供物品出库单、库存盘点明细表、2006 年夏装报价表、证明等证据欲证实其因火灾损失达 273615.8 元，但原告提供的物品出库单部分存在出库日期涂改的瑕疵及出库单页码编号递增而出库时间却没有相应顺延推迟的矛盾，导致其证明力下降，且原告提供的库存盘点明细表、物品出库单记载的形成时间均是在火灾发生的 3 日前，不是原告在火灾当日遭受的具体损失，原告未扣除盘点日至火灾发生日之间销售的服装及存放于中山路 60 号店铺一层未被烧毁的服装，直接按照库存盘点明细表的总量计算其服装损失，显然是缺乏依据的，因此，原告的该主张，证据不足，不予采纳。原告在火灾扑灭后没有委托财产评估或价格认证机构根据火灾现场对其损失进行价格鉴定，也没有就泉州市鲤城区公安消防大队核定火灾直接财产的结果向上一级公安消防机构申请复核，丧失了确定其损失的最佳时机，在原告无法提供充分证据证实其具体损失的情形下，本院鉴于原告因火灾遭受损失的事实存在，参考泉州市鲤城区公安消防大队对火灾损失的核定数额及原告提供的报价表、证明等证据，酌情确定原告的损失为 45000 元。综上，被告许某昆应赔偿原告 A 专卖店经济损失 13500 元（即 45000×30％＝13500），被告黄某某、陈某某应共同赔偿原告 A 专卖店损失 31500 元（即 45000×70％＝31500）。被告许某昆、陈某某、黄某某的辩解，依据不足，本院不予采纳。被告泉州电业局的辩解，本院予以采纳。据此，依照《中华人民共和国民事诉讼法》第六十四条第一款，《中华人民共和国民法通则》第七十五条、第一百一十七条、第一百〇六条第二款、第一百三十一条、第一百三十四条第一款第（七）项，《最高人民法院关于适用〈中华人民共和国民事诉讼法〉若干问题的意见》第四十六条，《最高人民法院关于民事诉讼证据的若干规定》第二条之规定，判决如下：

一、被告许某昆应于本判决生效之日起十日内赔偿原告 A 专卖店人民币 13500 元；

二、被告陈某某、黄某某应于本判决生效之日起十日内共同赔偿原告 A 专卖店人民币 31500 元；

三、驳回原告 A 专卖店的其他诉讼请求。

······

二○一○年五月三十日

B. 一审代理词

说明:下面仅介绍租户诉讼案的代理词。

······

一、从整体上看,本案火灾事故是由综合因素造成的

本案火灾事故之所以会波及七间店面,与下列因素不无关系:

1.中山路的店面,自古以来,就是一间毗连一间,相互之间没有隔断。本案中涉及的 7 间店面,之前都是以杉木为主构筑的,店面与店面之间的间隔墙多为杉木、桔梗等材料构筑。一旦其中一间发生火灾,救火不及时,往往火烧数间。这种情形,在中山路发生的多起火灾事故中都有存在,有的人大代表亦曾就此问题提出过提案。也就是说,中山路的类似建筑结构的毗连店面,其本身就潜藏着十分危险的一旦发生火灾便有可能危及数间店面的隐患。对于这一隐患,有关部门重视不够,业主们心知肚明,但都没能及早采取有效的防患措施。这一因素,十分重要。

2.泉州市人民政府为参评联合国教科文组织举行的遗产保护方面的活动,曾经大规模地对整条中山路外观进行过整治,其中,对店面前的走廊(即闽南语"五脚架")统一吊顶。但是,当时使用的吊顶材料无法阻燃,一旦哪个地方燃烧,便会一直往前燃烧,因而涉及相邻店面。

3.7 月份,在泉州,正值烈日炎炎的天气,建筑物内外都被大热的天气烤得十分干燥,一旦发生火灾,极易迅速蔓延。

4.大火再怎么厉害,也有个逐渐蔓延的过程,不可能一下子烧及 7 间店面,火灾造成的财产损失是否扩大,与救火是否及时、方法是否得当,亦存在密切的关系。

5.假如存在店面里的物品被燃烧,与经营者没有及时采取措施,将店内的经营物品迅速搬出,也存在着密切的关系。

从上述分析的五个方面,说明至少有两个主要问题:

其一,隐患客观存在,不论哪个地方出现"星星之火",都可能燎原一片。

其二,火灾发生后,救火是否及时、方法是否得当,与此次火灾造成的经济损失的大小存在着直接的关系。

由此得出结论:我们毫无理由将本次火灾的全部责任推给哪个人来承担。

二、被告许某昆不是"电气"的所有权人,依法不应承担民事赔偿责任

依原告举证的"火灾原因认定书"可知:鲤城区公安消防大队认定"造成该起火灾的原因为电气故障引起的"。但是,从这一内容,我们无法得知:

1. 这里所指的"电气",指的是什么"电气"?

2. 这里所指的"电气",是谁家的"电气"? 置放于何处的"电气"?

假如我们认为这一"电气"就是俗称的"电表",再进一步认为是被告许某昆的出租房所使用的"电表",那么,这一"电表"的所有权人亦非被告许某昆。从被告许某昆举证的证据(与)"低压供电合同"第四条约定的"用电计量装置①的产权属供电方"可知:"电表"的所有权人并非被告许某昆,而是泉州市供电局。假如系被告许某昆"使用"的"电表"故障引起本案火灾,受害人自应向该"电表"的所有权人主张权利,而不应向非所有权人索赔。

庭审时,当事人各方都谈到"电表"的使用权人问题。代理人呈请法庭注意:就本案事实而言,被告许某昆因与泉州市供电局签订了"低压供电合同",使之成为"电表"的使用权人。但是,被告许某昆仅是形式上的使用权人,由于其已将店面(包括水、电等设施)出租给第二被告黄某某,由此,第二被告便成为该"电表"的实际使用权人。故此,假如"电表"的使用权人应承担民事责任时,也应由实际使用权人承担,而不应由形式上的使用权人承担。

三、原告主张的"……因火灾造成的经济损失计 273615.8 元"缺乏事实依据

代理人认为,从原告举出的证据无法证明其在本案火灾事故中造成经济损失计 273615.8 元。其理由如下:

1. 从第二被告陈某某的代理人提供的"火灾直接财产损失核定表"可知,整起火灾事故损失总计为人民币 286000 元,这一损失包括被涉及的 7 个店面经营的服装、鞋帽、皮包、金器等。而原告的诉讼请求居然达 273615.8 元,几乎将全部损失包揽。由此证明:原告主张的损失缺乏真实性。

2. 从原告提供的光盘可知,中山中路 60 号仅是二层被烧,但是,从二层现场,看不到有被烧的"与狼共舞"女装,原告主张的"被烧的服装按零售价的 30% 计算的损失为 246997.8 元"。那么,依此计算,零售价的全价是 823326 元。假如按 150 元/件计算,大约是 5400 件。5000 多件的服装,加上包装应是一大堆的东西。但是,从光盘所见影像,一层没有看到服装,二层也没有明显地看到服装。只能证明:这些服装早已被搬出店外,不存在被烧毁的事实。

3. 原告没有与中山中路 60 号店面的业主签订租赁合同。从原告举证的证据(9)可知:"租赁合同"上的出租方"张佩芳"不是业主;承租方"许辉容"不是原告。尽管原告举证的营业执照反映的投资人是"许辉容",但二者是不同主体,一个是自然人,一个是法人,二者不应混同。且"张佩芳"不是业主,无权与"许辉容"签订租赁合同。从

---

　① 即"电表"。

现有证据看,只能认定该"租赁合同"系无效合同,且原告没有与中山中路60号的业主发生租赁合同关系。

4. 原告举证的证据企图证明其损失的具体情况,但是,由于这些证据是虚假的,才会露出如下矛盾:

其一,证据(11)中的"证明"是2008年7月19日出具的,但是,从"证明"一文中的内容所表述的将来要开展的工作内容看,却在时间上出现倒置。假如"证明"出具的时间是"2006年7月19日",就顺理成章了。由这一分析可知:"证明"是虚假的,其所附的表也是虚假的,这是事后伪造的! 这一时间,从证据(11)中的"与狼共舞商旅女装"这一份中的手写部分的落款时间"2008年7月19日"与"证明"出具的时间一致可得到进一步的佐证。

其二,从第二被告的代理人出具的"火灾直接财产损失核定表"下方的"文字表述"一栏中所写的"因受灾户未能提供有效原始单据,故采用结算"这一内容进一步证实:2006年8月24日鲤城区公安消防大队在核定财产损失时,原告举证的证据(11)所附的数十份表格根本不存在,否则,当时就应将这些表格作为"原始单据"提交消防大队核定损失。①

5. 从原告举证的证据(5)《泉州晚报》报道的"……经过3个多小时的灭火战斗,火灾得到彻底扑灭"可知,从起火,到报火警,到消防人员到达现场,到3个多小时的"灭火战斗",前后起码经历4个小时左右的时间,原告有充裕的时间将5000多件服装②搬出店外。从其提供的光盘亦证明确实都已搬出。否则,假设你不将其搬出任由火烧,责任只能由你自己承担。因为你也有责任减少自己可能造成的经济损失,而不应急于履行自己的义务而将自己扩大的损失转嫁给他人。

6. 假如"授权书"是真的,那么,从火灾发生日2006年7月27日傍晚到授权截至日7月31日,仅剩不到4天的时间,原告自称还库存80多万元服装,这与正常经营不符。足见原告所称的损失数额的虚假性。

综上所述,代理人认为,原告无法举证证明其在本次火灾事故中所受的经济损失的证据,故依法不应予以支持。

四、关于三名被告之间的关系

呈请法庭注意到三名被告之间的这样一种关系:第一被告许某昆与第三被告黄某某存在租赁合同关系,这有租赁合同可资证明;但是,第一被告许某昆与第二被告陈某某之间却不存在任何直接的关系。为什么呢? 从第三被告黄某某的代理人提供

---

① 这些表格的发生时间是2006年7月23日。

② 系其自称,未核实。

的"离婚协议书"可知:黄某某与陈某某已于 2005 年 11 月 4 日协议将中山中路 52 号皮包店归陈某某所有。第一被告许某昆于前些天收到此份证据方知此事。但是,租金仍然是第三被告黄某某交付给第一被告许某昆的。许某昆没有与陈某某直接发生租赁合同关系。由此可见,第一被告与第二被告之间不存在直接的合同关系。

第一被告许某昆与第三被告黄某某于 2005 年 5 月 15 日签订的"租约"第十条专门约定了"安全问题",其中特别强调:"……乙方①应注意消防及其他安全问题,装修时应配备灭火器等,如因消防安全引起的问题,由乙方自负全部责任。如房屋有出现安全问题,应及时通知配合业主及时共同处理。"这一约定,特别强调了承租人第三被告的消防安全责任。因此,第一被告许某昆不存在合同约定的应负本案民事赔偿责任的依据。

五、关于是否存在"连带赔偿"问题

原告的起诉状请求的是"三被告连带赔偿……"。庭审时,原告的代理人回答审判长的询问时,认为,"连带赔偿"的法律依据是最高人民法院《关于审理人身损害赔偿案件适用法律若干问题的解释》(简称《解释》)第三条的规定。代理人认为,原告代理人以这一司法解释为据是错误的。因为,最高人民法院《解释》第一条开宗明义写道:"因生命、健康、身体遭受侵害,……"也就是说,最高人民法院出台这一《解释》,解决的只是人身损害赔偿问题,不解决如本案所及的财产损害赔偿问题。最高人民法院《解释》中没有一个条文规定,财产损害赔偿案件适用本《解释》。故不应随意套用。由此可证:原告提出的"连带赔偿"是缺乏法律依据的。

综上五方面所述,代理人认为,不论从哪一角度看,原告都举不出证据和法律要求被告许某昆承担赔偿责任。可见,原告的诉讼请求缺乏事实依据和法律根据,故呈请贵院依法判决驳回原告对第一被告许某昆的诉讼请求。

此致

鲤城区人民法院

福建侨经律师事务所

律师:张少鹏

2009 年 3 月 11 日

说明:双方都没有上诉。

---

① 指第三被告黄某某。

4. 业主告租户的诉讼

(1)一审民事判决书的部分内容

福建省泉州市鲤城区人民法院

民事判决书

(2010)鲤民初字第 1044 号

……判决如下:

一、被告黄某某、陈某 D 应自本判决生效之日起十日内共同赔偿原告许某昆经济损失 127166.66 元;

二、驳回原告许某昆的其他诉讼请求。

……

二〇一〇年十一月三十日

(2)二审民事判决书的部分内容

福建省泉州市中级人民法院

民事判决书

(2011)泉民终字第 492 号

……判决如下:

驳回上诉人黄某某的上诉,维持原判。

……

二〇一一年四月二十六日

5. 案悟

本案火灾的引人关注,原因是多方面的,一是该处店铺曾经是国有商场,在计划经济年代,在整个泉州市区的中山路唯有的 4 家国有商店且位居中山路之中间,不仅辐射周边,还影响周县,人们可以忘了"泮宫商店"这一正名,但忘不了"9 间"这一俗名。二是随着计划经济转为市场经济,"9 间"开始逐渐萧条且被业主收回转租私人开店,其间备受人们的关注。三是火灾事故发生后,《泉州晚报》在次日第一时间以两个版面用一定篇幅的图文进行了报道,勾起了人们的无限遐想和回忆。名店,名案,但不一定是名悟。

(1)两审判决之差异

涉及火灾事故的案件,主要是赔偿问题。而如何定损,则是关键。然则,最难的也就在于定损。由于火灾,势必烧去一些证据,使定损工作难以如愿,更难以准确。比如,店铺内的商品,是在发生火灾后马上搬空,还是被烧毁了一部分?又比如,此处店铺皆为"手巾寮"房屋[①],且长度较长,有的没有后门,多数是前部分(临街)为店铺,后部分为仓库,而本案过火之处多为二层且不深,在鉴定时,被损房屋原状不在,已连同后部分(有的是空地)全部建成店面,难以评估火灾之前的准确的租金。

试举其中一案评析:

①租金问题

原告伍某某起诉案,火灾前,其出租给承租人的月租金为 7000 元[②],评估的月租金为 14752 元,原审认为"但该评估系翻修后所为,与火灾前存在差异",故按每月 11000 元的标准计算。二审认为:2006 年 7 月 27 日至 2007 年 7 月 11 日的 11 个月租金应按月租金 7000 元计算,2008 年 3 月 7 日至 2008 年 9 月 30 日 6 个月的月租金应按评估的月租金 14752 元计算。客观地说,在有月租金为 7000 元的租赁合同存在的前提下,原审按月租金 11000 元认定,确实缺乏依据;二审在部分修正为月租金 7000 元后,将另一部分租金按评估租金 14752 元计算,也缺乏依据。一个十分简单的道理:评估的租金是以建好的房屋为前提评估的,而赔偿的依据应是火灾发生之前的房屋租金,二者的租金为何差距一倍左右呢?原因就在于:原房的店铺面积远远小于新房[③]。可见,两审对于租金价格的认定,都是不准确的。我以为,不偏不倚的租金价格应该是:原租赁合同期间的月租金仍按原定的 7000 元计算,租赁合同期限届满之后的租金,按当时当地该地段的租金价格上升趋势考虑,以上涨 10% 为宜,即月租金按 7700 元计算。这样考虑,不可能很准确,但是,是较为客观的、中性的、公平的。否则,似二审认定的 14752 元,陡增 100%,难以信服人。

②赔偿期限问题

赔偿期限应当考虑的是正常的房屋建设的申请、施工期限,而不应将当事人由于种种原因而延长的期限也计入。对于赔偿期限,一审判决是"酌情确定 6 个月翻建期限";二审判决改为 17 个月。凭我的认识和经验,我只能肯定地说:二审法官不懂建房。

我自诩为建房"专家"。读初中、高中的寒暑假,由于家里经济困难,都得听话地

---

① 闽南语,意即房屋占用土地是以长方形的形式出现的。

② 系原审查明的事实。

③ 如上所述,原房充其量仅将前部分作为店铺出租,新房则前、后部分加上二层皆可作为店铺出租,且新房的租价更高。

去做小工,赚取每天 0.80 元的工资贴补家用。在工厂当学徒期间,领导叫我参与一个车间的建设。家里数次小型建设,都离不开我的参与,特别是成家立业后自己出资进行的两次建房、一次装修,简直生来就是为与房有关的事情活着,更不用说代理过数十起建设工程施工合同方面的纠纷案件。"专家"吧? 不是吹的。

本案火灾后重建的房屋,仅两层,且 9 间店铺委托同一个包工头建设,很一般的装修,内部装修由承租人根据自己的经营需要出资装修。这么简单的建设,不用两个月即可搞定,加上申请建设时间①,也不会太长。因此,一审判决酌定 6 个月,已经满额了,二审再加上 11 个月,简直太离谱了。

书至此,我突然想到这样一个问题:我们没有理由要求法官什么都懂,世间包罗万象,懂得了那么多吗? 但是,一方面,作为法院,应当有意识地培养某一方面的专家型法官,比如,深谙建设方面的法官,熟知医疗方面的法官,甚懂证券方面的法官,等等。这要靠平时有意识、有计划地将法官派出去学习,磨刀不误砍柴工。有了此功,判决书上的专业术语,说理部分也就显得专业多了,判决结果才会更凸显专业性。另一方面,作为承办法官,即便不专业,也应乘机自学,不倦求教,才能现学现卖出专业性来,也才不会露出这么明显的不专业。

(2)律师的审证责任

承租户诉讼案的一个最应注意的问题是原告诉求:因火灾造成的经济损失计 273616.8 元,但消防部门在"火灾事故责任书"中认定的 7 家店铺二层被焚,直接经济损失核定为 286000 元。一家租户就包揽了几乎全部直接经济损失,可能吗? 水分是明显的,但是,如何找出破绽,就要求律师应有相当的辨识力。我认真地分析、研究了原告提交的证据,发现了多处矛盾及明显的造假痕迹(详见上述代理词第三部分),于是,原告的证据被法庭全盘否定,给了个"酌情确定原告的损失为 45000 元"的认定,相差 22 万余元,也算是不小的收获了吧。

书至此,我突然想给同行们一个建议:律师是诉讼代理人,不是代言人,法定职责要求我们维护的是当事人的合法权益,而不是连非法的权益也要维护,这就要求我们所代理的案件,特别是在审查证据时,还应当有"维护当事人合法权益"的意识。我们不仅不应怂恿委托人制造伪证,在审查证据时,若发现虚假证据时,应当做好法律宣传工作,劝导委托人,不要将伪造的证据提交给法庭。不要以为世界上属你最聪明,别人都是三岁小孩可哄可骗。山外有山,法官、当事人的眼睛是雪亮的,涉及经济利益时的眼睛会更亮,否则,自找难堪,则无地自容,我们也没面子。

(3)荒唐的 8 年租期

---

① 火灾后的申请重建,有关部门都会特事特办,抓紧批准。

　　20世纪90年代初,业主们开始意识到国有商店的月租金小几百元太低,蠢蠢欲动,急欲讨回房屋转租私人,以获取高出10倍以上的租金。于是,我代理了"9间"店面中的6间店面5业主的"讨房"诉讼案件。那个年代,尚处于计划经济向市场经济的转型期,人们的思想意识随着日月的轮回潜移默化地在转,而官员们的固有思维转得慢些,加上官方对于国有商店的保护意识依然存在,连法官都忘记了契约自由原则,居然在判决书中确定了8年的续租期。这样的判决,甚有"强买强卖"的味道。但是,老实的业主们已习惯于低租金,逆来顺受,没有选择上诉。我这个多年的党员律师,也不敢造次,不敢怂恿业主们上诉。于是,业主们就这样忍气吞声地又少拿了8年的低额租金。

　　回想当年的这一幕,没有经历者肯定大骂律师无能。可是,谁曾想过,当年的现实就是如此,即便上诉,也是被维持原判,何苦白白浪费上诉期间的租赁期限?因为在当时已有先例,前车之鉴啊!

　　回首当年的判决,甚觉荒唐。作为房屋租赁,无论中外,不论古今,租赁期限应由双方商定,哪能第三方代定?8年的期限,一个抗战的周期,法院如此认定,不仅在当时毫无法律依据,更缺乏令人信服的理由。总算熬过来了,20余年来,我国的法制建设突飞猛进,法治思维逐渐深入人心,特别是以习近平同志为核心的党中央宣布依法治国以来,法院再也不敢如此大胆地干预平等主体之间的契约自由了。我深信:诸如此类的判决结果将被扔进历史的垃圾桶永不复生!

　　(4)律师的不同说法

　　在许多案件中,在诉讼双方都委托律师的场合下,对于同样的事实和证据,双方的律师各执一词,公说公有理,婆说婆有理。冠冕堂皇地说,维护委托人的合法权益;毫不客气地说,为了那么几个破钱!值得吗?律师的形象是无价的,难道比那点律师代理费不值吗?远的不说,就说本案:原告纷纷要求所有被告承担连带赔偿责任,难道原告的代理律师不懂得各被告之间不存在共同故意和过失吗?难道不知道本案缺乏"共同"的证据吗?事实明摆着,证据也不闲置,为何还要作为当事人的代言人呢?辩论阶段,我主张不存在"连带赔偿",因缺乏"共同"的证据(详见代理词);对方仍不醒悟,还要继续纠缠;一审法院以"没有共同故意或过失"不予支持后,对方还要上诉;非得等二审继续不予支持后,对方才懂得这个道理。有些时候,我们律师的形象就是这样被潜移默化地蚕食了,被损毁了。我只遗一声叹息!

综语

　　梅开二度。

梅开二度

张少鹏书

　　注释:梅开二度是一句成语,意思指同一件事成功地做到两次,其源自惜阴堂主人编写的小说《二度梅》。本文以"梅开二度"作为综语,并非颂其成功,而在于借用此成语,表达作者两次代理涉及"9间"之店面的诉讼,两次目睹"9间"店面凤凰涅槃,浴火重生的过程。第一次代理,使之在8年后回归业主;第二次代理,已无折旧价值的老房子被焚后重建,使新房的租金高出原租金数倍,对于业主而言,实质上是因祸得福。因应了古人所云:祸兮,福之所倚也。

(本文写于2017年8月6日,之后作多次修改)

五、物权保护案

书法

物权保护

以自诩的张体书之。

悟源

2014年4月,丁某文先生依约来访,拟委托我办理一起自1982年以来仍纠缠未结的涉及宅基地、租赁、墙壁、通道、排水等纠纷的案件。不说案情,光从时间折射出的"光荣历史"就可知其难缠。丁老已70余岁高龄,又体弱多病,我原本也烦这种案件,可是,想想1983年,丁老在区教育局工作时,兢兢业业,与泉州五中联办了一期高考补习班,我有幸成为全班五十几名学员中之一。曾经听丁老说过,这个班里只有我一人考上大学。我一直感念丁老当时的好。于是,以象征性的费用收了此案。此案自1982年至今,仅法院作出的与本案有关的司法文书就多达10余份,应该具备参赛吉尼斯世界纪录的资格。这么经典的案件,应是本书难得的题材。

释义

本文所及之物权保护,是一项案由,其依据是2007年10月29日最高人民法院审判委员会第1438次会议通过,自2008年4月1日起施行的《民事案件案由规定》,

与《物权法》第 3 章规定的"物权的保护"是不同的,不能混淆。为免抄袭,在司法实践中,如何适用物权保护纠纷案由,可参考由人民法院出版社于 2008 年 2 月出版的,由曾建明主编的《最高人民法院民事案件案由规定理解与适用》"五、物权保护纠纷",此处不予赘述。

案悟

1. 无法预知的难缠之最

本案,至少创下了中国司法的下列难缠之最:

A. 一案多时之最

本案自 1982 年 2 月 29 日原告曾某某提起诉讼至今,已历时 35 年半,且至今尚未终了。一起并不复杂、普通的民事纠纷案件,纠缠了三十几年,耗尽了当事人的心血,耗尽了有限的司法资源,耗尽了……

B. 一案多书之最

本案自 1982 年至今,仅人民法院发出的司法文书就有:

①泉州市人民法院民事判决书(82)泉法民字第 080 号;

②泉州市人民法院民事裁定书(85)泉法民申字第 002 号;

③泉州市鲤城区人民法院民事判决书(85)泉法民申字第 002 号;

④泉州市鲤城区人民法院民事裁定书(86)泉鲤法民字第 002 号;

⑤福建省泉州市中级人民法院民事裁定书(86)泉中法民上字第 180 号;

⑥福建省泉州市中级人民法院民事裁定书(1991)泉民监字第 41 号;

⑦福建省泉州市中级人民法院民事判决书(1994)泉民再字第 04 号;

⑧福建省高级人民法院民事裁定书(2013)闽民监字第 26 号;

⑨福建省高级人民法院民事裁定书(2013)闽民提字第 88 号;

⑩福建省泉州市鲤城区人民法院民事判决书(2013)鲤民再初字第 4 号;

⑪福建省泉州市中级人民法院民事裁定书(2015)泉民再终字第 11 号;

⑫福建省泉州市鲤城区人民法院民事判决书(2015)鲤民再初字第 5 号;

⑬福建省泉州市鲤城区人民法院行政裁定书(2016)闽 0502 行初 64 号;

⑭福建省泉州市中级人民法院民事判决书(2017)闽 05 民再 15 号。

C. 一案多由之最

变化多样的案由,在本案中最为凸显:

第一份判决书(82)泉法民字第 080 号的案由:租赁、宅基地、房屋、墙壁纠纷。

(85)泉法民申字第 002 号民事裁定书改为①：房屋纠纷。

(85)泉法民申字第 002 号民事判决书改为②：租赁、宅地、墙壁纠纷。

(86)泉中法民上字第 180 号民事裁定书改为③：宅基地、墙壁、通道纠纷。

(1994)泉民再字第 04 号民事判决书改为④：宅地、租赁、墙壁、通道纠纷。

(2013)鲤民再初字第 4 号民事判决书改为⑤：宅基地、租赁、墙壁、通道纠纷。

(2015)鲤民再初字第 5 号民事判决书改为⑥：继承人物权保护纠纷。

我没有研究过案由的设定问题，我不想评论案由的如此变更，我似乎看到法官们的随性，与我写本书的随性一样"同病相怜"，没有如此随性地变更案由，何来此案之"之最"？任读者自去评说吧。

D.一案多死(人)之最

1982 年的第一份民事判决书中的 3 位当事人：原告人曾某某，被告人丁某某，关系人林某某，在这 30 余年的"摧残"中，已分别离世。于是，按《民事诉讼法》等规定，变更了全部当事人，从 3 人变更为目前的 16 人，蔚为壮观，判决书用 2 页半的纸罗列了当事人的基本情况。诉讼队伍的壮大，是喜？是悲？见仁见智。

E.一案多误之最

一起简单的民事纠纷案件，在三级法院的处理时，居然出现多项错误，如：案由之错、认定事实(证据)之错、适用法律之错、鉴定之错、再审程序之错、判决结果之错等⑦。

这么多"之最"，够经典了吧。

2．"翻云覆雨"的主体资格

在本案当事人中，1982 年仅上述三位，丁某文系"被告人：丁某某"的"代理人"。

(85)泉法民申字第 002 号民事判决书将丁某文的主体资格改为"对方当事人(本院追加，原审被告代理人)"。

(86)泉中法民上字第 180 号民事裁定书又将丁某文的主体资格变回原来的"委托代理人(原审对方当事人)"。

(1994)泉民再字第 04 号民事判决书将丁某文的主体资格改为"原审被上诉人

---

① 一改。

② 二改。

③ 三改。

④ 四改。

⑤ 五改。

⑥ 六改。

⑦ 此处不想赘述，在下文中有些错误会略加评析。

（被告)"^①,有点不伦不类的,茫然。

(2013)闽民监字第26号民事裁定书,丁某文的主体资格变为"原审被上诉人(一审被告)"。

对于丁某文在本案中的主体资格问题,我是茫然的,曾在省高院发回重审后的一审专项提出代理意见。但是,没人理我,一、二审丁某文的被告(被上诉人)身份依然故我。本案从第一份判决书诞生至最后一份判决书出台,无论判决结果如何变来变去,事实如何定来定去,都与丁某文无关。这种被告当得真冤,我只能感叹!

3.相互矛盾的法院判决

下面,仅将本案涉及的几份主要判决书中的主要内容摘下,供大家比较:

A.泉州市人民法院民事判决书(82)泉法民字第080号全文

泉州市人民法院民事判决书
(82)泉法民字第080号

原告人:曾某某,男,四十五岁,住本市北门孝梯巷二十二号。

被告人:丁某某,男,五十二岁,住本市北门都督第五号。

代理人:丁某某,男,三十九岁,住本市红梅新村五楼五〇四室。

关系人:林某某,男,五十八岁,住本市北门红梅街六组八号。

案由:租赁、宅基地、房屋、墙壁纠纷。

原告人曾某某与张××房屋纠纷案,经(80)晋中法民上字第170号终审判决:限曾八〇年十二月底前办理张家房屋及领取张给曾修理曾家房屋费一千元。但曾拒不执行。我院于八二年二月二十四日发出执行通知:限曾某某于八二年三月三十一日前到本院领取一千元及搬离张家房屋。三月二十九日,原告人以与被告人的租赁关系没解除及被告人侵占基地、墙壁、堵门和关系人独占下厅等问题起诉我院,要求先解决这些问题,而后才执行。

本院依法组成合议庭,现审理查明:原告人的祖父与关系人的岳祖父同宗亲兄弟,对祖遗房屋,在祖父期间已分析清楚。原告人祖父分得都督第7号房屋天井以南部分,天井以北的下厅及五号房屋的下厅、厨房归关系人的岳祖父所有,因七号房屋没有后门,则在七号房屋的天井右墙开门,由五号房屋的北门出入到都督第。一九四三年办理所有权状时,原告人之父办理的面积是零点二五亩。关系人岳母办理的是

---

① 仅从文字上看这一表述肯定是错误的。二审法院对于一审法院的当事人不存在"原审被上诉人"之称,若是"三审"①法院如此之称,还有点沾边。正确的表述应为"被上诉人(原审被告)"。

零点三〇亩,变成状,一九四八年,原告人之父把七号房屋出典给被告人的父亲,典期十年。四至是"北至曾宅旷地"。一九六四年,原告人与被告人办理典转租手续,租期至一九七九年三月。一九六七年,关系人把岳母的祖遗产出卖给被告人。一九七五年,被告人翻建房屋,把五号与七号房屋之间的门堵塞。被告人即搬到新房,把租房留给弟弟丁某文居住。租户在租赁期间按期缴纳租金。一九七九年三月租期满前,住户丁某文自动办理租房,并通知原告人接收房屋,但原告人以房屋破、损等拖拉解除租约关系。

五号房屋与七号房屋天井以南这段毗邻墙,是原告人与关系人岳父的祖遗产,原告人的所有权状是东至"蔡",关系人的所有权状是西至"曾宅",市房管局的地籍图表明为共有。

本院认为:原告祖父与关系人岳祖父的祖遗业产早已分析清楚。原告人、关系人执有的所有权状的面积和图形,与现状是相符的。原告之父在典契中明确记载七号房屋是北至曾宅旷地。五号房屋与七号房屋天井以南这段毗邻墙,是原告人与关系人岳父的祖遗产,各自登记的所有权状互相包含,地籍图标为共有,应认定是共有墙。五号与七号房屋毗邻墙中原虽有门互通,现五号房屋即归被告人丁某某所有,丁就有权支配自己的业产,堵塞毗邻门是合法的正当行为。原告人与被告人的房屋租赁问题,租户在租赁期内交纳租金,租期满前,租户就自动搬离租房,其租赁关系属名存实亡。租赁期间,七号房屋虽有一支杉檀及一个门框损坏,现物料俱在,属自然损坏。据此,判决如下:

一、解除原告人曾某某与被告人丁某某关于本市都督第7号房屋的租赁关系。

二、本市都督第7号房屋天井以北旷地归被告人丁某某使用;都督第五号与七号房屋中,南段毗邻墙(长31.40米、宽0.35米)属原告人曾某某与被告人丁某某共有。

三、原告人曾某某的其他诉讼请求,给予驳回。

如不服本判决,可于接到判决书的第二天起十五天内,向本院提出上诉状及副本四份,上诉于晋江地区中级人民法院。

……

一九八二年六月二十五日

B. 福建省泉州市中级人民法院民事判决书(1994)泉民再字第 04 号部分

经再审查明,曾某某的祖父与林某某的岳祖父系兄弟关系。曾某某的前辈居住都督第七号房屋,林某某的岳祖父一家居住都督第五号,两座房屋相毗邻,居住七号房屋的通行从五号房屋出入。一九四四年,各自登记产权,五号房屋的土地所有权状记载:业主蔡某(林某某之岳母),四至中西至曾宅,北至路。七号房屋的土地所有权状记载:业主曾某兰(曾某某之父),四至中东至蔡某,北至路。地籍图标明相邻墙为共有墙。一九四八年曾某兰生前将七号房屋出典给丁某某之父,典契记载,北至曾宅旷地,一九六四年承典期届满,经双方协商改为租赁,期限至一九七九年三月。一九六七年间,丁某某向林某某买断五号房屋(除留南面旷地一块外)时,是在卖方无提供七号房屋天井以北旷地属己所有范围的情况下向其购买的。一九七五年十月九日,林某某再次将所留五号宅南面旷地出卖给丁某某。同年丁某某翻建五号房屋,并堵塞了七号宅历史通行的门。丁某文所承租七号房屋在届满前自动搬离,并通知曾某某接管房屋,因宅地、通行等双方产生纠纷。一九八二年三月间,原告曾某某提起诉讼。经一审审理后作出判决,已经发生法律效力。事后,丁某某于一九八五年间,向人民政府有关部门申请获准,在泉州市鲤城区都督第七号房屋天井以北旷地基建成楼房。再审期间,本院委托有关部门对双方诉争请求的标的物进行评估。

上述认定事实,有双方各自的原土地所有权状、买卖契约、典当和承租契约等书证,双方当事人的陈述及证人证言,泉州市建设工程造价管理站和泉州市房地产价格评估事务所的评估鉴定为据。

本院认为:本院(86)泉中法民上字第180号民事裁定书和泉州市鲤城区人民法院(86)泉鲤法民字第002号民事裁定书均违反诉讼程序,适用民诉法条款错误,没有引用原民诉法(试行)第一百六十条之规定,为保护曾某某的上诉权利,应一并撤销。诉争七号房屋天井以北宅地一块属七号房屋产权范围,事实清楚,曾某某主张己有范围,应予以支持。一审再审认定诉争地包括在七号宅所有权状,该旷地长期由第三人岳母管理使用。丁某某与第三人的买卖关系并未侵权,依法无据,应予以纠正。林某某主张该诉争宅地属五号房屋产权范围,没有根据。林某某在出卖己有五号房屋的同时,擅自出卖相邻七号房屋部分宅地丁某某明知林某某没有任何该诉争地属己有的证明而向其购买,属共同侵权行为,应确认林某某与丁某某买卖房屋部分无效,诉争宅地本应归还曾某某使用,但鉴于原一审判决后曾某某未提出上诉,已经发生法律效力。事后,该诉争宅地已由丁某某申请,经有关部门获准已建成楼房等实际情况,可考虑不予返还,但对曾某某造成的损失,应根据公平的原则,由丁某某补偿曾某某。另曾某某主张五、七号房屋相邻墙为己有墙,依据不足,不予支持。丁某某购买五号房屋后,未与曾某某协商,自行堵塞居住七号房屋通行门是错误的,但考虑五号房屋产权清楚,业权人已变更,七号房屋南面可通行,为今后便于管理,曾某某主张恢复通道不予支持。双方原建立的租赁关系已履行,并已解除不存在纠纷,曾某某原不接受出租屋,后已接受,再作处理没有实际意义。依照《中华人民共和国民事诉讼法》第一百八十四条、第一百五十三条第一款第二项、第三项和《中华人民共和国民法通则》第

一百一十七条、第七十八条第一款的规定,判决如下:

一、撤销泉州市人民法院(82)泉法民字第 080 号民事判决、泉州市鲤城区人民法院(85)泉法民申字第 002 号民事判决、(86)泉鲤法民字第 002 号民事裁定和本院(86)泉中法民上字第 180 号民事裁定;

二、址在泉州市鲤城区都督第七号房屋天井以北的房屋属丁某某所有;丁某某补偿曾某某人民币五万元,在接到本判决书后一个月内付清;

三、泉州市鲤城区都督第丁某某五号房屋与曾某某的房屋东西相邻墙壁(长 31.4米,宽 0.35 米)作为双方的共有墙;

四、曾某某的其他诉讼请求,予以驳回。

……

一九九六年二月二十九日

C. 福建省高级人民法院民事裁定书(2013)闽民提字第 88 号部分

本院再审认为,原审判决认定基本事实不清,适用法律不当,依照《中华人民共和国民事诉讼法》第一百七十条第一款第(三)项、第二百零七条的规定,裁定如下:

一、撤销泉州市中级人民法院(1994)泉民再字第 04 号民事判决、(86)泉中法民上字第 180 号民事裁定、泉州市鲤城区人民法院(86)泉鲤法民字第 002 号民事裁定、(85)泉法民申字第 002 号民事判决和原泉州市人民法院(82)泉法民字第 080 号民事判决;

二、本案发回泉州市鲤城区人民法院重审。

……

二〇一三年八月一日

D. 福建省泉州市鲤城区人民法院民事判决书(2013)鲤民再初字第 4 号判决主文:

……

一、址在泉州市鲤城区都督第 7 号房屋天井以北的房屋归丁某文所有,丁某文应补偿曾某某宅基地补偿款人民币 10 万元,扣除已支付的人民币 5 万元,余款 5 万元于本判决生效的一个月内支付。

二、泉州市鲤城区都督第 5 号房屋与曾某某的七号房屋东西相邻墙壁(长 31.4米、宽 0.35 米)为共有墙。

三、驳回曾某某的其他诉讼请求。

二〇一四年十月二十一日

E. 福建省泉州市中级人民法院民事裁定书(2015)泉民再终字第 11 号部分裁定内容

案经合议庭评议并经本院审判委会讨论认为,泉州市鲤城区原都督第 7 号房屋天井以北的房屋现在为丁某杰所有,丁某杰于 2000 年 1 月 5 日取得该房屋所有权证,应作为本案有利害关系当事人参加诉讼,原审判决遗漏当事人属违反法定程序。且原审未对上诉人苏某某等人提出的房屋排水问题一并审理错误。依照《中华人民共和国民事诉讼法》第一百四十四条、第一百七十条第一款第(四)项的规定,裁定如下:

一、撤销泉州市鲤城区人民法院(2013)鲤民再初字第 4 号民事判决;

二、本案发回泉州市鲤城区人民法院重审。

……

二〇一五年十二月二日

F. 福建省泉州市鲤城区人民法院民事判决书(2015)鲤民再初字第 5 号部分判决内容

本案经合议庭评议并经审判委员会讨论认为:曾某某的祖父与林某某的岳祖父系同胞兄弟关系,泉州市鲤城区原都督第 7 号房屋和 5 号房屋系曾某某的祖父与林某某的岳祖父的祖遗业产,已析分清楚。诉争的原都督第 7 号房屋天井以北宅基地属原都督第 7 号房屋产权范围,有 1944 年的土地所有权状为据,事实清楚。丁某娜等人及丁某文主张诉争的宅基地属林某某所有,缺乏证据,不予采纳。诉争宅基地本应归曾某某使用,参照《最高人民法院关于贯彻执行民事政策法律若干问题的意见》规定,人民法院处理公民之间宅基地使用权的案件,应根据土地归国家或集体所有,一律不准出租、转让和买卖的原则,参照解放以来宅基地的演变和现实使用情况,照顾群众生活的实际需要,依法保护国家、集体和个人的权益;经过统一规划的宅基地,使用权发生纠纷的,应以规划后确定的使用权为准;经过合法手续个别调整了的,一般应以调整后的使用权为准。鉴于本案诉争的宅基地已由丁某某于 1985 年申请审批基建成三层楼房,并赠与丁某杰,且丁某杰已就上述房屋办理了房屋所有权证,按照当时宅基地审批的相关政策、规定以及本案的实际情况,照顾群众生活的实际需要,依法不予返还。根据泉州市房地产价格评估事务所的评估鉴定,综合历史因素,被告应补偿原告人民币 5 万元,该款项已由丁某某于 1996 年缴纳,苏某某亦于 2005 年领取。故四原告主张原审被告丁某文及被告返还该宅基地,本院不予支持。都督第 5 号房屋和原都督第 7 号房屋属祖遗业产,历史上属同一个人财产,后经继承析产,诉争墙历来共同使用,都督第 5 号房屋与原都督第 7 号房屋天井以南毗邻墙,1944 年各自登记的所有权状互相包含,泉州市房管局的地籍图标为共有,应认定为共有墙。四原告主张诉争墙为己有墙,依据不足,本院不予支持。本案丁某某 1967 年购买都督第 5 号房屋以后,其向曾某某承租的原都督第 7 号房屋由其弟丁某文居住,为方便于生活管理,经曾某某同意堵塞原都督第 7 号房屋通往 5 号房屋的门,该门并非原都督第 7 号房屋出入的必经通道,况且曾某某回收出租的原都督第 7 号房屋以后已另设门,不必经 5 号房屋出入。根据《最高人民法院关于贯彻执行〈中华人民共和国民法通则〉若干问题的意见(试行)》第 101 条规定,对于一方所有的或者使用的建筑物范围内历史形成的必经通道,所有权人或者使用权人不得堵塞。因堵塞影响他人生产、生活,他人要求排除妨碍或者恢复原状的,应当予以支持。但有条件开通道的,也可以另行开通道。故为了便于管理,原告要求恢复通道的主张,不予支持。根据《中华人民共和国物权法》第九十二条规定,不动产权利人因用水、通行、铺设管线等利用相邻不动产的,应当尽量避免对相邻的不动产权利人造成损害。经现场勘验,都督第 23A 房屋南面有一外露的排水管道,该排水管道穿过东面市房管局公产废墟通往模范巷地下排水管道,从都督第 23A 房屋布管可接通该排水管道进行排水。在不对相邻的不动产权利人造成损害的情况下,四原告可采取上述合理措施进行排水,四原告请求通过都督第 7 号房屋将水排至都督巷,本院不予支持。四原告在庭审中表示自动放弃解除与丁某某的房屋租赁关系的诉讼请求,亦表示不要求林某某的继承人承担民事责任,符合法律规定,依法应予准许。据此,依照《中华人民共和国物权法》第八十四条、第九十二条,《最高人民法院关于贯彻执行〈中华人民共和国民事诉讼法〉若干问题的意见(试行)》第 101 条、《中华人民共和国民事诉讼法》第六十四条第一款之规定,判决如下:

一、址在泉州市鲤城区北门街都督第 7 号房屋(原都督第 7 号房屋天井以北的三层房屋)归第三人丁某杰所有;

二、泉州市鲤城区北门街都督第 5 号房屋与原都督第 7 号房屋东西相邻墙壁(长 31.4 米、宽 0.35 米)为共有墙;

三、驳回原告苏某某、曾某玲、曾某宏、曾某新的其他诉讼请求。

二〇一七年二月十六日

G、福建省泉州市中级人民法院民事判决书(2017)闽 05 民再 15 号部分判决内容

(注:因本书出版时,该判决局未出台,待出台简要贴补)

本案争议最大的问题主要是宅基地使用权的归属问题,其他多项问题如:租赁、墙壁、通行、排水等问题,前后多份判决还是较为一致。我倾向赞同第一份判决书认定的事实及判决结果。其实,无论判决内容如何描述,绕缠了 30 余年,最后仍旧回到原点。鸣呼? 哀哉?

4.曾经写过的析案文章

受理本案后,我认真查阅、分析、研究了本案证据,在再审(一审)判决之前,写了下面的文章。由于原文的一些内容与上述内容重复,故删去,尽量将不重复的内容摘下,与大家分享,并请指正。

<h2 style="text-align:center">法院不宜轻易启动已执结民事案件的再审程序</h2>

<h3 style="text-align:center">——由一起已执结民事案件的再审引发的思考及立法建议</h3>

一、再审案件概况

说明:此部分内容与上述内容多数重复,故删去,但其中的"示意图"必须留下,方可窥见本案简单的案情:

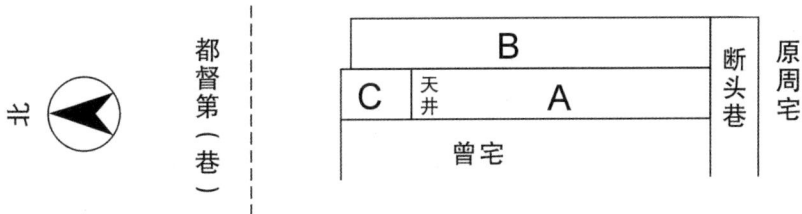

（示意图：北面有指向左的箭头，西侧为"都督第（巷）"，中央方框内上部为"B"，下部左侧为"C"、"天井"、右侧为"A"，"曾宅"，东侧为"断头巷"、"原周宅"。）

说明:A:系曾某某住宅。其面积计自 C 宅至周宅(含图中的"断头巷",因 1944 年《土地所有权状》上写明:南至周宅,当时没有"断头巷"),微超 0.25 亩的记载。

B:系丁某某住宅。其面积若不包括 C 宅,低于 0.30 亩的记载;加上"断头巷"和 C 宅[①]。

C:本案诉争地。

二、二审判决和三审再审裁定的缺陷。

(一)二审判决的缺陷。

说明:因二审判决已被三审撤销,此地就不谈其缺陷了。

(二)三审裁定的缺陷。

由于曾某某的不断折腾、申诉、上访、甚至扬言再度上访中南海以及其他不知的原因,本案执结之后历经 17 年后的 2013 年,三审法院作出:

1.(2013)闽民监字第 26 号民事裁定书裁定:

---

① 应扣除 C 宅建房时占用一小部分北面公地),微超 0.30 亩的记载。

一、本案由本院提审;二、再审期间,中止原判决的执行。

2.(2013)闽民提字第88号民事裁定书裁定①。

由于三审的两份再审裁定,对再审审理没有具体的内容,故无法具体详析,但却引发了下文的思考。然而,就其第二份裁定所引用的《民事诉讼法》第一百七十条第一款第(三)项的规定,亦可发现三审裁定本身就存在"适用法律不当"的情形②,即:该条规定的是"第二审人民法院对上诉案件"的处理。本案既非"第二审",亦非"上诉案件",不知为何如此引用法条。由此亦引发人们对三审法院作出再审裁定的不信任感。

三、再审引发的思考。

三审再审裁定,使一个并非复杂的民事案件,在经历6次一、二审法院的判决、裁定,经历诉争地由原旷地之后经政府有关部门批准早已建成三层楼房近30年,经历自1996年曾某某申请强制执行并已于当年执结至今已18年……之后的今天,又回到了原点,亦由此引发了笔者的思考。

(一)法院不宜轻易启动已执结民事案件的再审程序。

笔者以为,依本案事实,且不带有任何人为因素的影响,应当认为,本案一审法院在当时的历史条件下所作出的判决,尽管从当今的角度看不够完美,但是,并不违背事实和法律,应认可其正确性。遗憾的是,在已经追求了30余年的完美判决及其效果的今天,不是依然出现如上述三审法院的第二份裁定那么明显地适用法律错误的例子。今天的我们,还有何理由责难20世纪80年代的法官们的不完美抑或瑕疵。

再审程序是一个十分严肃的程序,从某种意义上看,应当认为是法院审案的最后一道防线。

在再审程序中审案的法官,应当是年富力强、业务水平高、办案经验丰富、仗义执法的法官。

再审程序依靠的仍然是事实和法律。

再审程序的结果,除了维持原判外,其必将对当事人带来新的不可逆的变化,使曾经平息的争端由终点回归原点,公然将曾经经历过的诉讼宣告失败……人们对同一案件出现的两种截然不同的判决结果无法产生一致性的认识,势必对司法的公正性产生一定程度的怀疑。

再审结果,亦可能带来新的司法难题,如:1.似本案已经执结至今达17年之久,倘若再审判决曾某某享有诉争地的使用权,就必须进一步处理:①1996年执行款5

---

① 具体裁定内容上述部分已录入,故略去。

② 由于这一问题并非本文的主旨,故略带简评。

万元的回转问题。而这5万元是仅回转5万元,还是必须附带利息?倘若附带利息,利率又如何决定?②在诉争地上已建的三层楼房如何处理?是拆除?抑或折价?倘若是折价?扣除折旧率显然价格很低,另一方显然不会接受,且又存在强迫交易的嫌疑。对此,似无法律的明文规定。③1996年的评估价与现在的评估价肯定不同,应依据哪个评估价作为定案依据?等等。2.三审法院接受曾某某历经30余年的折腾而裁定再审,倘若丁某某败诉,是否也能接受丁某某继承人①如此30余年的折腾。

核对本案事实,笔者以为,三审法院启动本案再审程序,缺乏事实依据,缺乏启动再审程序的法律依据,缺乏对启动再审程序及其后果的客观评估,缺乏法官审案的公信力的思维。为此,笔者呼吁:法院对再审案件,特别是胜诉方申请执行且已执结的案件的再审,不宜轻易启动,否则,将极大地浪费司法资源,造成不良的社会影响。

(二)已执结的民事案件启动再审程序必须考虑的问题及立法建议。

民事案件经法院审理、判决且发生法律效力后,一方当事人申请法院强制执行,并已执行终结。申请执行人在执结后又提出再审申请的,这种情形在司法实践中甚少,但却是已经发生且再审的例子,亦需引发重视。

已执结,说明一个案件从立案、受理、审判直至执行终结,完整地实现对一个案件的处理的全过程。似舞者,在一曲悠扬的旋律中优美地展示其舞姿至曲终,舞止。民事诉讼的程序似音乐的旋律,舞者的舞姿似实体审理。二者完美的终结,亦展示当事人充分利用民事诉讼程序达到其诉讼目的,正常情况下,此案该休矣,此曲已终也。

本文不探讨为什么案件已执结,当事人又申请再审的原因、心理等,只是试图从法律层面上去界定:在什么情况下才允许启动再审程序,除此之外,不宜启动再审程序。

一般情况下,一个民事案件已经执结,说明该案已穷尽了正常法律程序而完美收官,盖棺定论了。但是,我们又不能忽视特殊情况的存在,即:法官审案,重视的是法律事实,而个别情况下,法律事实可能存在与客观事实相矛盾,如:在法官审案的当时,现有证据只能证明A事实的存在,而另一方当事人却反复强调客观事实是B事实却举不出证据佐证B事实的存在,在此情况下,法官只能认定A事实而否认B事实。这一做法,并不违反现行法律。然而,在法院判决生效后,一方当事人尽管不情愿亦只能申请强制执行②且已执结后的若干时间之后,一方当事人找到了证明B事实存在的证据。此时,一方当事人可依据《民事诉讼法》第二百条第一款第(一)项规定的"有新的证据,足以推翻原判决、裁定的"情形申请再审。这不存在法律上的障

---

① 在这30余年间,已有3名当事人去世。
② 否则会超过法定的申请执行的时间。

碍。笔者所思考的是,似本案案情,曾某某没有提交任何新的证据,三审法院居然裁定再审,再审程序就这么启动了。这就有点滥用法律之嫌。为此,笔者拟探讨的问题便是:为便于法官们的操作,在立法上能否明确规定:已执结的民事案件,没有新的证据,足以推翻原判决、裁定的,人民法院不予受理再审申请。以此明文规定,昭示当事人法律的严肃性,亦避免当事人的讼累和司法资源的浪费。

(三)申请再审是否存在时效中止、中断的情形的思考及立法建议。

本案自 1986 年一审法院裁定驳回申诉,至 1991 年二审法院裁定再审,期间相隔五年左右时间;

本案自 1996 年二审法院改判并执结,至 2013 年 7 月三审法院接受申诉并裁定再审,期间相隔 17 年左右时间。

不论上述哪一期间,都已远远超出 1991 年颁行的《民事诉讼法》第一百八十二条规定的二年的申请再审时间,和 2012 年修改并于 2013 年 1 月 1 日起施行的《民事诉讼法》第二百零五条规定的 6 个月的申请再审时间。有人说曾某某经常上访、申诉。难道经常上访、申诉,法律就允许在超过《民事诉讼法》规定的申请再审时间的任何时间段,随时决定接受申诉,决定再审吗?遍查相关法律及司法解释,没有;在民诉法理论中,似无法理依据。由此,笔者思考着这样一个问题:对于申请再审的时间,能否效仿诉讼时效的规定,给予申请再审时间的中止、中断的情形,在法律上给予申请人最大的宽容,一旦时间超过,即结束再审程序。

申请再审的时间,施行了 20 余年的两年时间,已经普及并根植于人们的脑海里。现在,突然改为半年时间,即便是法律工作者,倘若没有看到这一改变后的新规定,记忆中的两年是不会抹去的,更何况是当事人。半年时间较为仓促,一晃即逝。万一当事人接到终审判决,此时正忙于何事,一忘时间就已超过,又何况是身在海外的当事人,对我国法律的不甚了解,很难把握住这六个月的申请再审时间。因此,既然在申请再审的时间上如此的紧迫,就有必要通过规定申请再审时间的中止、中断的情形,来体现宽容。

设想的立法条文内容为:

(1)在申请再审期间,因不可抗力或者其他障碍不能提出再审申请的,再审申请时间中止;从中止申请的原因消除之日起,再审申请时间重新计算。

(2)申请再审期间因当事人提出再审申请而中断;从接收再审申请的法院作出书面答复之日起,申请再审时间重新计算。

5.张英精神的时代传承

书至此,我想起"六尺巷"的故事。

清朝康熙年间,因宅基地与邻居吴家发生纠纷,大学士张英收到家人从老家安徽省桐城市千里传到京城的家书,请求他利用职权进行干预。张英阅后回曰:"千里家书只为墙,让他三尺又何妨。长城万里今犹在,不见当年秦始皇。"家人收到回信后立即退让了三尺。吴家见状深受感动,也让出三尺,形成了一个六尺宽的巷子。这个化干戈为玉帛的"六尺巷"故事至今被广为传颂。

古人如此,今人更应如此。我不想作太多的评析,只希望张英先生的精神能世代相传,付诸行动。

综语

千里家书只为墙,让他三尺又何妨。

长城万里今犹在,不见当年秦始皇。

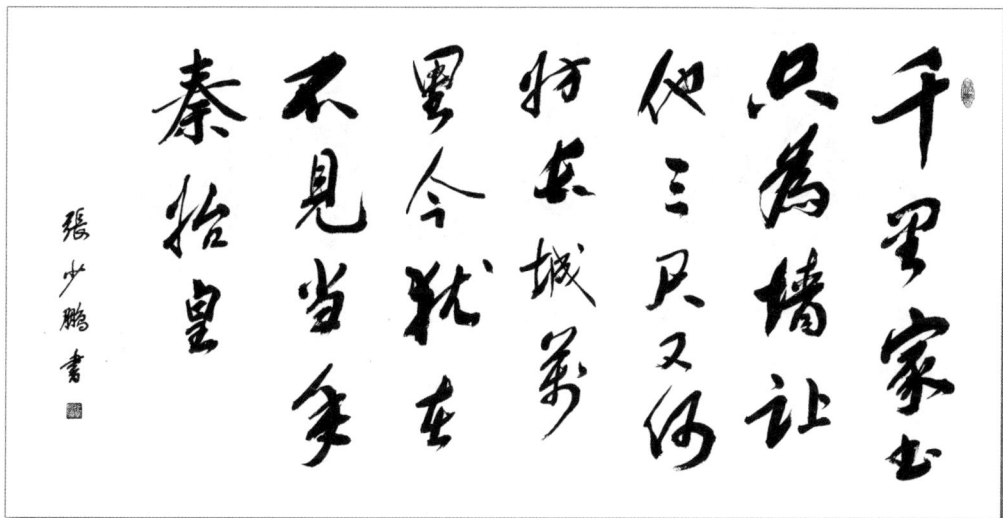

注释:法无三审,但司法实践中确有准三审的存在,为行文方便,简称"三审",请勿介意。

（本文写于 2017 年 7 月 10 日,之后作多次修改）

六、股权转让案

书法

股权转让

以自诩的张体书之。

悟源

本编"买卖合同案"于 2011 年由再审结案后,在偶尔与黄某某见面时,他总是夸赞我厉害。因平时少有来往,更从不谈及在之后他所进行的股权转让之事,直至 2014 年 7 月 25 日,其受让的股权之原股东(出让人)陈某某以解除《股权转让协议》为主诉将其告至泉州市中级人民法院之后,才想到要找我帮忙。一看到诉状,我便预感到此案必将繁杂,没有马上答应帮忙。我留下有关材料,思考了一周多时间。他穷追了多次。最后,碍于老同学的面子,与其立下"军规",才勉强同意代理。一答应便深感是自找苦吃。出乎我的预料,接踵而至的是 10 余个案件①。他焦头烂额,我苦思冥想,总想打赢每一"战役",烦心、费神、耗气、吃力不讨好。

一生中遇到的这么个如此麻烦的案件,不留下点记忆,似乎对不住自己,那就记下吧,任人评说。

---

① 详见后叙。

释义

股权转让的含义在本编"股权转让合同案"已释义,不想抄袭之。通俗讲,就是我用钱将你在某公司的权利、义务买来,似买火柴、买白菜似的,只是这种权利、义务没有像火柴那样以物的形态一眼即可视之那么有形而已。但是,无形的东西更难以让人琢磨,不慎之又慎,必将酿出麻烦。

案悟

A 福建省泉州市中级人民法院(2014)泉民初字第 1056 号民事判决书

2014 年 7 月 25 日,陈某某首先向法院提起解除股权转让协议之诉,法院审理后,作出下列判决:

……

本院认为:本案系原告陈某某与被告黄某某之间因股权转让关系而产生的纠纷,原告陈某某系香港特别行政区居民,本案应参照涉外商事案件处理。原、被告双方在《股权转让协议》中协商选择适用中华人民共和国法律作为本案纠纷解决的准据法,根据《中华人民共和国涉外民事关系法律适用法》第四十一条规定,本院依法予以准许。

本院原告陈某某与被告黄某某之间的股权转让合同关系,有原告提供的《股权转让协议》为证,其主体适格,意思表示真实,且依法办理了相应的审批、变更登记手续,应确认为合法有效,双方当事人均应按照约定全面履行合同义务。原告根据协议的约定,履行协助办理股权变更审批、登记手续,将其股权变更登记至被告名下,被告未能依据协议的约定履行支付股权转让款义务,被告的行为已构成违约。原告据此请求解除双方签订的《股权转让协议》,并要求被告将其受让的股权返还给原告且协助办理变更登记手续。原告该项诉求是否能得到支持,应从法律规定和事实层面进行分析判定。首先,关于合同解除权的行使问题,《中华人民共和国合同法》第九十六条规定:"当事人一方依照本法第九十三条第二款、第九十四条的规定主张解除合同的,应当通知对方。合同自通知到达对方时解除。……法律、行政法规规定解除合同应当办理批准、登记等手续的,依照其规定。"《最高人民法院〈关于适用中华人民共和国合同法〉若干问题的解释》(一)第九条进一步规定,"依照合同法第四十四条第二款的规定,法律、行政法规规定合同应当办理批准手续,或者办理批准、登记等手续才生效,在一审法庭辩论终结前当事人仍未办理批准手续的,或者仍未办理批准、登记等手续的,人民法院应当认定该合同未生效;……合同法第七十七条第二款、第八十七条、第九十六条第二款所列合同变更、转让、解除等情形,依照前款规定处理。"本案股权转让协议,因原告系香港特别行政区居民,转让前的泉州 A 公司属外商投资企业,其有关股权转让事宜根据法律的规定,需办理股权转让行政审批和工商变更登记手续,方依法产生协议效力和股权变更效力。原、被告履行合同过程中,对股权转让事宜依法办理了股权转让行政审批和工商变更登记手续,股权转让行为和事实已完成、确定。现原告以被告根本违约为由,径直要求解除股权转让协议,以及被告将股权返还给原告,该请求不符合《中华人民共和国合同法》第九十六条和《最高人民法院〈关于适用中华人民共和国合同法〉若干问题的解释》(一)第九条的上述规定。其次,对合同解除的法律效力,《中华人民共和国合同法》第九十七条规定:"合同解除后,尚未旅行的,终止履行;已经履行的,根据履行情况和合同性质,当事人可以要求恢复原状、采取其他补救措施、并有权要求赔偿损失。"本案股权转让事宜已于 2013 年 10 月 22 日完成变更登记,被告成为泉州 A 公司的股东,行使股东权利,享有股东利益,并对公司的经营产生相应的影响。原告于 2014 年 7 月 25 日提起诉讼,提出本案诉求,但从法律后果看,原、被告双方的股权转让亦无法依原告所诉恢复原状。综上,原告的诉讼请求于法无据,应予驳回。对被告未能依约支付股权转让款问题,原告可另行提起诉讼,寻求救济解决。据此,根据《中华人民共和国合同法》第九十六条,《最高人民法院〈关于适用中华人民共和国合同法〉若干问题的解释》(一)第九条,《中华人民共和国民事诉讼法》第六十四条第一款之规定,判决如下:

驳回原告陈某某的诉讼请求。

本案受理费 24400 元,由原告陈某某负担。

……

二○一四年十一月十六日

说明:这是陈某某发起的第一起诉讼。股权转让所涉及的法律手续,如工商变更登记,中外合资企业变更为中资企业,等等,都已完成,在这种情况下,法院怎么可能支持解除股权转让合同呢?我至今仍无法理解对方首先发难的这一诉求企图达到什么目的?即便是合同解除,对陈某某也并非有利。费解!

双方皆未对一审判决提起上诉。

B. 福建省泉州市鲤城区人民法院(2014)鲤民初字第 2959 号民事判决书部分

说明:在陈某某提起上述案件的诉讼之后一个多月的 2014 年 8 月 28 日,陈某某的妻弟李某某联合郑某某①向法院提起解散泉州 B 公司的诉讼。因此案非本文主述内容,故仅将一审法院的部分判决内容介绍如下:

......

综上事实,本院认为,根据《中华人民共和国公司法》第一百八十二条规定,公司经营管理发生严重困难,继续存续会使股东利益受到重大损失,通过其他途径不能解决的,持有公司全部股东表决权百分之十以上的股东,可以请求人民法院解散公司。判断公司是否解散的前提应当认定公司经营管理是否发生严重困难。本案泉州 B 公司在工商登记的经营范围仅是作为外商投资企业的中方投资者,根据其占有的泉州 A 公司的 44% 股份来看,其经营范围仅作泉州 A 公司投资而不进行具体的经营活动。既然泉州 B 公司作为泉州 A 公司的股东,判断该公司经营管理是否发生严重困难,只需认定泉州 B 公司是否能够履行泉州 A 公司股东的权利义务,是否能够参与到泉州 A 公司管理、决策等具体公司事务中。根据被告所提供的证据,泉州 B 公司曾于 2013 年 3 月 18 日就泉州 A 公司的股权转让事宜召开股东大会并进行表决,可以认定该公司的运行机制是正常的;况且泉州 B 公司的 4 个股东,即原告郑某某、李某某及第三人黄某某、黄某 B,在泉州 A 公司成立时均作为该公司的实际股东并签订全体股东协议书,对各自占有泉州 A 公司的股权进行约定,而且参与该公司的实际经营并领取工资及股权分红。根据泉州 B 公司投资泉州 A 公司的上述股权运行情况分析,泉州 B 公司的存续并未导致其股东利益受到损失,故两原告提出解散泉州 B 公司的请求,未能提供证据证明,理由不能成立,依法不予支持。据此,依照《中华人民共和国公司法》第一百八十二条、《中华人民共和国民事诉讼法》第六十四条第一款、最高人民法院《关于适用〈中华人民共和国公司法〉若干问题的规定(二)》第一条的规定,判决如下:

驳回原告郑某某、李某某的诉讼请求。

......

二〇一五年二月五日

C. 福建省泉州市中级人民法院(2015)泉民终字第 1815 号民事判决书部分
B 案一审判决后,对方上诉。二审法院经审理后作出下列判决:

......

驳回上诉,维持原判。

---

① 上述泉州某公司的股东为陈某某与泉州 B 公司,而黄某某、李某某、郑某某等人系泉州 B 公司的股东。

......

二○一五年八月十九日

D. 福建省泉州市鲤城区人民法院(2015)鲤民初字第 1136 号民事裁定书部分和福建省泉州市鲤城区人民法院(2015)鲤民初字第 1137 号民事裁定书部分。

说明:2015 年 3 月 4 日李某某与郑某某各自以确认其系泉州某公司股东等为由提起诉讼,开庭后,却又分别提出撤诉申请,故一审法院作出了上述两份内容基本相同的民事裁决书,择要如下:

......

准许原告李某某撤回起诉。

......

二○一五年八月十九日

E. 福建省泉州市中级人民法院(2015)泉民初字第 452 号民事判决书和一审代理词。

说明:本文的重点在于本案,故将判决书全文和代理词全文介绍如下。

福建省泉州市中级人民法院
民事判决书

(2015)泉民初字第 452 号

原告(反诉被告):陈某某,男,1949 年 10 月 24 日出生,香港特别行政区居民,香港特别行政区永久性居民,……。

委托代理人:苏某某,福建 A 律师事务所律师。

委托代理人:付某,福建 B 律师事务所实习律师。

被告(反诉原告):黄某某,男,1956 年 1 月 17 日出生,住福建省泉州市。

委托代理人:张少鹏,福建侨经律师事务所律师。

原告陈某某因与被告黄某某股权转让合同纠纷一案,于 2015 年 3 月 9 日向本院提起诉讼。本院受理后,依法组成合议庭进行审理。2015 年 5 月 7 日,反诉原告黄某某提出反诉,本院受理并决定予以合并审理。2015 年 7 月 16 日,原告陈某某向本院提出财产保全申请,本院于 2015 年 8 月 19 日作出(2015)泉民初字第 452 号民事裁定书,裁定查封、冻结被告黄某某坐落于福建省泉州市丰泽区宝洲路中段南侧泉州浦西万达广场超高层住宅北区住 8 号楼 8A1301 的房屋所有权。2015 年 10 月 21 日、2016 年 4 月 8 日,本院两次依法公开开庭审理了本案,原告(反诉被告)陈某某的委托代理人苏某某、付某,被告(反诉原告)黄某某的委托代理人张少鹏到庭参加诉讼,证人张某某、吴某某、黄某某出庭作证。本案现已审理终结。

原告陈某某诉称:2013年3月25日,陈某某与黄某某签订《股权转让协议》1份,约定陈某某将其所持有的泉州A公司56%的股权转让给黄某某,转让价款为220万元。《股权转让协议》签订后,陈某某根据协议的约定于2013年10月22日协助黄某某办理了股权变更工商登记手续,黄某某成为泉州A公司的登记股东。但黄某某却拒不履行支付股权转让款220万元的义务。经陈某某多次催讨,但黄某某至今未支付股权转让款给陈某某。陈某某与黄某某在办理股权转让事宜时,黄某某向陈某某谎称要向泉州经济开发区税务分局缴纳税款共计319500元。陈某某通过银行转账、现金支付等方式向黄某某支付了上述款项。黄某某以代交股权转让所得税为借口多收取了陈某某的款项51955.28元应退还给陈某某。请求法院判令:一、被告黄某某立即支付原告陈某某股权转让款220万元及利息(自2013年10月23日起至实际付清款项之日止按中国人民银行同期同类贷款利率计算,暂计10万元);二、被告黄某某退还多收取原告陈某某的股权转让所得税款51955.28元;三、由被告黄某某承担本案诉讼费用。

被告黄某某辩称:1.陈某某是依据从工商行政管理部门档案查询的《股权转让协议》主张本案的股权转让款220万元,但该金额不是真实的股权转让金额。当时双方商定的股权转让价为139780.69元,但在咨询工商、税务部门时,税务部门要求《股权转让协议》中的股权转让金额至少要填220万元才能办理股权转让的变更登记,故陈某某提交的《股权转让协议》第二条第2项手写的"2 200 000",实为办理股权转让变更的需要而赶写的,并非本案股权转让的真实价款。2.本案股权转让价款139 780.69元,主要是根据泉州A公司当时的债权、债务等财务结算后,结合陈某某的股权比例而计算出来的金额。3.《股权转让协议》第九条载明"本协议一式四份,甲方(陈某某)、乙方(黄某某)、泉州A公司各持一份,提交审批机关一份"。可见,陈某某亦持有1份《股权转让协议》,请求责令陈某某提交其持有的《股权转让协议》以核实本案的股权转让价款。4.依据《股权转让协议》及法律的规定,陈某某应承担股权转让所及的有关税费,因其无法缴交,请求黄某某代缴。为此黄某某代陈某某缴交财产转让所得税等267544.72元,折抵股权转让款后,余款127764.03元及其利息应由陈某某返还给黄某某。

反诉原告黄某某反诉称:双方签订《股权转让协议》之后,为缴交陈某某依法应当承担的财产转让所得税等,经其请求黄某某于2013年6月27日将267544.72元汇入泉州市地方税务局泉州市经济技术开发区税务分局账户,代陈某某缴交了该税款。此款扣除黄某某转让股权可得的转让款139780.69元,余额127764.03元及其利息,陈某某应当返还给黄某某。2013 年 10 月 25 日,黄某某、陈某某与包工头王某某就泉州 A 公司厂房围墙的翻修事宜,签订《协议书》1 份,之后又签订了《补充协议》,约定:泉州 A 公司的厂房围墙翻修等事宜,由陈某某①承包。此项工程完工后,黄某某支付给王某某工程款 103500 元。由于此项工作系解决泉州 A 公司厂房围墙的历史遗留问题,陈某某同意依其当时的股权比例承担相应的费用。请求法院判令:一、反诉被告陈某某立即偿还反诉原告黄某某代缴财产转让所得税等之余额 127764.03 元及其占用期间的利息(按银行同期同类贷款利率计自 2013 年 6 月 27 日起至还清之日止)给反诉原告黄某某;二、反诉被告陈某某支付厂房围墙翻修等费用 57960 元给反诉原告黄某某;三、本案的诉讼费用应由反诉被告陈某某承担。

反诉被告陈某某在答辩期内未作书面答辩,但在庭审中辩称:本案《股权转让协议》签订后,陈某某支付给黄某某的费用已经超过了应缴的税费金额,黄某某的反诉主张没有依据。黄某某请求支付厂房围墙翻修费用 57960 元,相关费用在股权之前已经处理清楚。请求法院驳回反诉原告黄某某的反诉请求。

审理中,双方当事人对 2013 年 3 月 25 日陈某某与黄某某签订一份《股权转让协议》,约定陈某某将泉州 A 公司的股权转让给黄某某,该协议签订以后,泉州 A 公司股权已经发生变更等事实均无异议。对该事实,本院依法予以认定。

原告(反诉被告)陈某某为支持其诉求和反诉抗辩,向本院提交了下列证据:1. 香港居民身份证、通行证,欲证明陈某某的诉讼主体资格;2. 户籍证明,欲证明黄某某的基本身份情况;3.《股权转让协议》,欲证明陈某某、黄某某双方关于股权转让的相关约定事项及经过,其中陈某某持有泉州 A 公司 56% 股权,并同意将 56% 的公司股权转让给黄某某,黄某某应支付陈某某股权转让款 220 万元,及约定相应的违约责任等;4.《公证书》,欲证明陈某某于 2014 年 6 月 27 日向黄某某发出要求支付股权转让价款 220 万元的书面通知,泉州市刺桐公证处进行相关公证的事实;5.《内资企业登记基本情况表》,欲证明《股权转让协议》签订后,陈某某已根据该协议的约定履行并协助黄某某办理相应的工商登记变更手续;6.《民事判决书》,欲证明陈某某曾就黄某某拒不支付股权转让款 220 万元已构成根本违约而向本院起诉要求解除双方签订的《股权转让协议》,法院经审理查明确认,黄某某未支付股权转让款给陈某某,陈某某多次催讨的事实及其他相关事实;7. 中国农业银行明细对单;8. 中国农业银行银行卡取款业务回单,证据 7、8 欲证明陈某某通过银行转账方式支付给黄某某股权转让所得税款 236 500 元;9. 收条,欲证明陈某某以现金方式支付给黄某某股权转让所得税款 83 000 元。以上共计 319500 元。

---

① 应为王。

被告(反诉原告)黄某某质证认为:对原告(反诉被告)陈某某提交的所有证据的表面真实性均无异议。但证据3《股权转让协议》第二条第二项220万元不是本案股权转让的实际总价款,该金额是用于办理工商税务以及外资变更登记的需要,应税务工商部门的要求而填写的;证据4《公证书》,陈某某没有提交黄某某收到该份通知的依据,黄某某没有收到该份通知,至少有1年3个月,不存在陈某某催讨款项的事实;证据6《民事判决书》陈某某只是提出的解除合同的请求,没有涉及股权转让款问题。陈某某提交的股权转让协议中的220万元是不真实的,该案中黄某某没有充分举证涉及股权转让款的问题,该问题应以本案查明事实作为认定的依据;证据7、8体现的款项236 500元是用于支付股权转让协议书约定的保证金;证据9体现的款项是支付泉州A公司的汽车的转让款。陈某某提交的证据7、8、9不能证明是其支付税款,而是支付保证金以及转让汽车以及其他设备的转让款。

被告(反诉原告)黄某某为支持其本诉抗辩和反诉主张,向本院提交了下列证据:1.《股权转让协议》,欲证明黄某某及泉州A公司各自持有的二份《股权转让协议》的内容全部相同,该二份《协议》的第二条第2项中的股权转让总价款是空着的,双方约定的股权转让总价款并非220万元。2.泉州A公司"内部财务审计结果"。3.陈某某于本院(2014)泉民初字第1056号股权转让纠纷案提交的证据2中的第二页,证据2和3欲证明经债权、债务折抵后,陈某某从股权转让中可以取得的股权转让总价款为139 780.69元。4.《股东协议书》,欲证明陈某某、黄某某在进行股权转让之际,签订本协议确认:泉州A公司的生产机台折价48万元,由陈某某出资购买,泉州A公司应收账款总数420多万元,其中160万元由公司承担,其余260多万元由陈某某负责承担,该协议的内容与证据2基本一致。5.《收款收据》,欲证明自2002年7月11日起至2013年8月14日止,泉州A公司计28次向黄某某借款,计489万元。此款若不按证据2"内部财务审计结果"处理,理应由陈某某依其当时的股权比例分担。6.《收据》,欲证明2002年2月6日陈某某向黄某某借款43万元,2002年3月15日陈某某向黄某某借款17万元,计借款60万元。7.《理财金账户历史明细清单》。8.《税收转账专用完税证》,欲证明经陈某某请求,2013年6月27日黄某某汇款267 544.72元入泉州市地方税务局泉州经济技术开发区税务分局,代陈某某缴交财产转让所得税等。9.《协议书》和《补充协议》。10.《收条》,证据9和10,欲证明2013年10月15日,陈某某、黄某某与包工头王某某就泉州A公司厂房围墙的翻修事宜签订该协议。协议履行完,黄某某依约支付给王某某103500元,此事因系解决厂房围墙的遗留事宜,陈某某同意按其原股权比例承担有关费用,陈某某应承担57960元。11.《凭据》,欲证明陈某某、黄某某在签订本案《股权转让协议》之际,泉州A公司尚有应收款项(债权)4146 604.11元,其中,泉州C公司尚欠货款148218元。2014年1

月 4 日陈某某背着黄某某及泉州 A 公司，私自与泉州 C 公司以 7 万元结清全部欠款。此款若不按证据 2"内部财务审计结果"处理，陈某某应全额承担此笔欠款。12. 福建省泉州市鲤城区人民法院(2014)鲤民初字第 824 号民事判决书，欲证明 2013 年 3 月 25 日陈某某与黄某某签订本案的股权转让协议后，却于 2013 年 9 月 23 日背着黄某某及泉州 A 公司，私自与晋江 A 公司勾结，在该公司提供的《结欠单》上签字确认，致法院判决泉州 A 公司应支付该公司货款 305711.38 元及利息。由于此款发生于股权转让之前，若此款不按证据 2"内部财务审计结果"处理，则陈某某应按其当时的 56% 股权承担此笔欠款 171198.37 元。13. 福建省泉州市鲤城区人民法院(2014)鲤民初字第 1718 号《民事调解书》，欲证明陈某某、黄某某在转让股权之前，泉州 A 公司欠泉州 D 公司货款 140400 元及受理费、利息、执行费用等，此款若不按证据 2"内部财务审计结果"处理，理应由陈某某依其当时的股权比例分担。14. 福建省泉州市鲤城区人民法院(2014)鲤民初字第 1781 号《民事调解书》，欲证明陈某某、黄某某在转让股权之前，泉州 A 公司尚欠福建省晋江 B 公司货款 90136 元及受理费、利息、执行费用等，此款若不按证据 2"内部财务审计结果"处理，理应由陈某某依其当时的股权比例分担。15. 福建省泉州市鲤城区人民法院(2014)鲤民初字第 1 855 号《民事调解书》，欲证明陈某某、黄某某在转让股权之前，泉州 A 公司尚欠泉州市 E 公司货款 218808 元及受理费、利息、执行费用等，此款若不按证据 2"内部财务审计结果"处理，理应由陈某某依其当时的股权比例分担。16.《补充协议书》，欲证明 2013 年 5 月 7 日陈某某、黄某某就泉州 A 公司原生产设备由陈某某收购事宜签订该协议，该协议第 4 条约定："在签订本该协议后，陈某某应在当日将保证金支付给黄某某……"依此约定，陈某某于 2013 年 5 月 9 日汇款 236500 元给黄某某，系履行该协议约定的义务，尚欠 3500 元。17. 陈某某提交的《证据清单》《收条》《证明》，欲证明在 2013 年 3 月 25 日签订《股权转让协议》后，陈某某依股东之间确定的权利、义务履行偿还义务，进一步证明黄某某提交的证据 2"内部财务审计结果"的真实性并履行。

原告(反诉被告)陈某某质证认为：对证据 1《股权转让协议》的真实性无异议，但是这两份《股权转让协议》没有落款，仅仅是双方在协商股权转让过程中的条款约定，不能对抗双方公认的股权转让款的事实，股权转让总金额应以工商局备案的《股权转让协议》为准，黄某某是认可按照 220 万元缴交税款的。这两份《股权转让协议》不能证明黄某某的主张。证据 2 和 3"内部财务审计结果"的来源不明，无形成时间和地点，对其真实性有异议，且与本案无关联，也不能证明黄某某的主张。对证据 4《协议书》上陈某某的签名真实性无异议，但是该协议是尚未生效的协议，协议约定必须经全部股东签字才生效，但是该协议仅仅经陈某某、黄某某双方签字。股权转让的时间点以及公司土地、建筑物以及应收账款有 1220 万元，陈某某股权转让已经降价出卖了股份,不存在股权转让款不实的说法。对证据5《收款收据》的真实性无异议,但是收据上是股权转让之前的黄某某的收款,是股权转让之前就发生的,黄某某以此主张股权转让价款不需要220万元,是不成立的。对证据6《收据》的真实性无异议,这笔收条的用途是黄某某支付给陈某某的投资款,不是借款。对证据7和8《理财金账户历史明细清单》《税收转账专用完税证》的真实性均无异议,但是这笔款项是由陈某某支付给黄某某,由黄某某代为缴交,其中理财金支付是从黄某某个人账户支付出去的。对于股权转让的价款,陈某某是明知的,也确认。这些款项是陈某某支付给黄某某之后,黄某某代为缴交的。对证据9《协议书》和《补充协议》的真实性有异议,《协议书》下面的落款是圆珠笔书写,是黄某某书写,其他人用水笔书写,后面的时间也有异议,不是在2013年10月25日形成的,协议相关的债务问题已经在股权转让的过程中一并处理。股权转让后,所有债权债务应当由公司承担。对证据10《收条》的真实性有异议。证据11没有原件,对该证据不予质证。对证据12~15《民事判决书》《民事调解书》的真实性均无异议,但是这些裁判文书确认的对象是泉州A公司与黄某某之间的债务纠纷,与本案无关。对证据16《补充协议书》上陈某某签字的真实性无异议,该协议的内容是处理机台设备的,而设备是泉州A公司的,该协议无效。对证据17《证据清单》《收条》《证明》的真实性均无异议,但这些证据与证据2"内部财务审计结果"没有关联性。

庭审中,被告(反诉原告)黄某某申请证人张某某、吴某某、黄某某出庭作证,欲证明其提交的证据2"内部财务审计结果"的真实性。原告(反诉被告)陈某某质证认为:证人张某某系泉州A公司会计,证人吴某某系黄某某的外甥,证人黄某B系黄某某的弟弟,这三位证人与黄某某有密切的关系,诬明效力低,且三位证人对会议在场人员的陈述存在矛盾。"内部财务审计结果"是来源不明的草稿纸,不能以此约束各方当事人。被告(反诉原告)黄某某质证认为:对三位证人证言没有异议。三个证人与黄某某并不存在重大关系,证人张某某是泉州A公司的会计,证人吴某某是泉州A公司请来的律师,证人黄某忠本来就是泉州A公司的股东。证人张某某和吴某某陈述的在场人员是形成五张"内部财务审计结果"的人员,证人黄某某是在"内部财务审计结果"形成以后,黄某某通知其来确认,人员当然不一致。

本院对证据的分析认定意见:被告(反诉原告)黄某某对于原告(反诉被告)陈某某提交的所有证据的表面真实性均无异议,对这些证据的真实性依法予以认定,至于这些证据在本案的证明力将结合本案争议焦点予以分析认定。原告(反诉被告)陈某某对于被告(反诉原告)黄某某提交的证据1、5、6、7、8、12、13、14、15、17的真实性均无异议,对证据4、16上其签名的真实性均无异议,对这些证据的真实性依法予以认定,至于这些证据在本案的证明力将结合本案争议焦点予以分析认定。被告(反诉原告)黄某某提交的证据2"内部财务审计结果"为原件,原告(反诉被告)陈某某在本院审理的(2014)泉民初字第1056号案件中也将"内部财务审计结果"中的第2页①作为证据提交,对"内部财务审计结果"的真实性本院依法予以认定,其在本案的证明力将结合本案争议焦点予以分析认定。被告(反诉原告)黄某某提交的证据9《协议书》,有原告(反诉被告)陈某某的签名,其对签名的真实性也无提出异议,对该证据的真实性本院依法予以认定,其在本案的证明力将结合本案争议焦点予以分析认定。被告(反诉原告)黄某某提交的证据10《收条》系原件,其出具人王某某系证据9《协议书》的当事人,对该证据的真实性本院依法予以认定,其在本案的证明力将结合本案争议焦点予以分析认定。被告(反诉原告)黄某某提交的证据11系无原件核对的复印件,原告(反诉被告)陈某某对其真实性不予认可,对该证据依法不予采信。对于三位证人的证言,原告(反诉被告)陈某某均不予认可,且证人张某某系泉州A公司会计、证人吴某某系被告(反诉原告)黄某某的外甥、证人黄某某系被告(反诉原告)黄某某的弟弟,这些证人与黄某某或其名下的公司存在利害关系,证人证言内容又不完全一致,对证人证言,依法不予采信。

本案的争议焦点为:1.股权转让的价格是多少?2.哪一方当事人应向对方返还税款?3.反诉被告陈某某应否向反诉原告黄某某支付围墙翻修费用?

原告(反诉被告)陈某某认为:1.债权转让协议合法有效,本案转让协议是双方当事人的真实意思表示,本案股权转让协议其他的事项已经履行完毕,陈某某要求黄某某支付股权转让款是符合事实和法律的依据。2.本案股权转让之后,实际税费是26万元多,黄某某应将多支付的费用返还。

被告(反诉原告)黄某某认为:一、本案股权转让款绝非220万元。陈某某据以主张本案股权转让款为220万元的唯一证据仅有从泉州市经济技术开发区工商行政管理局调取的《股权转让协议》。但该协议的第2条第2款中手写的"2200000"并非当时双方协商的真实内容。理由:1.黄某某提交的2份《股权转让协议》的第二条第2款中的股权转让总价款是空着的,其他内容与陈某某举证的《股权转让协议》全部一致。陈某某持有的那份《股权转让协议》至今没有出示,由此可证:

在2013年3月25日双方签订《股权转让协议》时,双方对股权转让总价款尚未明确约定。这一条款在当时应属于待定条款。第2条第2款中手写的"2200000"是为了办理变更登记手续的需要而为的权宜之计,无法体现合同双方当事人当时及此后的真实意思表示,故不能作为本案股权转让总价款的定案依据。2."内部财务审计结果"确立了本案股权转让总价款为139780.69元。《股权转让协议》签订后,陈某

---

①　同本案的证据3。

某、黄某某及泉州 A 公司财务等相关人员,经全面核对泉州 A 公司的资产、债权、债务等,经协商,形成了"内部财务审计结果",该审计结果显示:经各方面的债权债务折抵后,本案股权转让总价款为 139780.69 元。3. 本案股权转让款只有 139780.69 元,远低于股权转让所得税款 267544.72 元,所以陈某某才须汇款给黄某某以填补不足部分及须支付保证金 24 万元。4. 从 2013 年 3 月 25 日双方签订《股权转让协议》,至 2014 年 7 月 8 日陈某某电话催讨转让款,期间经历 1 年又 3 个月 14 天,在这么长的时间里,陈某某从未向黄某某催讨过转让款,是无款可催,而非其他原因。5. 泉州市中级人民法院(2014)泉民初字第 1056 号民事判决书的查明转让款为 220 万元,是在黄某某没有充分举证下作出的认定,不应作为本案事实。二、陈某某汇(付)给黄某某的 319500 元并非缴纳税款的款项,其增加的诉讼请求依法应予以驳回。三、2013 年 6 月 27 日黄某某汇款 267544.72 元至泉州市地方税务局泉州市经济技术开发区税务分局,代陈某某缴交财产转让所得税,至今,其无法举证证明其已将此款偿还给黄某某。黄某某的这一反诉请求,事实清楚,证据确实充分,依法应予支持。四、双方于 2013 年 3 月 25 日签订《股权转让协议》,于 2013 年 10 月 22 日完成工商变更登记。此时,陈某某已无权干预黄某某行使对泉州 A 公司的任何权利,但在此之后的 2013 年 10 月 25 日陈某某还参与黄某某与案外人王某某签订《协议书》,这是双方共同协商在解决泉州 A 公司的历史遗留问题。这一问题,是双方签订协议之前必须解决而未解决的问题,陈某某有权参与解决,便有责任承担相应的义务,即:陈某某口头承认按其原股权 56% 比例承担该项费用 57960 元。但至陈某某没有将此款支付给黄某某,故黄某某提出本反诉请求,呈请依法予以支持。综上所述,陈某某诉请黄某某支付转让款 220 万元,返还多收取的 51955.28 元,缺乏证据证明,依法不应予以支持;黄某某的两项反诉请求,符合本案事实及相关的法律规定,依法应予以支持。

对上述争议,本院认为:一、陈某某主张股权转让款为 220 万元有双方签字确认并报工商行政管理部门的《股权转让协议》为证,而黄某某主张股权转让款是 139780.69 元,而非 220 万元的依据是自称的"内部财务审计结果"。但该"内部财务审计结果"从头到尾没有任何一处文字表明涉及股权转让款的意思表示,也没有黄某某的签字,更没有陈某某的任何意思表示,该"内部财务审计结果"不具有证明双方约定股权转让款为 139780.69 元的证明力。陈某某对于股权转让款为 220 万元的主张提供了合同依据,黄某某以"内部财务审计结果"反驳陈某某的主张,依据不足,本院不予支持。二、黄某某对于陈某某向其合计支付 319500 元的事实没有异议,只是主张其的 236500 元是用于支付《股权转让协议》书约定的保证金,另 83000 元是支付泉州 A 公司的汽车的转让款。但《股权转让协议》中并没有任何涉及保证金的约定,黄某某关于 236500 元系陈某某向其支付股权转让保证金的主张,缺乏事实依据,不予采信。至于黄某某主张 83000 元是支付泉州 A 公司的汽车的转让款,因既然是向泉州 A 公司的款项,则收款人应为泉州 A 公司,而陈某某提供的 2 张《收条》体现的收款人均是黄某某,在黄某某未能提供泉州 A 公司委托其代为主张这笔款项或该款项债权已经转让给黄某某的情况下,黄某某的主张依法无据,不予支持。《股权转让协议》第 3 条第 2 款:"因转让股权行为产生的一切税费由甲方承担"约定,陈某某应承担股权转让税 267544.72 元。在办理股东转让过程中,黄某某代陈某某缴纳了该笔税费,陈某某理应支付给黄某某 267544.72 元股权转让税款。因此,黄某某应将多收取的 51955.28 元股权转让所得税款返还给陈某某。由于陈某某已经支付给 319500元,则黄某某关于陈某某还应偿付其缴税费 127764.03 元的反诉请求,缺乏事实和法律依据,不予支持。三、2013 年 10 月 25 日,黄某某、陈某某作为甲方与乙方王某某就泉州 A 公司厂房围墙翻修签订了 1 份《协议书》。在这份《协议书》中约定的只是黄某某、陈某某与王某某之间的权利义务,并未对黄某某、陈某某之间的权利义务有任何的约定,即黄某某仅依据该《协议书》向陈某某主张围墙翻修 57960 元,依法无据,不予支持。2013 年 11 月 19 日,陈某某签署的《补充协议》确认补贴 15000 元和5000 元,合计 2 万元。该《补充协议》系陈某某的真实意思表示,陈某某对此应承担相应的民事责任,陈某某应向黄某某支付厂房围墙翻补贴款 2 万元。

本院认定如下事实:

2013 年 3 月 25 日,原告陈某某与被告黄某某签订 1 份《股权转让协议》,约定陈某某将其持有的泉州 A 公司 56% 的股权转让给黄某某,转让价款为 220 万元,因转让股权行为产生的一切税费由陈某某承担。《股权转让协议》签订后,陈某某于 2013年 5 月 9 日将股权转让税费 236500 元支付给黄某某,于 2013 年 6 月 27 日将股权转让税费 3 万元支付给黄某某。同日,黄某某代陈某某向税务机关缴交了股权转让税费 267544.72 元。2013 年 7 月 7 日和 8 月 12 日,陈某某又分别向黄某某支付股权转让税费 28000 元和 25000 元。2013 年 10 月 22 日,双方办理了股权变更工商登记手续,现黄某某为泉州 A 公司的股东。此后,因黄某某未向陈某某支付股权转让款,2014 年 7 月 8 日,陈某某电话向黄某某催讨股权转让款。但至今黄某某仍未向陈某某支付股权转让款。2013 年 11 月 19 日,陈某某在 1 份黄某某持有的《补充协议》上签名确认补贴 2 万元。

以上事实有原告(反诉被告)陈某某提供的《股权转让协议》、银行单据、《收条》、电话录音,被告(反诉原告)黄某某提供的《理财金账户历史明细清单》《税收转账专用完税证》《协议书》和《补充协议》及双方当事人委托诉讼代理人的法庭陈述等证据予以证实,本院依法予以确认。

本院认为:本案系原告(反诉被告)陈某某与被告(反诉原告)黄某某之间因股权

转让关系而产生的纠纷,原告陈某某系香港特别行政区居民,本案应参照涉外民商事案件处理。原、被告双方在《股权转让协议》中协商选择适用中华人民共和国法律作为本案纠纷解决的准据法,根据《中华人民共和国涉外民事关系法律适用法》第四十一条的规定,本院依法予以准许。

本案原告(反诉被告)陈某某与被告(反诉原告)黄某某之间的股权转让合同关系,有陈某某提供的《股权转让协议》为证,其主体适格,意思表示真实,且依法办理了相应的审批、变更登记手续,应确认为合法有效,双方当事人均应按照约定全面履行合同义务。陈某某根据协议的约定,承担了股权转让税费,并协助黄某某办理股权变更审批、登记手续,将其股权变更登记至其名下,但黄某某未能依据协议的约定履行支付股权转让款义务,该行为已构成违约。由于《股权转让协议》对股权转让款的付款期限未作约定,陈某某依法可以催告黄某某在合理期限内偿还借款。2014 年 7 月 8 日陈某某电话向黄某某催讨股权转让款,黄某某即依法应承担及时支付转让股权转让款的违约责任。陈某某请求黄某某支付股权转让款 220 万元,符合事实和法律依据,本院予以支持。但陈某某直至 2014 年 7 月 8 日才催讨款项,其要求黄某某自 2013 年 10 月 23 日起支付逾期付款剩息的主张,依法无据,不予支持。但黄某某仍应向陈某某赔偿自 2014 年 7 月 9 日起按照中国人民银行同期同类人民币贷款基准利率标准计算的逾期付款损失。黄某某在代陈某某办理股权转让税费时,多收取的 51955.28 元,依法应予返还。由于陈某某并未欠黄某某股权转让税,因此黄某某要求陈某某偿还代缴的股权转让所得税余额 127764.03 元及其占用期间的利息的主张,缺乏事实和法律依据,应予驳回。陈某某在《补充协议》签名确认补贴围墙翻修费用黄某某 2 万元,依法应予偿付。黄某某要求陈某某偿付 57960 元围墙翻修费用,超出了陈某某应承担的金额,对超额部分,依法不予支持。至于黄某某提出的,但与本案争议无关的其他款项,由黄某某另行主张。综上所述,本案原告(反诉被告)陈某某、被告(反诉原告)黄某某各自具有事实和法律依据的诉讼请求部分,本院依法予以支持;缺乏事实和法律依据部分,本院依法予以驳回。据此,根据依照《中华人民共和国合同法》第六十条第一款、第一百零七条、第一百零九条、第一百一十二条之规定,判决如下:

一、被告黄某某应于本判决生效之日起十日内偿付原告陈某某股权转让款 220 万元,并按中国人民银行同期同类人民币贷款基准利率标准赔偿自 2014 年 7 月 9 日起至本院判决确定的还款之日止的逾期付款损失;

二、被告黄某某应于本判决生效之日起十日内返还原告陈某某股权转让税款 51955.28 元;

三、反诉被告陈某某应于本判决生效之日起十日内偿付反诉原告黄某某补贴款

2 万元;

　　四、驳回原告陈某某的其他诉讼请求;

　　五、驳回反诉原告黄某某的其他诉讼请求。

　　如被告未按指定的时间履行给付金钱义务,应当依照《中华人民共和国民事诉讼法》第二百五十三条之规定,加倍支付迟延履行期间的债务利息。

　　……

二○一六年十月二十日

原告(反诉被告)陈某某诉被告(反诉原告)黄某某股权转让纠纷案
一审代理词

尊敬的审判长、审判员:

　　福建侨经律师事务所接受被告(反诉原告)黄某某的委托,指派本人作为其诉讼代理人。兹就本案事实及相关的法律规定,发表如下代理意见,谨供参考。

　　一、本案股权转让款绝非人民币 220 万元。

　　代理人认为,原告(反诉被告,下同)据以主张本案股权转让款为人民币 220 万元的唯一证据仅有:原告方从泉州市经济技术开发区工商行政管理局调取的《股权转让协议》。这一协议的第 2 条第 2 款中手写的"2200000"并非当时原、被告双方协商的真实内容,在下列证据及事实面前,这一内容充分暴露其真实面目:

　　(一)被告(反诉原告,下同)举证的证据 1:两份《股权转让协议》,证明:签订协议当时,双方并未确定股权转让总价款。

　　被告举证的证据 1:两份《股权转让协议》的第二条第 2 款中的股权转让总价款是空着的,其他内容与原告举证的证据 3《股权转让协议》全部一致。依该协议第九条约定的:"本协议一式四份,甲方、乙方、泉州迅昌盛化纤制品有限公司各持一份,提交审批机关一份",可见,前述三份,还剩原告持有的一份至今没有出示。从常理分析,倘若原告持有的这份协议,同样写着"2200000",对原告是有利的,原告肯定无须到工商局查证,只须出具自己持有的这份协议即可主张权利,但是,原告至今不出示,更证明其持有的这份协议,股权转让总价款依然是空着的。由此可证:在原、被告签订《股权转让协议》的 2013 年 3 月 25 日当时,双方对股权转让总价款尚未明确约定。这一条款在当时应属于待定条款。

　　出于办理工商、税务、外资转内资等变更登记手续的需要,又因为原告的"外商"身份,出让股权在价款上太低,恐有逃税等嫌疑,经咨询工商、税务等部门,相关工作人员建议至少要写 220 万元才能办理变更登记,不得已而由吴文毅律师在该协议的空白处填上"2200000"。在当时,填写这一内容,并非原、被告双方的真实意思表示,否则,应在 4 份协议的空白处都填上同样的内容。这仅仅是为了办理变更登记手续的需要而为的权宜之计,无法体现合同双方当事人当时及此后的真实意思表示,故不能作为本案股权转让总价款的定案依据。

由上证据证明:在签订协议当时,原、被告双方并未确定本案股权转让总价款。

(二)被告举证的证据 2:《内部财务审计结果》,确立了本案股权转让总价款为人民币 139780.69 元。

说明:被告举证的证据 3,系贵院(2014)泉民初字第 1056 号股权转让纠纷案原告陈某某举证的证据清单(二)之证据 11[该证据清单(二)之 P42],系被告举证的证据 2 的第 2 页,证据 2 形成后,股东人手一份。原告既然在第 1056 号案中出具 5 页中的第 2 页,证明其持有该证据并同意该证据的内容。证人张志雄、吴文毅、黄建忠等证明了此份证据的真实性等。

《股权转让协议》签订后,原、被告及迅昌盛公司财务等相关人员,经全面核对迅昌盛公司的资产、债权、债务等,经协商,形成了证据 2:《内部财务审计结果》(暂定名)。该结果显示:经各方面的债权债务折抵后,本案股权转让总价款为人民币 139780.69 元。

(三)倘若本案股权转让总价款是 220 万元,原告何须另行汇(付)款人民币 319500 元给被告作其他费用? 呈请合议庭注意:

1. 本案《股权转让协议》的签订时间为:2013 年 3 月 25 日;

2. 原告提交的 3 份补充证据的汇款时间分别为:

① 对账单和回单:汇款日期:2013 年 5 月 9 日;汇款金额:236500 元;

② 三份收条的付款日期及金额分别为:a、2013 年 6 月 27 日 3 万元;b、2013 年 7 月 7 日 28000 元;c、2013 年 8 月 12 日 25000 元。①

上述事实使任何人都会引申出这样一个问题:既然如原告所称的,本案《股权转让协议》约定的转让价款是 220 万元,为何原告还要汇款 319500 元给被告?

其实,答案十分简单:股权转让价款 220 万元的说法是不存在的。

理由也非常简单:倘若被告必须为原告垫付股权转让所得税款,完全可由被告直接垫付,然后从股权转让款 220 万元中抵扣,而无须如原告所称的由原告汇款给被告。这种做法的唯一结果就是:本案股权转让款只有 139780.69 元,远低于股权转让所得税款 267544.72 元(见被告的证据 7、8)和生产设备转让保证金 24 万元(见被告的补充证据),原告才须汇款给被告以填补不足部分。

---

① 上述款项的用途详见下列第二方面代理意见。

由上事实可证:本案股权转让总价款并非原告诉请的 220 万元。

(四)倘若本案股权转让总价款是 220 万元,原告何须"当日将保证金支付给"被告?

呈请合议庭注意:

1.本案《股权转让协议》的签订时间为 2013 年 3 月 25 日;

2.本案《补充协议书》[见证据清单(补充),即证据 18]的签订时间为 2013 年 5 月 7 日。

《补充协议书》的签订日期在《股权转让协议》的签订日期之后。

再呈请合议庭注意:《补充协议书》的下列两项约定:

1.第 2 条约定:"……但陈某某需支付 24 万的保证金给黄某某后方可拆卸运走。"

2.第 4 条约定:"在签订本该协议后,陈某某应在当日将保证金支付给黄某某,……"

即:原告必须于签订协议书的当日支付保证金 24 万元给被告,方可拆卸、运走生产设备,等。

那么,问题又来了:既然如原告主张的本案《股权转让协议》的股权转让价款是 220 万元,原告为何还要当日付 24 万元保证金给被告?

答案仍然十分简单:股权转让价款 220 万元的说法是不存在的。

理由与上述理由基本一致。强调一点:倘若存在 220 万元,在《补充协议书》中依然可以约定保证金 24 万元,但无须约定"当日"支付,可约定从 220 万元的转让款中抵扣。但是,《补充协议书》约定了"当日"支付,明眼人便发现了内中问题,也就是双方在签订《补充协议书》时,根本不存在转让款 220 万元的约定和说法。

(五)被告举证的证据 11,体现的是原告的权利和义务,否则,便是另一法律问题。

从原、被告签订的《股权转让协议》、协商确定《内部财务审计结果》以及其他事宜等正常情况下,被告举证的证据 11 与被告举证的证据 2 等是并行不悖的。因为,证据 2《内部财务审计结果》确定了双方的权利、义务,其中,在第③页开头所述内容:

陈某某

应收账款◄——账面数◄——折扣数◄——实际数

4146604.11　 －1600000 　　　　 2546604.11

其含义为:当日,迅昌盛公司有应收账款 4146604.11 元,因此款系原告负责期间累积的,其与债务人熟悉,原告同意归给自己催收,迅昌盛公司同意扣除其中的 160 万元,余 2546604.11 元计入原告的权益中抵扣。基于此,原告便享有随时向债务人收取"应收账款"的权利。也正因为如此,原告才敢于 2014 年 1 月 4 日与泉州富泉包装有限公司协商,将"应收账款"148218 元折成 7 万元以结清此笔账务(详见证据11)。这一做法,是原告在行使证据 2"内部财务审计结果"确定的权利。倘若如此,被告没有意见。但是,倘若原告否认证据 2 的真实性及其效力,那么,其性质就转变了,也即:原告无权私自与富泉公司协商,将"应收账款"148218 元折成 7 万元以结清此笔债务,更无权将 7 万元攫为己有。

基于上述事实及分析,代理人更愿意看到原告能正视事实,回归事实的本来面目,以免一而再地做错事,以致性质发生变化,那就后悔莫及了。

(六)原告从未催讨转让款,是无款可催,而非其他。

从 2013 年 3 月 25 日双方签订《股权转让协议》,至 2014 年 7 月 8 日原告证据 5 体现的原告所称的电话"催讨"之日,其间,经历 1 年又 3 个月 14 天,在这么长的时间里,原告从未向被告催讨过转让款,究其原因,并非原告的大度,而是原告还欠被告多项款项而无款可催。那么,为什么原告等到 2014 年 7 月 8 日才开始起劲地"催讨",进而提起诉讼呢?最根本的原因在于:原告于 2014 年 5 月 29 日从工商局查到被告用于办理变更登记手续而提交的《股权转让协议》(见原告的证据 3 工商局盖章的落款日期),发现该协议第二条第 2 款有手写的股权转让总价款"2200000"元,由此利欲熏心,自以为有机可图,便开始发"通知"(2014 年 6 月 27 日)、公证(2014 年 7 月 10日)、起诉(2014 年 7 月 25 日),并由此引发数起诉讼。这一事实从客观上印证了协议中的"2200000"是不存在的,并非双方真实意思的表示。

(七)原判查明的个别事实,是在被告没有充分举证下作出的认定,不应作为本案事实。

代理人注意到:贵院(2014)泉民初字第 1056 号民事判决书的查明事实部分有这样的表述:"……转让款为 220 万元。……"(见原告的证据 7,该判决书 P4 第 14—15行)。呈请合议庭注意的是:该案是原告提起的,其主要诉讼请求是"解除原、被告于2013 年 3 月 25 日签订的《股权转让协议》",由于没有涉及股权转让款问题,因此,被告在举证时,也就没有将涉及股权转让款的证据提交,如在本案中提交的涉及股权转让款的证据 1、2 等重要证据当时并没有提交,难免会造成原判的如此表述,这是可以理解的。而本案涉及股权转让款问题,就必须以本案现有证据为据来认定事实,才符合法律规定的要求。

综上七个方面的证据及其理由,足以证明:本案股权转让款绝非 220 万元!敬请合议庭明察。

二、原告汇(付)给被告的 319500 元并非缴纳税款的款项,其增加的诉讼请求依法应予以驳回。

原告汇（付）给被告的 319500 元分别发生于下列时间：

1.2013 年 5 月 9 日汇款 236500 元；

2.2013 年 6 月 27 日付现金 3 万元；

3.2013 年 7 月 7 日付现金 28000 元；

4.2013 年 8 月 12 日付现金 25000 元；

上列四笔合计 319500 元。

呈请合议庭注意：

原、被告于 2013 年 5 月 7 日签订的"补充协议书"（见被告的证据 4.18）第 2 条约定："……但陈某某需支付 24 万的保证金给黄某某后方可拆卸运走。"第 4 条约定："在签订本该协议后，陈某某应在当日将保证金支付给黄某某……"也就是说，若原告没有在签订该协议的"当日"支付保证金 24 万元给被告，原告就不能拆卸运走生产设备。在该协议签订的"当日"，原告显然没有支付保证金 24 万元给被告，而是过了两天的 5 月 9 日才汇款 236500 元给被告，尽管还差 3500 元，但因双方之间的友好关系，被告就没有计较而让原告拆卸运走生产设备。可见，原告于 2013 年 5 月 9 日汇给被告的 236500 元，是支付保证金的款项。

原告主张 319500 元是原告支付给被告"代变更股权转让所得税"的款项，从付款时间、金额等方面看，是说不通的：

被告举证的证据 7、8、9 反映的代原告缴交财产转让所得税的日期为：2013 年 6 月 27 日；金额为 267544.72 元。既然是"代"缴，完全可以在缴了之后，找原告据实报销，没有必要提前近一个月汇款，且金额相差 3 万多元，这不是矛盾吗？且在存在上述《补充协议书》的前提下，原告的这一主张更显得十分苍白而令人无法接受。

由上证据可证，原告主张的 319500 元是偿还被告代缴税款的说法是不能成立的，故其增加的诉讼请求依法应予驳回。

三、关于反诉原告的第一项反诉请求的代理意见。

反诉原告黄某某举证的证据 7、8 证明：2013 年 6 月 27 日汇款人民币 267544.72 元入泉州市地方税务局泉州市经济技术开发区税务分局，代反诉被告陈某某缴交财产转让所得税，至今，反诉被告无法举证证明其已将此款偿还给反诉原告。故此，反诉原告提出了本反诉请求。代理人认为，反诉原告的这一反诉请求，事实清楚，证据确实充分，依法应予支持。此款扣除反诉原告应当支付给反诉被告的本案股权转让款 139780.69 元，余款 127764.03 元及其利息，反诉被告应当偿还给反诉原告。为此，呈请贵院依法支持反诉原告的此项反诉请求。

四、关于反诉原告的第二项反诉请求的代理意见。

反诉原告提出该项反诉请求的依据是其举证的证据 9、10。

代理人认为,双方于 2013 年 3 月 25 日签订《股权转让协议》;2013 年 10 月 22 日完成工商变更登记等。此时,反诉被告已无权干预反诉原告行使对迅昌盛公司的任何权利。那么,为什么在此之后的 2013 年 10 月 25 日反诉被告还参与反诉原告与包头王某某签订"协议书"呢?这就是双方共同协商在解决迅昌盛公司的历史遗留问题——迅昌盛公司厂房围墙翻修问题。这一问题,是双方签订协商之前必须解决而未解决的问题,反诉被告有权参与解决,便有责任承担相应的义务,即:按双方签订协议之前的股权比例,承担该项费用。该项工程完成后,全部工程款由反诉原告支付给包头王某某人民币 103500 元,反诉被告口头承认按其原股权 56% 比例承担该项费用,即 57960 元。但是,至今反诉被告没有将此款支付给反诉原告,故反诉原告提出本反诉请求,呈请贵院依法予以支持。

综上所述,代理人认为,原告诉请被告支付转让款 220 万元,缺乏证据证明本案的股权转让价款由双方合意确定为 220 万的证据,依法不应予以支持;原告诉请被告返还多收取的 51955.28 元,缺乏原告已偿还被告代其缴纳的财产转让所得税款 267544.72 元的证据,依法不应予以支持;反诉原告的两项反诉请求,符合本案事实及相关的法律规定,故呈请贵院依法予以支持。

此致

泉州市中级人民法院

福建侨经律师事务所
律师:张少鹏
2015 年 10 月 21 日

F. 福建省高级人民法院(2016)闽民终 49 号民事判决书及二审代理词
福建省高级人民法院(2016)闽民终 49 号民事判决书

上诉人黄某某诉被上诉人陈某某股权转让纠纷案
二审代理词

尊敬的审判长、审判员：

福建侨经律师事务所接受上诉人黄某某的委托，指派本人作为其二审代理人。兹就本案事实及相关的法律规定，发表如下代理意见，谨供参考。

在原审中，代理人已发表了较为详细的代理意见（详见附件一及原审卷宗），兹仅就原审判决存在的错误所涉及的有关问题，发表如下代理意见。

一、关于被上诉人原 56％股权在本案股权转让当时的价值问题

代理人认为，正确审理本案、正确认定本案事实，首先必须弄清楚这样一个重要问题：在本案股权转让之际，泉州迅昌盛化纤制品有限公司（下称"迅昌盛公司"）的资产价值是多少？被上诉人陈某某原 56％股权的价值是多少？

下面，通过有关证据，从不同角度分析：

1."内部财务审计结果"

"内部财务审计结果"是原审认定的证据（详见原判 P11 第 13—18 行），但被原审"不予支持"（详见原判 P14 第 16—23 行）。

"内部财务审计结果"是迅昌盛公司有关人员在被上诉人陈某某亲自主持下对迅昌盛公司资产等进行内部审计的结果，不尊重这一结果，偏听谎言，必然无法得出正确的判断，其判决结果也必然是错误的。

既然"内部财务审计结果"被认定为证据，透过这份证据所反映的数据，足以证明：迅昌盛公司的可支配资产实际极少。有债权，但至今无法变现，等于零！

上诉人在二审时补充提交的"房地产评估报告书"，是股权转让的当年——2013年评估的，评估结果为 6085900 元；而"内部财务审计结果"写的"在建工程、无形资产"①为 800 万元，这个数已比"房地产评估报告书"多出近 200 万元，若剔除这多出的近 200 万元，那就更没有多少价值可言了。

从"内部财务审计结果"可知：被上诉人陈某某原 56％股权仅值人民币 139780.69 元（见"内部财务审计结果"P5 末 1 行）。原审以"各种理由"不认可这一数额是本案的股权转让金额，起码让我们知道：在迅昌盛公司有关人员的眼里，被上诉人陈某某原 56％股权仅值 139780.69 元。被上诉人陈某某至今无法举证否认这一事实！

---

① 即迅昌盛公司的房产价值。

2. "房地产评估报告书"

"房地产评估报告书"P1 的"估价作业日期:2013 年 3 月 28 日至 2013 年 6 月 4 日",这一时间,正是本案股权转让期间。

根据"房地产评估报告书"的评估结果,迅昌盛公司的厂房、综合楼、传达室及配电室的价值为 6085900 元。暂不谈至今无法变现的"债权",也不谈尚未被原审认定的"债权",仅从眼前见得着的事实入手。这一价格,至少必须先扣去两部分已被认定的债务:其一,原审认定的迅昌盛公司向黄某某个人的借款 489 万元(见原判 P7 末 2 行至 P7 第 2 行和 P11 第 8—12 行);其二,原审认定的 4 份判决书、调解书(见原判 P7 末 6 行～P8 第 17 行和 P11 第 8～12 行)确定的迅昌盛公司的四笔欠款计 755055.38 元。这两部分债务合计为 5645055.38 元。将前述资产评估价格 6085900 元减去这两笔债务 5645055.38 元,余额 440844.62 元。再将这一余额 440844.62 元乘以被上诉人陈某某当时的 56% 股权,价值为 246872.99 元。

上述两个方面的证据[1]都是被原审认定的,通过对这两个方面的证据分析,我们发现:在本案股权转让当时,被上诉人陈某某的 56% 股权价值仅值十几万元或二十几万元,加上迅昌盛公司已亏损多年且已停产[2]等等,56% 股权的价值就更低了,再怎么考虑,上诉人怎么可能以 220 万元的价格与被上诉人成交!原审判决将"220 万元"强加给上诉人,显然违背《合同法》第五条规定的公平原则等。

二、关于原审认定的事实中确实缺乏证据的问题

原审判决中认定的至少如下几个主要事实是缺乏证据的:

1. "转让价款为 220 万元"是不存在的,"2200000"的形成时间并非在签订合同当时!

原审判决认定的事实:"2013 年 3 月 25 日,原告陈某某与被告黄某某签订 1 份《股权转让协议书》,约定陈某某将其持有的迅昌盛公司 56% 股权转让给黄某某,转让价款为 220 万元,因转让股权行为产生的一切税费由陈某某承担。……"(见原判 P16 第 4～7 行)。

依原判的上述认定,"转让价款为 220 万元"的形成时间为双方签订《股权转让协议书》之际的 2013 年 3 月 25 日。

但是本案并没有任何一份证据证明:"转让价款为 220 万元"的表述形成于 2013 年 3 月 25 日。

《股权转让协议》的签署日期是 2013 年 3 月 25 日,但是,这一天,该协议第二条

---

[1] 除"房地产评估报告书"外。

[2] 出售设备、汽车等足以证明。

第2项的股权转让总价款多少元并没有写,而是空的。这一主张有上诉人在原审提交的证据1——两份《股权转让协议》证明,以及上诉人多次要求被上诉人必须出具其持有的《股权转让协议》也绝对是空着的亦可证明。由此证明:双方在签署《股权转让协议》的2013年3月25日这一天,"2200000"未形成!敬请合议庭注意:原判对这两份《股权转让协议》是认定的(见原判 P11 第9~12行),但在"分析认定"等部分,却故意回避这两份协议。

那么,"2200000"是何时形成的呢?

代理人在一审代理词中写道:

"出于办理工商、税务、外资转内资等变更登记手续的需要,又因为原告的'外商'身份,出让股权在价款上太低,恐有逃税等嫌疑,经咨询工商、税务等部门,相关工作人员建议至少要写220万元才能办理变更登记,不得已而由吴文毅律师在该协议的空白处填上'2200000'。在当时,填写这一内容,并非原、被告双方的真实意思表示,否则,应在四份协议的空白处都填上同样的内容。这仅仅是为了办理变更登记手续的需要而为的权宜之计,无法体现合同双方当事人当时及此后的真实意思表示,故不能作为本案股权转让总价款的定案依据。"(见附件一:一审代理词 P1 末8~末2行)。

有据可证的变更登记依据如:被上诉人在原审提交的证据6"内资企业登记基本情况表"。此表中反映的"变更事项""5.2013—10—22"以及"章程备案"中的"2013—10—22启用新章程"等内容,故从为变更登记的需要而填写"2200000"的角度推定:"2200000"的形成时间大约在"2013年10月22日"期间。敬请合议庭注意:填写"2200000"是原审证人吴文毅填写的,吴文毅是上诉人的受托人,且系吴文毅填写后若干时间之后才告诉上诉人的,说明,填写"2200000"是吴文毅的个人行为,填写当时,上诉人与被上诉人陈某某皆不知道,根本不存在合同双方形成的合意,这与《合同法》第2章规定的"合同的订立"是相悖的。

综上可见,本案没有任何一份证据证明双方于何时形成"转让价款为220万元"的合意,填写"2200000"系为办理工商登记等变更之需要而为的个人行为,并非双方的合意,不应作为本案股权转让价款的定案依据。

2. 原判错误地将设备转让款保证金认定为税款,与本案证据严重不符

原审判决认定的事实:"《股权转让协议》签订后,陈某某于2013年5月9日将股权转让税费236500元支付给黄某某,于2016年6月27日将股权转让税费3万元支付给黄某某。同日,黄某某代陈某某向税务机关缴交了股权转让税费267544.72元。2013年7月7日和8月12日,陈某某又分别向黄某某支付股权转让税费28000元和25000元。"(见原判 P16 第7~12行)。

依原判的上述认定,被上诉人陈某某于 2013 年 5 月 9 日汇入上诉人账户的 236500 元是支付给黄某某代其缴交的股权转让税费。

但是,原审不知是切实忘了,还是故意遗漏在这一时点上本案的一份重要证据——"补充协议书"。原判对"补充协议书"在举证、质证部分都有反映,在"分析认定意见"(见原判 P11 第 10～13 行)部分也认定其真实性,但是,在"认定"部分(见原判 P14 末 2 行至 P15 第 10 行),却彻底忘了"补充协议书"中约定的保证金,而移花接木至《股权转让协议》(原判 P15 第 2～3 行):"但《股权转让协议》中并没有任何涉及保证金的约定⋯⋯"。)。

"补充协议书"是双方于 2013 年 5 月 7 日签订的,该协议书约定的涉及保证金的内容如下:

①第 2 条:"⋯⋯但陈某某需支付 24 万元的保证金给黄某某后方可拆卸运走。"

②第 4 条:"在签订本该协议后,陈某某应在当日将保证金支付给黄某某。⋯⋯该 24 万元的保证金自动转为陈某某的机台收购款。"

③第 5 条:"⋯⋯但陈某某 24 万元的保证金应当作为股权转让协议的惩罚性违约金,黄某某不予退回。"

"补充协议书"的主要条款只有 5 条,却在 3 个条款中 4 处出现"保证金"三字,可见,保证金在此份协议中的重要性。

2013 年 5 月 7 日双方签订"补充协议书",约定:"陈某某应在当日将保证金支付给黄某某。"

2013 年 5 月 9 日,陈某某汇 236500 元入黄某某账户,与保证金 24 万元差 3500 元,此款显然是在履行"补充协议书"的上述约定。敬请合议庭注意:此时,双方还不知道股权转让税费要缴交多少金额,不可能预测到一个多月后的 2013 年 6 月 27 日缴交股权转让税费之时的税费金额吧,这不仅是缺乏证据的,更不符合交易规则,因此是错误的认定。

综上可证:2013 年 5 月 9 日陈某某付给黄某某的 236500 元,是支付设备转让款的保证金,而非税费。

其他 3 笔款计 83000 元的用途,在原审及上诉状中皆涉及,此处不赘述。

3. 原判将单方办理变更登记错误地认定为双方办理变更登记

原审判决认定的事实:"2013 年 10 月 22 日,双方办理了股权变更工商登记手续,⋯⋯"(见原判 P16 第 12～13 行)。

依原判的上述认定,本案股权转让的工商变更登记手续是上诉人与被上诉人于 2013 年 10 月 22 日办理的。

但是,本案并无"双方办理"的证据,不知原审的这一认定是依的什么证据。

　　事实上,外资企业变更为内资企业、税务登记证的变更、缴税费、工商登记变更等一系列工作,都是上诉人委托证人吴文毅律师操办的,并不需要"双方办理"。

　　4.原判对股权转让款的支付问题的认定存在严重错误

　　原审判决认定的事实:"此后,因黄某某未向陈某某支付股权转让款,2014年7月8日陈某某电话向黄某某催讨股权转让款。但至今黄某某仍未向陈某某支付股权转让款。"(见原判P16第14～16行)

　　这一认定至少存在下列错误:

　　第一,原审是先认定股权转让款为220万元,此处才认定未支付股权转让款。若股权转让款真的是220万元,如此认定尚有一定的道理,问题是:本案的股权转让款并非220万元,被上诉人主张的220万元,并无实质性的、毫无争议的、双方确实形成合意的证据,而是仅凭自己都没有持有的、需要工商部门查询的复印件之有争议的孤证作为依据,这种证据已被本案的多项证据且被原审认定的证据否认,是站不住脚的。

　　须知:依本代理词第一部分的分析,本案股权转让款充其量也仅十几万或二十几万元,此金额与上诉人为被上诉人垫付的税费236500元相抵,已是负数,被上诉人还得拿钱给上诉人。因此,被上诉人才无法向上诉人催讨所谓的股权转让款。为什么会出现于2014年7月8日第一次所谓的电话催讨①,正是源于被上诉人于2014年5月29日在工商局查到用于办理工商变更登记的《股权转让协议》上填了"2200000",才因贪欲使然而引发本案及其他数个案件。否则,协议签订了一年多,股权变更了半年多,从未催讨过所谓的转让款,为何? 根本原因是无钱可讨,还得倒给!

　　第二,被上诉人在原审起诉时提交的证据5"通话录音文字资料及光盘",在原审第一次庭审时,被上诉人已将这份证据撤回,原审同意其撤回,故在原审判决中没有将这份证据列入被上诉人举证的证据中(见原判P4-5)。可见,所谓的电话催讨股权转让款之事已经没有证据了,但是,原审还念念不忘,并将它认定为本案的事实:"……2014年7月8日陈某某电话向黄某某催讨股权转让款。……"这样的认定,显然是缺乏事实的认定。

　　5.原判对围墙款项的认定是断章取义的

　　原审判决认定的事实:"2013年11月19日陈某某在1份黄某某持有的《补充协议》上签名确认补贴2万元。"(见原判P16第16～17行)

　　代理人认为,原判的这一认定是断章取义的。

　　须知:原判认定的"《补充协议》"仅是上诉人在原审提交的证据9、10的其中一部

-----

① 为何不敢当面催讨?

分。证据9是一张纸，内有《协议书》和《补充协议》及包头王某某书写的内容；证据10是王某某出具的"收条"。证据9和证据10构成迅昌盛公司厂房翻修的全部事项。这一过程，陈某某都有参与，且签字确认。原审只认定其中的"补充协议"，而不认定"协议书"等事实，更凸显原审在断案上的明显错误。"补充协议"上所述的"围墙外面粉刷二道腻子粉""围墙后面腻子粉刷平"，系《协议书》第1～5条约定的工程项目的补充，怎能视而不见？

可见，对围墙翻修事实的认定，应将《协议书》《补充协议》《收条》、王某某手书内容这一系列证据全面地分析、认定，才能得出符合事实的结论。

三、原审认定本案股权转让款为220万元的依据严重不足

原审认为："一、陈某某主张股权转让款为220万元有双方签字确认并报工商行政管理部门的《股权转让协议》为证，而黄某某主张股权转让款是139780.69元，而非220万元的依据是自称的'内部财务审计结果'。但该'内部财务审计结果'从头到尾没有任何一处文字表明涉及股权转让款的意思表示，也没有黄某某的签字，更没有陈某某的任何意思表示，该'内部财务审计结果'不具有证明双方约定股权转让款为139780.69元的证明力。陈某某对于股权转让款为220万元的主张提供了合同依据，黄某某以'内部财务审计结果'反驳陈某某的主张，依据不足，本院不予支持。"（见原判P14第14～末2行）。

代理人认为，原审的上述认定理由是错误的。其主要理由如下：

1.原判所称的"一、陈某某主张股权转让款为220万元有双方签字确认并报工商行政管理部门的《股权转让协议》为证"，本身就不是事实！

首先，双方签字的"股权转让协议"第二条中的股权转让总价款是空白的，这一事实，至少有上诉人在原审提交的证据1之两份"股权转让协议"证实，被上诉人对真实性无异议，原判予以认定。因此，在2013年3月25日双方签字的"股权转让协议"上并没有填写股权转让总价款，这已是不争的事实。

其次，双方从来没有"确认"过本案的股权转让总价款为220万元，本案至今没有双方"确认"的证据。

再次，本案没有证据证明双方"并报工商行政管理部门"。前已述及，报工商局变更登记手续的仅是一方，即上诉人委托证人吴文毅律师办理，被上诉人并没有参与。不知原审依的是什么证据如此认定？

最后，为报送工商办理变更登记而填写的"2200000"已证实并非双方合意的结果，原审及被上诉人有什么证据证明"2200000"系双方在何时、何地如何合意的？至今无此证据！

由上可见，原审的这一认定，是没有证据佐证的，更是缺乏事实的。

2.原判所称的"但该'内部财务审计结果'从头到尾没有任何一处文字表明涉及股权转让款的意思表示,也没有黄某某的签字,更没有陈某某的任何表示",不仅不尊重事实,更是对事实的苛求。

首先,原判已经认定"内部财务审计结果"的真实性了(见原判 P11 第 13～18 行),说明此份证据是本案的重要证据。

其次,"内部财务审计结果"不是"股权转让协议"的附件,它是迅昌盛公司的内部债权债务的审计结果,且系在被上诉人陈某某主持下进行的审计结果,体现的是迅昌盛公司当时的价值,以及被上诉人原 56%股权的价值,并作为股权价值的计算依据,等等,因此,在"内部财务审计结果"中,本身该工作的开展就不正规,也就不应苛求其必须写上"股权转让款"之类的文字。它对我们评判被上诉人陈某某当时的 56%股权价值具有重要意义,这一点不应忽视!

再次,苛求当事人双方是否签字,只会降低判断者的判断力。原判自己也认为:"原告(反诉被告)陈某某在本院审理的(2014)泉民初字第 1056 号案件中也将'内部财务审计结果'中的第 2 页①作为证据提交"(见原判 P11 第 14—16 行),由此判断,被上诉人是同意"内部财务审计结果"的,否则,为何要将其作为证据提交?被上诉人的这一行为,本身就是同意的表示,怎么能说"更没有陈某某的任何表示"呢?原判不是前后矛盾吗?

复次,上诉人已经将"内部财务审计结果"作为本案的重要证据提交,其行为已经表明其同意该证据的内容了,还需要"黄某某的签字"才算数吗?

最后,上诉人黄某某于 2017 年 7 月 3 日提交的"补充证据清单"中的两组新证据,充分证实:在《股权转让协议》签订后,在由被上诉人陈某某主持下形成的"内部财务审计结果"出台后,陈某某不仅同意该审计结果,还依据该审计结果第二页约定的"玉秀 40000 连"②,履行了部分偿还义务。这就是被上诉人履行"内部财务审计结果"中约定的部分义务的有力证据!怎么能说"更没有陈某某的任何表示"呢?

上述几方面事实和证据足以证明,原审的认定是错误的,故呈请贵院依法予以纠正。

四、原判对证据 11 不核实即"不予采信"是十分错误的

原判认为:"被告(反诉原告)黄某某提交的证据 11 系无原件核对的复印件,原告(反诉被告)陈某某对其真实性不予认可,对该证据依法不予采信。"(见原原判 P12 第 1—3 行)

---

① 同本案的证据 3。

② 即陈某某自认的迅昌盛公司向其岳母蔡某某的借款由陈某某负责偿还。

本案原审由上诉人出具的证据 11"凭据",是复印件,没错。它是被上诉人于 2014 年 1 月 4 日出具给泉州富泉包袋有限公司(下称"富泉公司")的。查明此份"凭据"的真实性之作用,至少有:

1. 富泉公司尚欠迅昌盛公司货款 148218 元。根据证据 2"内部财务审计结果"的约定,迅昌盛公司被他人所欠货款,因系在被上诉人主持下产生的,其十分熟悉,故其同意归为自己负责,将债权 4146604.11 元折去 160 万元,余 2546604.11 元,归被上诉人(见"内部财务审计结果"P3 第 1 行)。依此约定,被上诉人才有权于股权变更之后的 2014 年 1 月 4 日单方向富泉公司讨债,并将 148218 元折为 7 万元。这一事实,亦反证被上诉人同意并履行"内部财务审计结果"的约定。

2. 如果否认"内部财务审计结果",认定本案股权转让款为 220 万元,只会将事情搞得更糟糕。即:依前述否认,2014 年 1 月 4 日被上诉人已非迅昌盛公司的股东、法定代表人,更无迅昌盛公司的授权,其无权以迅昌盛公司的名义去向富泉公司讨要此笔货款,更无权擅自将货款 148218 元打折为 7 万元并攫为己有。这是什么性质的行为?对此,上诉人在原审时已多次提及,更不愿意看到这一行为上升为刑事责任问题。故呈请贵院慎处!

2015 年 10 月 21 日本案原审第一次庭审,庭审中,被上诉人的代理律师否认证据 11 的真实性,随即,上诉人即书面向原审法院提出"调查取证(核实)申请书",并于次日寄给原审法院(详见附件二)。然而,原审法院不核实,也不释明,在经历了一年时间才作出上述"不予采信"的认定。如此工作作风,如何查明本案的重要事实?

此份证据事关重大,敬请贵院作进一步核实,以还事实和证据的本来面目,亦对此事有个正确的判断。

五、不应戴着有色眼镜看待证人证言

原判认为:"对于三位证人的证言,……不予采信。"(见原判 P12 第 3～8 行)。

原判不采信证人证言的理由是"这些证人与黄某某或其名下的公司存在利害关系,证人证言内容不完全一致",果真如此吗?回答当然是否定的。因为:

首先,证人张志雄系迅昌盛公司会计,证据 2"内部财务审计结果"是在被上诉人陈某某主持下,叫他参与审计的,他对审计过程及结果最清楚,与任何人不存在利害关系,这样的证人违反了哪个法律规定?又在哪里符合了上述原判所认为的内容而"不予采信"?

其次,证人吴文毅系黄某某的外甥,没错。但是,他也是一名律师,且在当时,黄某某委托他参与办理股权转让的全过程,被上诉人也同意,他对本案主要事实十分了解,他与"黄某某或其名下的公司"根本不"存在利害关系",不应因其系黄某某的外甥就将其扯上关系。

最后，证人黄建忠系黄某某的胞弟，没错；他还是迅昌盛公司的另一股东泉州市联胜床上用品有限公司的占 7.6923% 的小股东。但是，他与本案股权转让不存在"利害关系"，凭什么证据证明他有"利害关系"呢？难道他不能以股东的身份证明他所知道的事实吗？

试想，上述三位证人的身份不同，所做的工作不同，参与程度及了解的情况也不同，他们依自己所知道的事实向法庭陈述，其陈述的内容肯定不同，然而，原审却要求其必须"完全一致"，否则，便以"证人证言内容不完全一致"为由"不予采信"，这样的理由能信服人吗？

由上可见，原审不采信三位证人的证言之理由是十分苍白的，站不住脚的。

原审判决存在的其他问题，在"上诉状"中已涉及，此处不予赘述。

综上所述，代理人认为，原审判决查明、认定的事实是缺乏证据的；原审判决认定本案股权转让款为 220 万元依据的仅是一份不真实的、单方用于变更股权登记的、有严重分歧的孤证，而忽视了本案客观存在的事实和多份有力的反驳证据，因而是错误的；原审判决未经调查核实即"不予认定"证据 11，在程序上是错误的；等等，故呈请贵院依法判决撤销原判，查明事实后依法改判驳回被上诉人的诉讼请求，或者发回重审。谢谢！

此致

福建省高级人民法院

福建侨经律师事务所

律师：张少鹏

2017 年 7 月 25 日

G. 福建省泉州市中级人民法院(2015)泉民初字第 945 号民事判决书部分①

说明：2015 年 5 月 25 日，泉州某公司就陈某某向该公司购买设备等货款事宜提起诉讼，因本案纯系插曲，故简要介绍法院的部分判决内容：

本院认为：

……

2013 年 5 月 7 日《补充协议书》系由黄某某与陈某某签署的，协议约定由陈某某购买泉州 A 公司的生产设备，该协议双方主体合格，意思表示真实，内容符合法律规定，该《补充协议书》合法有效。随后黄某某与陈某某签署的《股东协议书》，黄某某既

---

① 陈某某不服此份判决，向福建省高级人民法院申请再审。该院于 2018 年 2 月 1 日作出 (2018) 闽民申 81 号民事裁定书，裁定：驳回陈某某的再审申请。

是泉州 A 公司的新股东,又是泉州 A 公司另一股东泉州 B 公司的法定代表人,即其在《股东协议书》签名,既代表了其作为泉州 A 公司新股东的意思表示,又代表了泉州 A 公司新、旧股东泉州 B 公司的意思表示。因此,《股东协议书》合法也有效。双方当事人均必须严格履行合同规定的义务。陈某某依据 2 份协议运走生产设备后,未能及时偿付 48 万元货款,依法应当承担偿付货款及逾期付款的违约责任。由于协议书对付款时间没有约定,根据《最高人民法院关于审理买卖合同纠纷案件适用法律问题的解释》第二十四条第四款:"买卖合同没有约定逾期付款违约金或者该违约金的计算方法,出卖人以买受人违约为由主张赔偿逾期付款损失的,人民法院可以中国人民银行同期同类人民币贷款基准利率为基础,参照逾期罚息利率标准计算"的规定,陈某某应向泉州 A 公司偿付所欠货款 48 万元并赔偿自起诉之日起按照中国人民银行同期同类贷款基准利率标准计算的逾期付款损失。泉州 A 公司要求自 2013 年 6 月 1 日起计付违约金的请求,缺乏事实依据,不予支持。陈某某关于协议书未生效的抗辩,缺乏事实和法律依据,不予支持。综上所述,原告泉州 A 公司的诉讼请求,有理部分,本院予以支持;无理部分,应予驳回。据此,依照《中华人民共和国合同法》第一百零七条、第一百零九条、第一百五十九条,《最高人民法院关于审理买卖合同纠纷案件适用法律问题的解释》第二十四条第四款之规定,判决如下:

一、被告陈某某应于本判决生效之日起十日内偿付原告泉州 A 公司货款 48 万元,并按中国人民银行同期同类人民币贷款基准利率标准赔偿自 2015 年 5 月 25 日起至本院判决确定的还款之日止的逾期付款损失;

二、驳回原告泉州 A 公司的其他诉讼请求。

如被告未按指定的时间履行给付金钱义务,应当依照《中华人民共和国民事诉讼法》第二百五十三条之规定,加倍支付迟延履行期间的债务利息。

本案案件受理费 8800 元,由原告泉州 A 公司负担 300 元,被告陈某某负担 8500 元。

……

二〇一六年十月二十日

一审判决后,陈某某没有上诉,本案于 2016 年 11 月 26 日发生法律效力,现本案正在执行中。

H、福建省泉州市中级人民法院(2015)泉民初字第 946 号民事判决书部分

说明:2015 年 5 月 25 日,黄某某就陈某某向其本人借款事宜向法院提起诉讼,因本案亦系插曲,故简要介绍法院的部分判决内容:

本院认为:

本案原告黄某某与被告陈某某之间的民间借贷关系,有陈某某向黄某某出具的《收据》为证,可以确认。该民间借贷关系双方主体合格,意思表示真实,内容符合法律规定,借贷关系有效,双方当事人均必须严格履行约定的义务。陈某某在借到 60 万元借款后,至今未还,由于双方对借款期限未作约定,黄某某依法可以催告陈某某在合理期限内偿还借款。2014 年 8 月 24 日,黄某某要求陈某某偿还借款,其依法应承担及时偿还借款的违约责任。由于双方对借贷利率没有约定,根据《最高人民法院关于人民法院审理借贷案件的若干意见》第 9 条"不定期无息贷款经催告不还;出借人要求偿付催告后利息的,可参照银行同类贷款的利率计息"的规定,陈某某只需按银行同类贷款的利率标准计付自催告后的利息,黄某某要求按同期同类贷款利率的四倍计算利息的主张,依法无据,应予驳回。综上所述,原告黄某某的诉讼请求,有理部分,本院予以支持;无理部分,应予驳回。被告陈某某关于本案借款系投资款的抗辩,依法无据,不予支持。据此,依照《中华人民共和国合同法》第二百零六条,《最高人民法院关于人民法院审理借贷案件的若干意见》第 9 条之规定,判决如下:

一、被告陈某某应于本判决生效后十日内偿还原告黄某某借款本金 60 万元,并按中国人民银行同期同类贷款基准利率标准支付自 2014 年 8 月 24 日起至法院判决确定的还款之日止的利息;

二、驳回原告黄某某的其他诉讼请求。

如果未按本判决指定的期间履行给付金钱义务,应当依照《中华人民共和国民事诉讼法》第二百五十三条之规定,加倍支付迟延履行期间的债务利息。

本案案件受理费 9900 元,由被告陈某某负担。

……

二○一六年十月二十日

I. 福建省高级人民法院(2017)闽民终 103 号民事裁定书

说明:上述案件一审判决后,陈某某上诉。2017 年 5 月 26 日省高院开庭审理了本上诉案。庭审后,查明陈某某没有缴交二审受理费,于是作出本民事裁定书,裁定:

……

本院审理过程中,指定上诉人陈某某于 2017 年 4 月 10 日前交纳上诉费,但其未在指定的期限内交纳,也未能说明合理理由。依照《中华人民共和国民事诉讼法》第一百五十四条第一款第十一项、《最高人民法院关于适用〈中华人民共和国民事诉讼法〉的解释》第三百二十条规定,裁定如下:

本案按上诉人陈某某自动撤回上诉处理。一审判决自本裁定送达之日起发生法律效力。

本裁定为终审裁定。

……

二〇一七年六月十四日

J. 福建省泉州市丰泽区人民法院(2016)闽 0503 民初 5034 号民事判决书部分。

说明:2015 年 12 月 15 日陈某某的岳母蔡某某就借款事宜起诉泉州某公司,因本案仍属插曲,故简要介绍法院的部分判决内容:

……

K. 案悟:

1. "一"字不写写"萬"字

2013 年 3 月 25 日,双方当事人在签订《股权转让协议》时,股权转让价款的位置没填写数字,是空着的。之后,在办理股权转让变更登记时,税务部分认为中外合资企业的外方股权要转让给中方,股权转让价款至少应填写"220 万元"才行,代为办理的律师便填上"2200000"。之后,在出让人陈某某的主持下,有关股东及会计等人的参与下,对泉州某公司的债权债务进行核算,结果是:陈某某的 56% 股权的价值仅值 139780.69 元。黄某某认为这一金额是当时确定的陈某某 56% 股权的转让价款,陈某某否认,认为应按其于工商行政管理局档案室查到的填写"2200000"的《股权转让协议》作为股权转让的价格依据。金额显然天壤之别。此地不论是非,仅谈"一"字。协议当时,双方关系尚可,为何不做至少这样的两项在当时 100% 能做成的事:其一,在办理股权变更登记时,双方签个补充协议,明确:提交给工商、税务等部门的《股权转让协议》中的股权转让价格"2200000"不是股权转让价款,此份协议仅系办理变更登记的需要而填"2200000";其二,在有关股东在场形成的"内部财务审计结果"的落款处,写明股权转让价款 139780.69 元,并由各参与者签字确认;等等。这么简单的"一"字不写,而要去写繁体的"萬"字,从而引发出上述 10 余起案件。

此案深刻地告诫合同参与人,签合同不是游戏,而是一项权利,更应是一项义务,故应斟酌条款,慎履合同,将合同视为生命,才能使合同完美履行,实现双赢。

2. 一石卷起多层浪

当事人双方合作了 10 余年时间,在签订合同之际,关系还算不错,我百思不得其解的是:陈某某为何会撕破脸皮前台、后台地一而再地挑起诉讼?唯有一个答案可解:巨额的经济利益使然。试想:原本核算的陈某某的 56% 股权仅值 139780.69 元,突然间发现工商变更登记的《股权转让协议》上写的是"2200000",差额 200 余万元,每个人都会怦然心动的。面对如此巨额利益,善者不为所动,唯有不良商人才会趋之若鹜。于是,陈某某首先以解除合同发难,被驳回后,心有不甘,再次公然以索要股权转让款 220 万元等穷追;另一侧,煽动其妻弟李某某联合郑某某以解散公司、确认股权分别发难,以转移视线,被驳回、撤诉后,又借口其岳母借款给泉州某公司发难①,前后达 10 余个案件。好在是遇到我这个饱经风霜、宠辱不惊的老者,兵来将挡,水来土掩,任你魔高一尺,我自道高一丈,将每个案件纷纷钉死在对方的耻辱柱上!

3.一谋决胜千里途

要打赢这一系列有预谋的官司,绝非易事。从办理第一起解除合同的案件起,就必须有长远的谋略,就必须为可能发生的下一战役埋下伏笔。分析了解除合同一案的材料和原告的主张,我预感到:此案肯定被法院驳回。但是,驳回后陈某某肯定另行起诉索要 220 万元转让款一事。因此,在解除合同一案就必须为下一个案件做点准备工作。为此,在举证策略上,明知解除合同不存在涉及金额问题,却故意提交涉及金额的证据。陈某某在看到这些证据后,慌了,也跟着提交了一大堆涉及金额的证据,其中有一份在本案中十分重要的证据,我们暂不提交,对方却抛出了其中的一张,即前述的"内部财务审计结果"。此份证据由 5 张构成,虽然有关股东没人签字,但有个别股东在此份证据上有笔迹,且 5 份皆由会计书写。陈某某提交了这五张中的第二张,拟证明他在《股权转让协议》签订后,有代泉州某公司"偿还向其岳母借款 40 万元中的 15 万元"。这份证据在解除合同案中无关紧要,但在陈某某之后起诉的索要 220 万元一案中,却是十分重要的证据。它不仅成为认定"内部财务审计结果"真实性的依据,还成为陈某某承认并履行"内部财务审计结果"中约定的义务的重要依据。可见,诉讼案件的举证是十分重要的,不仅要证明对己方有利,还要考虑不能成为对对方有利的证据。这需要律师在长期的司法实践中的磨砺才能炼出如此火眼金睛的睿智。

4.一案胜读万卷书

我一直说,律师似"万金油",不是在贬低律师,而是要求律师必须有"万金油"的精神,"包治百病"。世间各种类型的案件纷繁复杂,你不可能先学懂弄通后再去受理案件,但是,当你受理了你不熟知的类型的案件,你就必须伏案学习相关的法律、法理,用法律武装自己的头脑,再去应战。本案并非单一的案件,而是系列案件,办了这一系列案件,你就看到了书本上没有的案例和实战经验。这一系列案件,涉及多个法律,如:《合同法》《公司法》《民事诉讼法》《最高人民法院关于审理买卖合同纠纷案件适用法律问题的解释》等等;还涉及司法实践中较为少见的案件类型,如解散公司、确认股东资格等,有些在书本上是找不到的,必须在司法实践中升华自己的知识水平、结

---

① 其中有的借款凭证是假证。

构,将理论有机地运用到司法实践中,方能准确地理解法律、适用法律,打赢官司。

5.一个建议修法律

在本案原审的庭审时,对方的律师拿"内部财务审计结果"中的第二页上的"40万"作为反驳依据,并被主审法官的倾向性意见所赞赏。我当场核对该份证据的原件,写的是"40000",立马反驳对方:原件中仅写"40000",你那张复印件变成"400000",多了一个"0",明显是对方添加上去的,在这个数字上,对方伪造了证据,并当即要求法庭依据民诉法的规定惩戒对方。然而,法官却转移话题,置若罔闻。如此这么公然袒护对方的伪造证据行为,法律如何正确实施呢? 在本编"八、买卖合同案"中的数份证据经鉴定为伪造证据,法院不予认定,却也没有采取任何的强制措施,致对方仍可依伪造的证据为由上诉、申诉,浪费了许多司法资源。

在司法实践中,法院对于伪造民事证据行为的处理相当少,因而助长了个别弄虚作假者的嚣张气焰,也使得法院有时在采信证据上出现尴尬的局面。我看了《民事诉讼法》和《最高人民法院关于适用〈中华人民共和国民事诉讼法〉的解释》中规定的"证据"和"对妨碍民事诉讼的强制措施",其中,对伪造证据的行为应当采取何种强制措施,几乎看不到规定和可以量化的强制措施。须知,法院倘若依据伪造的证据作出判决,则其后果和不良影响是相当大的,其冤假错案的发生率也是相当大的。这一问题没能引起立法者的足够重视,甚为遗憾! 为此,在建设"诚信中国"的当前,应当将伪造民事诉讼证据的行为结合到诚信体系中,一旦行为人的行为被法院认定为伪造证据行为,在诚信体系中必须给予污点记录,并根据情节轻重作出适当的处理;同时,建议最高人民法院开展对伪造民事诉讼证据如何采取强制措施问题进行调研,适时制定出相关的、可行性的、量化的规定,并配合"诚信中国"建设的需要,相互链接,共同发挥其应有的作用,以促使民事诉讼当事人能诚信诉讼,维护法律的公正实施。

6.一笑难以泯恩怨

从2014年7月25日陈某某提起诉讼以来,我就多次向黄某某建议想个办法和平处理这种纠纷,在法院遇到对方的律师,我也多次建议调解解决。但是,至今3年多时间,且案件数越来越多,怪招绝招层出不穷,看不出有息讼的曙光。处理这种一拖十的案件,我也累了,但愿双方都能开窍。股权转让合同纠纷案的二审估计不可能直接改判,维持原判更为不可能,最大的可能是发回重审。也许,只能等到此案发回重审后,陈某某才能有所清醒,才能考虑如何妥当地处理好纠纷,以免引起不必要的麻烦。但愿吧。

綜语

老夫喜作黄昏颂,满目青山夕照明。

老夫喜作黄昏颂

满目青山夕照明

张少鹏书

叶剑英元帅佳句

老夫喜作黄昏颂

满目青山夕照明

张少鹏斗胆雅酌

注释:此系叶剑英老先生《八十书怀》诗的末两句。我没有叶帅老骥伏枥、志在千里的不服老的豁达胸怀。我只想表达的是:在我年届60周岁前后,还能办理此类复杂的案件,心不老,身还健,情怀依旧。

秘书打印时,将此诗中的"喜"打成"善",我突然觉得将"喜"字换成"善"字,别有一番风味,故另写了一幅"老夫善作黄昏颂,满目青山夕照明"的书法。如此改字,不合诗律,只反映另一种境界而已。

(本文写于 2017 年 7 月 19 日,之后作多次修改)

七、股权转让合同案

书法

以自诩的张体书之。

悟源

　　大约在 1997 年间,因认识了某顾问单位下属房地产开发公司经理林某某,林某某介绍了曾在某集团公司同过事的国某某认识。次年,国某某因系广西某大学在读研究生,几门课程需要挂靠在华侨大学读。我帮他找到有关领导解决了此事。从此,逐渐有了联系。几年后,国某某曾任职公司的几位股东告他赔偿三十几万,他请我帮忙。法院最后判他赔偿对方十几万元,他看到了判决书后连声道谢,说我是他的大恩人。从此,他对我更加崇拜了。之后,凡有大事小情,都来找我。2008 年春节过后,国某某从黑龙江老家回泉后不久来找我,说是要在厦门买一幢楼搞娱乐场所,请我帮忙出面与对方协商签订合同之事。我了解了有关情况,心里吓了一大跳,由于是熟人,便脱口而出地直言:这项投资起码得 5 个亿以上,你小子这几年赚了不少钱吧?他依然像往常那样微笑地说:他去广西参与他人投了锰矿、金矿,一年的分红有数千万元。我的内心里还是打着问号,强调说:这么大额的合同签了不是玩的,一旦违约,是会破产的。他继续微笑地、简要地向我介绍了资金来源,好像胸有成竹的样子。为了这么大额的一个合同,前后半年多时间,跑厦门十几次,修改了十几次。2008 年 10 月 22 日,双方老板首肯了最后一稿合同后,在我们的见证下,当面签字、盖章。当晚,对方的台湾老板陈某某十分高兴,特地在厦门一家还不错的海鲜酒楼设晚宴,并拿了一瓶珍藏多年的洋酒共饮。我认为双方这么和谐,履约应当没有问题吧。谁曾想,还不到"蜜月期",问题就一个个出笼了,直至搞得非仲裁不可的地步。于是,国某某又找我来代理这起仲裁纠纷案件。

解除合同,法院是按合同总额计算受理费,仲裁费跟着如此,律师所也得紧接着如此,于是,使本案的标的额陡涨:合同转让金额人民币 29533.76 万元,违约金人民币 88601280 元,定金人民币 100 万元,仲裁费人民币 1947500 元,律师费人民币 117 万元,总计人民币 388056380 元。说实话,这是我从事律师工作 30 余年来标的最大的案件,之前参与泉州某公司与德国一家全球 500 强公司协商收购该公司的合同谈判,标的 1 个多亿已觉得不小了,本案居然大了 3 倍多,万一输了官司,国某某着实麻烦了。由于如此,从受理之日起,我简直是如履薄冰、潜心、专心、静心研究,使尽了洪荒之力。不是因为本案的经典,而是我认真履职的经典,故需记之,以飨后人。

本案仲裁裁决后,又经历了申请执行、申请撤销仲裁裁决、恢复执行申请、虚报注册资本案、不予执行仲裁裁决申请,等等,使尽了法律手段,终因无可言及的原因无果而终(见后叙),故更应书之。这才是本案的终极经典所在。

释义

股权转让合同,又称股权转让协议,是指股权转让方与股权受让方签订的,约定在股权转让中双方各自权利义务关系的契约。股权转让,是指公司股东依法将自己的股东权益有偿转让他人,使他人取得股权的民事法律行为。

案悟

1. 厦门仲裁委员会厦仲裁字(2010)第 0047 号裁决书

说明:因内容较多,故略去与本书较无关的内容。

申　　请　　人:泉州某公司

住　　　　　　所:泉州市丰泽区泉秀路泉秀花园 19#102 号

法定代表人:国某某,董事长

委托代理人:张少鹏,福建侨经律师事务所

被　申　请　人:厦门某公司

住　　　　所:厦门市思明区吕岭路 1999—2017 号

法定代表人:陈某某,董事长

委托代理人:王某、陈某,福建厦门 A 律师事务所

　　　　　郭某某、陈某某,福建厦门 B 律师事务所

⋯⋯

一、案情

(一)申请人的仲裁请求、事实理由及证据

1.申请人向本会提出仲裁申请,请求事项如下:

(1)依法解除申请人与被申请人签订的《转让合同》;

(2)依法裁决被申请人依《转让合同》第五条第 1 项的约定支付股权转让价格 30%的违约金计人民币 88601280 元(币种下同)给申请人;

(3)依法裁决被申请人双倍返还定金计 200 万元给申请人;

(4)依法裁决被申请人承担本案仲裁费用;

(5)依法裁决被申请人承担申请人因提起本案仲裁而支付的律师代理费(117 万元)及其他费用。

2.申请人主张的事实理由如下:

申请人与被申请人于 2008 年 10 月 22 日签订了《转让合同》。该合同约定:(1)被申请人设立全资子公司——浮华世家;(2)被申请人将址在厦门市吕岭路 1999 号某商业楼(三期)四层楼房(占地 13537m²,地上建筑面积 25893.7m²,地下建筑面积 7004.6m²)的房屋所有权和土地使用权过户到"浮华世家";(3)被申请人将浮华世家的 100%股权、产权(含前述房屋所有权和土地使用权)及其他权益转让给申请人;(4)转让金额为 29533.76 万元。之后,申请人依据《转让合同》第三条第 1 项和第 7 项等约定,支付给被申请人定金 100 万元。为履行该合同约定的义务,申请人筹备了 1400 万元拟支付第一期转让款,为设计、装修、筹备经营活动等开展了大量的工作,已经与多个公司签订了多份合同,为履行这些合同预付了巨额定金、预付款等。被申请人那边工作缓慢,不按约定设立浮华世家(经申请人多次催促至今未果),不按约定开展工程验收及交付工作,不按约定交付相关的文件。为此,申请人多次找被申请人交涉,委托律师向被申请人发出律师函,敦促其抓紧履行合同,但被申请人置若罔闻。为此,申请人向本会提出上述仲裁请求。

在书面代理意见中,申请人的代理人进一步阐释了上述事实与理由。

3.申请人为支持其仲裁请求,先后三次提交证据材料,证据清单如下:

(1)2008 年 10 月 22 日双方签订的由福建侨经律师事务所律师见证的《浮华世家转让合同》(合同编号:JD—1);

(2)100 万元定金的往来函两份及被申请人出具的定金收据;

(3)申请人催促被申请人工程验收等工作联系单(函)四份;

(4)被申请人提供给申请人使用的吕岭路 1999 号 3 楼《房屋租赁合同》四份;

(5)福建侨经律师事务所致被申请人的《律师函》;

(6)申请人与案外人泉州市某设计工程有限公司、福建某材料有限公司、南京市某家具厂、厦门某房地产投资有限公司等单位签订的一组《装饰工程设计合同》《工程施工合同》《产品购销合同》《家具购销合同》等合同及相关文件;

(7)福建侨经律师事务所开具的律师费发票;

(8)被申请人与陈某某的《劳动合同》及厦门房地产联合网 2008 年 4 月 2 日报道各一份;

(9)厦门浮华世家娱乐有限公司《企业名称预先核准申请书》及厦门市工商局红盾信息网查询到厦门浮华世家娱乐有限公司名称预先核准"审批通过"的下载文件;

(10)申请人缴交 2009 年 3 月至 2009 年 8 月物业公摊费用的票据、水电费结算明细及被申请人于 2009 年 8 月 24 日向申请人发出的《通知》各一份;

(11)申请人自行拍摄的照片两张;

(12)《咨询备忘录》一份。

(二)被申请人的答辩意见、理由及证据

1. 被申请人的答辩称:申请人的仲裁请求没有法律及事实依据,依法应当予以驳回。

2. 被申请人答辩理由如下:

(1)申请人与被申请人于 2008 年 10 月 22 日签订《转让合同》依法无效。①《转让合同》第一条转让标的第 1 款约定"甲方同意将其全资子公司'厦门某娱乐有限公司'100％股权转让给乙方"。但该款所称的转让标的——"浮华世家",在签约时并不存在,至今仍然不存在,转让不存在的标的物的合同是无效合同。②《转让合同》第一条转让标的第 2 款约定"甲方同意位于厦门市吕岭路 1999 号某商业楼(三期)四层楼房,即'浮华世家'项下占地 13537m²,地上建筑面积 25893.7m²,地下建筑面积 7004.6m²,该房屋所有权和土地使用权一并随股权转让给乙方"。该转让行为因其标的物不可转让而归于无效。A. 该款所约定的"浮华世家项下占地……"根本不存在(浮华世家不存在,浮华世家项下占地亦不存在,故转让标的不存在,转让行为无效)。B. 上述土地使用权仅仅是被申请人受让的一个完整地块(面积 125449.37m²)的一小部分,该地块没有分割,并不具备转让条件。根据《城镇国有土地使用权出让和转让暂行条例》第二十五条规定:土地使用权和地上建筑物、其他附着物所有权分割转让的,应当经市、县人民政府土地管理部门和房产管理部门批准,并依照规定办理过户登记。本《转让合同》并未经厦门市国土资源与房产管理部门批准,为无效转让。C.地上建筑物仅为在建工程,尚未办理权属证书,无法办理过户手续,不具备转让条件。D.《厦门市国有土地使用权有偿出让合同》(〔2004〕厦地合字〔挂〕5 号)第四条约定:"本合同项下宗地的用途为体育设施及配套、商业、酒店。"第九条第 2 款约定:"该项目性质为奥林匹克网球中心、奥林匹克博物馆、体育综合楼设施及经营性的商业场所、四星级以上酒店。"第二条规定"受让人在保证经营性的商业场所、奥林匹克博物馆正常运营的前提下,经厦门市政府批准,可以办理各子项目土地使用权的分割转让、抵押"。申请人与被申请人签订《转让合同》时,并不具备转让条件,转让行为无效。E. 被申请人受让的土地使用权已全部抵押给银行,并办理了抵押登记手续。该转让行为并未告知抵押权人银行。根据《担保法》第四十九条的规定,抵押期间抵押人转让已办理登记的抵押物,未通知抵押权人的转让行为无效。

(2)申请人要求解除合同没有依据。如上述,《转让合同》是无效合同。合同解除的前提是合同有效。

(3)申请人要求的赔偿金额没有事实及法律依据。①《转让合同》无效,因此不应按合同条款追究违约责任。合同无效的法律后果为相互返还。被申请人最多是返还申请人已支付的 100 万元。被申请人同时也应返还免费使用的属于被申请人的商场(思明区吕岭路 1999 号 3 楼,面积 777.876m²)。②且不论《转让合同》的效力,但就《转让合同》的履行而言,本案中,申请人违约在先,被申请人并没有违约,不应承担违约责任。③《合同法》第一百一十六条规定,违约金或者定金条款择一适用,申请人主张定金与违约金并罚与合同法相悖,不应予以支持。④申请人所要求支付的违约金的数额与合同实际履行相比较,过于荒谬。申请人仅投资 100 万元,连申请人使用的办公室都是被申请人免费提供的,何来的损失? 因此即便是合同有效,即便是申请人可以解除合同,申请人最多只能要求返还 100 万元本金及利息。

(4)申请人对被申请人的指责并无事实依据。①申请人应于 2008 年 10 月 29 日之前预付定金 100 万元,但直至 2008 年 11 月初申请人仍分文未付,在被申请人于 2008 年 11 月 11 日发函催讨后,申请人于 2008 年 11 月 26 日和 2009 年 1 月 5 日分两次支付了首期定金 100 万元。申请人违约在先,且对于仅占合同标的的千分之三的首付定金都无法按期支付,其履约诚信及履约能力值得怀疑。②"浮华世家"的工商注册登记未能办理的责任在于申请人。《转让合同》第二条约定"浮华世家 100%股权的转让金额为 10197.12 万元",第四条第 3 款约定"乙方同意'浮华世家'的注册资本由乙方直接注入"。根据约定申请人注资 10197.12 万元,但申请人没有注资,事实上也无能力注资,导致工商注册无法办理。③本案争议之合同项下的地上建筑物已于 2009 年 2 月验收合格,可以交付使用,被申请人并无违反合同条款约定。更何况,转让合同并没有约定何时交付。至于人防验收问题,第一,人防验收问题并不影响建筑物交付使用;第二,人防验收推迟实际上是政府的原因造成的,被申请人并无过错。

在书面代理意见中,被申请人的代理人进一步阐释了上述答辩意见,并认为:申请人违约在先,本案不存在《合同法》第九十四条规定的法定解除的事由,因此其提出解除合同无法律依据;《合同法》第一百一十六条规定,违约金或者定金条款择一适用,申请人主张定金与违约金并罚与合同法相悖、不应予以支持;合同约定的违约金明显过高,应当予以调低;申请人请求支付律师费没有合同及法律依据。

3.被申请人为支持其上述主张,先后提供证据材料,清单如下:

(1)《厦门市国有土地使用权出让合同》(〔2004〕厦地合字〔挂〕05号);

(2)《厦门市土地房屋权证》(厦地房证第00001238号);

(3)被申请人与工商银行湖里支行签订的《最高额抵押借款合同》及两份《借款合同》;

(4)《厦门市土地房屋他项权证》(厦地房他证第20070530号);

(5)被申请人与申请人关于100万元定金的往来函三份;

(6)奥网城(三期)商业楼的《建设工程规划许可证》《建设工程施工许可证》《建设工程竣工验收报告》《关于奥网城三期商业楼建设工程消防验收合格的意见》《建设项目园林绿化验收通过证明书》《厦门市建设项目竣工环境保护验收申请报告》《电梯验收检验报告》《关于厦门京鼎奥网城三期人防工程竣工验收问题的会议纪要》《厦门市防空地下室竣工验收表》;

(7)关于陈某某劳动关系的《离职申请书》《解除劳动关系协议》和《终止(解除)劳动关系证明》,2007年12月3日的《厦门晚报》《华奥星空网》;

(8)申请人法定代表人国某某的名片及其任某节能公司监事的证明材料;

(9)人民政府网及中国期刊网的摘抄。

(三)当事人对证据材料的质证情况:

1.对于申请人提交的证据材料,被申请人发表如下质证意见:

(1)对《转让合同》的真实性无异议,但以转让标的不存在及转让标的物的不可转让性为由主张该合同应认定为无效,且合同无效的过错责任应由申请人承担。(2)对100万元定金收据的真实性无异议,并确认其已实际收到申请人分两次支付的该笔定金;但以往来函件上仅有被申请人职员陈某某的签字为由对关于100万元定金的两份往来函件真实性不予认可,并提出该两份函件不能改变申请人逾期支付首期定金的事实。(3)对关于工程验收的四份《工作联系单》之真实性没有异议,但提出申请人在《工作联系单》中提到的内容不符合客观事实且已超出合同内容。(4)对《房屋租赁合同》的真实性没有异议,但提出申请人用于前期准备工作的办公场所都是由被申请人免费提供的,申请人不可能发生其他费用。(5)对《律师函》的真实性没有异议,但认为函件中陈述的内容与客观事实不符。(6)对申请人与各案外人之间签订的《装饰工程设计合同》《工程施工合同》《产品购销合同》《家具购销合同》等合同及相关文件的真实性均不予确认,并提出因申请人未提供相应的付款记录,仅凭收款人开具的收款收据不能确认付款事实存在,而且预付款与实际损失并不等同。(7)对福建侨经律师事务所开具的律师费发票之真实性没有异议,但因申请人未提供相应的律师代理委托合同及付款转账记录,不能证明申请已实际付出相应金额的律师费,且申请人支出的律师费不应由被申请人承担。(8)对被申请人与陈某某签订的《劳动合同》及厦门房地产联合网报道内容的真实性没有异议,但提出陈某某仅为被申请人部门经理,而非申请人所称总经理,而且申请人能够出示《劳动合同》的行为已证明其与陈某某之间存在特殊关系。(9)对"浮华世家"预核准登记信息的真实性予以确认,并提出该证据进一步证明因申请人违约不注入注册资金导致了合同无法实际履行。(10)对水电费发票及被申请人所发《通知》的真实性予以确认。(11)对照片的真实性及合法性均有异议,并提出照片反映的拖欠工资的事项与被申请人没有关联性。(12)对《咨询备忘录》的真实性及来源的合法性均不予认可。

2.对于被申请人在仲裁庭规定期限内提交的证据材料,申请人发表如下质证意见:

(1)对《厦门市国有土地使用权出让合同》《厦门市土地房屋权证》《最高额抵押借款合同》《借款合同》《厦门市土地房屋他项权证》的真实性没有异议,但该证据不能证明被申请人有关本案涉土地使用权不能转让的主张,《厦门市国有土地使用权出让合同》表明本案涉及的用地是可以转让的商业用地;有关借款抵押的凭证也不能证明被申请人有关土地已抵押他人的主张,从抵押物登记清单中可以清楚地了解到本案合同涉及的3#楼宗地不包括在内。(2)对双方关于100万元定金的3份往来函件真实性没有异议,鉴于申请人已向被申请人说明了无法按时支付100万元现金的原因,申请人的行为不构成违约。(3)被申请人提交的有关工程验收手续的证据材料不能证明工程已按期验收合格,反而证明了被申请人未能按约于2009年2月28日前完成工程的全部验收工作之事实。(4)对关于陈某某劳动关系的《离职申请书》等证据材料之真实性没有异议,该材料进一步证明了申请人所主张的被申请人裁员之事实。(5)被申请人提交的相关名片不能作为证据材料使用,申请人也并非某节能公司的股东,至于申请人股东中是否有人担任某节能公司股东,与申请人与某节能公司之间发生交易并无冲突。(6)对相关网站摘抄内容的真实性无异议。

3.2010年2月5日,被申请人通过邮寄方式向仲裁庭递交了《请求通知重要关系人出庭申请书》及下列证据材料各一份。

（1）（2010）厦鹭证内字第00496号《公证书》，证明内容：从陈某某电脑中恢复出来的文书表明双方原拟定的合同被陈某某弃用，而陈某某擅自与申请人签订严重违反商业惯例和权利义务对等基本原则的合同，故本案合同是无效或可撤销的；

（2）（2010）厦鹭证内字第00497号《公证书》，证明内容：从被申请人原工作人员黄某某留下的文件中，相关合同的违约金条款均不是30%。

（3）两份《房屋租赁合同》及其用章流程签发单，证明内容：陈某某在公司其他项目中便存在与公司之外的人员内外串通，伪造合同的情节。

（4）台湾律师发出的《函》，证明内容：在申请人与被申请人进行合同谈判的过程中，律师审核意见违约金条款为10%，且对"若乙方未能在上述时间内付款，应书告知甲方拟付款时间，则不视为违约"等条已删除，由于陈某某的不当行为，本案合同是无效或可撤销的。

在《请求通知重要关系人出庭申请书》中，被申请人以为了进一步查明陈某某如何与国某某串通签订合同、合同有效与否、合同是否为被申请人真实意思表示等关键性法律事实为由，请求通知国某某出庭作证、参与庭审。

4. 收到本会转交的被申请人于2010年2月5日所递证据材料后，申请人于2010年2月9日向仲裁庭提交了一份《回复》意见，意见内容如下：

（1）国某某系申请人法定代表人，并非"重要关系人"，在本案仲裁过程中，申请人已特别授权律师全权代理，没有法律依据必须出庭。故仲裁庭应驳回申请人的不法申请。

（2）仲裁庭已明确告知双方举证期限，双方在仲裁庭确定的举证期间内已举证完毕，被申请人超过举证期限再次补充提交证据材料是为了拖延时间以达到其非法目的，且其提交的补充证据材料与本案的审理不具有关联性。

（四）本案的基本事实：

仲裁庭经两次开庭审理，在申请人和被申请人充分举证和质证、证人充分发表证言的基础上，确认本案有关的基本事实如下：

1. 2008年10月22日，申请人（合同乙方）与被申请人（合同甲方）经由福建侨经律师事务所见证，签订了《浮华世家转让合同》，该合同对"浮华世家"转让的标的等事宜以及相关权利义务和违约责任做了约定。该合同包括"转让标的""转让价格""付款方式及付款时间""特别约定""违约责任""保证""其他约定""法律适用""争议解决""合同生效的条件"等共十条款。

《转让合同》第一条"转让标的"条款约定："1. 甲方同意将其全资子公司'浮华世家'100%的股权转让给乙方。2. 甲方同意位于厦门市吕岭路1999号某商业楼（三期)四层楼房,即'浮华世家'项下占地13537m²,地上建筑面积25893.7m²,地下建筑面积7004.6m²的土地使用权和房屋所有权一并随股权转让给乙方。3.转让合同履行完毕,则甲方不再拥有'浮华世家'的股权、产权(即上述土地使用权和房屋所有权)及其他权益,即转让后的'浮华世家'完全归属乙方所有。"

《转让合同》第二条"转让价格"条款约定:"1.转让金额约为29533.76万元①。建筑面积以产权证为准,建筑面积若有增减,转让价款多还少补。2.甲方同意将甲方拥有的对'浮华世家'的控股权,以及'厦门某文化娱乐公司'有关的产权、无形资产和其他债券等一切权益,一并转让给乙方。"

《转让合同》第三条"付款方式及付款时间"条款约定:"1.本合同签订七日内,乙方应先预付定金100万元,定金可冲抵转让金。2.甲方自收到本合同之定金之日起十五个工作日内,应办理完'浮华世家'的工商注册登记及税务登记等事宜。3.在甲方办理完厦门某城(三期)全部工程的竣工验收工作后,乙方应于收到甲方通知后三日内,支付甲方定金人民币400万元。4.甲方应于某城(三期)'浮华世家'项目验收之日起半年内,将址于厦门某商业楼(三期)的房屋所有权和国有土地使用权以对外投资的名义办至'浮华世家'名下,乙方应于收到甲方通知(附前述产权证复印件)之日起十日内,预付转让金人民币1000万元给甲方。5.上述第4条款执行以后,在乙方未付清全部款项之前,乙方应每季度支付甲方人民币2000万元。乙方最迟应于履行完上述第4款约定的义务之日起一年内付清全部转让款,否则视为乙方违约。6.在甲方办理完浮华世家100%股权变更给乙方并向工商部门送件前,乙方应将转让款扣除已付部分款之余款支付给甲方。否则,甲方有权不予办理工商变更之手续。7.前述各项的最后一日若遇到周末,可顺延,不视为违约。若一方未尽其约定之义务,另一方有权顺延履行其约定之义务。若乙方未能在上述时间内付款,应书面函告甲方原因及拟付款时间,则不视为违约。"

《转让合同》第五条"违约责任"条款约定:"1.本合同对签约双方具有平等的法律效力,若任何一方未能履行其在本合同项下的义务或保证,除非依照法律规定可以免责,违约方应向协议他方支付股权转让价格30%违约金,因有一方违约而给协议他方造成经济损失,并且损失额大于违约金时,对于大于违约金的部分,违约方应予赔偿。本合同约定的其他违约情形除外。2.若乙方逾期付款给甲方,则应按银行基准利率支付逾期期间的违约金给甲方。……"

《转让合同》第七条"其他约定"条款约定:"1.甲方保证于2009年2月28日之

---

① 地上建筑面积按11000.00/m²计算,地下停车场按1500.00/m²计算,其中:浮华世家100%股权转让金额为10197.12万元,厦门某城开发配套费19336.64万元。

前,必须完成上述某商业楼(三期)四层楼房的全部竣工验收工作。……9.自本合同生效之日起,甲方同意免费提供约 200m² 临时用房供乙方装修期间使用,并保证乙方派驻工作人员、装修人员正常出入。10.甲方在办理某商业楼(三期)的房屋所有权证和国有土地使用权证时,甲方尽量将地下车库和地上分开办理(具体根据厦门房管局规定办理)。11.在本合同签订之后,双方签订并交付给工商行政管理部门的《浮华世家股权转让协议》,未尽事宜及冲突的内容,以本转让合同的约定为依据。"

《转让合同》之"争议的解决"条款约定:"1.因本合同而发生的争议,由甲、乙双方协商解决,协商不成的,任何一方可申请厦门仲裁委员会依该会的仲裁程序裁决。仲裁裁决是终局的,任何一方都应自觉履行。2.因仲裁而发生的仲裁费用、律师代理费、鉴定、评估、差旅、住宿、通讯等费用,由败诉方承担。"

2.至 2009 年 1 月 5 日,申请人向被申请人支付了定金 100 万元。在支付该笔定金之前,申请人分别于 2008 年 10 月 26 日和 2008 年 11 月 28 日两次致函被申请人,提出"临近年底"且被申请人要求"支付现金",故不能在合同约定的七日内支付,而将于"2009 年 1 月底前分批支付"。被申请人亦分别于 2008 年 11 月 11 日和 2008 年 12 月 29 日两次致函申请人催讨定金。

3.浮华世家于 2008 年 6 月 6 日已经通过厦门市工商局的企业名称预先核准;《企业名称预先核准申请书》载明的"浮华世家"注册资本为 50 万元,投资人为厦门某公司。

4.《转让合同》签订后,就某商业楼(三期)工程的验收情况及交接手续、"浮华世家"的注册登记情况等事宜,申请人分别于 2009 年 3 月 30 日、2009 年 4 月 20 日、2009 年 5 月 27 日三次向申请人发出《工作联系单》。被申请人于 2009 年 4 月 16 日向申请人发出一份《工作联系单》,对申请人在 2009 年 3 月 30 日的《工作联系单》中提出的工程验收及交接问题进行了回复。2009 年 6 月 15 日,申请人委托福建侨经律师事务所张少鹏律师向被申请人发出《律师函》,要求被申请人在收到该函后七日内,依照《转让合同》的约定完成未尽义务,并允许申请人进场开展装修工作。

5.申请人为履行转让合同做了一些准备工作,主要是某城(三期)拟作浮华世家的经营场所所需的装修设计、施工、材料采购等合同的签订。

6.2005 年 2 月 17 日,被申请人通过出让方式取得包含某城(三期)在内的位于厦门市吕岭路北侧、环岛路西侧、何厝村南侧之土地使用权,该宗地用途为体育设施及配套、商业、酒店。2007 年 3 月 7 日,被申请人以该地块土地使用权及在建工程(一期工程主网球馆、室内网球馆,二期工程 1#楼、2#楼、奥林匹克博物馆)为抵押,与中国工商银行股份有限公司厦门湖里支行(以下简称工行湖里支行)签订《最高额抵押借款合同》,约定最高借款金额为 19000 万元。2007 年 8 月 12 日、2007 年 12 月

27 日,被申请人与工行湖里支行签订《借款合同》各一份,向工行湖里支行借款 1 亿元和 7000 万元分别用于某城项目一、二期建设和某城三期项目主体装修工程。

7. 至 2009 年 1 月 23 日,除了人防工程外,完成了某城(三期)工程竣工验收(包括消防验收)。被申请人提供的《厦门市防空地下室竣工验收表》因无人防办验收人员和领导签字,仲裁庭无法加以确认。

二、仲裁庭意见

仲裁庭经合议庭,对申请人仲裁请求涉及的双方争议问题形成如下一致意见:

(二)关于《浮华世家转让合同》的交易性质

关于《浮华世家转让合同》(简称转让合同或合同)的交易性质问题,申请人与被申请人持有不同的主张:申请人认为本案转让合同的性质是"浮华世家"股权转让,被申请人则认为从合同双方当事人的真实交易目的来看,是土地使用权及地上建筑物的转让,而不是"浮华世家"的股权转让。

仲裁庭认为,关于《浮华世家转让合同》交易性质的界定,应以当事人的真实意思表示为准,即应以《转让合同》对交易的标的和交易方式的描述为准。根据《浮华世家转让合同》第一条"转让标的"和第三条"付款方式和付款时间"关于交易标的和交易方式的描述,仲裁庭认为,虽然本案合同涉及某城(三期)房地产物权的变动,但就当事人之间的交易而言,应认定为"浮华世家"股权的转让。理由是:

转让合同第一条"转让标的"共计三款:第 1 款约定:"甲方同意将其全资子公司'浮华世家'100%的股权转让给乙方";第 2 款约定:"甲方同意"将某城(三期)楼房的"土地使用权和房屋所有权一并随股权转让给乙方";第 3 款约定:"转让合同履行完毕后,则甲方不再拥有'浮华世家'的股权、产权(即上述土地使用权和房屋所有权)及其权益,即转让后的'浮华世家'完全属于乙方。"第三条"付款方式及付款时间"又约定:"甲方"收到 100 万元定金后应于十五个工作日内"办理完'浮华世家'的工商注册登记及税务登记等事宜"(第 2 款);"甲方应于厦门某商业楼(三期)'浮华世家'项目验收之日起半年内,将址于厦门某商业城(三楼)的房屋所有权和国有土地使用权以对外投资的名义办至'浮华世家'的名下"(第 4 款):第 6 款继续约定"甲方"办理"浮华世家 100% 股权变更给乙方"。

根据上述《浮华世家转让合同》相关条款所作的描述,本案当事人约定的交易方式可以表述为:由被申请人设立"浮华世家",被申请人将某城(三期)房地产转入"浮华世家"名下,再将"浮华世家"的股权全部转让给申请人。在这一交易方式中,存在着三个主体:被申请人、拟将设立的"浮华世家"和申请人,某城(三期)房地产物权变动发生在被申请人与拟将设立的"浮华世家"之间,而非发生在申请人与被申请人之间,因此申请人与被申请人之间不发生某城(三期)房地产物权的变动,只发生"浮华世家"股权的转让。

（二）关于《浮华世家转让合同》的效力

被申请人主张，《浮华世家转让合同》应认定无效。其主要理由有二：一是签订合同时，不存在"浮华世家"，由于合同的标的不存在，因此合同无效；二是某城（三期）房地产不具备转让的条件，其已经设立抵押，其转让违反法律规定，应认定无效。

仲裁庭认为，以上述两点主张《浮华世家转让合同》无效，不能成立。理由如下：

第一，在法律行为和债的一般理论中，对标的的要求（即要件）是合法、可能和确定，而不要求标的在行为时或债的关系成立时必须现实存在，只要符合标的合法、可能和确定的要件，即便不是现实存在，法律行为或债的关系就可有效成立。在本案中，双方当事人以拟设立的"浮华世家"之100%股权为交易对象，具有确定性和可能性，且不违反我国现行法律之规定而具有合法性，符合法律行为和债的关系对标的的要求。而且，"浮华世家"（即厦门某文化娱乐有限公司）已于2008年6月6日通过厦门市工商局的企业名称预先核准，进入了设立程序，这表明"浮华世家"完全可以依法设立。因此，仲裁庭认为，被申请人以合同签订时"浮华世家"不存在为由主张转让合同无效，不能成立，仲裁庭对此主张不予采纳。

第二，如上所述，按照《浮华世家转让合同》的约定，本案涉及的某城（三期）房地产物权变动发生在被申请人与拟设立的"浮华世家"之间，而不发生在申请人与被申请人之间。仲裁庭认为，某城（三期）房地产物权变动是否存在着法律瑕疵，均不会影响到申请人与被申请人之间转让合同的效力。而且，根据被申请人提供的关于某城（三期）房地产的有关证据（如《厦门市国有土地使用权出让合同》第二十条等），本案涉及的某城（三期）房地产并不属于法律禁止转让的房地产，只是其转让须具备一定条件且办理相关手续而已。至于某城（三期）房地产所属建设用地使用权已设立抵押，其转让存在着法律上的障碍，但也并非法律上不可转让，被申请人完全可以通过偿还所担保债务或其他方式，消除法律上的转让障碍。因此，仲裁庭认为，被申请人以某城（三期）房地产物权变动存在着法律瑕疵而主张转让合同无效，同样不能成立。

仲裁庭认为，判定合同的效力（有效还是无效），应依据《民法通则》第55条关于法律行为有效条件的规定和《合同法》第52条关于无效合同的规定。根据本案情况，并无证据表明《浮华世家转让合同》存在应被确认无效的情形，而且也无意思表示瑕疵与主体不适格等情形，因此仲裁庭认为，《浮华世家转让合同》应确认有效成立。

（三）关于双方当事人的权利义务以及本案合同实际履行的情况

合同当事人的权利义务须依据所签订的合同以及法律的规定加以确定。根据《浮华世家转让合同》第三条"付款时间即付款方式"的约定，仲裁庭认为，本案当事人之间权利义务安排的基本特点是伴随着合同履行的进程而交错地发生。仲裁庭将本案合同履行的进程及双方当事人的权利义务安排具体阐释如下：

1. 申请人应于合同签订后七日内,向被申请人支付定金100万元;

2. 被申请人收到定金后十五个工作日内,应办理完"浮华世家"的工商注册登记及税务登记事项;

3. 被申请人完成某城(三期)全部工程竣工验收,并通知申请人;申请人收到通知后三日内支付定金400万元;

4. 被申请人应于某城(三期)工程竣工验收后半年内,将该项目的房地产物权(包括房屋所有权和建设用地使用权)办理至"浮华世家"名下,并通知申请人;申请人应于收到通知后十日内,预付转让金1400万元;

5. 完成上述第4项后,申请人应每一季向被申请人支付2000万元,并在一年内付清全部转让款;

6. 被申请人将"浮华世家"100%股权变更为申请人,但在此之时,申请人应付清全部转让款。

根据本案的证据材料和庭审查明的事实,经双方代理人确认,本案合同实际履行情况如下:

1. 申请人至2009年1月5日向被申请人支付了定金100万元,申请人履行此项义务超出约定的期限。按照转让合同的约定,支付此项定金的期限是合同签订后七日内,即2008年10月29日。

2. 至2009年1月23日,除了人防工程外,完成了某城(三期)工程竣工验收(包括消防验收)。

除了上述两项外,《浮华世家转让合同》项下双方当事人的其他权利义务均未履行。如果从上述合同履行进程的安排看,《浮华世家转让合同》的履行只进行到上述进程之1"申请人向被申请人支付定金100万元"这一环节,之后合同没有得到继续履行。

(四)关于被申请人是否存在违约行为

申请人认为,被申请人不按约定设立"浮华世家"(经申请人多次催促至今无果),不按约定开展工程验收及交付工作,构成违约行为。被申请人则认为,申请人没有按时支付首期定金100万元,违约在先,被申请人没有违约。

仲裁庭认为,判定当事人是否违约应依据所订立的合同关于合同履行进程和权利义务的安排。根据上述关于合同履行进程的安排看,在申请人支付了100万元定金后,应当进入到被申请人办理"浮华世家"工商注册登记及税务登记的环节。根据合同约定,办理"浮华世家"工商注册登记及税务登记属于被申请人的义务。但是,除了在转让合同签订之前的2008年6月已办理了"浮华世家"企业名称预先核准外,被申请人没有继续进行"浮华世家"的工商注册登记等工作。据此,仲裁庭认为,被申请人存在违约行为。对于被申请人提出的申请人未能按时支付 100 万元定金,违约在先的辩解,仲裁庭认为,此一事实可以构成被申请人推迟办理"浮华世家"工商登记注册及税务登记的理由,但不能构成被申请人不履行办理"浮华世家"工商登记注册及税务登记之义务的理由。因此,从本案事实来看,应认为被申请人存在着不履行办理"浮华世家"工商登记注册及税务登记之义务的违约行为;并且,由于办理"浮华世家"工商登记注册及税务登记处在合同履行进程的第二个环节,第一环节的义务未能得到履行,从而实际上导致了《浮华世家转让合同》无法得以继续履行的后果。

(五)关于申请人的仲裁请求

1. 申请人的第一项请求是:依法解除《浮华世家转让合同》。

被申请人认为,本案中不存在《合同法》第九十四条规定的法定解除的事由,申请人的这一请求无法律依据。

仲裁庭认为,申请人提供的证据表明,从 2009 年 3 月 30 日至 5 月 27 日,申请人曾三次给被申请人发出工作联系单(函),催促被申请人完成某城(三期)工程验收、办理"浮华世家"设立及工商注册登记等事项,2009 年 6 月 15 日,申请人通过代理律师致函被申请人再次催促"浮华世家"工商登记等事项,然而被申请人并未积极办理"浮华世家"的工商注册登记,导致合同实际上未能继续履行。鉴于本案合同未能继续履行的实际情况,仲裁庭认为,申请人请求解除合同,应于准许,该项请求符合《合同法》第九十四条第 3 项所规定的"当事人一方迟延履行主要债务,经催告后在合理期限内仍未履行"的法定解除事由的情形。

2. 申请人的第二项请求是:依法裁决被申请人依《转让合同》第五条第 1 项约定,向被申请人支付股权转让价格 30% 的违约金,计人民币 88601280 元。

被申请人认为,合同约定的违约金明显过高,应当予以调低。

仲裁庭认为,被申请人存在违约行为,应承担违约责任。《浮华世家转让合同》第五条第 1 款约定:"若任何一方未能履行其在本合同项下的义务或保证,除非依照法律规定可以免责,违约方应向协议他方支付股权转让价格 30% 的违约金。"关于股权转让价格,该合同第二条第 1 款规定"转让金额约为 29553.76 万元",并注明"其中:其中浮华世家 100% 的股权转让金额为 10197.12 万元,厦门某城开发配套费 19336.64 万元"(合同文中误写为 196336.64 万元)。仲裁庭认为,作为违约金计算基础的"股权转让价格"应以该条款特别约定的"浮华世家 100% 股权转让金额为 10197.12 万元"为准,以此计算,被申请人应承担的违约金金额为 3059.136 万元(10197.12 万元 * 30% = 3059.136 万元)。仲裁庭同时注意到,申请人为了履行《浮华世家转让合同》,做了一些准备工作,主要是对外签订了拟对"浮华世家"经营场所进行装修的装修设计、施工等合同,事实上存在着因《浮华世家转让合同》解除而造成的损失。虽然被申请人提出了违约金标准过高应当调低的抗辩意见,但其未明确提出具体的计算方式,也未就"过高"的主张提供任何证据。因此,仲裁庭对被申请人有关调低违约金计算标准的抗辩意见不予采纳。

3.申请人的第三项请求是:依法裁决被申请人双倍返还定金计人民币200万元给申请人。

被申请人认为,《合同法》第一百一十六条规定,违约金或者定金条款择一适用,申请人主张定金与违约金并罚与合同法相悖、不应予以支持。

仲裁庭认为,被申请人的抗辩成立,应予以支持,对于申请人关于双倍返还定金计200万元的请求,仲裁庭不予支持。但,被申请人仍应返还所收取的定金100万元。

4.申请人还请求:依法裁决被申请人承担申请人因提起本案仲裁而支付的律师代理费(117万元)及其他费用。

被申请人认为,申请人请求支付律师费没有合同及法律依据。

仲裁庭认为,依据《浮华世家转让合同》第八条第2款约定"因仲裁而发生的""律师费"等费用"由败诉方承担",申请人请求被申请人承担其因本案仲裁而支付的律师费人民币117万元,应予支持。

(六)关于本案仲裁费用

鉴于本案情况,本案仲裁费用1947500元,由申请人承担40%,计779000元,被申请人承担60%,计1168500元。

三、裁决

根据上述案情和意见,仲裁庭评议,裁决如下:

(一)解除申请人与被申请人双方于2008年10月22日签订的《浮华世家转让合同》(合同编号JD—1);

(二)被申请人向申请人支付违约金人民币3059.136万元;

(三)被申请人返还申请人所收的定金人民币100万元;

(四)被申请人赔偿申请人其因本案仲裁所支出的律师费人民币117万元;

(五)驳回申请人的其他仲裁请求;

(六)本案仲裁费用人民币1947500元,由申请人承担40%,计779000元,被申请人承担60%,计1168500元,鉴于申请人已向本会预交了本案全部仲裁费,被申请人应将由其承担的仲裁费1168500元直接支付给申请人。

上列被申请人应向申请人支付的款项合计人民币33929860.00元(大写叁仟叁佰玖拾贰万玖仟捌佰陆拾圆整),被申请人应当在本裁决书送达后十日内向申请人支付完毕,逾期支付按《中华人民共和国民事诉讼法》的相关规定执行。

本裁决为终局裁决,自作出之日起生效。

……

二〇一〇年三月一日

2.福建侨经律师事务所(2009)闽侨律仲代字第07号代理词

申请人泉州某公司诉被申请人厦门某公司
股权转让合同纠纷案(XA2009－0206号)代理词

(2009)闽侨律仲代字第07号

尊敬的仲裁员:

……

一、关于本案合同的交易模式

代理人认为,从本案《转让合同》的内容看,唯有一种交易模式,即厦门浮华世家文化娱乐有限公司(简称"浮华世家")的股权转让。这一认识,从该合同的下列主要约定足以佐证:

1.《转让合同》第一条第1.2项约定的转让标的是"浮华世家"100％股权;第2项约定进一步明确股权包含房地产,即:"……位于……某城商业楼"(三期)……的土地使用权和房屋所有权一并随股权转让……"

2.《转让合同》第二条第1项约定的转让价格是以建筑面积和单价为计价依据的。

《转让合同》签订时,"浮华世家"还未设立,还未形成什么权益。故此,在计算"浮华世家"100％股权的转让价格时,只能以将来被申请人承诺的将某城商业楼(三期)四层楼房的建筑面积与双方商定的单价(即每平方米价格)来计算转让价格,即:

1 地上建筑面积 25893.7m² × 11000 元/m² = 284830700 元;

2 地下建筑面积 7004.6m² × 1500 元/m² = 10506900 元;

① + ② = 29533.76 万元,这就是《转让合同》第二条第1项所写的转让金额。那么,为什么多了一个"约"字,这是因为,建筑面积只是被申请人单方提供的,最后必须由房管部门核发的房屋所有权证书才能准确确定建筑面积,故在此项的后段加上了:"建筑面积以产权证为准,建筑面积若有增减,转让价款多还少补。"

3.将本案合同的交易模式说成是股权和房地产,不仅没有事实依据,理由上也说不通。

被申请人以《转让合同》第二条第1项约定中的"……其中:浮华世家100％股权

转让金额为 10197.12 万元,厦门某城开发配套费 19336.64 万元"为由,将本案合同的交易模式说成是"浮华世家"100％股权和房地产转让。这是毫无根据的说法。

试想:在双方签订《转让合同》时,"浮华世家"还未设立,凭什么依据证明此时的"浮华世家"100％值 10197.12 万元? 被申请人至今没有举证证明厦门某城①的开发配套费需 196336.64 万元,何以证明这一金额就是该开发配套费? 那么,整幢四层的某城(三期)就白送了? 难道申请人花近 3 亿的资金,得到的却是一个"虚"的股权和"虚"的四期的某城开发配套费? 这可能吗?

由上列三方面分析可见,被申请人抛出的两个交易模式,纯系搅局,不应受其误导;而唯有"浮华世家"100％股权(含土地使用权、房屋所有权及其他权益)这一交易模式,才是双方当事人签订《转让合同》时的真实意愿;否则,弃本取末,势必使本案的定性及处理走向违背事实和法律的方向,毫无可取!

二、关于《转让合同》的效力

代理人认为,申请人认为《转让合同》合法、有效,无须从有效的角度举证、说明等等。被申请人认为《转让合同》无效,必须举证并阐明无效的理由及法律依据。在被申请人代理人签署的《答辩状》中所泛谈的无效理由,申请人已在《反驳意见》中一一予以驳斥,不予赘述。在第二次庭审时的辩论阶段,被申请人仅提及的无效理由是:因土地使用权抵押未告知银行和申请人,违反《担保法》第四十九条的规定而无效。代理人认为:

被申请人的这一无效理由依法不能成立。根据《担保法》第四十九条的规定,必须"通知"和"告知"的事项是"抵押人转让已办理登记的抵押物"。本案的所谓"抵押物"即被申请人所称的土地使用权。但是,被申请人没有举证证明未"通知"、未"告知"的事实;况且《转让合同》转让的是"浮华世家"100％股权,并非转让土地使用权;再者,在该土地使用权的土地上,在签订《转让合同》的当时,已经建设了四层的京鼎奥网城(三期)楼房,双方根本无须进行土地使用权转让,假设需要进行土地使用权转让,亦可依最高院《关于适用〈中华人民共和国担保法若干问题的解释〉》第六十七条的规定处理,不会出现无效情形;等等。由此可见,被申请人所称的无效,在本案中根本不存在。

除此之外,被申请人没有再谈及其他无效的抗辩理由。由此,我们不难得出:《转让合同》并没有违反《民法通则》第五十五条、《合同法》第五十三条和最高院关于适用《中华人民共和国合同法》若干问题的解释(二)第十四条等规定,依法应当认定《转让合同》有效。

---

①　这里没写第几期,只能证明是指总计四期的某城,而本案只是其中的第三期。

三、关于申请人为履行《转让合同》已支出的费用之性质及认定问题

（一）申请人为履行《转让合同》已支出的费用

1. 申请人依《转让合同》第三条第 1 项和第 7 项后段的约定，支付定金人民币 100 万元给被申请人；

2. 申请人为履行《转让合同》，开展"浮华世家"的经营等活动已支出的费用；

①依"浮华世家"装饰工程设计合同而支付的设计费：人民币 210 万元；

②依"浮华世家"装饰工程施工合同而支付的工程款：人民币 210 万元；

③依产品购销合同而支出的货款：人民币 214 万元；

④依家具购销合同而支出的定金：人民币 300 万元；

⑤依房屋租赁合同而支出的租金：人民币 2259321 元；

⑥为筹备"浮华世家"而支出的员工工资：人民币 148000 元；

以上六项合计已支出人民币 11747321 元[①]。上述五份合同总金额人民币 94228376 元。

（二）申请人若不履行上列五份分合同将造成的违约损失金额

①装饰工程设计合同：

乙方已全部完成设计任务，故只能选择支付余款人民币 90 万元的做法，否则，应按该合同第七条第 6 项的约定按本合同总额的 30％赔偿乙方，背了一个违约的名称，更不合算。

②工程施工合同：

依该合同第十部分第 1 条的约定，若因申请人的原因致该合同无法履行的，申请人应按该合同总金额的 30％赔偿乙方，即：两份合同总金额 69763700 元×30％＝20929110 元。

③产品购销合同：

依该两份合同第六条的约定，若因申请人的原因致该合同无法履行，申请人应按该合同总金额的 25％赔偿供方，即：两份合同总金额 2397143 元×30％＝719142.90 元、

④家具购销合同：

依该合同第五条第 1 项和第六条第 3 项，若申请人无法履行该合同，已付定金（即备料款）人民币 300 万元无法返还或充抵货款，还可能发生已生产产品的费用等。

⑤房屋租赁合同：

依该合同第三条第 2 项、第六条第 1 项等约定，若申请人擅自解除该合同的，已

[①]　皆为现金支出。这在闽南地区属于正常的交易习惯，无可厚非。

付的 40 万元保证金无法返还,还须承担"保证金不足以弥补甲方损失的"责任,等。

⑥聘用合同:

已提供的证据——工资表仅是 2009 年 3 月—6 月份的工资支出,还有 2009 年 7 月份之后的工资支付,若计至 2009 年 11 月份,还需增加 5 个月的工资支出人民币 185000 元(即:37000 元/月×5 个月=185000 元)。

上列六项可能造成的违约等损失金额至少达人民币 26133252.90 元以上。

(三)申请人的预期利益损失

1. 经营利润的损失:

概算:250 间包厢按 80%计算,每年的经营日期按 300 天计算,每间包厢的日消费金额保守考虑按 4000 元计算,纯利润保守考虑按 20%计算,即:

200 间×300 天×4000 元=2.4 亿元×20%=4800 万元/年。

这仅是包厢的纯利润收入。演艺大厅、店面租金、管理费、入场费、广告等等的收入没有计算在内。假设经营 10 年(实际不止),其损失至少达 4.8 亿元以上。

2. 房地产价值的损失:

自《转让合同》签订以来,京鼎奥网城周边的商品房价格至少涨一倍,本案房地产不是商品房,不能按此涨幅计算,但其系商业用地,自应水涨船高,暂按涨 50%计算,也有 147668800 元的涨幅损失(即:295337600 元×50%=147668800 元)。

……等等。

结论:

为什么要计算上述三种金额呢?就是要请大家清楚:一个合同签订后,若不严格履行,必然会带来不必要的损失。倘若像被申请人那样信口合同无效,则被申请人依法应承担的过错责任势必远大于因违约而应承担的 30%的责任。

申请人只是将已经实际发生的金额、因无法履行已签订合同可能导致的违约损失金额以及合同履行后可能带来的预期利益金额较为保守地、如实地呈现给各位专家,至于这些费用如何认定?其性质如何判断?申请人谨请仲裁庭依法处理。因此,代理人不作进一步的阐述,敬请理解。

四、关于 30%违约金问题

关于这一问题,在庭审时,代理人即如实地向仲裁庭汇报:30%违约金是被申请人一开始坚持的原则,既有被申请人与他人已签合同的交易习惯(见申请人第二次举证之证据 17"厦门连蝉企业有限公司股权转让协议"第六条的约定和证人陈子琪先生的证言),也是双方自谈判之始历经十几次修改被申请人提供的合同样本后,此项 30%违约金自始没有改动的事实,充分证明:30%违约金是被申请人从不放弃的条件。现在,到了自己应当依约承担 30％ 违约金时,被申请人的代理律师①方提出较为"圆滑"的主张:"不论谁承担 30％ 违约金,都是偏高的。"②这显然不代表被申请人的真实意思表示。

代理人认为,考虑到申请人已经实际支出的上述费用,可能造成的巨额违约责任以及更为惨重的预期利益的损失,二者相较,30％ 违约金远不足以弥补因《转让合同》的解除给申请人带来的损失,因此,双方约定的 30％ 违约金,是双方的真实意思表示,没有证据证明这一约定偏高,故呈请仲裁庭依法、依约予以维持,以维护申请人依法享有的合法权益。

五、关于"浮华世家"已经名称预先核准,为何没有依约履行的问题

首先应当明确的是:"浮华世家"的工商、税务登记的工作责无旁贷是被申请人应尽的合同义务。有据为证:1.在双方尚未谈妥《转让合同》之前的 2008 年 6 月 5 日,被申请人即向工商部门提交了"浮华世家"企业名称预先核准申请书,次日即被审批通过;2.依《转让合同》第三条第二项的约定,"浮华世家"的工商及税务登记等事宜,是被申请人的合同义务;等等。但是,被申请人至今没有履行这一合同义务,致使合同约定的众多事项无法依约履行,这是《转让合同》能否顺利履行的关键第一步。被申请人不去设立"浮华世家",接下来应做的事情根本无法开展。那么,被申请人为何不去履行这一合同义务呢? 代理人不能无据猜测(被申请人的代理人将该责任推给申请人,因其理由根本不能成立,且代理人已在庭审时予以驳斥,申请人亦在《反驳意见》中予以反驳,故代理人不再就此问题阐述)。但是,从结果推断原因的角度分析,从中国经济的首先复苏和房价(尤其是厦门市的房价)的逐级攀升之角度看,不难得出这样的结论:《转让合同》签订之际,世界经济处于危机之际,谁也看不到底;随着时间的推移,特别是中国经济的率先见底,厦门房产价格在全国的率先涨价,被申请人的后悔与日俱增,驱使其不积极去履行合同应尽的义务。从房产价格的涨幅趋势看,即便被申请人支付给申请人 30％ 的违约金,其还可以从房产价格的涨幅中得到更大的利益。如前计算,仅按保守的 50％ 涨幅计算,被申请人可从房产价格的涨幅中多取得价值人民币 147668800 元的利益,扣除 30％ 违约金人民币 88601280 元,被申请人净得人民币 59067520 元的利益,以及加上今后的涨幅所带来的更大利益。由此分析,被申请人并不吃亏,而吃大亏的是申请人。

由上分析可见,被申请人不尽合同义务的根本原因,还是经济利益使然。倘若房产价格继续走低且看不到掉头的曙光,本案纠纷也许不会发生。

---

① 未见被申请人自己提出。
② 非原话,仅为大意。

六、关于被申请人的具体违约事实

依照《转让合同》的约定,被申请人应当依约履行合同义务而未能履行的违约事实,主要有下列几个方面:

1. 依《转让合同》第三条第 2 项的约定,被申请人没有自收到定金之日起十五个工作日内办理完"浮华世家"的工商、税务登记等事宜,直至今日,亦看不到被申请人拟办理"浮华世家"的工商登记的迹象。

2. 依《转让合同》第七条第 1 项的约定,被申请人"保证于 2009 年 2 月 28 日之前,必须完成上述某城商业楼(三期)四层楼房的全部验收工作",但是,本案的证据无法证明被申请人已于 2009 年 2 月 28 日之前完成"全部"竣工验收工作[①]。

3. 依《转让合同》第三条第 4 项的约定,被申请人负有于 2009 年 8 月 28 日之前将京鼎奥网城(三期)的"两权"办在"浮华世家"的名下之义务,但是,"浮华世家"至今没有设立的迹象,被申请人履行这一义务的日期更是遥遥。

4. 被申请人违反《转让合同》第六条第 2 项的约定,隐瞒土地使用权抵押贷款的事实,其代理人在庭审中承认了这一违约事实。

5. 被申请人违反《转让合同》第七条第 3 项的约定,没有将京鼎奥网城(三期)工程所涉及的合同原件提供给申请人审查确认后作为本合同的附件。

6. 依《转让合同》第七条第 9 项的约定,被申请人应免费提供 $200m^2$ 临时用房供申请人装修期间使用,但被申请人提供了仅仅数个月时间,便于 2009 年 9 月 1 日起不依约提供,故意实施违约行为。

7. 被申请人没有依《转让合同》附件一、二、三的约定,将这三方面的资料提供给申请人。

从上列七项违约行为,我们不难看出,被申请人自《转让合同》签订之后的若干时间里,压根就不考虑履行自己应尽的合同义务。对于这种严重践踏法律和合同的行径,不祭以严厉的法律措施,不足以抚平受害人的善良之心。故此,敬请仲裁庭依据《合同法》的相关规定和《转让合同》第五条第 1 项的约定,裁决被申请人支付股权转让价格(人民币 29533.76 万元)30% 的违约金(人民币 88601280 元)给申请人,以儆效尤。

综上所述,代理人认为,申请人的仲裁请求[②]有相关的事实和证据佐证,符合我国现行法律的有关规定,故敬请仲裁庭依法予以支持。谢谢!

此致

---

① 被申请人的代理人对这一问题的狡辩毫无根据,故不予赘驳。

② 第 3 项仲裁请求已在《反驳意见》中变更为仅请求返还定金人民币 100 万元。

厦门仲裁委员会

……

福建侨经律师事务所

律师：张少鹏

2009 年 11 月 16 日

2010 年 3 月 16 日，泉州某公司向厦门市中级人民法院申请强制执行。

2010 年 3 月 31 日，厦门某公司向厦门市中级人民法院提交"撤销仲裁裁决申请书"。

2010 年 4 月 27 日，厦门市中级人民法院以厦门某公司向本院申请撤销厦门仲裁委员会厦仲字第（2010）第 0047 号仲裁裁决为由，裁定本案中止执行。

2010 年 7 月 15 日，厦门市中级人民法院（2010）厦民认字第 29 号民事裁定书，裁定：准许申请人厦门某公司撤回申请。

2010 年 7 月 27 日，泉州某公司收到前述裁定书，当即向厦门市中级人民法院提交"恢复执行申请书"。

3. 厦门市中级人民法院作出（2010）厦执行字第 86－1 号执行裁定书

……

申请执行人泉州某公司与被执行人厦门某公司转让合同纠纷一案，厦门仲裁委员会于 2010 年 3 月 1 日作出的厦仲字第（2010）第 0047 号仲裁裁决书已经发生法律效力。申请执行人泉州某公司于 2010 年 3 月 16 日向本院申请强制执行。由于被执行人厦门某公司向本院申请撤销厦门仲裁委员会厦仲字第（2010）第 0047 号仲裁裁决，本院于 2010 年 4 月 27 日裁定本案中止执行。后被执行人厦门某公司向本院申请撤回撤销厦门仲裁委员会厦仲字第（2010）第 0047 号仲裁裁决申请，申请执行人泉州某公司于 2010 年 8 月 9 日向本院申请恢复执行。同日，被执行人厦门某公司向本院申请不予执行。

经查，泉州市公安局丰泽分局于 2010 年 3 月 1 日作出泉公丰立字（2010）01997 号立案决定书，决定对申请执行人泉州某公司法定代表人国某某等人涉嫌虚报注册资本案立案侦查。2010 年 10 月 28 日，泉州市丰泽区人民检察院以泉丰检刑诉（2010）358 号起诉书向泉州市丰泽区人民法院提起公诉。2010 年 10 月 31 日，泉州市丰泽区人民法院受理了国某某等二人虚报注册资本一案，案号为（2010）丰刑初字第 429 号。

本院认为，泉州市丰泽区人民法院已受理申请执行人泉州某公司法定代表人国某某虚报注册资本一案，该案的裁判结果可能影响本案不予执行申请的审查。依照

《中华人民共和国民事诉讼法》第二百三十二条第一款第(五)项的规定,裁定如下:

厦仲字(2010)第0047号仲裁裁决中止执行。

本裁定送达后立即生效。

……

二〇一〇年十一月八日

4.2011年3月30日福建省泉州市丰泽区人民法院作出(2010)丰刑初字第429号刑事判决书

……

本院认为,被告人国某某、缪某某采取欺诈手段虚报注册资本,欺骗公司登记主管部门,取得公司登记,虚报注册资本数额巨大,其行为均已构成虚报注册资本罪。公诉机关指控的罪名及犯罪事实成立。被告人国某某、缪某某未被采取强制措施时,主动向公安机关投案并如实供述犯罪事实,是自首,可以从轻或减轻处罚。被告人归案后自愿认罪并预交罚金,认罪、悔罪态度较好,可以酌情从轻处罚。综上,决定对被告人国某某、缪某某从轻处罚并适用缓刑。对二被告人辩护人的相关辩护意见予以采纳,其余辩护意见不予采纳。据此,依照《中华人民共和国刑法》第一百五十八条第一款、第二十五条第一款、第六十七条第一款、第七十二条的规定,判决如下:

一、被告人国某某犯虚报注册资本罪,判处有期徒刑一年,缓刑一年六个月,并处罚金人民币三十八万元(已缴纳)。

二、被告人缪某某犯虚报注册资本罪,判处有期徒刑一年,缓刑一年六个月,并处罚金人民币三十八万元(已缴纳)。

(缓刑考验期限,自判决确定之日起计算)。

如不服本判决,可在接到判决书的第二天日起十日内,通过本院或直接向泉州市中级人民法院提出上诉。书面上诉的,应当提交上诉状正本一份、副本三份。

……

二〇一一年三月三十日

5.2011年6月13日厦门市中级人民法院作出(2010)厦执行字第86—2号执行裁定书

……

本案经本院审判委员会讨论后认为,泉州某公司的股东国某某、缪某某采取欺诈手段虚报注册资本,欺骗公司登记主管部门,取得公司登记,虚报注册资本数额巨大,其行为已被判决构成虚报注册资本罪,并处有期徒刑一年

缓刑一年六个月、罚金等刑罚。在此情况下,根据公司法及公司登记管理条
例的规定,虚报注册资本情节严重的,由工商部门撤销公司登记或者吊销营
业执照。泉州某公司的股东虚报注册资本高达 3800 万元,触犯刑事法律,足
以说明其情节严重。注册资本是企业存在和发展的物质基础,是企业独立从
事经营活动的物质保证。公司如果没有必要的财产,就无法维持正常的生产
经营活动。而且注册资本也是公司生产经营规模大小和经济实力的重要标
志,它是公司信誉、商誉和资信的体现,可以说,它是企业对债权人的总担保。
依据我国《民法通则》第三十七条规定,法人应当有必要的财产或者经费;能
够独立承担民事责任。《民法通则》第五十五条规定,民事法律行为应当具备
的条件之一是"行为人具有相应的民事行为能力"。而泉州某公司的注册资
本系通过中介人员向他人短期拆借虚报注册,泉州某公司不具备法人条件,
因此,泉州某公司与厦门某公司签订合同的行为欠缺民事法律行为的必要条
件,依法应认定为无效。仲裁裁决认定本案没有主体不适格等情形,证据不
足,应裁定不予执行。根据《中华人民共和国民事诉讼法》第二百一十三条第
二款第㈣项的规定,裁定如下:

对厦门仲裁委员会厦仲字(2010)第 0047 号裁决,不予执行。

本裁定送达后即发生法律效力。

……

二〇一一年六月十三日

6. 案悟

30 余年来,应当有所感悟的案件不少,有的已然忘怀,唯独本案的感悟最多且偶
尔想起,感悟连连:

A. 有理无须拍案

平生开庭无数,独见一次审判长穷凶极恶地拍案[①]。

裁决后,申请执行后,对方申请撤销仲裁。2010 年 4 月 15 日下午庭审时,法庭
任由对方的代理律师极尽污蔑、诽谤之能事[②],洋洋洒洒,大谈阔论了至少半个多小
时。我在发表答辩意见时,没几分钟便被审判长截住,要求少说点;在针对对方律师
的污蔑、诽谤之语评析时,尽管我没用与对方类似的恶语,还是被审判长"拦截",我再

---

① 审判台虽为桌,但置于审案之公堂,故称之为案。

② 至少有其申请书为证。

要说明时,审判长恼羞成怒,大拍了桌子,遏制我说话。我泰然处之,不被其激怒。没多久,宣布休庭。十几分钟后继续开庭,审判长首先向我表示对刚才拍案、语言不逊的道歉,随后宣布休庭。2010 年 7 月 27 日收到厦门市中级人民法院于 2010 年 7 月 15 日作出的上述第 29 号民事裁定书,裁定:准许申请人厦门某公司撤回申请。

现在,法院开庭要求全程录像,当时,要是也全程录像,当审判长拍案时,我是绝对会拍桌的,你都敢拍案了我还不敢拍桌?要不是我省事,庭后立马找院长评理。这么露骨地袒护对方,为何不敢裁定撤销仲裁?而是动员对方撤回申请?显然缺乏《仲裁法》第五十八条规定的证据,否则,仲裁裁决早被倾向性地撤销了。

2010 年 3 月 31 日,对方向厦门市中级人民法院提交"撤销仲裁裁决申请书",厦门市中级人民法院于 2010 年 7 月 15 日作出上述民事裁定书,此间历经三个半月左右时间,裁定书中又没有说明经谁批准延期多长时间,可见,显已违反了《仲裁法》第六十条规定的"两个月内"。法院有时也任性,谁管?

由此,我想到这样的问题:基于上述情形,最高人民法院至少应该作出两项规定:其一,庭审时对当事人及其代理人出言不逊,公然拍案的法官,应当承担什么责任;其二,对超出法律规定的审限的情形,应当如何处理?否则,公堂的形象被损,法律的规定被任性地适用,其严肃性何在?

B. 执法公正咋现?

厦门某公司的背景:台商,台商背后是一名台湾籍的某国际组织委员,据说,拿到这块地与这一背景有关。厦门仲裁委员会在作出裁决之前,对方通过关系找到某领导的签字,但顶着压力依法裁决了。厦门市中级人民法院因为是"官办"的,自觉地依领导的指示办事,总得找个冠冕堂皇的理由不执行裁决吧。于是,在撤销裁决上找不到任何法律上的理由,动员对方撤诉,换个玩法,变成在执行程序中以实体判决的内容定性,以"某某公司(泉州)与某某公司(厦门)签订合同的行为欠缺民事法律行为的必要条件,依法应予认定为无效。仲裁裁决认定本案没有主体不适格等情形,证据不足,应裁定不予执行"为由,裁定:"对厦门仲裁委员会仲裁字(2010)第 0047 号裁决,不予执行。"这一理由有两项内容:其一,效力问题。裁决书及代理词中已详细述及,此处不赘述。其二,"主体不适格"问题。我又看了一下裁决书及庭审笔录,本案在仲裁期间,对方从未提出"主体不适格"问题,则仲裁庭怎么可能杜撰这一问题审理呢?仲裁时没提,裁决后到法院提,法院作出如此认定,又是"本裁定送达后即发生法律效力",当事人无处无法律依据申冤了,合法吗?我顿时感到"欲加之罪,何患无辞"的威力!此案倘若发生于现在,在中央倡导的司法公正威力下,也许某领导就不敢带头违反规定,就不会签字了,法院就不会唯命是从了。真期盼这样的清风早点来多好!

由此,我又想到这样的问题:不予执行的裁决属于执行程序范畴,而在执行程序的裁决中,居然作出了实体程序中才能认定的事,即认定合同无效、主体不适格,我国《民事诉讼法》并不允许如此做法。这样任意创设做法的行为,如何担责?在今后修改《民事诉讼法》时,对之应有严格的规定,有兴趣者可在这一方面研究一下,提出立法建议。

C. 迟废罪名遭殃

自 1995 年 2 月 28 日《关于惩治违反公司的犯罪的决定》首次设立虚报注册资本罪以来,司法实践中,此类行为简直多如牛毛,比比皆是。司法机关将此类行为作为重点打击对象似无,我的感觉更像"犹抱琵琶半遮面"似的。倘若真打击的话,必将出现:企业关闭潮涌,监狱建设风起。查处此类案件极易,到工商行政管理局调档,调一个是一件刑案,那还得了。泉州某公司的虚报注册资本情形,就是这一大军中之一员。大概是在本案发生之际,厦门市政法委曾出台了一项较为人性化的规定:对此类行为给予半年时间的整改时限,以观后效。2013 年 12 月 28 日,第十二届全国人大常委会第六次会议对《公司法》进行了修改,注册资本由实缴登记制转为认缴登记制,对特殊行业及性质的公司(如银行等)注册资本依然保留了实缴登记制;2014 年 3 月 24 日,全国人大常委会"关于《中华人民共和国刑法》第一百五十八条、第一百五十九条的解释",明确规定虚报注册资本罪、虚假出资、抽逃出资罪的公司适用范围仅适用于依法实行注册资本实缴登记制的公司。自此,此类犯罪废除。

戏剧性的剧情出现了:上述厦门市中级人民法院作出的不予执行裁定的最为主要的理由是泉州某公司的两股东国某某、缪某某已构成虚报注册资本犯罪,以此认定两公司签订的合同欠缺民事法律行为的必要要件,依法应认定为无效①。现在,虚报注册资本罪被废除了,这一前提不存在了,我们又如何来认识它?由该院依法定程序自己纠正,还是上级法院依法纠正?法律有时也令人迷茫,我没有研究过这一方面的问题,无法提出可行性建议,只能发出一声长叹!

D. 善用法律盈利

法律本身不可能直接产生利益,但是,运用法律得当,也许会变成无烟产业。

法律有时也很无助,被人骂称是用来赚钱的工具。

法律更多是无情的,谁触犯法律,自应承担相应的法律后果。

赢得诉讼,比生产效益更加产生利润②。撇开代理人这种倾向性角色的身份,中性地、结果式地看待本案双方基于本案纠纷之结果,不能不让我有此想法:其实败诉方才是赢家。为何如此说?且看分析:

---

① 这是实体判决内容,似不应该在执行程序中如此认定。
② 在诉讼中胜诉,减少损失,有时比企业的生产利润还多,这就是诉讼的重要性及其目的。

　　首先应看国内趋势、大环境。在双方签订合同的 2008 年 10 月份，全国房地产市场处于极度低谷，谁也看不清底。厦门某公司银行有巨额贷款，老板心慌，急于回笼资金还贷，找到国某某这种大额买家，自然满心欢喜。国某某年轻气盛，但眼力特好，他能锐利地嗅到下一年就会回升①，在众人迷茫之际，他看到了曙光，于是有此胆略签这种近 3 个亿的房地产大单，不简单。此时，双方都处于对形势判断的不确定期。

　　谁知，跨过 2008 年，厦门的房地产价格首先从低谷缓慢回升，直至双方闹至不可开交之际，已涨一倍左右②。厦门某公司老板又不是傻瓜，翻倍的价格，任何人一算，不得了，谁愿意履约？苦的是国某某整天望涨兴叹！只得寻求法律途径解决。仲裁裁决对方赔偿 3000 多万元，看似天文数字，但比起厦门某公司因房地产价格翻倍涨所带来的经济利益，简直是小巫见大巫。

　　这样的官司，表面上，厦门某公司被判赔 3000 多万元是输了，实质上它赚大头了，价格翻倍是 3 个亿左右，赔 3000 多万，才是其中的十分之一左右，名输实赚啊！反之，泉州某公司则是名赢实输。这样的结果，至今无法执行，仍悬在空中，真令人遗憾！

综语

　　凤凰涅槃，浴火重生。

　　说明：本案也许必须经历"凤凰涅槃"，才能"浴火重生"，故书之。

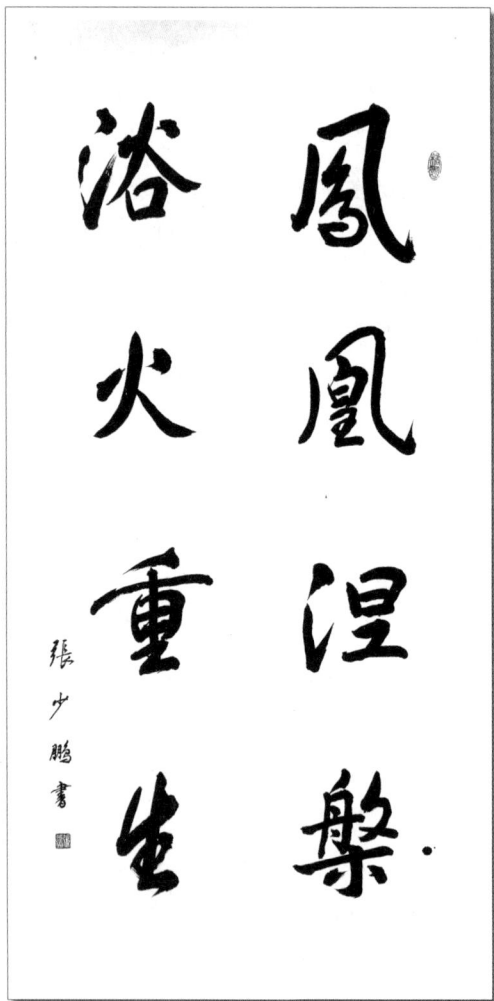

（本文写于 2017 年 7 月 17 日，之后作多次修改）

八、买卖合同案

书法

以自诩的张体书之。

悟源

2007年国庆休假七日期间,我购买的旧别墅翻建完,举行乔迁新居仪式,并在新宅连续宴请7个晚上,累并快乐着。在宴请中学同学之夜,黄某某跟我说起他与人合伙开办的公司被人欠了40余万元货款,能否起诉,等等。我让他过后将有关材料带来让我分析一下。两个月之后,他带来有关材料,经分析后,觉得胜诉的可能性较大,于是,决定起诉。经南安市人民法院审理后,于2008年5月28日作出(2008)泉民初字第522号民事判决书,判令对方偿还货款400675元等。判决生效后,我们到对方的老家南安市金淘镇深坡村溪心当①找到其未建完的在山坡上的一处不大的宅院,估计拍卖也没人会买。于是,因对方无财产可供执行,已近10年了,至今无法执行。缘于此案,2009年7月份,老同学黄某某又将其公司的本案委托我代理。此案初审材料并不复杂,可是在诉讼中,对方提出反诉,并提交了伪造的证据(详见判决书),等

---

① 此地系叶飞将军的家乡,当年闹革命的根据地。

等,才使本案徒增了相当的复杂性。一审判决后,对方又提起上诉了;二审维持原判后,对方还申请再审;直至再审被驳回后才消停。但是,对方却利用这一过程转移财产,至今无法执行。源于此,故略书之。

释义

买卖合同,根据《合同法》第一百三十五条的规定,是指出卖人转移标的物的所有权于买受人,买受人支付价款的合同,通俗地讲,就是甲将属其所有的某物卖给乙,乙支付给甲价款。这种合同较易理解,故少费点笔墨。

案悟

1. 福建省石狮市人民法院(2009)狮民初字第 2563 号民事判决书全文

福建省石狮市人民法院
民事判决书

(2009)狮民初字第 2563 号

原告(反诉被告)泉州某公司,住所地泉州市清濛工业区 D—09 号。组织机构代码证:73952345—9。

法定代表人陈某某,该公司董事长。

委托代理人黄某某,男,该公司股东。

委托代理人张少鹏,福建侨经律师事务所律师。

被告(反诉原告)蔡某某,男,1964 年 12 月 20 日出生,汉族,住石狮市湖东三路 2 号 3 幢 207 室。身份证号码:359002196412202070。

委托代理人王某某,福建某律师律师所律师。

委托代理人纪某某,福建某律师律师所律师。

原告(反诉被告)泉州某公司与被告(反诉原告)蔡某某买卖合同纠纷一案,本院受理后,依法组成合议庭,公开开庭进行了审理。泉州某公司的委托代理人黄某某、张少鹏,蔡某某的委托代理人王某某、纪某某到庭参加诉讼。本案现已审理终结。

原告泉州某公司诉称,原、被告之间多次发生买卖化纤棉的合同关系,基本做法是:被告通知原告,将多少规格、数量、价格的化纤棉运给其客户,之后,凭其客户的签收凭证与其结算。2008 年 2 月 3 日经双方结算后,被告欠原告棉款人民币 705400

元。之后,被告又45次通知原告将化纤棉送给客户,货款金额为人民币329591.30元;两部分合计金额为人民币1034991.30元。该货款后经原告多次催告未果,诉至法院请求判令:1.被告立即偿还货款人民币1034991.30元,并按银行同期同类贷款利率支付自起诉之日起至还清货款之日止的利息给原告;2.本案的诉讼费用应由被告承担。

被告蔡某某辩称,一、原告诉请要求答辩人偿还货款1034991.30元没有事实依据,不能得到法庭的支持。首先,答辩人自与原告方结算后已陆续分期偿还给原告货款合计人民币330000元。其次,原告主张双方结算之后答辩人45次通知原告送货给客户货款合计329591.30元同样没有事实依据,原告提供的送货单中部分单据并没有答辩人本人的签字确认,该部分的送货单不能认定为答辩人所购买,应从原告诉请的数额中给予扣除。二、答辩人向原告购买2600G、3200G、2800G等多种型号的喷胶棉,并将喷胶棉提供给石狮某公司生产75240件棉服。由于原告所出售的喷胶棉存在质量问题已赔偿给石狮某公司相应的经济损失1504800元,此一损失系原告所出售的喷胶棉存在质量问题而直接引起的,原告同样应赔偿给答辩人。

反诉原告蔡某某反诉称,2008年2月起,反诉原告向反诉被告购买2600G、3200G、2800G等多种型号的喷胶棉,并将喷胶棉提供给石狮某公司生产棉服75240件。由于反诉被告所出售的喷胶棉存在克重不足、厚度不够、无法回弹等问题,反诉被告所售的喷胶棉被加工生产成衣并由石狮某公司出售到波兰,客户经过检验检疫技术中心进行检测,结论为喷胶棉质量、克重等均未达标,存在质量问题。尔后,经过多方交涉,但反诉被告却以种种理由推托拒不承担因出售喷胶棉存在质量问题而给反诉原告造成的经济损失!反诉原告因反诉被告所售的喷胶棉存在质量问题而给石狮某公司生产棉服造成损失,已赔偿给石狮某公司相应的经济损失1504800元,此一损失系反诉被告所出售的喷胶棉存在质量问题而直接引起的,因此反诉被告应对反诉原告造成的经济损失承担赔偿责任。请求判令:1.判令反诉被告赔偿反诉原告经济损失计人民币1504800元。2.由被告承担本案的诉讼费用。

原告(反诉被告)泉州某公司辩称,1.反诉原告述说的反诉被告给反诉原告造成经济损失人民币1504800元没有证据支持,也不是事实。2.没有证据证明反诉被告出售给反诉原告的喷胶棉存在所谓克重不足、厚度不够、无法回弹的质量问题。3.反诉原告提供的证据与反诉被告不存在任何关系。4.反诉原告诉称的损失是他与别人共同虚构的,并且与反诉被告没有直接的关系。5.反诉被告已经申请对有关的证据进行鉴定,等鉴定结果有结论后,我们再做认定。请求驳回蔡某某对其的反诉请求。

本院在审理过程中,泉州某公司、蔡某某对以下事实没有争议,本院对此予以确认,

1.泉州某公司工商登记基本情况、蔡某某的个人身份情况以及双方主体资格适格;

2.原、被告双方于 2008 年 2 月 3 日就买卖喷胶棉事宜进行结算,被告结欠原告 705400 元,并出具《结欠款凭证》一份交原告收执;

本案争议焦点为:被告蔡某某是否尚欠原告泉州某公司货款人民币 1034991.30 元?原告泉州某公司提供给被告蔡某某的喷胶棉是否存在质量问题,应否赔偿被告经济损失 1504800 元?对此本院予以分析并认定。

原告泉州某公司认为,关于被告蔡某某是否尚欠泉州某公司货款人民币 1034991.30 元的问题,被告在结算后确有陆续还款 230000 元,但尚欠货款 804991.30 元,并提供以下证据:(1)结欠款凭证一份,系被告出具给原告的《结欠款凭证》证明截至 2008 年 2 月 3 日被告欠原告人民币 705400 元;(2)出库凭证 2 页、送货单 43 页等,以此证明 2008 年 2 月 3 日经双方结算之后,被告又 45 次通知原告将化纤棉送给客户,被告蔡某某又欠下原告货款金额人民币 329591.30 元的事实。

蔡某某质辩认为,(一)对原告提供的证据(1)《结欠款凭证》,真实性没有意见,但是欠款凭证的右下方有涂改的痕迹,与法庭送达给被告的不一样,按照诉讼证据规则,结欠凭证作为重要的证据,应当不能被随意篡改,需要保存完整,对该证据的证明力有异议。对证据(2)出库凭证 2 页、送货单 43 页等,该些证据中有被告签名一个"宝"字,然后用圆圈圈起来的凭据其真实性予以确认,但是其中有 7 张送货单上没有被告签字的,其真实性不予承认,具体为:签署日期 2008 年 4 月 25 日,编号 00536,金额为 12377.9 元;签署日期 2008 年 4 月 28 日,编号 00541,金额为 10545.6 元;签署日期 2008 年 4 月 28 日,编号 00542,金额 11070.4 元;签署日期 2008 年 4 月 29 日,编号 00548,金额 3844 元;签署日期 2008 年 4 月 29 日,编号 00549,金额 9930 元;签署日期 2008 年 4 月 30 日,编号 00551,金额 11158.2 元;签署日期 2008 年 4 月 30 日,编号 00552,金额 3844 元。针对本诉并提供了如下证据以反驳:《收款收据》《收据》各 3 张,以此证明被告已经偿还货款 330000 元。(二)关于原告泉州某公司提供给被告蔡某某的喷胶棉是否存在质量问题,应否赔偿被告蔡某某经济损失 1504800 元的问题,蔡某某认为,其将泉州某公司所出售的喷胶棉提供给石狮某公司生产棉服,因该些喷胶棉存质量问题,导致石狮某公司用该喷胶棉生产的 75240 件棉衣存在厚度不足、经挤压后无法回弹等质量问题。蔡某某为此赔偿给石狮某公司相应的经济损失 1504800 元,此损失系泉州某公司所出售的喷胶棉存在质量问题而直接引起的,因此泉州某公司应对此经济损失承担赔偿责任。为支持其反诉主张提供以下证据:(1)送货单 36 页,该些证据系原告出具,以此证明反诉被告出售给反诉原告 2600G、3200G、2800G 等多种型号的喷胶棉的事实;(2)检验报告三份,系被告将原告所售喷胶棉委托福建出入境检验检疫局检验检疫技术中心进行检测,得出为喷胶棉质量、克重等均未达标,存在质量问题的结论。以此证明反诉被告出售给反诉原告 2600G、3200G、2800G 等多种型号的喷胶棉质量、克重等均未达标,存在质量问题;(3)买卖合同一份,以此证明被告蔡某某将原告所售的喷胶棉提供给石狮某公司生产 75240件棉服的事实;(4)扣款确认书及护照各一份,以此证明被告蔡某某因原告所售的喷胶棉存在质量问题而给石狮某公司生产棉服造成损失及其客户的身份情况;(5)收款收据两份,以此证明被告蔡某某因原告所售的喷胶棉存在质量问题已赔付给石狮某公司 1055000 元事实;(6)石狮市公证处公证书(含协议书、买卖合同)一份,以此证明被告因原告所售的喷胶棉存在质量问题与石狮某公司及其客户签订理赔协议书,约定蔡某某应赔偿石狮某公司 1584800 元,已赔付 1055000 元,余款 449800 元应于2009 年 12 月 31 日前偿还的事实。

原告泉州某公司对被告蔡某某辩驳认为,(一)对蔡某某针对本诉提供的 3 张《收款收据》的真实性没有异议,但对 3 张《收款收据》的真实性有异议,这 3 张收据是原告法定代表人陈挺啤 2003 年出具给被告的,有关账目早已结算,3 张收据本应当销毁,但是被告没有销毁,而是将"2003 年",涂改成"2008 年",以此来冲抵本案欠款,但原告未收到该三笔货款,请求法庭对该 3 份《收据》进行司法鉴定。(二)对蔡某某为支持其反诉主张而提供的证据(1)36 张送货单的真实性没有异议。但这 36 份送货单中,仅有 14 张写有"石狮某公司"(包括"石狮某公司"和"石狮某加工厂"),总量859 粒,总金额 131100.40 元。被告没有证据能说明这 859 粒的喷胶棉能生产货值达 8276400 元的服装(根据被告的材料说明服装总金额是 8276400 元)。对证据(2)检验报告三份形式上的真实性没法确认,也不同意反诉原告提供这三份检验报告所要证明的对象与内容,理由如下:(1)送检的"喷胶棉"为被告单方提供,无法证明系原告所生产并销售与被告的;这些检验报告与本案不具有关联性,不能作为本案的定案证据。(2)检测项目仅体现每平方米重量,与被告所称的"质量问题"即质量、克重均未达标不具有关联性;对证据(3)买卖合同的真实性有异议。原告申请对此证据的形成时间进行鉴定。对证据(4)扣款确认书及护照的真实性不予确认。其中护照没有原件,无法质证,且与本案没有关联;扣款确认书也与本案没有关联,不具有证据关联性特征;另外,扣款确认书中的"……石狮某公司同意从货款中扣除 1504800.00 元人民币,其货款我已于 2008 年 9 月 20 日结算该合同货款时一次性扣除。……"所列的"2008 年 9 月 20 日",与公证书中的"协议书"第一页末 8—7 行中的"……至二〇〇八年八月十日甲方已从乙方的货款中扣除人民币壹佰伍拾万零肆仟捌佰元整……"所列的"二〇〇八年八月十日"不相符,只有虚构的事实,才会出现这种自相矛盾的失误。对证据(5)收款收据 2 份的真实性有异议,且与本案没有关联,不具备证据的关联性特征;正常情况下,开具票据,依生活经验,票据序号数字小的开具时间应早于票据序号数字大的,而只有伪造的证据,才会因紧张、疏忽而将票据号码倒着开。这两张"收款收据"就是如此:序号分别为 0026880、0026884 的收款收据的开具日期分别是 2008 年 10 月 5 日、2008 年 8 月 25 日,明显与常理不符,原告也对这两张"收款收据"的形成时间申请进行司法鉴定。对证据(6)公证书的真实性,持有异议。因该证据系被有关人员欺骗后形成的,不具有证据效力;公证书所附的"协议书"是被告与石狮某公司等三方串通形成的,不具有合法性;"协议书"第一页末 8—7 行中所列的"二〇〇八年八月十日"与扣款确认书中所列的"2008 年 9 月 20 日"不一致,自相矛盾。公证书所附的"买卖合同"中第 2 条所写的"目的港:德国,汉堡港",与被告提供的"民事反诉状"所称的"出售到波兰"不相符,也存在明显的矛盾;

　　诉讼中,原告对被告提供的部分证据提出了司法鉴定的申请,具体鉴定要求为:1. 被告蔡某某提供的《买卖合同》(合同编号:006)中供、需方处的签字、印章、日期等非打印部分之内容是否是在该落款日期之日形成? 若不是,是之前什么时间形成? 2. 被告蔡某某提供的《扣款确认书》中"出具人"处的签名、印章、日期等非打印部分内容是否是在该落款日期之日形成? 若不是,是之前什么时间形成? 3. 被告蔡某某提供的两份《收款收据》(0026880、0026884)中填写部分的文字、签名及印章①等非打印部分内容是否是在该落款日期之日形成? 若不是,是之前什么时间形成? 4. 被告蔡某某提供的《买卖合同》(合同号:SAM20071220)中买、卖处的签名、印章等非打印部分内容是否是在该落款日期之日形成? 若不是,是之前什么时间形成? 5. 被告蔡某某提供的三份《收据》落款时间(落款时间分别为:2008 年 6 月 19 日;2008 年 8 月 1 日;2008 年 9 月 28 日)中的"2008"中的"8"字是否由"3"涂改成"8","3"的颜色与"8"的颜色是否一致,是否由两种不同颜色的墨水构成?

　　本院经审查准许了泉州某公司的鉴定申请,要求蔡某某提供了相关材料作为鉴定检材。并于 2010 年 2 月 1 日委托福建鼎力司法鉴定中心进行鉴定。福建鼎力司法鉴定中心经鉴定,在闽鼎(2010)文鉴字第 35 号文书司法鉴定意见书中作出了鉴定意见,具体为:"1. 被告蔡某某提供的《买卖合同》(合同编号:006)中供、需方处的签名、印章、日期等非打印部分内容的形成时间不符合署期,至少可确认是在署期之后形成。2. 被告蔡某某提供的《扣款确认书》中"出具人"处的签名、印章、日期等非打印部分内容的形成时间不符合署期,至少可确认是在署期之后形成。3. 被告蔡某某提供的两份《收款收据》(0026880、0026884)中填写部分的文字、签名及印章②等非打印

---

　　①　如日期、缴款方式、款项内容、出纳、阿拉伯数字、石狮某公司印章等。
　　②　如日期、缴款方式、款项内容、出纳、阿拉伯数字、石狮某公司印章等。

部分之内容的形成时间不符合署期,至少可确认是在署期之后形成。5.被告蔡某某提供的三份《收据》落款时间中的'2008'中的'8'字均是由'3'涂改而成;涂改所用笔墨颜色与原字笔墨颜色一致,不是由两种不同颜色的墨水构成,只是由于涂描重笔使笔痕颜色变深而已。"庭审中,本院展示了该鉴定意见书,交由双方当事人质证。

泉州某公司质证认为,其对闽鼎(2010)文鉴字第35号文书司法鉴定意见书没有异议。

蔡某某质证认为,可以确认闽鼎(2010)文鉴字第35号文书司法鉴定意见书是鼎力司法鉴定机构出具的,但这份报告不能作为本案的定案依据。法院应当撤销对该司法鉴定中心的委托,另行进行司法鉴定,理由如下:一、法院指定的鉴定机构有不良记录,曾经被福建省司法厅通报违规,其作为鉴定人的资格与资质不具备要求,不能参与本案鉴定,法庭在委托鉴定前应进行有效的事前检查,所以它作出的报告不能作为定案依据。二、依据《最高院关于人民法院委托评估、拍卖和变卖工作的若干规定》第七条的规定:人民法院选择评估、拍卖机构,应当在人民法院委托评估、拍卖机构名册内采取公开随机的方式选定。本案的鉴定机构在双方当事人协商不一致的情况下应先采用随机抽取(摇号、选号或抽签)选择方式确定鉴定人,而不能直接选定该鉴定所。本案的委托鉴定程序并未依该规定进行,应另行重新进行鉴定。三、对鉴定结论作如下附条件的质量意见:第一,鉴定依据中并不能明确相关的书证的确切署期时间,该鉴定意见的结论也只是推测的,从鉴定结论看,无法排除证据是真实合法的。第二,鉴定结论认为"8"是由"3"改成的,这是不能成立的。且不是"8"是不是由"3"改成的,即使是,从鉴定结论上看,也不能排除是出具收据的陈某某的行为。

本院认为,(一)关于本案本诉部分的分析认定。原告提供的证据(1)《结欠款凭证》,被告对其真实性没有意见,应予确认。虽然凭证的右下方空白处有涂改的痕迹,但并欠条文字部分并未受到影响,欠条可以通顺明了、无障碍地表达出来所要表达的内容,该证据的证明效力并不受边角部分涂改痕迹的影响。可以证明被告蔡某某于2008年2月3日结欠原告棉款705400元的事实。关于原告提供的证据(2)出库凭证2页、送货单43页等,该些证据中有签一个"宝"字的部分凭证以及编号为00492的送货单,被告对其真实性没有意见,应予确认。可以证实被告于2008年2月3日双方结算后又数次收到原告货物及货物价款共266821.20元的事实。其余的7张送货单(编号分别为 00536、00541、00542、00548、00549、00551、00552——价款合计62770.10元),被告没有签字,其真实性被告也予否认,其证据效力不予确认。关于被告蔡某某针对本诉提供的3张《收款收据》,原告对其真实性没有异议,予以确认,可以证明被告蔡某某于2008年3月13日、2008年4月19日、2008年7月4日分别偿付原告棉款100000元、80000元、50000元的事实。原告在诉讼中也承认该三笔付款是结算后被告支付以偿付货款的,应予以确认。福建鼎力司法鉴定中心具备合法的鉴定资质,本院委托鉴定的程序合法,蔡某某提出该鉴定中心有曾经被福建省司法厅通报违规的不良记录,但也没有提出足够的证据予以证明违规的具体内容、时间以及该违规是否能导致其鉴定资质的丧失。因此其质疑意见不予采纳。该中心出具的闽鼎(2008)文鉴字第78号文书司法鉴定意见,具备证据"三性"特征,其证据效力予以确认。该鉴定中心关于被告蔡某某在诉讼中提供的《买卖合同》(合同编号:006)、《扣款确认书》、两份《收款收据》《买卖合同》(合同号:SAM20071220)、三份《收据》(时间分别为2008年6月19日、2008年月1日、2008年9月28日)的相关鉴定意见,予以采纳。可以证明"1.被告蔡某某提供的《买卖合同》(合同编号:006)中供、需方处的签名、印章、日期等非打印部分内容的形成时间不符合署期,至少可确认是在署期之后形成。2.被告蔡某某提供的《扣款确认书》中"出具人"处的签名、印章、日期等非打印部分内容的形成时间不符合署期,至少可确认是在署期之后形成。3.被告蔡某某提供的两份《收款收据》(0026880、0026884)中填写部分的文字、签名及印章①等非打印部分内容的形成时间不符合署期,至少可确认是在署期之后形成。4.被告蔡某某提供的《买卖合同》(合同号:SAM20071220)中买、卖方处的签名、印章等非打印部分内容的形成时间不符合署期,至少可确认是在署期之后形成。5.被告蔡某某提供的三份《收据》落款时间中的'2008'中的'8'字均是由'3'字涂改而成"等事实。根据日常生活经验,文书出具人可能将收据署期年份写错一般是在相隔一年思维性尚未调整过来的情况下(如将2008年误写为2007年,将2009年误写为2008年等),而不太可能将2008年误写成2003年,而且是连续三份收据上出现同样的笔误,并且三份收据的三个不同署期分别相隔数十天——这种可能性更是极小!一般人在正常情况下也不会拿2003年的收据改动年份后用来作为新证据出具给收执人,对此被告也没有提供足够的证据予以证实该些署期系由陈某某本人改动后出具的,由此,可以认定该些《收据》并非由陈某某将署期的2003年改成2008年。相反,三份《收据》长期由蔡某某保存,从趋利的角度出发,蔡某某改动的可能性更大一些。但即使撇开谁涂改署期这个问题不论,被告提供的该三份证据存在篡改、涂改痕迹,疑点较大,其证据证明力也明显较低,被告若无提供其他证据予以佐证,其依凭这些证据主张的相应事实即不能采信,应承担举证不能的风险后果。综言之,被告凭借该三份收据提出的关于其分别于2008年6月19日、2008年8月1日、2008年9月28日偿付原告20000元、50000元、30000元的事实,证据不充分,不予采信。综上,可知被告共实欠原告货款为:705400元＋266821.20元－230000元＝742221.20元。

---

① 如日期、缴款方式、款项内容、出纳、阿拉伯数字、石狮某公司印章等。

（二）关于本案反诉部分的分析认定。关于被告在反诉中提供的证据（1）送货单36页，原告对其真实性没有异议，予以确认。该些证据系原告出具，可以证明反诉被告出售给反诉原告2600G、3200G、2800G等型号喷胶棉的事实；关于被告提供的证据（2）检验报告三份，有加盖福建出入境检验检疫局检验检疫技术中心的检测报告专用章，其形式真实性予以确认，但蔡某某未提供证据证明提交检验中心进行检验的检材系泉州某公司提供的，因此，该三份检验报告与缺乏关联性，不具备证据特征，本院对该证据效力不予确认。关于被告蔡某某提供证据（6）公证书，系石狮市公证处出具，其真实性予以确认。除护照（阮某某）外，被告蔡某某提供的证据（3）买卖合同、证据（4）中的扣款确认书、证据（5）两份收款收据等可与公证书相互印证，其形式上的真实性也一并确认（其中，被告提供的阮某某护照是复印件，其证据效力不予确认）。从证据的证明力来讲，该些证据《买卖合同》（合同编号：006）、《扣款确认书》、两份《收款收据》等经福建鼎力司法鉴定中心鉴定，可确定其"签名、印章、日期等书写部分之文字的形成时间"至少是在署期之后形成，与被告在庭审中有关该些证据"签名、印章、日期等书写部分之文字的形成时间与署期一致"的表述相反，如此至少可说明签名、印章、日期等书写部分之文字是事后添补上去的，该些证据与客观事实存在一定程度的失真，不能全面、客观、真实地体现发生的真实事件，因而证据的证明力小。另外，证据（6）公证书所附的"协议书"是"协议书"第一页末8—7行中的"……至二〇〇八年八月十日甲方已从乙方的货款中扣除人民币壹佰伍拾万零肆仟捌佰元整……"所列的付款日期也与扣款确认书中所列的"……石狮某公司同意从货款中扣除1054800.00元人民币，其货款我已于2008年9月20日结算该合同货款时一次性扣除。……"情况有时间上的出入，存在不一致的情况，综合该些证据的外观难以令人形成稳妥、优势的内心确信；从证据证明的内容来讲，该些证据，只能从侧面说明蔡某某、阮某某、石狮某公司等人之间关于棉服质量问题解决方案的相应意思表示，系发生于阮某某、石狮某公司、蔡某某三人之间内部的民事行为，只在三人之间发生法律关系的设立或变更，蔡某某应在该民事法律关系中承认、承诺等民事行为不能对原告直接产生约束力，不能代替或取缔原告相应的抗辩权，原告依然有权提出相关的抗辩意见。原告提出的抗辩意见，也即反诉中需要查明的几个关键问题：（1）蔡某某售给石狮某公司的喷胶棉是否来源于原告所提供，如果是，是提供其中一部分或者提供全部；（2）石狮某公司用来制作该批棉衣的喷胶棉是否为蔡某某提供，如果是，是提供其中一部分或者提供全部；（3）石狮某公司制作的棉衣出现无法回弹、厚度不足的质量问题是否全部是由于喷胶棉质量问题所导致，有无其他原因力存在。以上几个问题被告都未提供直接的、充分的证据以说明、证实。而只有在解决前述几个问题后，才能考察蔡某某要求原告赔偿其损失是否于法有据，才能考察蔡某某按其赔偿石狮某公司的赔偿款数额要求原告全部承担能否得到支持等问题。综上,蔡某某提供的该些证据与本案关联性不足,证明力小,其关于泉州某公司提供的喷胶棉存在质量问题的抗辩证据不足,不予采信,其要求原告赔偿其经济损失 1504800 元的主张不予支持。

经庭审质证并认证,对本案主要事实可作如下认定:

蔡某某多次向泉州某公司购买喷胶棉。2008 年 2 月 3 日,双方经对账,蔡某某结欠泉州某公司货款 705400 元,并出具《结欠款凭证》一份交泉州某公司收执。对账后,蔡某某于 2008 年 2 月 3 日双方结算后又数次收到原告货物及货物价款共 266821.20 元。蔡某某于 2008 年 3 月 13 日、2008 年 4 月 19 日、2008 年 7 月 4 日分别偿付原告棉款 100000 元、80000 元、50000 元。2009 年 8 月 25 日,泉州某公司向本院提起诉讼。

综上所述,本院认为,泉州某公司和蔡某某买卖喷胶棉意思表示真实,内容不违反法律法规强制性规定,应确认合法有效。蔡某某结欠泉州某公司货款 705400 元后,扣除原告承认的已经偿付的 230000 元,尚有部分欠款未能及时支付,其行为已违约,泉州某公司有权要求蔡某某偿付尚欠的货款,并支付自起诉之日起至实际还款之日止,按中国人民银行同期贷款利率计算的利息损失。同样地,蔡某某在 2008 年 2 月 3 日双方结算后又向泉州某公司购买喷胶棉价款共 266821.20 元,虽然双方尚未进行结算,蔡某某自原告主张起诉之日起即应履行支付欠款义务,且应支付相应的利息损失,另外,鉴于原告主张的部分交易相应的送货单被告没有签字,证据不足,被告也予否认,相应的部分诉讼请求不予支持。据此,泉州某公司要求被告偿付欠款 742221.20 元及相应的利息的本诉请求本院部分予以支持。蔡某某关于泉州某公司提供的喷胶棉存在质量问题的抗辩证据不足,不予采信,其反诉要求原告赔偿其经济损失 1504800 元的主张不能成立,其反诉请求本院不予支持。依照《中华人民共和国合同法》第一百零七条、第一百零九条、第一百五十九条、第一百六十一条、最高人民法院《关于民事诉讼证据的若干规定》第二条、第六十四条、第六十五条、第六十六条、第六十九条第(四)项、第七十四条、第七十六条的规定,判决如下:

一、被告(反诉原告)蔡某某应在本判决生效后十日内,偿付原告(反诉被告)泉州某公司货款人民币 742221.20 元,并支付自 2009 年 8 月 25 日起至判决确定的还款之日止按中国人民银行同期贷款利率计算的利息;

二、驳回原告(反诉被告)泉州某公司的其他诉讼请求;

三、驳回被告(反诉原告)蔡某某的反诉诉讼请求。

如果未按本判决指定期间履行给付金钱义务,应当依照《中华人民共和国民事诉讼法》第二百二十九条之规定,加倍支付迟延履行期间的债务利息。

......

二〇一〇年七月二十一日

2. 福建省泉州市中级人民法院(2010)泉民终字第 2422 号民事判决书部分内容

......

二审中,上诉人蔡某某提供如下证据:1. 营业执照一份,用以证明石狮某公司的身份情况;2. 证明一份,用以证明 2008 年 2 月份以后石狮某公司根据被上诉人泉州某公司提供的三种型号的货物生产出来的服装存在质量问题,遭到越南商人的索赔,证明石狮某公司的供应商都是泉州某公司,除此之外,石狮某公司没有从其他厂家购买这三种型号的商品;3. 购销合同两份,用以证明石狮某公司和被上诉人也有存在着买卖关系,进一步佐证石狮某公司产品的供应商是被上诉人泉州某公司。

被上诉人泉州某公司质证认为,1. 这些证据不是新的证据,而且与本案无关;2. 营业执照没有原件,不予以质证;3. 证明所加盖的公章无法确认其真实性,假设是石狮某公司加盖的印章,石狮某公司与上诉人共同进行虚构事实,制造伪证的事实在一审的鉴定中已经证明,所以石狮某公司出具的证明在本案中不具有证明效力;4. 两份购销合同供方的印章不是被上诉人的印章,假如这两份购销合同是真实的,也与本案没有关联性,与本案双方当事人的纠纷无关。

本院认为,从上诉人蔡某某一审提供的检验报告来看,检材是由上诉人单方送检,未经被上诉人泉州某公司确认,无法证明送检的检材是被上诉人泉州某公司售予被上诉人的喷胶棉。上诉人蔡某某提供的公证书所附的《买卖合同》《扣款确认书》《收款收据》等材料及其二审提供的证据也不足以证明是被上诉人泉州某公司提供的喷胶棉存在质量问题。因此,上诉人蔡某某的上诉请求缺乏事实依据,不予采纳。原审判决认定事实清楚,处理恰当,应予维持。据此,依照《中华人民共和国民事诉讼法》第一百五十三条第一款第(一)项、最高人民法院《关于民事诉讼证据的若干规定》第二条之规定,判决如下:

驳回上诉人蔡某某的上诉,维持原判。

......

二〇一〇年十二月二十日

3. 福建省高级人民法院(2011)闽民申字第 361 号民事裁定书部分

......

本院认为,申请再审人蔡某某在一审中提供了一份检验报告,以证明被申请人泉州某公司所供应的喷胶棉存在质量问题,但该检验报告的检材是由蔡某某单方送检,未经被申请人泉州某公司确认,无法证明送检的检材是泉州某公司售予蔡某某的喷胶棉。蔡某某提供的公证书所附的《买卖合同》《扣款确认书》《收款收据》等材料经一审法院委托司法鉴定机构鉴定为伪造的证据,不能证明与本案存在关联。由于双方之间没有订立书面合同,产品质量标准并不明确,蔡某某在二审提供的其他证据亦无法证明泉州某公司提供的喷胶棉存在质量问题。关于法院依职权委托鉴定问题,不适用最高人民法院《关于人民法院委托评估、拍卖和变卖工作的若干规定》,况且,一审法院委托鉴定时,关于鉴定机构的选定,已征得双方当事人的同意。故一审法院在委托鉴定机构的过程中不存在程序违法的情形。至于蔡某某提及审理法庭的"人为因素"并没有证据证明,其再审申请理由不能成立。

综上,蔡某某的再审申请不符合《中华人民共和国民事诉讼法》第一百七十九条规定的应当再审的情形,依照《中华人民共和国民事诉讼法》第一百八十一条第一款的规定,裁定如下:

驳回蔡某某的再审申请。

……

二○一一年八月十五日

4.案悟

这个案件的点睛之笔在于:通过鉴定,将一份作为反诉赔偿150余万元的最主要证据——公证书所附依据驳得体无完肤,确立了一、二、三审胜诉的基石。回忆10年前之经历,分享历历在目的心情。

A.由阴转晴

古人曰:法平如水。

今人曰:法官对当事人应一视同仁。

说归说,耳听为虚,眼见为实。

第一次,第二次……见主审法官时,对原告方的态度甚差;却见其与被告律师甚熟。黄同学见状,不知有多少次嘀咕:他们这么熟,这下肯定败诉。宠辱不惊的我,表面上给他鼓气,背地里下狠功研究本案的办案技巧。憋至鉴定报告出来,法院通知质证,最后一次见到主审法官,态度判若两人,对我们无限殷勤,给对方坏脸相待。回来路上,老同学问我:这法官今天的态度怎么如此反转?我回曰:已经胜诉了,你还没有感觉。

这法官应是性情中人,喜怒皆露脸上。

当法官的,应当有"一碗水端平"的心境,外表上,才不会让人看出有倾向性的端倪;内心上,才能公平断案。

B. 老谋深算

被告提出赔偿 150 余万元的反诉请求,其最主要依据是经过公证机关公证的附有"买卖合同""扣款确认书""收款收据"等的公证书。我们没有证据证明公证人员与被告合谋造假,无法否认公证书的真实性。但是,我会另辟蹊径——①鉴定"买卖合同"等的形成时间;②发现"买卖合同"等等中的矛盾,等等(详见判决书)。这就是律师的功力。我曾于 1989 年在石狮法院办理一起民间借贷纠纷案时,庭审前怀疑证据中的中间部分是事后添加的,在庭审时看到原件,发现墨迹颜色深浅很接近,但不完全一致,当庭申请鉴定。鉴定结果证实了我的判断。经验丰富、老谋深算①的我,还怕你造假,巴不得你造假哩!鉴定结果判处公证书所附的"买卖合同"等"死刑"!假的就是假的。但是,你若不懂得申请鉴定,你就输定了,白花花的 150 余万元要拱手让与对方。

C. 哀哉执行

当事人辛辛苦苦打了一年半官司,终于一、二审胜诉,又经历再审结案,前后 4 年;

律师仗义执言,使出洪荒之力,依法维护了委托人的合法权益;

至今历时 8 年,执行到位小几万元;

至今历时 8 年,没有对被执行人采取过任何的强制措施;

这样的执行案件,如何入列"两到三年内基本解决执行难问题"的范围、视线?

哀哉!辛苦打出的胜诉判决书,已经几乎废纸近 8 年时间,似判决书这样的"纸",何时才能似手工宣纸那样年年升值?

当事人期盼着!望眼欲穿!

律师等候着,辛苦付出的汗水何时真正浇出美丽的法律之花?

综语

白头吟处变,青眼望中穿。

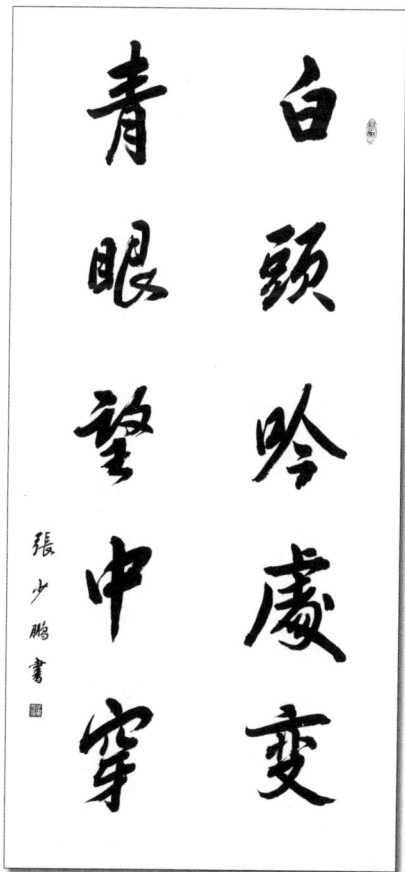

---

① 指办案,其他仍居童心。

据说,成语"望眼欲穿"出自唐白居易《寄微之》诗中的"白头吟处变,青眼望中穿",故引之为综语。

（本文写于 2017 年 7 月 12 日,之后作多次修改）

九、建设工程施工合同案

书法

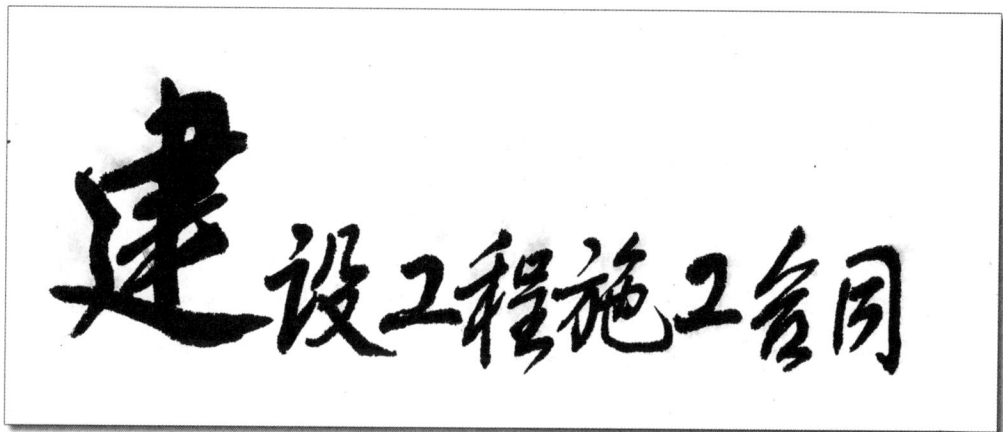

以自诩的张体书之。

悟源

自 1990 年左右代理第一起建设工程施工合同纠纷案(工程所在地:泉州市第一医院)以来的 20 余年间,应该总计办理过小几十起此类案件,还算有点实战经验。2010 年 11 月初,一好友介绍丁某某找我。看了原告的诉讼材料,听了丁某某的诉说,虽觉此案会啰唆,但还是有信心打赢,便接受了委托。选本案书之,主要在于办案策略上。原告诉讼请求金额是人民币 551388 元,为何最后能以 135000 元调解结案,归功于律师的号脉和评估结果的客观、公正。从剑拔弩张到握手言和,此间的变幻虽没那么玄,却也是有书之的必要的。

释义

建设工程施工合同,是指发包方(建设单位)和承包方(施工人)为完成一定的施工工程,明确相互权利、义务的书面协议。通俗地讲,就是你施工,我付钱。在《经济合同法》施行的年代,建设工程施工合同称为建设工程承包合同。

案悟

　　本案的代理,没有按常规出牌,比如:不写答辩状。因为,本案的工程量、价款需要评估结论,只有等评估报告出来后,答辩状才能写得准确。又比如:没写代理词。因为,评估报告出来后,原告自觉不妙,法官"乘火"调解,没想到成了,代理词也不要写了。不是偷懒,而是诉讼策略,将工夫下在评估上。为了评估,我们做了十分认真、细致的工作,抛出下列"说明"和"质疑",对评估结果起到很重要的作用。下面,将有关文件介绍一二:

　　A. 民事起诉状

　　原告:林某某,男,汉族,1972 年 1 月 15 日出生,住福建省泉州市……。

　　被告:丁某某,男,汉族,1962 年 5 月 10 日出生,住福建省泉州市……。

　　诉讼请求:

　　1. 判令被告立即向原告支付工程款人民币 551388 元,并承担自 2009 年 12 月 25 日起至实际付款之日止每日按应付工程款额的银行同期同类逾期贷款利率计付的利息;

　　2. 判令被告承担本案全部诉讼费用。

　　事实和理由

　　2009 年 3 月 27 日,被告将位于泉州市宝珊花园镜湖北 7 号别墅装饰工程发包给原告施工,并于当日与原告签订一份协议书。协议约定,承包方式为包工料,造价按实结算。合同签订后,原告依约进行了工程的全部装饰施工,并于 2009 年 12 月 25 日将装饰完毕的上述别墅交予被告入住使用至今。经结算,原告实际完成的别墅装饰工程量共计人民币 831388 元。但被告仅向原告支付了部分款项,至今尚欠人民币 551388 元未付。该款后经原告多次催讨,被告仍拒不予支付。无奈,原告特具诉状至贵院,望贵院判如所诉。

　　此致

　　丰泽区人民法院

具状人:林某某

二〇一〇年十月二十八日

　　B. 关于"宝珊花园镜湖北 7 号丁宅别墅装修竣工图"中非原告装修项目的说明

丰泽区人民法院：

兹针对原告林煌伟提交的"宝珊花园镜湖北7号丁宅别墅装修竣工图"（下称"竣工图"）所涉及的有关问题说明如下：

一、我方认为：原告提交的"竣工图"，未经双方依法确认，故不能作为评估依据，亦不能作为符合建筑规范要求的竣工图。

二、原告提交的"竣工图"中，下列项目不属于原告施工：

（一）、效果图：

1. 效果图第一页：门前台阶、走廊石板材、栏杆、走廊红木铁艺、花几、铝合金窗、大门等皆由我方购买及委托他人施工。

2. 效果图第二页：上图：墙上雕花、围墙喷涂、雕花、灯具等；下图：二楼正大门红木门（菠萝格）、门锁、灯具、油漆等；前述项目之材料、施工均为我方购买及委托他人施工。

3. 效果图第三页：二楼客厅的所有大理石板材、墙纸、灯具、红木铁花栏杆、大理石罗马柱、天棚筒灯、壁灯、铝合金门窗、茶几、沙发、地毯、花木、壁画、窗帘、雕塑等，皆为我方购买及委托他人施工。

4. 效果图第四页：上图底层客厅：所有大理石（包括墙面、柱、地面）、马赛克、欧式艺术铁艺、红木（菠萝格）门、框、线条、欧式实木线条、灯具、筒灯、壁画、花　几、桌椅、雕塑等皆为我方购买及委托他人施工，只有划线部分为原告施工。

下图底层茶室：铝合金门窗、采光天窗、墙纸、红木（菠萝格）门、灯具、雕塑、桌椅、大理石板材、壁画、木地板等皆为我方购买及委托他人施工。

5. 效果图第五页：上图三楼主卧室：墙纸、红木制作、木地板、筒灯、吊灯、日光灯、铝合金门窗、地毯、沙发、床、台灯、门等皆为我方购买及委托他人施工。

下图二楼入门玄关：红木大门、书房门、墙纸、罗马柱、大理石板材、吊灯、桌及灯具、茶色玻璃、墙等皆为我方购买及委托他人施工，只有划线部门为原告施工。

（二）图纸：

1. 图号：1－02：N1：本页所有板材、瓷砖皆为我方购买及委托他人施工。

N2：本页所有黑色、大白花、白锈、金麻、红钻、中红钻等板材及毛面石材拼花，防腐木、玻璃天窗等皆为我方购买及委托他人施工。

2. 图号：1－03：本页所有天棚材料、玻璃、排气扇等皆为我方购买及委托他人施工。

3. 图号：1－09：N1：本页所有开关、插座的面板皆为我方购买。

N3：本页所有外庭院的灯座、灯杆、装饰灯等皆为我方购买及委托他人安装。

4. 图号：WSJ－1－2：本页所有板材、瓷砖、线条、壁灯、板材窗套皆为我方购买。

5. 图号:KT—1—01:本页所有板材、吊灯、线条、造型门套、造型/内铁框架、线条镶框、线条造型、板材造型底座、板材窗台、踢脚线线条等皆为我方购买。

6. 图号:KT—1—02:本页所有板材、铝合金窗、壁灯、线条造型、灌浆贴面、踢脚线线条等皆为我方购买。

7. 图号:KT—1—03:本页中的所有材料皆为我方购买,其中,壁灯、菠萝格实木线、墙纸、镜框线条、白镜、欧式铁艺、欧式铁艺栏杆等为我方委托他人施工。

8. 图号:CT—1—02:本页中的所有材料皆为我方购买,其中,实木门、吊灯、欧式铁艺、实木柱为我方委托他人施工。

9. 图号:CT—1—01:本页所有板材、马赛克、采光天窗、铝合金门、壁灯、踢脚线线条、线条造型框、干挂板材装饰柱头造型、板材弧形线条造型、板材罗马实心造型装饰柱、板材欧式线板挂装、板材压面、板材灌浆斜拼贴面等皆为我方购买,其中,采光天窗为我方委托他人施工。

10. 图号:JJ—1—01:本页所有瓷砖、钩逢剂、实木门等皆为我方购买,实木门为我方委托他人施工。

11. 图号:CF—1—01:本页所有瓷砖及线条、勾缝剂为我方购买。

12. 图号:CPS—1—01:本页所有板材、线条造型、实木线、踢脚线线条、线条窗套、线条窗台等皆为我方购买;墙纸、实木推拉门为我方购买及委托他人施工。

13. 图号:TJ—1—01:本页所有瓷砖、板材、勾缝剂皆为我方购买;艺术欧式铁艺、铝合金门窗为我方购买及委托他人施工。

14. 图号:2L—1—01:本页所有板材皆为我方购买;红木门、红木花格门为我方购买及委托他人施工。

15. 图号:ft—1—01:本页菠萝格实木线、板材踢脚线线条为我方购买;墙线、花格门为我方购买及委托他人施工。

16. 图号:CCJ—1—01:本页所有板材、瓷砖皆为我方购买;铝合金门窗、红木门、卫生间门为我方购买及委托他人施工。

17. 图号:KF、BBF—1:本页所有板材、菠萝格实木线为我方购买;红木门、橱柜门、不锈钢挂衣架、铝合金窗、贴面、白镜、白玻璃等为我方购买及委托他人施工。

18. 图号:WML—1—01:本页所有手工劈开砖、线条、窗套、窗台、勾缝剂等皆为我方购买,铝合金门窗、红木门为我方购买及委托他人施工。

19. 图号:CCJ—1—01:本页所有手工劈开砖、板材线条(窗套)等皆为我方购买;水泥欧式雕花、线条/内红砖砌体、大理石、铝合金门窗等皆为我方购买及委托他人施工。

20. 图号:CCJ—1—02:本页所有板材皆为我方购买。

21.图号:2—02:本页所有板材、仿古砖、瓷砖、勾缝剂等皆为我方购买;实木地板为我方购买及委托他人施工。

22.图号:1—03:本页所有艺术玻璃皆为我方购买及委托他人施工。

23.图号:2—05:本页"图表说明"中所列的灯具皆为我方购买及委托他人施工。

24.图号:2—06:本页净水器为我方购买及委托他人施工。

25.图号:2—08:本页所有开关、插座面板皆为我方购买及委托他人施工。

26.图号:WSJ—2—1:本页所有瓷砖、板材、勾缝剂皆为我方购买;艺术玻璃,浴霸为我方购买及委托他人施工。

27.图号:TKK—1—06:本页所有板材、不锈钢板材干挂件为我方购买。

28.图号:KT—2—01:本页所有板材由我方购买;实木门、斜边玻璃、窗台、铁艺栏杆、壁炉、墙纸等皆为我方购买及委托他人施工。

29.图号:KT—2—02:本页所有板材(包括罗马柱等)为我方购买;墙纸、吊灯、铝合金门窗为我方购买及委托他人施工。

30、号:KT—2—03:本页所有板材为我方购买;铝合金门窗为我方购买及委托他人施工。

31.图号:KT—2—04:本页所有板材为我方购买;实木门为我方购买及委托他人施工。

32.图号:ZL—2—05:本页所有板材为我方购买;欧式镜框线条、防潮白镜、实木门等皆为我方购买及委托他人施工。

33.图号:ZWS—2—01:本页的板材窗台(套)、菠萝格实木线(装饰底座)为我方购买;铝合金窗、墙纸为我方购买及委托他人施工。

34.图号:ZWS—2—02:本页墙纸、菠萝格实木线及收边、不锈钢挂衣架为我方购买及委托他人施工。

35.图号:ZWS—2—03:本页菠萝格实木线收边、矮墙面压板材为我方购买;菠萝格实木线、玻璃、实木门、墙纸、PVC踢脚线、不锈钢挂衣架为我方购买及委托他人施工。

36.图号:CK—2—01:本页所有抛光砖、板材皆为我方购买;实木门,铝合金窗为我方购买及委托他人施工。

37.图号:CK—2—02:本页所有抛光砖、板材皆为我方购买。

38.图号:SF—2—01:本页所有板材为我方购买;门、窗、墙纸皆为我方购买及委托他人施工。

39.图号:ML—2—02:本页所有抛光砖、板材皆为我方购买;实木门为我方购买及委托他人施工。

40.图号:LT—01:本页所有板材皆为我方购买。

41.图号:3—02:本页所有板材、仿古砖、瓷砖皆为我方购买;实木地板为我方购买及委托他人施工。

42.图号:3—02:本页"图表说明"中所列的灯具及开关皆为我方购买。

43.图号:3—05:同上。

44.图号:3—08:本页所有开关皆为我方购买。

45.图号:KSJ—3—3:本页所有瓷砖、板材、勾缝剂皆为我方购买;红木推拉门为我方购买及委托他人施工。

46.图号:WSJ—3—4:本页的玻璃内藏灯为我方购买及委托他人施工。

47.图号:WSJ—3—1:本页所有瓷砖、板材皆为我方购买;铝合金门窗、红木推拉门为我方购买及委托他人施工。

48.图号:WSJ—3—2:本页所有玻璃、筒灯皆为我方购买。

49.图号:WS—3—GYS—1:本页所有菠萝格实木线条、实木抽屉、推拉门、不锈钢挂衣架皆为我方购买及委托他人施工;本页所有板材皆为我方购买。

50.图号:WS—3—1:本页所有仿古砖、板材皆为我方购买;菠萝格实木线条、罗马柱、底座、实木门等皆为我方购买及委托他人施工。

51.图号:WS—3CW—1:本页所有板材皆为我方购买;木地板、红木推拉门、墙纸、铝合金门窗、PVC踢脚线、电视矮柜等皆为我方购买及委托他人施工。

52.图号:YT—3—1:本页所有板材、仿古砖皆为我方购买。

说明人:丁某某

2011 年 4 月 1 日

C.关于原告林某某提交的"工程结算书"之质疑

丰泽区人民法院:

我方认为,原告林某某提交给贵院的由其单方制作的"工程结算书"严重失实,不仅不能作为评估的依据,更不能作为本案的证据。兹分别质疑如下:

一、关于"建筑面积"

"工程结算书"封面所写的建筑面积 710m² 与实际施工建筑面积严重不符。我方别墅的建筑面积由两部分组成:1.房屋所有权证之建筑面积 428.13m²;2.地下室扩建建筑面积 210m²;两部分合计 638.13m²。

二、关于"单位工程费汇总表"

1.序号 1、2 的金额与事实严重不符,具体不符部分将在下列内容中一一列出。

2.原告林某某没有办理工商登记,属无证、非法施工,其根本不可能依法交纳规费、劳保费用、意外伤害保险费用、税金等,且在合同中亦无这些税费的约定。

3.序号6所列的各项费用与事实严重不符,具体不符部分将在下列内容中——列出。

三、关于"分部分项定额计价表"

1.工程量及单价所需原材料及价格、数量等与事实严重不符,必须在双方确认施工范围后,由评估机构按建筑行业规范进行评估。

2.下列序号中所列的"项目名称"中的材料,系我方购买的:

即:序号14、15、16、19、21、22、23、24、25、26、27、29、30、31、32、33、34、35、36、37、38、40、42、43、44、46、48、49、50、51、52、54、55、56、57、60、63、64、65、66、67、69、72、73、75、77、78、79、80、84、117、118、119、120、121、122、124、127、128、130、131、133、134、136、137、138、139、140、141、142、150、151、158、159、160、162、164、167、168、170、174、175、176、177、178、179、180、213、214、215、218、221、222、223、227、228、229、230、232、233、234、235、237、238、252、253、254、255、256、257、319、320、338、339、340、341、342等。前述序号内的材料皆为我方购买。

四、关于"分部分项定额综合单价分析表"

此表中所列的工程量与事实严重不符,人工费偏高,部分材料系我方购买(详见上述第三部分所列序号),没有使用机械,何来机械使用费?原告不是企业,不存在企业管理费,利润的计算缺乏合同的约定,等等。因此,所有这些都必须依建筑行业规范,根据实际施工项目进行评估。

五、关于"主要材料价格表"

此表存在明显的随意性和不真实,比如:

1.乱开工日。如序号1、2、5等所列的综合工日到底是如何终合的,随便一写就是数万,数十万。

2.乱开人工费。如序号3、6等,理由同上。

3.乱开材料费。如序号50、60等,这里的"其他"指的是什么?随便一写"其他",就是9万多元,谁信?

4.乱开水、电费。如序号138、203等。虽然金额小,但这些水、电费从哪里冒出来的?

5.乱开数量和金额。如序号7、27。水泥、红砖的用量及单价并非表中所列情形,明显偏高。

6.有些材料系我方购买的(详见上述第三部分)也列入表中。

综上,我方认为,必须确认原告的施工项目及所购材料后,由评估机构根据建筑行业规范评估,才能查明本案事实,作出正确的判决。上述"工程结算书"明显不能作为评估依据,更不能作为本案的证据,敬请贵院慎重处理。

质疑人:丁某某

2011 年 4 月 1 日

D. 民事反诉状

反诉原告:丁某某,男,汉族,1962 年 5 月 10 日出生,住泉州市。

反诉被告:林某某,男,汉族,1972 年 1 月 15 日出生,住泉州市。

反诉请求:1. 依法判令反诉被告支付因本案装饰工程的质量问题而必须修复、更换的费用(具体金额以评估结论为准)给反诉原告;

2. 本案的诉讼费用应由反诉被告承担。

事实与理由:反诉被告承包地址于丰泽区宝珊花园镜湖北路 7 号别墅的装饰工程,在未经验收后至今数个月以来,已发现下列十分明显的质量问题:

1. 至少有十余处以上的天棚、窗、框、墙壁等出现明显的裂缝,严重影响视觉;

2. 室外走廊地面有一处(约 2m×5m)下沉,深度达 2cm 以上,严重影响视觉;

3. 大厅正面大窗下踢脚线位置的高低不平,相差至少 2cm 以上,严重影响视觉;

4. 洗衣房天窗墙壁上漏水严重,致墙面腐蚀;

5. 天棚上发现两处蛀虫,显系材料的质量问题所致;

6. 卫生间的便盘处排泄受阻;

7. 车库包柱、天棚等处油漆脱落;

8. 储物间墙壁裂缝;

9. 铁制装饰件生锈;

10、装修所用的木制产品质量低劣。

反诉原告已就上述质量问题向贵院申请鉴定(评估)。由于反诉原告无法信任反诉被告能按"市优"标准修复,只能另聘他人修复,故呈请贵院依法鉴定(评估),依该结论,判令反诉被告支付此笔修复、更换的费用给反诉原告。是所致谢!

此致

丰泽区人民法院

反诉原告:丁某某

2011 年 2 月 27 日

E. 造价评估报告之结论

……

工程造价 369779 元。

......

二〇一二年二月十八日

F.福建省泉州市丰泽区人民法院(2010)丰民初字第 3111 号民事调解书

原告:林某某,男,1972 年 1 月 15 日出生,汉族,住泉州市……。

委托代理人:吴某某,福建某律师事务所律师。

被告:丁某某,男,1962 年 5 月 10 日出生,汉族,住泉州市……。

委托代理人:张少鹏、冯某某,福建侨经律师事务所律师、实习律师。

本院于 2010 年 10 月 28 日立案受理原告林某某与被告丁某某建设工程施工合同纠纷一案,依法组成合议庭公开进行了审理。本案在审理过程中,经本院主持调解,双方当事人自愿达成如下协议:

一、被告丁某某应于本调解生效之日起 20 日内一次性支付原告林某某装修工程款 13.5 万元;

二、被告丁某某如未能在上述约定的期限内付款,则应另行支付原告 1.50 万元,原告有权就被告未付款项即时向人民法院申请强制执行;

三、本案受理费 3000 元,减半收取 1500 元,由原告负担;评估费 1.50 万元,由被告负担。

双方当事人一致同意本调解协议自双方在调解协议上签名或捺印后即具有法律效力。

上述协议,不违反法律规定,本院予以确认。

......

二〇一二年七月二十日

G.案悟

都说身为被告的案件必输无疑,这是老百姓的通说。我代理过不少被告委托的案件,胜诉率还是相当高的。因为,我接受案件,有一个前提:必须有一定的说法。肯定输的案件,劝和;当事人若执意委托的,一般婉言谢绝。会输的案件,有何代理的必要?去狡辩?去胡说八道?这不是我的性格。必须确实有一定的道理,通过研究,找到突破口,找到事实和法律依据,才有辩头,才对得起委托人支付的那笔律师代理费,才对得起身上穿着的律师袍。

丁某某在本案中是被告。通常情况下,人们只要问:本案在告什么?回曰:原告向被告讨要装修费用。若仅如此回答,我相信:肯定 100％的受众会说丁某某缺理,肯定输。可是,我不是一般的问者,也非普通的受众,我是自诩有 30 余年司法实践的老掉牙的律师,我肯定要多问几个问题,多询几份证据,才会决定是否代理本案。记得那天是当场受理的,丁某某走后,我就觉得是在自讨苦吃。

客观地说,原告主张的工程款551388元的依据不足;丁某某主张的工程款33万元虽有一定的证据,但不够完整。想来想去,唯一的解决办法是评估。但是,评估工作是双刃剑,评估高了,对丁某某不利;评估低了,对原告不利。这是一对矛盾。从长期的司法实践看,多数评估结果是无法使双方都能欣然接受的。况且,在整个装修工程中,原告并没有全部装修完,还有一部分是丁某某另行请人装修的,这就又出现另一个问题:如何认定原告已经装修完的项目内容。要解决这一问题,必须由丁某某首先确认哪些装修内容是由原告完成的,再由双方到现场确认后,才能评估。于是,我们带上了原告提交的"竣工图"和"工程结算书",到丁某某别墅,现场一项项核对。前后去了三趟,最后形成了上述:①关于"宝珊花园镜湖北7号丁宅别墅装修竣工图"中非原告装修项目的说明;②关于原告林某某提交的"工程结算书"之质疑。两份材料经丁某某核对、确认、签字后,连同评估申请,一并提交给法院。由于丁某某确认的每一项内容都涉及钱,所以,我们与丁某某都十分认真,一项项核对,一项项记录。这一工作,没有任何倾向性,不能偏向任何一方,否则,届时原告到现场核对不予认可,也是白搭。最后,在法院的主持下,原、被告双方及评估人员到场核对,几乎全部确认了我们的说法。

从上述工作内容,大家可否看到:代理律师的工作,一是为委托人出好的解决办法的点子;一是努力还原事实。事实弄清楚了,适用法律处理纠纷便相对简单些了。这才是一名正能量律师该干的活。

经过评估机构的评估,本案工程的工程造价为人民币369779元,扣除丁某某已经支付的28万元,余额仅89779元,与原告诉求的551388元相差461609元。这一结果,原告不会接受是肯定的,被告立马接受是必然的。有了这一结果,法院就有了判决的依据了。无论哪一方上诉、申请再审到哪一级法院,几乎缺乏翻盘的机会。

有一天,经办法官打电话给我,建议我做一下丁某某的工作,将本案纠纷以调解的方式结案。客观地说,似这种案件,评估结论对于施工单位肯定是不利的。因为,一个十分简单的道理:评估机构在计算各种价格时,是以政府有关部门制定的价格标准为依据的,这种价格标准往往都滞后于市场价格,往往都比市场价格偏低。这个道理我是十分清楚的,丁某某也是很通情达理的人,所以,经过几次"讨价还价"后,最后以135000元成交,达成了调解协议。丁某某很爽快,马上将款项汇给原告,终结了本案纠纷。

我不敢说此案的调解结果原告是满意的,但我敢于确认:丁某某对于我所付出的一切是相当认可的。律师受案,只要委托人满意就可,否则,连对方也满意,委托人是会吃醋的,律师是会被人打问号的。律师在受理案件之后,只要努力地去做该做的工作,委托人会看在眼里的,即便是败诉,也不会责怪律师的。委托人的眼睛是雪亮的,你是否忽悠他们,他们心里是有数的。我曾经听过有人在埋怨律师:受理前,海口夸得很大,保证官司会赢;律师费交付之后,连律师的人影都见不着了,电话也不接了云云。我不敢保证每位律师都能依照《律师法》等法律、法规、规章办事,我只敢保证自己会尽职、依法地去履行法定职责。律师的自律是十分重要的。我经历了从"国家干部""人民教师"到"个体户""自由职业者",更懂得自律,更习惯自律,更理解自律的意义。我经常告诫自己:不要为几个臭钱把自己搭进监狱。警钟长鸣,不鸣则昏。

作为律师,要办好每一起案件,自身必须有坚实的法学功底和睿智的识辨力。写到此,我突然想起了古人的一句话:"工欲善其身,必先利其器。"是啊,你不先掌握好法学知识,如何用法律去维护委托人的合法权益呢?

综语

工欲善其身,必先利其器。

注释:工欲善其身,必先利其器,原意为:工匠想要使他的工作做好,一定要先让工具锋利。比喻要做好一件事,准备工作非常重要。语出《论语·卫灵公》:子贡问为仁。子曰:"工欲善其身,必先利其器。居是邦也,事其大夫之贤者,友其士之仁者。"

(本文写于2017年7月30日,之后作多次修改)

工欲善其身 必先利其器

张少鹏 书

十、侵犯计算机网络域名案

书法

以自诩的张体书之。

悟源

30 余年的专、兼职律师工作经历,第一次办理侵犯计算机网络域名纠纷案,恐怕也是仅此一次,今后也不一定会接触到。第一次到最高人民法院开庭(第一次看到最高院直径 6 厘米的大印),因一、二审判决后,对方不服,向最高院申请再审,最高院名为"听证"①,实与开庭无异,今后也不一定再到最高院开庭了。第一次办了一个"四审"定谳的案件,即:一、二审判决后,最高院再审发回二审再审,二审依然维持原判,结束本案诉讼。平生遇到的一个案件,居然创造了前述数个"第一",好意思不列入本编的经典案例之一吗?

---

① 传票上写的是"听证"。

释义

侵犯计算机网络域名,如何下个定义,我也为难,因为,顾名已经知义。目前,侵犯计算机网络域名案件的法律依据,主要是最高人民法院于 2001 年 7 月 17 日公布,自 2001 年 7 月 24 日起施行的《关于审理涉及计算机网络域名民事纠纷案件适用法律若干问题的解释》。本案一审法院的判决依照的实体法,也唯有此项司法解释。

案悟

1. 福建省泉州市中级人民法院(2010)泉民初字第 262 号民事判决书;

2. 福建省高级人民法院(2011)闽民终字第 50 号民事判决书;

3. 中华人民共和国最高人民法院(2011)民申字第 1046 号民事裁定书;

说明:为免重复,故没有将上述三份文书的内容引用,只将下列文书的全文抄下,即可了解全案案情。

4. 福建省高级人民法院(2011)闽民再终字第 18 号民事判决书

福建省高级人民法院
民事判决书

(2011)闽民再终字第 18 号

申请再审人(一审原告、二审上诉人)泉州 A 公司,住所地:泉州经济技术开发区德泰路 51 号孵化基地三楼 A 区。

法定代表人:秦某,该公司经理。

委托代理人:杨某某、吴某某,福建某律师事务所律师。

被申请人(一审被告、二审被上诉人)陈某某,男,1972 年 12 月 2 日出生,汉族,住泉州市泉秀路豪盛花园。

委托代理人:张少鹏,福建侨经律师事务所律师。

申请再审人泉州 A 公司与被申请人陈某某侵犯计算机网络域名纠纷一案,泉州市中级人民法院于 2010 年 10 月 29 日作出(2010)泉民初字第 262 号民事判决。泉州 A 公司提起上诉,本院于 2011 年 3 月 8 日作出(2011)闽民终字第 50 号民事判决。该判决已经发生法律效力。泉州 A 公司不服,向最高人民法院申请再审。最高人民法院于 2011 年 10 月 28 日以(2011)民申字第 1046 号民事裁定,指令本院再审。本院依法另行组成合议庭,公开开庭审理了本案。泉州 A 公司的法定代表人秦某及委托代理人杨某、吴某,陈某某的委托代理人张少鹏到庭参加诉讼。本案现已审理终结。

2010年7月9日,泉州A公司诉称,其依法享有"ceocoo. net""高管联盟. cn"(系"ceocoo. net"的中文域名)和"高管联盟"商标的使用权。经多年经营管理,该网站在网民及业界已具有较高知名度。陈某某于2009年9月27日恶意注册"asiaceo. com. cn"和"亚洲高管联盟. com"域名,并开办泉州B公司网站,该网站的版块设置、栏目类型、页面框架等内容均高度抄袭泉州A公司所有的高管联盟网页的相关内容,并在网站推广及内容设置以及对外宣传中可以对网民和泉州A公司客户发出混淆信息,让其误认为泉州A公司的"中国高管联盟"系陈某某经营的"泉州B公司"的子网站、下属机构,足以并且事实上造成了相关公众对该两个域名以及所对应的网站的误认,其行为已经构成不正当竞争。根据最高人民法院《关于审理涉及计算机网络域名民事纠纷案件适用法律若干问题的解释》(以下简称域名纠纷司法解释)及《中华人民共和国反不正当竞争法》等法律的相关规定,请求判令陈某某停止侵权、注销讼争域名、赔偿泉州A公司经济损失及为本案支出的合理费用人民币10万元。泉州A公司提供如下证据证明其主张:其域名的《中国国家顶级域名注册证书》、商标局《注册受理通知书》及商标详细信息,《金融时报》《泉州晚报》《晋江经济报》《海峡都市报》的报道,五份公证书,律师费及公证费发票。

陈某某辩称,对方主体不适格,不是其域名的注册人和商标申请人;陈某某是讼争域名的注册人且未侵犯泉州A公司的权利;陈某某对讼争域名的注册、使用不具恶意。请求驳回泉州A公司的诉讼请求。陈某某提供了其域名的《中国国家顶级域名注册证书》为证据。

一审法院查明,2003年6月8日和2008年7月22日,泉州A公司的法定代表人秦某先后注册域名"ceocoo. net"和"高管联盟. cn"。2006年3月20日,秦某开办晋江某公司,并于2007年11月9日以该公司名义在第41类申请注册第6367874号"高管联盟"图形及文字商标,商标局于2010年7月7日予以核准。2010年6月3日,秦某又设立泉州A公司,经营范围为网站建设、维护、推广、网络技术开发等。2010年8月31日,晋江某公司与泉州A公司签订《商标转让协议书》,将上述商标无偿转让给泉州A公司。2010年9月1日,秦某、晋江某公司授权泉州A公司全权处理"ceocoo. net""高管联盟. cn""高管联盟"商标涉及侵权及不正当竞争诉讼事宜。2009年9月27日,陈某某注册了"亚洲高管联盟. com""asiaceo. com. cn"两个域名进行经营。2010年4月27日,秦某向泉州市公证处申请对陈某某开办的"亚洲高管联盟"网站上的相关内容进行证据保全。公证员在地址上输入"亚洲高管联盟. com",即进入"亚洲高管联盟"的网站首页,左上角显著位置有一个燃烧的五星标志,中间标注"ASIACEO",五星右边两排文字,上面是"亚洲高管联盟",横线下面是"ASIA CEO UNION"。下面设有"中国总会""香港分会""澳门分会""印度分会""日本分会"若干区域分会以及中国各省分会等 33 个分会,并开设"联盟互动""联盟发展""联盟快讯""合作伙伴"等栏目。

一审法院认为,根据域名纠纷司法解释第四条,泉州 A 公司使用的域名均是权利人秦某授权泉州 A 公司使用的;"高管联盟"图形及文字组合商标是权利人晋江某公司授权泉州 A 公司使用后又无偿转让给泉州 A 公司。因此,泉州 A 公司请求保护的民事权益合法有效,其主体适格。泉州 A 公司持有的商标是诉讼中才获准注册,也就是说,陈某某注册域名时"高管联盟"并非泉州 A 公司的注册商标,更谈不上驰名,故不能认定陈某某注册的域名或其主要部分构成对泉州 A 公司驰名商标的复制、模仿或近似。而且,从公证保全的证据分析,陈某某注册域名后已实际使用,网络用户输入"高管联盟"四字,先出现的都是泉州 A 公司的网站;再输入"中国高管联盟"或者"亚洲高管联盟"才能分别进入双方的网页。前者首页左上角显示的是"高管联盟"图形及文字组合商标的图案,后者首页左上角显示的是陈某某的燃烧的五星标志。一般来说,有隶属关系的关联企业之间使用的都是统一标志,而本案双方当事人使用的标志明显不同。所以,陈某某网站的内容无论从开头的标志,还是板块设置、栏目内容等均有别于泉州 A 公司网站的设置及其内容,不足以造成相关公众的混淆误认。因此,泉州 A 公司主张陈某某恶意注册域名构成不正当竞争,证据不足,不予支持其诉讼请求。依照《中华人民共和国民事诉讼法》第六十四条第一款,《中华人民共和国反不正当竞争法》第二条第一款,域名纠纷司法解释第四条、第五条第一款之规定,判决驳回泉州 A 公司的诉讼请求。

泉州 A 公司不服,提起上诉称,原审认定事实错误。泉州 A 公司域名的注册时间和商标申请早于陈某某,陈某某的网站业务范围雷同,内容高度抄袭;其在业界具有较高知名度。《泉州晚报》等媒体进行报道,百度搜索"高管联盟"等前十位结果均链接至其网站。请求支持其一审诉讼请求。

陈某某辩称,讼争域名的名称、内容和商标等均与对方的域名完全不同;泉州 A 公司不享有"中国高管联盟"域名权,没有证据证明被其注册并使用,"高管联盟"无法涵盖"中国高管联盟""亚洲高管联盟""福建高管联盟"等;泉州 A 公司不享有"高管联盟"商标的相关权利。请求驳回对方诉求。

二审确认一审查明的事实并认为,《中华人民共和国反不正当竞争法》第二条第一款规定,经营者在市场交易中,应当遵循自愿、平等、公平、诚实信用的原则,遵守公认的商业道德。本案双方当事人争议的实质在于陈某某是否有权注册、使用讼争域名。根据域名纠纷司法解释第四条的规定,第一,关于泉州 A 公司是否对讼争域名的主要部分"高管联盟"享有合法有效的民事权益问题。本案中,"高管联盟"商标系晋江某公司申请注册,泉州 A 公司在一审诉讼时从前者无偿受让该注册商标,而泉州 A 公司的法定代表人秦某已明确表示授权泉州 A 公司使用该域名,因此泉州 A 公司请求保护的民事权益合法有效。第二,关于"高管联盟"商标是否构成驰名商标,讼争域名或者其主要部分是否构成对泉州 A 公司商标的复制、模仿、翻译或者音译问题。"高管联盟"商标于 2010 年 7 月 7 日才被核准注册,商标持续使用时间较短,泉州 A 公司也未提交企业盈利及广告宣传的投入情况,故泉州 A 公司主张"高管联盟"商标在相关行业具有较高知名度的依据不足,不予支持。同时,陈某某注册、使用的"asiaceo. com. cn"和"亚洲高管联盟. com"与泉州 A 公司使用的"ceocoo. net""高管联盟. cn"在域名名称、域名后缀方面不尽相同。而且,从公证保全的证据来看,以"高管联盟"为关键词进行搜索,先出现的是泉州 A 公司网站,输入"亚洲高管联盟"才进入陈某某网站,讼争双方的网站在网页标志、版块设置、栏目内容方面也基本不同,不会造成相关公众的混淆误认。泉州 A 公司不能以其享有"高管联盟"的商标专用权而禁止他人以"高管联盟"为主要部分注册并使用域名。因此,泉州 A 公司主张陈某某注册、使用讼争域名的行为构成侵权的诉讼主张因缺少法律规定的构成要件不能成立,泉州 A 公司要求陈某某注销讼争域名并承担侵权赔偿责任的诉讼请求也不能成立,均不予支持。综上,泉州 A 公司的上诉理由缺乏事实和法律依据。原审判决认定事实清楚,适用法律正确。依照《中华人民共和国民事诉讼法》第一百五十三条第一款第(一)项之规定,判决驳回上诉,维持原判。

泉州 A 公司向最高人民法院申请再审,最高人民法院指令本院再审。

再审中,泉州 A 公司称,原判故意对其提交的证据所证明的大部分陈某某侵权事实视而不见,错误适用法律,导致错判;陈某某对讼争域名及其主要部分不享有权益,也无注册该域名的正当理由;陈某某域名主要部分使用了泉州 A 公司的商标、域名,具有主观恶意和不当的商业目的;原审故意认定与本案无关的事实,错误适用法律,得出错误结论。请求撤销二审判决,支持其一审诉讼请求。并提供 8 份新证据:证据 1《商标注册证》和《核准商标转让证明》,证明 2011 年 6 月 6 日泉州 A 公司取得"高管联盟"商标权;证据 2《泉州晚报》刊登的报道,证明泉州 A 公司具备相当的市场知名度;证据 3 本院发布的 2010 年知识产权司法保护十大案例之六;证据 4 两位证人证言证明陈某某多次要求使用高管联盟商标和域名;证据 5 公证书,通过第三方网站搜索"ceocoo. net"的排名及网页历史内容,证明泉州 A 公司 2007 年已使用"高管联盟"网站名称、具有较高知名度、陈某某的行为具有恶意足以造成公众误认;证据 6 公证书,证明陈某某注册了"中国高管联盟. com""中国高管联盟. net"等 5 个域名;证据 7 公证书,通过第三方网站查询陈某某的公司备案讼争域名、泉州 A 公司备案

"ceoceoo.net"，证明陈某某及其成立的公司使用讼争域名扩大侵权行为；证据8公证书，证明陈某某向社会公开赠送"中国高管联盟.com"域名。

陈某某辩称，双方域名不相同不近似，泉州A公司未提供证据证明其域名造成了公众误认；没有证据证明其恶意使用域名，也无需自证；双方网站不同名，泉州A公司不具垄断地位，域名纠纷与网站上个别部分存在抄袭是不同法律关系，假设存在抄袭应属著作权纠纷。请求维持一、二审判决。并提供如下新证据：证据1商标局《注册受理通知书》和《商标注册证》，证明商标局于2010年1月受理陈某某的公司以燃烧的五星标志图形提出的商标注册申请，并于2011年3月核准注册该商标；证据2企业法人营业执照副本，证明陈某某系其公司的法定代表人。

对于泉州A公司提供的新证据，陈某某质证如下：证据1商标对2011年核准的，一审时域名权不是泉州A公司的；证据2没有原件，无法证明市场知名度；证据3跟本案不同，只能作为参考；证据4的证人未出庭了；证据5无法证明对方主张，没有证据证明泉州A公司进行了大量宣传以及陈某某的恶意；证据6-8案件还在审理中，陈某某是否侵权需经法院认定，且陈某某只申请了两个域名，该域名非泉州A公司独占的域名。

对于陈某某提供的新证据，泉州A公司质证认为陈某某注册的图形商标跟本案无关。

本院认为，泉州A公司提供的证据1真实性、合法性经陈某某质证无异议，应予确认；证据2因未提供原件，陈某某又不予认可，本院不予采信；证据3与本案无关，不予采信；证据4证人未出庭接受质询，该书面证言应不予采信；证据5公证书，通过第三方网站内容证明泉州A公司网站的历史内容，不具客观性，不予采信；证据6公证书，通过第三方网站搜索查询陈某某新注册"中国高管联盟.com"等域名，陈某某否认注册，泉州A公司未提供其他证据佐证，即使陈某某注册了上述域名也是在二审之后，超出本案审理范围，不予采信该公证书；证据7-8公证书，其所要证明的内容与本案无关，不予采信。陈某某提供的两份证据与本案无关，不予采信。

原审认定的事实，本院再审予以确认。

根据双方的再审诉辩主张，本案争议焦点为：陈某某注册、使用讼争域名的行为是否构成侵权或不正当竞争。

本院再审认为，域名纠纷司法解释是认定陈某某注册、使用域名是否构成侵权或不正当竞争的法律依据。该解释第四条规定："人民法院审理域名纠纷案件，对符合以下各项条件的，应当认定被告注册、使用域名等行为构成侵权或者不正当竞争：（一）原告请求保护的民事权益合法有效；（二）被告域名或其主要部分构成对原告驰名商标的复制、模仿、翻译或音译；或者与原告的注册商标、域名等相同或近似，足以造成相关公众的误认;(三)被告对该域名或其主要部分不享有权益,也无注册、使用该域名的正当理由;(四)被告对该域名的注册、使用具有恶意。"据此,必须同时满足该规定的四项条件才能认定构成侵权或不正当竞争。

第一,"ceocoo.net"和"高管联盟.cn"域名是由秦某注册后授权泉州 A 公司使用。"高管联盟"商标由晋江某公司注册后授权泉州 A 公司使用,后又无偿转让给泉州 A 公司。泉州 A 公司对此两个域名和"高管联盟"商标享有合法使用权益。

第二,关于陈某某注册使用的"asiaceo.com.cn""亚洲高管联盟.com"两个域名或其主要部分是否构成对驰名商标的复制、模仿、翻译或音译。就本案而言,泉州 A 公司在起诉状中未提出商标侵权的事实和诉求。泉州 A 公司的商标核准注册时间晚于陈某某的域名的注册时间,且没有证据证明该商标在陈某某申请域名注册之前已具有较高知名度,故可以认定陈某某注册、使用域名的行为未侵犯泉州 A 公司的商标权。关于陈某某的域名是否与泉州 A 公司的注册商标、域名等相同或近似,足以造成相关公众的误认。"ceo""coo"并非泉州 A 公司独创,泉州 A 公司使用的"ceo-coo.net"与陈某某使用的"asiaceo.com.cn"英文域名,不相同也不相似。对比双方的中文域名,"高管联盟"一词的意思应系指高级管理人员联盟,"高管""联盟"是通用词语,"高管联盟"的识别性、独特性较低。"亚洲高管联盟"与"高管联盟"并不相同,"亚洲高管联盟.com"与"高管联盟.cn"域名后缀也不相同,稍有计算机知识的网民可以区分双方的域名。因此,陈某某的域名不足以造成相关公众的误认。

第三,陈某某提供了《中国国家顶级域名注册证书》证明其对讼争域名享有权益。"高管联盟"商标核准注册时间晚于陈某某域名的注册时间,陈某某有理由注册、使用讼争域名。

第四,域名纠纷司法解释第五条规定:"被告的行为被证明具有下列情形之一的,人民法院应当认定其具有恶意:(一)为商业目的将他人驰名商标注册为域名的;(二)为商业目的的注册、使用与原告的注册商标、域名等相同或近似的域名,故意造成与原告提供的产品、服务或者原告网站的混淆,误导网络用户访问其网站或其他在线站点;(三)曾要约高价出售、出租或者以其他方式转让该域名获取不正当利益的;(四)注册域名后自己并不使用也未准备使用,而有意阻止权利人注册该域名的;(五)具有其他恶意情形的。被告举证证明在纠纷发生前其所持有的域名已经获得一定的知名度,且能与原告的注册商标、域名等相区别,或者具有其他情形足以证明其不具有恶意的,人民法院可以不认定被告具有恶意。"陈某某的行为显然不符合第(一)(三)(四)项情形,也没有证据证明具有第(二)(五)项情形。首先"高管联盟"不是驰名商标,泉州 A 公司提供的地方媒体报道不能证明其知名度。其次,从公证保全的证据来看,以"高管联盟"为关键词进行搜索,先出现的是泉州 A 公司网站,输入"亚洲高管联盟"才进入陈某某网站,双方的网页标志也不同。泉州 A 公司未公证保全其网站的版块设置、栏目内容等,无法认定双方域名是否相似及陈某某是否故意造成与泉州 A 公司提供的服务相混淆。公证保全证据显示输入"亚洲高管联盟.com"并不会进入"高管联盟.cn",泉州 A 公司未提供其他证据证明陈某某注册、使用讼争域名误导网络用户访问其网站的事实。再次,泉州 A 公司未提供证据证明陈某某使用讼争域名获取不正当利益。最后,泉州 A 公司的公证书虽然证明陈某某使用了讼争域名,但其未能提供证据证明陈某某使用域名存在其他恶意情形。因此,泉州 A 公司关于陈某某注册、使用讼争域名存在恶意的主张依据不足。

综上所述,一、二审判决认定泉州 A 公司关于陈某某注册、使用讼争域名的行为构成侵权或不正当竞争的主张,因缺少域名纠纷司法解释规定的构成要件而不能成立,并无不当。经本院审判委员会讨论决定,依照《中华人民共和国民事诉讼法》第一百八十六条第一款、第一百五十三条第一款第(一)项之规定,判决如下:

维持本院(2011)闽民终字第 50 号民事判决。

本判决为终审判决。

……

二○一二年十二月二十五日

5.案悟

(1)水涨船高

"计算机网络域名",对于几年前的我,听着就觉陌生。朋友介绍的案件,又不好意思拒绝,只好赶鸭子上架,边干边学。三十余年来,对于一些陌生的案件,不都是这样熟悉起来的吗?唯独这一"计算机网络域名",让我学得好辛苦。开头,必须请教搞计算机方面的业内人士,弄懂其来龙去脉;接着,必须遍找相关法律,尽管找到了最高院《关于审理涉及计算机网络域名民事纠纷案件适用法律若干问题的解释》,仍觉得不过瘾,还得找相关的判例。再者,埋头细研本案争议焦点,找出突破口。一路下来,风尘仆仆,总算从"无知"到"略知"再到"深知",此时,方能释怀,方有勇气上堂应诉。不易啊,吃律师这碗饭的,似"万金油"般,什么都得懂一些,否则,你如何"治病救人"?

(2)摸准心理

原告的第一项诉讼请求是:判令被告停止侵权,注销 www.asiaceo.com(亚洲高管联盟.com)域名。其实,原告应该自己十分清楚,其获准使用的域名"ceocoo.net"和"高管联盟.cn"与被告注册的 www.asiaceo.com 和"亚洲高管联盟.com",不论是前缀还是后缀,抑或分别点击进入,都不存在相同或近似,更不会造成相关公众的误认。但是,原告发现有人使用了"高管联盟"四个字,为了独占"高管联盟"这四个字,不惜花费时间、精力、金钱开战。这就是原告的独占心理作祟。找准了原告的这一心理,并针对原告独占心理作出应对之策,才能胜诉。

(3)精研方案

A. 主体资格?

本案有点意思的是:原告急于提起诉讼,开庭时,我实质上教会了原告补强证据,于是,原告才具有诉讼主体资格。从原告提供的域名证据可知:"ceocoo. net"和"高管联盟.cn"域名注册人是秦某,"高管联盟"图形及文字商标的申请注册人是某人才公司,都不是原告。显然,原告无权提起本案诉讼。在一审第一次开庭时,我首先质疑原告的主体资格。庭审后,原告赶紧整了两份材料,证明其有权使用该域名和商标①。其实,这一策略只是想告诉原告:我这律师可不是好惹的。

B. 较高知名?

原告为了推高其知名度,拿出地方报纸、电台的少次报道作证。须知:司法解释的驰名商标与较高知名度本身就有很大的差别。原告的这种做法,简直是在虎嘴里拔牙,不知天高地厚。连二审法院都看不惯:"'高管联盟'商标于 2010 年 7 月 7 日才被核准注册,商标持续使用时间较短,泉州 A 公司也未提交企业盈利及广告宣传的投入情况,故上诉人泉州 A 公司主张'高管联盟'商标在相关行业具有较高知名度的依据不足,不予支持。"这就是我在一、二审时,多次强调对方必须举证证明其自称的"较高知名度"的结论。

C. 域名侵权?

原告认为被告使用的域名侵犯其注册的域名和商标使用权,但是,原告无法举证证明被告的行为具体符合最高院司法解释第四条规定的哪一种情形,这就是原告败诉的主要原因之一;再者,正如二审(再审)判决书认定的理由:"陈某某提供了《中国国家顶级域名注册证书》证明其对讼争域名享有权利。'高管联盟'商标核准注册时间晚于陈某某域名的注册时间,陈某某有理由注册、使用讼争域名。"(见该判决 P9)

D. 有无恶意?

被告是否出于恶意去注册他人域名或驰名商标,其判断依据主要是最高院的司法解释第五条的规定,但是,原告无法提供该条五种情形中的任何一种情形的证据,只是凭借自己的说辞反复强调恶意,这种做法是诉讼中最忌讳的。我敏锐地关注到这一点,庭审中,多次要求原告必须出具被告恶意注册域名的证据,因为,法律没有要求被诉人自证无恶意,谁主张谁举证的原则在这里还是适用的。好在一、二审(再审)

---

① 原告的法定代表人是秦某,某人才公司的法定代表人也是秦某,要整这两份材料还不是轻而易举之事。

法官都很认真,也都敏锐地注意到这一问题,终以"泉州 A 公司关于陈某某注册、使用讼争域名存在恶意的主张依据不足"(见再审判决 P11)结案。

(4)高屋建瓴

高屋建瓴的原意是把瓶子里的水从高的屋顶上倾倒。比喻居高临下,不可阻遏的形势。

自诩"高屋建瓴"是自傲,我所强调的是要有"高屋建瓴"的情怀。

试想,原告举了数份证据欲证明其具有较高知名度。此时,倘若你缺乏大视野,你会被吓到的,会被牵着鼻子走的。此时,你一"高屋建瓴"了,你会发现:这些证据反映的仅仅是泉州、厦门的地方报纸和地方电台的极少次报道,那么,有省级的? 全国级的吗? 没有,何来"较高知名度"?

试想,原告吹嘘其公司明年(即 2011 年)将上市。此时,倘若你对上市规则不了解,你会被蒙住的。哇,要上市了,这家公司该有偌大? 此时,你一"高屋建瓴"了,你就会发现:才成立没几个月的原告公司,可以不需三年的辅导期就搭乘火箭上市? 这知识一传递过去,原告能不脸红吗?

"高屋建瓴"的前提必须是扎实的法学基础,而非口若悬河的夸夸其谈。有了对本案所熟知的法学理论、法律规定、基本事实、专业知识才能真正做到高屋建瓴,一览众山小。

结语

会当凌绝顶,一览众山小。

注释:以杜甫《望岳》一诗中的此佳句作为本文的结束语,并非自己的狂妄,而是表达作为律师应有的一种情怀。

第二编　法　悟

一、法　律

书法

法律：人们的行为规则之总和也。

我国第一部字典《说文解字》对法的解释为："法，刑也，平之如水，从水。法，所以触不直者去之，从去。"故采周师西簋体习书"法"字、采秦简牍体习书"律"字，再采清邓石如体习书"法律"，以示对法律的敬畏！

悟源

北京时间 2017 年 4 月 20 日 5 时 27 分，迎来暮春标志性的节气——"谷雨"。巧的是，当天清晨，我在这个时点起床，因前夜以来一直小雨，伴有邻处飘来的雷声、闪电及不多的中雨，于是，上顶层平台的"百草园"检查雨中的园地，抓了两百多只小蜗牛。突然想到前一天在《泉州晚报》上看到介绍"谷雨"，以及当天晚上 19 时 41 分我国"天舟一号"货运飞船将发射的报道①,于是觉得应该写点什么。既然本书的书名号称《法悟》,于是,决定写写"法律"这一自从填写高考志愿以来伴随了37年,一直不舍不离的东西。

释义

法律,正式的含义是指拥有立法权的国家机关依照立法程序制定和颁布的规范性文件[见《法学词典》(增订版)上海辞书出版社1984年第2版P606]。《新华汉语词典》(彩色版)商务印书馆2012年版P264上的含义为:由国家制定或认可,反映统治阶级意志并由国家强制力保障实施的行为规则。学法律的我,更愿意将它微缩为这样的含义:人们的行为规则之总和。之所以这样定义,主要出于这样的考虑:无论何法,涉及国家层面的、社会层面的、人民层面的,任何法律,规定得再经典、再铿锵,最终还得人去落实、执行,离开人,再好的法律也一文不值。人们如何去执行法律,这就是人们的行为规则所要谈的。这么通俗的话语,也许人们更听得懂。为恐误解我曲解法律,特别强调一下:我并非在标新立异,而是想用人们较易认知的语言来解说法律,唯恐人们听不懂法言法语,故思考了很久,才如此下手,还请谅解。

吾以为,《说文解字》上的"法,刑也,……"现已不宜适用。简单的理由:《说文解字》是首部按部首编排的汉语字典。原书作于汉和帝永元十二年(100年)到安帝建光元年(121年),此时之前的我国法律,多为刑事法律,如春秋时期的《铸刑书》、秦朝时期的秦律等,规定的多为刑事方面的内容,难怪《说文解字》会将"法"与"刑"连接。而如今的法太多了,仍以"刑"解之,显已不妥。

自悟

法律如镜,照己,照人。

法律像一艘船,承载的是平安,驱去的是魑魅。

法律似一条绳子,缚住的是浪漫,放羁的是自信。

法律犹如一座电站,困住的是危险,奔腾的是效益。

法律正如"谷雨",滋润大地,守护苍生。

法律恰似一张网,尽管恢恢,却疏而不漏。

法律还如一首歌,轻易触犯,她的柔情你依然不懂。

法律更似一本史书,前车之鉴,不宜重蹈覆辙。

---

① 当晚中央电视台国际频道直播发射过程,已发射成功!

法律仍犹晨起的一缕阳光,照耀着人们一整天的生活。

法律绝非儿戏,顺"我"者昌,逆"我"者亡。警世醒言也。

法律将如"牛毛",量大,涉及方方面面,仅 2017 年立法计划中,继续审议的法律案 9 件,初次审议的法律案 14 件,有的名称如"船舶吨税法"(注:此法于 2017 年 12 月 27 日由第十二届全国人大常委会第三十一次会议通过)"社区矫正法"等,以前根本想象不到的法律名称,不久的将来即可成为法律而穿梭于人们的日常生活中(参见《法制日报》2017 年 5 月 16 日 9 版《法律数量多 项目分量重 立法任务艰巨》一文)。

法律属于政治范畴,法律是阶级社会的产物,法律是统治者用于统治社会和人民的工具……这些纯理论的内涵外延,只得请法学家们去研究、推敲。本文无法论及这些高深的理论,只想说些平民百姓看得懂、听得进的东西,无法奢谈理论高度,欣然即佳。

1980 年高考时填报志愿,我义无反顾地写了"法律",一心想毕业后当名法官,秉公办案,伸张正义,以报答法官们的一个正确判决①。毕业时,学校分配我到福建省高级人民法院。此时的我,却又害怕当法官了,担心一旦自己经受不住诱惑,接受了贿赂,因此锒铛入狱,令辛勤栽培我、期望我的亲人们失望。于是,与一名同学对调,并经母校同意后,我踏上了厦门大学的教学征程。从此,开始了法学教学、科研之途。

法律,实质上就是一种行为规范,规定什么是该做的、正确的,什么是不该做的、错误的。按规定做该做的事,没人管你,随你闲庭信步;不按规定做不该做的事,随时管你,也许会锒铛入狱。这就是法律的可爱和可怕。

改革开放以来,我国加快了立法进程,制定了许多行之有效的法律,涉及各行各业,方方面面,多得数不清,哪记得住啊。但是,法到用时方恨少,需要时,查一查还是挺方便的,但仍觉得不够用。社会是在不断地进步、创新、结构性调整的,法律不能超前,只能跟在其后总结式地作出新的规定,以固化改革成果,迎接创新的未来。

人们有时要干大事之前,一定要学点相关的法律,否则,会带来终身的悔恨。1990 年,我为一起强奸案的被告人辩护,受害人是其已在当地按民俗举行过婚礼的法律不承认的妻子。庭审时,我看到他妻子挺着一个 9 个月左右的大肚子,口口声声表示与"强奸犯"结婚生子,无人强迫。可惜的是,这位外观上看似 18 岁以上的女人,户口簿上的出生日期算起来才 13 岁多。法院判强奸罪成立是无可争议的,可悔的是,娶老婆这么重要的人身大事也不查查户口,光看脸是看不出是否违法的。

在签订合同时,叫你临时抱佛脚去学点相关的法律,这种建议虽不算太孬,但是

---

① 1978—1979 年间,我家因房屋纠纷与亲戚对簿公堂,好在两审法院都能依法秉公断案,我家胜诉,才能得到区区三十几平方的房屋以安顿一家九口人的住宿。此时的我十分感谢法官们,立志要当名法官,秉公依法,造福人民。

不现实,因为涉及合同的法律太多了,即便全部找来,也不一定弄懂,否则,我们为何要被"关"四年,潜心修法?但是,若确有必要,建议花点小钱,请一位资深的、有责任心的、不忽悠的律师给把把关,肯定价有所值!

有一位好友的女儿要离婚,他特地到书店买了一本汇总的《婚姻法》(含司法解释)小册子,学了好多天,画了好几红杠,最后还得找我。我问他这本小册子有否不认识的字。大学本科毕业的他哪有可能不认识?问题就在于如何理解?法律看上去挺简单的,立法者为了普法、扫盲、法律的正确实施,不可能如古文那种表现形式立法,肯定让你每个字都看得懂,但是,要真正理解,就非易事了。学习法律,就是要融会贯通,举一反三,顾此及彼,领悟实质。

在法治中国的当下,因"无知"而犯罪者,真令人悲悯和无奈。2017年4月20日的新浪新闻报道:农民秦某在干完农活回家时顺手在山坡上采了3株"野草",后被森林警察查获。经鉴定,秦某顺手采的3株"野草"为兰草系属中的蕙兰,属于国家重点保护植物。秦某因此被以非法采伐国家重点保护植物罪判处有期徒刑3年,缓刑3年,并处罚金3000元。此例不仅涉及法律,还涉及植物等相关知识和规定。人们不可能对很多知识都了解都学习,但是,不要贪心,不懂就问,也许可以避免不少麻烦。

除了法律外,有的案件还涉及其他专业问题,那就更复杂了。比如:医疗纠纷涉及医学方面的知识,建筑工程质量纠纷涉及建筑工程方面的知识,等等。最近,我作为"边裁"(我戏称为:坐在首裁边上的仲裁员)参与审理了一起涉及太阳能发电工程质量的纠纷,这么前沿的高科技,三名仲裁员谁敢说懂?肯定要请相关专业的鉴定部门鉴定方知是否存在质量问题。从这个意义上讲,法律还真是一门门类齐全的综合性科学。

我国从法制国家转为法治国家之后,依法治国的口号越来越响,立法速度和数量越来越快(多),人们越来越感觉到法治的力量。虽然讲法治,但大家应该明了这样一个常理:绝不可能什么事情都仰仗法律。法律是经验的总结,它不可能预先拟定好再让人们去做,一个社会要进步,一个国家要发展,就必须创新。而法律不可能先规定怎么创新,再去创新。能先规定的事,还叫创新吗?法律只能总结创新的经验教训,从中作出可供人们遵循的行为规范,以保障创新成果,促进创新事业的发展。所以,在依法治国中,还必须有政策的引领。法律与政策二者并不矛盾,政策如同开路先锋,法律恰似保驾护航,共同为社会的发展并驾齐驱,各领风骚。

我一直想告诉人们:其实法律并不可怕,只要你遵守了,它就不会找上门的。可是,并非从都像我是学了一辈子法律的人,因而,一直不敢对人们夸下这样的海口。有一个经典案例在此时想起:一段时期以来,虚报注册资本、虚假出资、抽逃出资在中国大地上已经是习以为常之事,1995年2月28日《关于惩治违反公司法的犯罪的决定》出台后,首次在我国的刑事法律中设置了虚报注册资本罪。1997 年新《刑法》公布后,它被吸纳入刑法典中,但是,趋之若鹜者仍然不减,罚不责众,于是乎司法实践中甚少打击这种犯罪,即便由于什么情况被盯上了,法院也多手下留情,处以缓刑者较多。2013 年 12 月 28 日,第十二届全国人大常委会第六次会议对《公司法》进行了修改,注册资本由实缴登记制转为认缴登记制,对特殊行业及性质的公司(如银行等)注册资本依然保留了实缴登记制;2014 年 3 月 24 日,全国人大常委"关于《中华人民共和国刑法》第一百五十八条、第一百五十九条的解释",明确规定虚报注册资本罪、虚假出资、抽逃出资罪的公司适用范围仅适用于依法实行注册资本实缴登记制的公司。从此,实质上,原先的此类犯罪在中国大地上已经蒸发,不再存在犯罪问题。于是乎,我又觉得法律有时也让人无所适从,法律有时也反复无常、"朝三暮四";再于是乎,我还敢劝人不要害怕法律吗?

大学时代,较为偏重学习实体法,对程序法稍微有所亏待之。毕业后,当兼职律师初期,起初也只是觉得程序法是对公安、检察、法院的要求,也不是那么在意。随着"程序正义"的呼声慢慢高涨起来,特别是对程序法上的规定有了一些之后,才慢慢地、潜移默化地感觉到程序法也是很重要的,有时甚至可以关乎胜败。

公民学法,无法像法学院的学生那样天天端坐教室聆听老师的教诲,只要有心,可以形式多样,可以像春雨般润物细无声,像射击那样找准重点单个突破。中央电视台的《今日说法》自开播①以来已经播了多少期了,若每期都不落下,今日的你也许已经是半个法律专家了。刚才,有朋友来电话咨询购买商品房的有关事宜,我认真、详细地回答了朋友提出的有关问题,你看,遇事懂得咨询律师,就花点电话费,得到的却是你想要知道的法律及其他,又没收你律师费,何乐而不为的普法啊。刚毕业时,正好遇上"一·五"普法,由于属于稀缺资源,除了上课、科研、兼职办案、为电大(夜大等)上课外,到处受邀普法,既尽了社会责任,增加了收入,又尽了家庭责任,讲人所需的现学现卖,还尽了自己的责任,扩大了社会影响力和知名度,"一石三鸟",虽辛苦却不亦悦乎。

普法实质上是对人的普法,对公②普法其本质还是对法人中的自然人普法,因为法人的行为是由自然人实施的,自然人依法办事,法人行为就不会违法;自然人为非作歹,法人必为其背黑锅。写这些内容,是因为今天(2017 年 4 月 26 日)下午,好友夫妻俩第 N 次找我咨询其亲戚的死亡是否属于工伤问题,看了终审判决,我也为之松了一口气,总算认定工伤了。不容易啊,一名大学教师去世后,其年迈多病的父母

---

① 《今日说法》自 1999 年 1 月 2 日开播,每日一期,至今应该有 6000 多期了吧。

② 指政府部门、企事业单位等法人。

为儿子是否工伤,异地(安徽与陕西)折腾了 4 年半左右,其中,经历了这么多份的法律文书:

1.安人社工伤认字(2013)50 号不予认定工伤决定;

2.汉滨区人民法院(2013)安汉行初字第 00011 号行政判决书,维持上述不予认定工伤决定;

3.安康市中级人民法院(2014)安中行终字第 00003 号行政判决书,驳回上诉,维持一审判决;

4.陕西省高级人民法院(2015)陕行提字第 00006 号行政判决书,撤销上述三份判决、决定,判令安康市人社局重新作出工伤决定;

5.安康市人社局安人社工伤认字〔2015〕101 号认定工伤决定书;

6.安康市人民政府安政复决字〔2016〕4 号行政复议决定书,维持前述工伤认定决定;

7.安康市人社局工伤认字〔2016〕38 号认定工伤决定书;

8.安康铁路运输法院(2016)陕 7101 行初 107 号行政判决书,判决:驳回原告安康学院的诉讼请求;

9.西安铁路运输中级法院[①](2017)陕 71 行终 178 号行政判决书,判决:驳回上诉,维持原判。

上述九份法律文书,光是看都觉得神累,参与其中的当事人能不心累吗? 工伤是认定了,但是,安康学院没有为教师办理工伤保险,必须单位自掏腰包支付工伤赔偿款项。愿意吗? 自觉吗? 心善的我,冀望安康学院的领导们通过本案的超实践性普法,能增强、提高法律意识,主动做出补偿,则普法成功,逝者安息,家人免忧。幸甚! 幸甚!

送走了上述夫妻,一个多小时后,一亲戚带她闺蜜来访,询问的是:今天上午,银行里的 7 万多元被法院执行时冻结,不知何故。经追询,方知大概情况:几年前,其与另三人分别(互不认识)向某公司购买了在异地的树林,可能是其中一人要退款没退成而起诉,之前有接到电话,但没理睬。你看,连自己因何成为被告? 因何被冻结银行存款? 一问三不知。我如何回答? 只好叫她明天到法院复印一份判决书再说。普法了三十几年,居然还有如此超级法盲。看来,我国的普法之途还远着呢,还得继续前行,直至扫尽一切法盲为止[②]。

朋友的公司为了融资租赁数千万元的设备,与厦门一家中介公司签订了《融资租

---

① 判决书没写"人民"二字,照抄而已,印鉴也没有"人民",故不应是笔误。

② 次日,看了她从法院取回的民事判决书,方知是涉侵权责任纠纷,方知是缺席判决……具体内容不予赘述。

赁合同》《咨询服务合同》《保证合同》《协议书》等等,依约汇款 50 多万元给中介公司,之后因故无法融资租赁。两年多后才告诉我要起诉中介公司。我看了前述合同后,告诉他:已过《民法通则》规定的两年诉讼时效,但是,此次全国人大若通过《民法总则》,诉讼时效可能改为 3 年,先给对方发个《律师函》,将诉讼时效争取一下再说。等我起草完《律师函》发给朋友核对时,朋友再给我一份《补充协议》。看了之后,简直把我气晕了。《补充合同》已经与对方协商好解除合同,对方退还 10 万元了结此事,你还怎么告人家? 好大的法盲啊! 当时若有法律意识,就花个 40 多万元的不到十分之一工钱请我把关,也不会白白将 40 多万元银子拱手让与他人。由此,我真想告诫老板们:不要吝啬那区区小钱,你不懂法,不学法可以,但是,你要办企业、开公司,在市场经济中弄潮,你就非得请律师帮你把关、号脉。市场经济就是法治经济,在法治社会里,只要是行为,就有行为规则,如同行驶在茫茫大海中的船舶之航线,翱翔在蓝天上的飞机的航线,不懂、不遵守,就会出问题、亏钱的。

我大胆地将法律分为两大块,即:理论的和实践的①。理论上的法律,如正统的法哲学、法理学等。我的一位大学同班同学,长期在法学期刊当编辑,他说他更喜欢法哲学。而我与之不同,由于工作关系,我更多接触的是实践性法律,通过实践,有兴趣可以研究一下法律规定的不足,有的放矢。用句土话:理论上的法律,有点"空对空",想象多于实践;实践上的法律,较为务实,这种法律是要规范人们的行为的,不具体人们怎么看得懂? 怎么操作? 理论水平较低的我,确实有点看不懂美国耶鲁大学法学院法律教授与哲学教授斯科特·夏皮罗的名著《合法性》(《法制日报》2017 年 2 月 26 日 12 版专版介绍)。但我看得懂像中国法学会党组成员、副会长、学术委员会主任张文显教授《如何认识统筹推进依法治国与制度治党、依规治党》(《法制日报》2014 年 4 月 12 日 9 版)之类的文章,也看得懂像中国法学会民法学研究会副会长崔建远教授的专著《物权·规范与学说》(上、下册)(清华大学出版社 2011 年版),等等。从某种意义上讲,东西是要让人看得懂的,才有识别的意义。法律是要让人看得懂的,才有遵守的前提。看不懂的法律书籍,交由看得懂的人去看,这是法学理论家们的专业;搞纯理论的,叫他评判某个实例,他们有时也说不上一、二、三。只有理论与实践相结合,才能使理论升华,让实践腾飞。

1997 年 6 月初,我受邀参加《法学》杂志社在上海华东政法学院召开的"错案追究制"学术研讨会,会上,我发言的题目是"政策、法律标准的确定性是保证政策、法律正确实施的重要前提"(见《法学》1997 年第 9 期),主要内容是:判断法律、政策或其

---

① 这样分类肯定会被法学家们骂死的,其实,这里的分类并非实质上的分类,只是为了说明我本人更倾向于实践性较强的法律而已,并非他意。

他标准是否具有确定性的标准,第一,是该项政策、法律的制定背景及其发展、完善过程,即时空性;第二,每一出台的政策、法律等都具有内容的确定性;再者,政策或法律等都具有实践性。重读此文,自我感觉,在当今仍未过时,故摘其要,以飨诸君。

目前,我国涉外法律人才较缺。三年多来,"一带一路"倡议的实践,已有100多个国家和国际组织积极响应,50多个国家已与中国签署了相关的合作协议。但是,由于"一带一路"沿线国家和地区法律制度参差多态,法制环境复杂多变,"一带一路"建设法律服务不可或缺。近年来,我国积极推动"一带一路"建设中的法律服务,让法律"共同语言"为"一带一路"建设保驾护航。为解决涉外律师奇缺的问题,全国律协自2012年以来制定并实施了涉外律师"领军人才"计划,拟培养300多名具有国际眼光、精通涉外法律业务的高素质律师人才,为服务国有大中型企业实施"走出去";培养120名左右精通对外投资、跨国企业并购等业务领域的律师人才;培养150名左右精通WTO规则、反倾销、反补贴等业务领域的律师人才,以提高我国企业公司在国际贸易中的竞争力;培养30名左右精通能源资源、海洋和空间权益等业务的律师人才,为我国总体国家利益献计献策(见《法制日报》2017年5月10日17版)。由全国律师协会主编的《"一带一路"沿线国家法律环境国别报告》第一卷、第二卷中英文对照版即将面世。该书的特点:(1)中外合作,共同撰写;(2)规模宏大,逐步推进;(3)内容翔实,使用权威。2017年1月,司法部、外交部、商务部、国务院法制办公室联合印发了《关于发展涉外法律服务业的意见》,对发展涉外法律服务业作出全面部署。可以预期,中国律师和"一带一路"沿线各国律师,在"一带一路"建设中,将大有可为,大有作为:在政府制定有关政策措施过程中,参与研究论证,提供法律建议,防范法律风险;积极参与政策制定、规划设计和国际规则适用,充分发挥政策法律咨询和参谋作用,在全球性议题上研究提出新主张、新倡议和新行动方案,促进"一带一路"建设在法治轨道上运行;为交通、能源、通信等基础设施重大工程、重大项目的立项、招投标等活动,提供法律服务,防范投资风险;通过代理诉讼、仲裁等方式,依法妥善处理基础设施建设过程中发生的合同纠纷,维护当事人合法权益,为沿线各国企业提供优质高效法律服务,推动构建联通内外、安全畅通、绿色高效的国际大通道;在执业活动和对外交流中加强信息沟通,畅通信息渠道,传播中国法治声音,增进国际社会对中国法律制度的认知和了解,增进互信,凝聚共识(见《法制日报》2017年5月17日9版)。可见,法律人才,特别是涉外法律人才已被越来越重视,也越来越被推上国内甚至国际上的重要舞台。我辈虽初"老朽",冀望晚辈们奋力前行,早日茁壮成长为国家急需的法律专业人才,则幸甚!幸甚!

联合国宪章、世界人权宣言,等等,归属于国际公法;调整涉外民商事法律关系如冲突法等等,归属于国际私法;汉谟拉比法典、罗马法,等等,归属于外国古代法制史;

法国民法典、德国民法典等等,归属于外国法制史;公元前536年春秋时期郑国子产的"铸刑书"以及秦律、唐律、宋刑统、大明律、六法全书等等,归属于中国法制史;法律的哲学亦称法学,在大学里,哲学系以"法律哲学"、法学院则是"法学"的名称来授课,其归属于法哲学;……如此种种,如此浩瀚、如此庞大,哪是本文能完成的任务,只好拜托有关方面的专家们去研究吧,我就不代劳了。

学习法律是很枯燥的,做法律的工作也并不轻松,需得有"梅花香自苦寒来"的精神。明代洪应明有一本名著叫《菜根谭》,作者以"菜根"为书命名,意思是人的才智和修养只有经过艰苦磨炼才能获得,正如俗语所说:"咬得菜根,百事可做。"唐代陆羽(733～804年)《茶经》(随笔:泉州丰州石亭寺旁有一石刻,内容为:"莲花茶襟　太元丙子",据看寺庙的傅先生说,此石刻早于陆羽《茶经》问世之前有百年以上时间,"荼"在当时即为"茶")中将茶树生长的土壤分为:上者生烂石、中者生砾壤和下者生黄土。倘若把成才比喻成茶树的话,那就必定是要在"烂石"中生长的(参见《人民日报》2017年5月9日4版"烂石生好茶"一文)。《韩非子·定法》中讲道:"法者,宪令著于官府,刑罚必于民心,赏存乎慎法,而罚加乎奸令者也。"强调对于谨慎守法的人要给予奖赏,对于触犯法令的人要给予处罚。法律是一切行为的底线,是做人做事不可碰触的红线。这个底线,在私底下、无人时也要坚守;这个红线,在细微处也不能碰触(见《人民日报》2017年5月9日7版《慎独慎微　慎德慎法》一文)。我认为,法律人的一生,必须具有"菜根"精神、"烂石"素养和"慎法"的品质,方能不负于职责!

2017年5月3日上午,在"五四"青年节来临之际,习近平总书记到中国政法大学考察,在发表的重要讲话中强调:全面推进依法治国是一项长期而重大的历史任务,要坚持中国特色社会主义法治道路,坚持以马克思主义法学思想和中国特色社会主义法治理念为指导,立德树人,德法兼修,培养大批高素质法治人才。习总书记的重要讲话,对于法律人来说是多么大的鼓舞和鞭策,更激励我老骥伏枥,奋笔疾书;同时,印证我一生选择法律,学习法律,从事法律工作,是无悔的选择。

2017年5月18日,《法制日报》头版刊登了中共中央办公厅、国务院办公厅《关于实行国家机关"谁执法谁普法"普法责任制的意见》,作为"一五普法"的积极参加者的我,凭印象,"谁执法谁普法"的提法,应是首次提出,与时俱进,具有创新性。作为执法者,首先必须懂法,让懂法的执法者承担普法责任,更有针对性、可信性、严肃性。我十分赞同这一提法。该《意见》规定:"(六)建立法官、检察官、行政执法人员、律师等以案释法制度。"我突然觉得,我决定写本书,似乎契合了前述规定,于是,更加自信,更有干劲,更为鼓舞!

2017年5月25日,《人民日报》9版报道《在哪里执法就在哪里普法——专访司法部部长、全国普法办主任张军》一文,介绍了涉及该问题的有关内容。

看了《人民日报》2017 年 5 月 7 日 7 版刊登的马小淘先生撰写的《译者要成为作者的捍卫者》一文，衷心地为马先生的文笔点赞！文中写道："翻译界有一句话：对外语的掌握水平决定翻译的下限，对母语的掌握程度决定翻译的上限。"在对此语反复思考之际，突然想借此语试着给律师界写句话：

"对法律的掌握宽度决定律师水平的下限，

对法律的理解程度决定律师水平的上限。"

谨以此语与律师界同仁们共勉！

综语

法护无声，律行有范。

注释：对人民保驾护航是法律的本分，无须张扬；法律的实行，有其规范，人人遵守，责无旁贷。

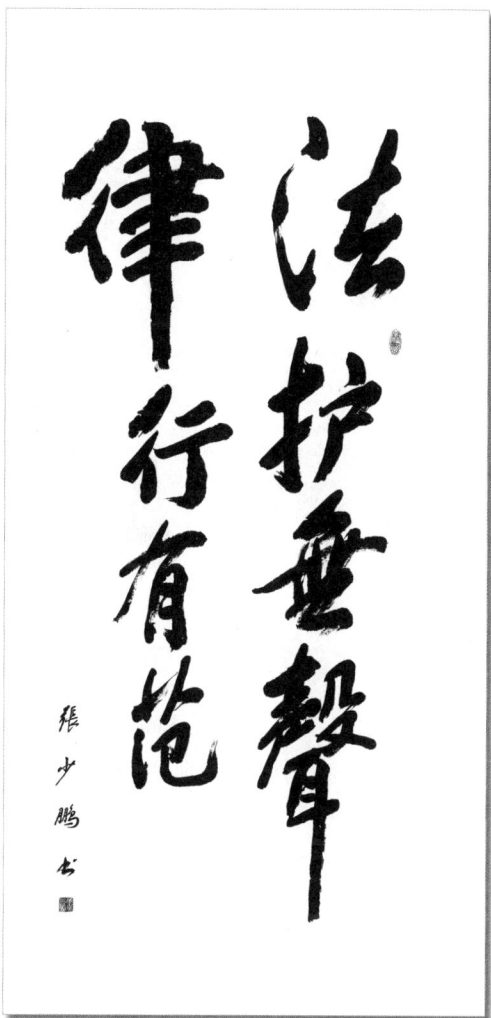

（本文写于 2017 年 4 月 20 日，之后作多次修改）

二、民法典

书法

民法典：民事法律之总和也。

《民法典》必成史上经典之作，碑体更能体现其经典，故采汉鲜于璜碑体习书"民法典"。

悟源

2017 年 3 月 15 日上午 9 时，第十二届全国人民代表大会第五次会议在人民大会堂举行闭幕会，第四项议程：表决《中华人民共和国民法总则（草案）》。赞成 2782 票，反对 30 票，弃权 21 票，表决通过。欣慰之余，当日下午，始写本文，以资纪念。

释义

民法典，顾名思义，应指规范平等主体之间的民事法律关系的法律之总和。一般是采用成文法的国家才制定民法典。

历史上，最为经典的民法典为《法国民法典》。《法国民法典》于 1804 年 3 月 21 日通过。该法典除总则外，分为 3 编，总计 2281 条。随着法国政治、经济、社会情况的变化，该法典经历 100 多次修改。受其影响，有些法国殖民地国家直接施行该法典，有的国家以该法典为蓝本制定本国的民法典。这是人类历史上第一部真正意义上的资产阶级民法典。

1949 年 2 月 22 日，中共中央《关于废除国民党〈六法全书〉和确定解放区司法原则的指示》发布后,特别是 1954 年、1962 年、1979 年三次启动民法典的制定,均无果。2002 年 12 月,全国人大常委首次审议民法典草案,最终由于内容复杂、体系庞大、学术观点存在分歧等原因而未能实现。2014 年 10 月,中共中央十八届四中全会《关于全面推进依法治国若干重大问题的决定》提出"编纂民法典"。由此拉开了民法典编纂的序幕。2015 年 9 月 14 日至 16 日,全国人大常委会法工委召开了一次民法总则草案专家讨论会,会上讨论了法工委内部的民法室的内部草案,共 9 章 160 条。在此基础上,法工委制定了共 10 章 158 条的征求意见稿,此后开始在一定范围内的法学院、法院和政府机关征求意见。2016 年 6 月 27 日,民法总则草案首次提请十二届全国人大常委会第二十一次会议审议,共 11 章 186 条。2016 年 10 月 31 日,民法总则草案再次提请十二届全国人大常委会第二十四次会议审议。相比一审稿,草案二审稿的条文增加至 202 条。2016 年 12 月 19 日,民法总则草案三审稿提请十二届全国人大常委会第二十五次会议审议。2017 年 3 月 15 日,十二届全国人大五次会议闭幕会以 2782 赞成票表决通过《中华人民共和国民法总则》。《民法总则》非《民法典》。它是《民法典》的开篇。开篇(弓)没有回头法(箭),其他各篇的制定便因为有了领路人而顺理成章了。预祝我们伟大的祖国在"中国梦"的引领下,《民法典》这朵极其艳丽的鲜花将盛开得十分灿烂。

自悟

民法典的制定,牵挂着党中央和几代法律人的心。

已故中国社会科学院法学研究所研究员谢怀栻先生曾言:"民法典较之刑法、诉讼法等更足以代表一个民族的文化高度,而且只有一个全中华民族的民法典才能表明中华民族已攀上了历史的高峰。"

中国政法大学原校长、终身教授江平先生认为:中国目前制定民法典的时机已经成熟。

1995 年在海口举行的中国民法学经济法学研究会年会,会长王家富研究员曾操心过此事,我俩在合影时,他曾语重心长地对我说:民法典的制定就靠你们这些后辈了。1996 年在厦门大学开年会时,再次聆听过王会长的教诲。他曾写道:"我认为中华人民共和国这么一个大国,应该有一部反映时代精神,体现中国实际的民法典。这部民法典应制定成全世界最好的民法典。"

王家富老师的高徒、全国人大代表、中国社会科学院法学所孙宪忠研究员在 2013 年当选为十二届全国人大代表,在当年的人大会议上,他提交了"修订民法通则为民法总则,整合民法立法体系为民法典"的议案。

中国政法大学王涌教授说:"中国民法学者能将民法典起草成'半部宪法',这或许将是 21 世纪立法史上的绝唱。"

2017 年 1 月中国人民大学民商事法律科学研究中心主任杨立新教授撰文认为："民法典编纂:中国立法史上的里程碑。"

司法部《中国司法》杂志总编刘武俊研究员提出:"用工匠精神打造民法典。"(见《福建日报》2017 年 3 月 5 日第 7 版)

中国人民大学常务副校长、中国法学会副会长王利明教授认为:民法总则草案"打造当代中国的民事权利宣言书"(见《人民日报》2017 年 3 月 7 日第 5 版)。

我的大学班长、入党介绍人,全国人大代表、最高人民法院党组成员孙华璞先生在 2017 年 3 月 10 日参加贵州代表团审议民法总则草案时,发出了"民法总则草案具有中国特色,体现时代精神"的强音(见 2017 年 3 月 11 日《人民法院报》、最高人民法院《高法资讯》。

2017 年 3 月 16 日,《湖南日报》刊登《开启"民法典时代"》一文认为:"作为中国民法典的开篇之作,《中华人民共和国民法总则》15 日获十二届全国人大五次会议表决通过,自 2017 年 10 月 1 日起实施,中国民事法律制度从此开启'民法典时代'。"

2017 年 3 月 16 日,《法制日报》头版头条发表了《为实现中国梦奠定坚实的法治基石　民法总则诞生之际展望中国民法典》一文。

2017 年 3 月 21 日,《法制日报》9 版刊登《民法总则来了,听听大家怎么说》的采访报道,其中:

①全国人大常委会委员王明雯认为:"民法是万法之母,作为以保护私人权利为目的的法律,民法被誉为社会生活的百科全书,与每个人的切身利益紧密相关,编纂一部民法典,是几代法律人的愿望。"

②天津市人民检察院检察长于世平认为:"民法总则是一部公民在社会、经济、生活中的权利证书。""为法官裁判民事纠纷提供基本准则。"民法总则是一部继承中华文化特别是法律文化传统,同时又有创新的重要法律。一方面,对优秀传统文化中的思想精华予以继承。包括公序良俗、诚信、父母对子女的抚养、子女对父母的赡养等在内的中华传统文化,都在民法总则中予以体现。另一方面,还做出了许多创设性规定。例如,将民事主体从事民事活动,应当有利于节约资源,保护生态环境"这一"绿色原则"规定,重新恢复到第一章"基本原则"中,体现了对于生态文明的关注,是对五大发展理念的贯彻,是本次民法总则的最大亮点之一,在国际民法典中也是第一次出现。

③河南省人民检察院检察长蔡宁认为:编纂民法典至少有三个方面的意义:首先,有利于全面、快速推进我国依法治国进程。其次,有利于更好地保护公民权利。最后,还能为整个国家和社会注入新理念、新规则、新动力,优化经济社会发展形态,

保障每个人的智慧源泉都能充分涌现,让一切社会创造力竞相迸发。

2017年4月9日,《中国民商法律网》刊登了《中国法学》杂志总编辑、中国法学会民法典起草研究领导小组成员、中国法学会《民法总则(草案)》起草人之一——张新宝教授《〈民法总则〉的特色》一文认为民法典和《民法总则》的制定是我国全面推进依法治国建设社会主义法治国家的总体战略的重要组成部分:第一,编纂民法典是体现党执政为民的根本宗旨,维护广大人民根本利益的客观需要;第二,编纂民法典是全面推进依法治国,实现国家治理体系和治理能力现代化的重要举措;第三,编纂民法典是健全社会主义市场经济制度,完善中国特色社会主义法律体系的必然要求。编纂一部具有中国特色、体现时代精神的民法典,一定能够正确调整民事关系,更好地保护民事主体合法权益,维护社会经济秩序,为实现"两个一百年"奋斗目标、实现中华民族伟大复兴中国梦提供有力法治保障。

……关心民法典制定的人太多了,我无法一一引述。

我也算关心者之一吧。

在读大学时,大二考《民法》,成绩100分满分。四年大学考了几十门课,就《民法》成绩最好。当时,没有教材,靠老师发的打印的大纲和课堂笔记。我发现大纲中的"法人"设立的条件少了一个"依法设立"的内容,在备考时,特别关注了这一问题。也许是运气好,出了法人设立的条件之考题,也许只有我加了"依法设立"这一条件,老师给了我嘉奖。

1985年11月,从厦门大学调入华侨大学法律系筹备组,师资极少,我给本科生上《刑法》,还得给旅游系的本科生上《合同法》①,有时晚上还给电视大学上《民法》,由此练就了我对多法的熟悉度和热爱,为律师工作打下了扎实的法学基础理论功底。

学生时代学《民法》时,总觉得《民法》内容不应该这么少②。给电大学生上《民法》课时,有了电大统一教材,此时,民法方面的书多了一些,连复印的台湾民法学者的著作③也偶见,知识面略广了些,方觉《民法通则》的规定太简单了,还有许多涉及民事方面的东西尚需立法。近些年来,归属于民法分则编的法律逐渐制定了,如《物权法》《债权责任法》《涉外民事关系法律适用法》等,加上《民法通则》施行之后制定的《婚姻法》《收养法》《继承法》《担保法》《合同法》等,《民法典》的端倪初见雏形。"争取2020年将民法典各分编一并提请全国人民代表大会一并审议通过,从而形成统一的

---

①　我改上《旅游合同法》,当时还没有这一概念。

②　1982年时期,法学书籍甚少,连案例汇编都注上"保密"二字,台湾出版的法律书籍甚少,且无原版,有的也是复印的,哪里看得到教材之外的民法书籍?学生虽不算多,两届800多人,但图书馆百废待兴,无书可借。

③　当时还不能公开出版。

民法典"［见全国人大常委会副委员长李建国"关于《中华人民共和国民法总则》（草案）的说明"］将指日可待。

我们这代人是幸运的。新中国成立以来的民法学界泰斗们，为民法辛苦耕耘了一辈子，呼唤编纂民法典一辈子，但是，在他们离开我们时，民法典始终没有绽放出其期待的笑容。在民法总则诞生之时，民法典即将出台之际，应该深深地怀念和感谢他们。我不是导演，否则，真想拍摄一部泰斗们为之耕耘一辈子的影片；我不是作家，否则，真想写一本泰斗们为之耕耘一辈子的书；我不是记者，否则，真想写一篇记录下泰斗们为之耕耘一辈子的报告文学……

目前，法学类学术期刊不少，记忆中似乎没有一个专门研究民法的学术期刊，不知何时能诞生？

梁慧星教授是位很有责任心的学者。他反对在民法总则中将人格权单独设编，并专门就这一问题作了深入地研究，引经据典，2015 年 10 月 15 日在四川大学法学院的讲座时，作了"民法总则立法和理论的若干问题"演讲的第二部分"关于人格权是否单独设编"，阐述了自己的研究成果。我不是因为赞同梁教授的观点而说此事，我是深为在我国有这么一批这么有责任心的专家而高兴。无论他们的主张如何，仅从他们做学问的认真精神，我们就该折服。

立法机关、学术界对民法典的编纂赋予了极高的热情，并陆续出台了多个"建议稿"，比如：

1. 2000 年，梁慧星在原"中国物权法研究课题组"基础上，成立"中国民法典立法研究课题组"。课题组由来自中国社会科学院法学研究所、北京大学法学院、清华大学法学院、人民大学法学院等单位的民法学者 26 人组成。课题组根据全国人大常委会法制工作委员会的委托，按照《中国民法典大纲》，起草中国民法典草案。2002 年 4 月 9 日完成总则编。2003 年 3 月，由梁慧星为课题组负责人的《中国民法典草案建议稿》一书由法律出版社出版。

2. 2014 年 10 月，中共中央十八届四中全会《关于全民推进依法治国若干重大问题的决定》提出："编纂民法典"之后，中国法学会成立了民法典编纂项目领导小组，组长张鸣超，副组长王利明。2015 年 4 月 14 日，首次编纂小组会议在中国人民大学召开，即提出了《中华人民共和国民法典·民法总则专家建议稿》。2004 年 11 月 1 日王利明主编的《中国民法典草案建议稿及说明》，由中国法制出版社出版。

3. 2015 年 9 月 14 日至 16 日，全国人大法工委召开了一次民法总则草案专家讨论会，会上讨论了法工委内部的民法室的内部草案，即《民法总则草案（2015 年 8 月 28 日民法室室内稿）》，共 9 章 160 条。并在此基础上，法工委制定了共 10 章 158 条的征求意见稿。

……。

他们呕心沥血,为的是匠心式的民法典能在伟大的祖国大地上早日生根、发芽、茂长! 钦佩之心,油然而生。

诚然,《民法总则》不可能十分完美。2017 年 3 月 17 日,中国人民大学组织的"民法总则通过研讨会"中,原中国政法大学校长、终身教授江平先生总体肯定了《民法总则》通过的巨大意义,以及毕生为民法典制定而奋斗此时看到民法总则出台的喜悦心情,同时表达了对《民法总则》"继受有余,创新不足"的忧思,即继受《民法通则》有余,而制度创新方面则尚需努力。2017 年 3 月 19 日,北京航空航天大学法学院周友军教授在《民事审判参考》上即发表了《我国〈民法总则〉的成果与不足"》一文,在该文第三部分提出了《民法总则》存在的两个方面不足:其一,存在较多的制度缺失;其二,存在一些法律体系化方面的欠缺。正如孙华璞先生所说:"法律只能是特定社会阶段经济基础的客观反映,不可能超越当前的社会发展阶段,必须受社会发展阶段的制约,同时,法律具有滞后性,枯燥的法律条文永远不可能包罗丰富多彩的社会生活,法律不可能做到完美无瑕,肯定存在一定的不足和问题。"是啊,正如人无完人,金无足赤,花无足艳一样,苛求法律的完美是无知的,但是,我们深信:经过几代法律人的匠心雕琢,法律的更臻完善是有可能的,也是必须的。

《民法总则》在我国民法典中具有十分重要的地位和作用。中国民法学研究会副会长、《民法总则》主要起草人之一杨立新教授在《中华人民共和国民法总则要义与案例解读》一书中谈道:在成文法国家的民法典中,民法总则具有极为重要的地位和作用。我国《民法总则》在民法典中的地位和作用包括:第一,民法总则是民法典的总纲。第二,民法总则规定民法的基本原则。第三,民法总则规定民法的基本制度。第四,民法总则规定民法的基本方法。正因为如此,制定一部完善的、优秀的《民法总则》具有重要意义。我国《民法总则》完成了这个编纂民法典中的重要任务(详见《法制日报》2017 年 4 月 9 日 12 版刊登的《〈民法总则〉在我国民法典中的重要地位》一文)。

2017 年 4 月 17 日、18 日、21 日,《人民日报》连发三篇评论员文章:《民法总则助力国家治理现代化——开启公民权利保障法治化的新时代》《恪守以民为本、立法为民理念——开启公民权利保障法治化的新时代》《民法典编纂撬动法治未来——开启公民权利保障法治化的新时代》。高度评价民法总则的重要性。

2017 年 4 月 26 日、28 日和 5 月 1 日、3 日、9 日,《法制日报》连发五篇评论员文章:《法律标注大时代的高度》《民主科学立法的经典之作》《德法相彰实现良法善治》《民法总则饱含浓厚民生情怀》《以立法引领国家治理现代化》。

《民法总则》通过之后,以民法专家为首编者的著作如雨后春笋般出版了,较有代表性的著作如:

1.王利明撰写的《中华人民共和国民法总则详解》(见《法制日报》2017 年 5 月 14 日 12 版);

2.陈甦主编的《民法总则评注》(见《法制日报》2017 年 6 月 12 日 7 版);

3.杨立新主编的《中华人民共和国民法总则要义与案例解读》(见《法制日报》2017 年 4 月 9 日 12 版);

4.张新宝:《〈中华人民共和国民法总则〉释义》,中国人民大学出版社 2017 年 3 月出版;

5.李适时主编,张荣顺副主编:《中华人民共和国民法总则释义》,法律出版社 2017 年 4 月出版;

6.江必新、何东宁主编:《民法总则与民法通则条文对照及适用提要》,法律出版社 2017 年 3 月出版;

7.杜万华:《中华人民共和国民法总则实务指南》,中国法制出版社 2017 年 3 月出版;

……。太多了,不胜枚举。大家就是厉害,专著与《民法总则》同生,乍看有点急,细想见功力,佩服!

本文并非研究民法典。本人才疏学浅更无力研究民法典。为庆贺《民法总则》的诞生,记下所见,回忆所历而已。尽管现在我国尚未能制定出一部超越各国的民法典,但是,我深信:有这么好的中央领导集体,有这么多资深且热爱民法的民法达人,不久的将来,一部无人(国)能敌的民法典将展现在世人的眼前。

综语

民事法律领头羊,法律分则样样全;

总领绪编匠心研,则则构筑民法典。

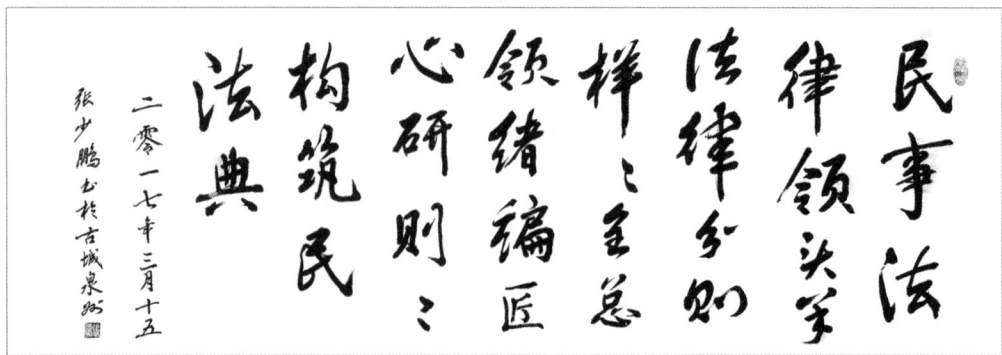

(本文写于 2017 年 3 月 15 日,之后作多次修改)

三、继　承

书法

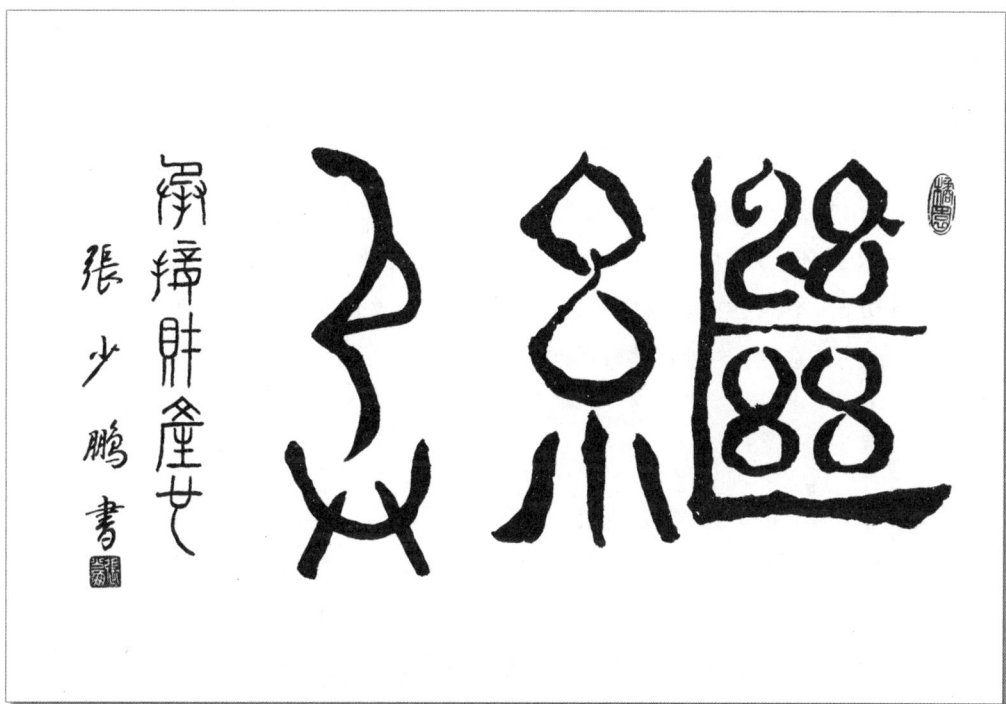

继承:承接财产也。

继承源自奴隶制社会,故采我能找到的最早的汉西狭颂体习书"继"字,采周小臣谜簋体习书"承"字。

悟源

2017 年 5 月 30 日是端午节[①]。端午节是流行于中国以及汉字文化圈诸国的传统文化节日。端午节起源于中国,最初为古代百越地区(长江中下游及以南一带)崇

---

① 第二天是我的 62 周岁生日。

拜龙图腾的部族举行图腾祭祀的节日,百越之地春秋之前有在农历五月初五以龙舟竞渡形式举行部落图腾祭祀的习俗。后因战国时期的楚国(包括今湖北及湖南等)诗人屈原在该日抱石跳汨罗江自尽,统治者为树立忠君爱国标签将端午作为纪念屈原的节日。部分地区也有纪念伍子胥、曹娥等说法。端午节与春节、清明节、中秋节并称为中国汉族的四大传统节日。自 2008 年起,端午节被列为国家法定节日。2006年 5 月 20 日,国务院将其列入首批国家级非物质文化遗产名录;2009 年 9 月,联合国教科文组织正式审议并批准中国端午节列入世界非物质文化遗产,成为中国首个入选世界非遗的节日。这是中国人传承了两千多年的优秀传统文化的节日,故应写写"继承"。

释义

继承,是指将死者生前的权利义务承接下来的法律制度。各国民法一般规定,可供继承的只限于财产方面的权利义务,如所有权、债权、债务等,人身方面的权利义务因主体不能分割,不能继承。因此,法律上所称的继承通常是指财产继承,分为法定继承和遗嘱继承[见《法学词典(增订版)》1984 年第 12 版]。

自悟

感悟继承,始于亲历,续于亲为,终于被继承。

继承,使人颓废、丧志,富不过三代;继承,使人自信、励志,后浪超前浪。

平民百姓之继承,无关乎政治,但在不同的阶级社会里,其结果是不同的。

不求上进者,心恋继承;社会栋梁者,将继承作为肩负责任的台阶。

懒惰者为继承尔虞我诈,奋进者视继承如同粪土。

丧心病狂者为继承财产不择手段,心静如水者将继承所得如数捐国。

呜呼,可恶的继承,可爱的继承。

我的继承故事,也许可为经典。

自懂点事起,耳畔充斥着家族为继承祖遗房产发生的争斗历史。可供我父辈继承的房屋,有两处:

其一,张氏祖宅。始建于清朝的祖宅,三进式,占地约 420m² 左右。没记错的话,建造祖宅的首辈大名为张国栋。遗下三桃。其中一桃 1949 年前去安南(今越南)谋生,无归。留下的两桃中,一桃单传,一桃子孙满堂。在 1949 年前,为房产继承问题在太爷爷辈多有纷争,一直延续至 1949 年后及至我辈。大学毕业后,我不愿意将这种长期矛盾留给晚辈继承,经与叔公、父母商量后,便将析产之事诉至法院。法院调取 1944 年当局绘制的地籍图与其中一桃亲堂提供的 1944 年发的土地所有权状核对,此桃的房产面积居然占一半左右,而我爷辈却仅约十分之一。不对啊,爷爷在时对我说,我们与此桃是同一个父亲繁衍下来的,应是同等面积的。最大的可能是我爷爷在当时为逃避被抓壮丁,离开泉州多年,当局在办土地证时,我爷爷不在,被此桃造假窃取了相应的份额。可是,诉讼已经进行,又无篡改的证据。为息事宁人,我主张调解,调解方案以 1949 年前爷辈曾经口头调解但无法达成的方案为基础。在法官的主持下和我的多方努力下,三方达成调解协议,我方得到的是总计占地 70 多 m^2[①]的房产,比土地证上的面积多约 30m^2 左右,比爷辈在 1949 年前口头协商的方案略少,这在之后的建房、拆迁补偿中起了很大作用。总算将一百多年的历史老账内心不是太服气但妥善地处理了。继承祖遗房产,其实太难了。这也告诫我们:活着的人,应尽量将可能的遗产理清,以免遗患后人。

其二,李氏祖宅。这是外婆夫家的遗产。由于历史上从未书面析分过,后来 (1979 年左右)两审法院按历史上长期居住事实作出处理。外婆分得临马路的约占地 30 多 m^2 的旧平房(包括部分天井及之前草搭的临时用房)。这也是长期以来我家与外婆家堂亲矛盾的终结。外婆一生没有生育,抱养我妈。父母结婚前承诺生育第一胎过继给外婆,于是,我成为两边都得照顾的晚辈。1981 年 1 月份,我大学第一个学期结束后放假回家,看到父母在此地上挖地基建房。父母凭借每月小几十元工资,要抚养三男二女,赡养爷爷、奶奶、外婆,担子太重了,还得想办法存钱建房,太不容易了。放假阶段,我便投入到建房的"战斗"中。记得挖土方的包头在算工钱时,向爸爸要 300 多元,爸爸叫我核对,我根据师傅挖的体积和单价,得出包头多算了 100 多元,故只同意付 200 多元。后来,听人传姑丈[②]说我厉害,张家出了个能人。暑假回家时,我们已住进二层单薄[③]的房子,夏天热得似火炉。

1987 年间,我与叔公协商,花 7500 元将叔公的份额买下来;之后,与奶奶、外婆、父、母、弟、妹们协商,将张氏祖宅调解的房产析分给我,将李氏祖宅新建的房产析分给两个弟弟共有,用不多的现金补贴两个妹妹,我负责赡养外婆,二弟负责赡养父母,三弟负责赡养奶奶。析分清楚后,我已是穷光蛋。但是,初生牛犊不怕虎,没钱的我便于 1988 年启动建房申请,一路有好人相助,十分顺利,到了最后一关——房管局,突然全市停批建房,只好暂歇。在这暂停阶段,我拼命合法赚钱。到 1989 年上半年,

---

① 应扣除一条 10 余 m^2 出入小巷,实为 50 多 m^2。

② 姑丈是包工头,师傅是姑丈请来帮忙的。

③ 二楼外墙仅用宽 12 厘米的砖砌成。

听说开放危房申请。我便以危房的名义①启动申请程序,总算得到合法的批准手续。1989 年下半年,开始建房,1990 年 1 月入驻,连门窗都没钱油漆。累并快乐着,很有成就感,但也欠下一笔债务。1991 年清明节过后,因旧城改造被征收。

我家的继承是残忍的,历经四代人的矛盾、冲突,得到的却是区区小几十 m² 的土地,但却是在当时能够聊以安身之所。先人创造的基业,绝非让后人争斗,不能怪先人,只怪后人贪欲过盛,才会诱发诸多、诸辈之矛盾。我辈虽无先人之能力,但我在当时能想到终结数辈恩怨,这是对先人留下之基业的尊重。再者说,倘若没有我对诸多问题的及时处理,遇到拆迁时,我们也只能望房兴叹!拆迁时,我被补偿了 240 多 m² 的房产,尽管投资了 3 万多元的建设资金,但得到的远远大于历史遗留的结果。众多邻居们都夸赞我厉害,我虽没有自以为厉害,很低调地处理有关事宜,但现在回首凝望,方觉当时的我还真的厉害。

我的继承经历堪称经典吧。我还有必要写别人的继承吗?但是,透过我亲身经历的继承,至少有几点体会是应当与大家分享的:

第一,天道酬善。

名人说"天道酬勤",我十分赞同,但我突然想到"天道"也是"酬善"的。我不将继承遗产的"战斗"遗留给下一代继续"战斗"的善心,得到老天爷的关爱,使得我善处祖遗房产的工作得以顺利开展,建房大业得以如期进行,征收补偿工作得以如愿以偿……所有这些,都是善果。我跟朋友讲"心善必寿"。因此,在处理继承遗产之际,人人之心向善,终将得到福报。

第二,海阔天高。

张氏祖宅的析产问题在 1949 年前已有初步方案,我方若坚持长辈的意见,肯定形不成调解方案,我必须做叔公、父、母、弟、妹们的工作,分析利弊,取得他们的支持,少得点以促调解成功。古人有句名言:"让他三尺又何妨?"我深深体会到退一步海阔天高的功力。这一经验告诫人们:首要矛盾不先解决,此后的 N 个矛盾便无从谈起,反而会影响到今后工作、事业等等的正常开展。

第三,勤能补拙。

为了继承上述总和不到 100 m² 的祖业,几代人历经百年的混战,有何必要?叔公与爷爷的份额是基本一致的,但分得的那一点面积内部无法再分,只能归一方。叔公念着我解决外部矛盾的功劳,同意将他的份额归我,但开出的补偿价格 7500 元着实让我无法承接。1986、1987 年,政府一度鼓吹"万元户",这个天文数字,对于才毕业 2~3 年的我,每月工资仅 50 多元,委实不低。但为了解决问题,我一分钱没有还价,

---

① 古厝经鉴定为危房。

答应了,想办法筹款了,给付了,问题解决了,债务我一人担了。接下来必须解决更为内部的矛盾:奶奶、外婆、父、母、三兄弟、两妹妹九个人的矛盾如何妥善处理?本来,李氏祖宅系外婆方面的祖业,我又过继给外婆,分得此小座已建成的房屋,又临街,可做店面,顺理成章。但是,我担心弟弟们处理不了张氏祖宅的矛盾,便主动提出:张氏祖业分得的房产归我,李氏祖业的小楼归两弟弟,赡养长辈的责任三兄弟分担(见上述)等。大家一致认可,内部矛盾较轻易地解决了。如此解决,同时告诫人们:尽管亲兄弟应明算账,但是,毕竟是亲兄弟,计较太多反而伤感情,能退让还是退让点,有能力者勤奋点、多担点责,家庭这个细胞就不会长"瘤"了。

第四,凤凰涅槃。

历经三代以上继承人的无休止地斗争,最终得到的是两处占地 $100m^2$ 左右土地的权利,问题彻底地解决了,如果没有凤凰涅槃、浴火重生的精神,必将中途而废,无见阳光。矛盾是多重的:①张氏祖宅与堂亲的矛盾;②李氏祖宅与堂亲的矛盾;③张氏祖宅与叔公的矛盾;④内部三代人的矛盾;⑤申请建房的矛盾;⑥拆迁安置的矛盾;等等。百年矛盾,在我毕业前后的数年间化为乌有,而不遗患于下一代,回首起来,真想为自己当年的睿智点 100 个赞!这也告诫人们:办法总比困难多,矛盾如同吃饭,只能一个(口)一个(口)解决(吃),只要心中有方向,终将驶向胜利的彼岸!为了重生,涅槃也许是良策。

综语

继承遗产老夫视若粪土,承继精神我辈一马当先。

(本文写于 2017 年端午节和生日日,即 5 月 30 日和 31 日,之后作多次修改)

四、租 赁

书法

租赁,租物付费之行为也。

中国的租赁历史悠久,起源可追溯到原始社会(约 4000 多年前)。当时产品的剩余产生了产品的交换,而在很多场合下人们需要频繁交换闲置物品,用后再归还,而不必让渡物品给对方。这种仅仅涉及物品使用权的交换,是最原始形态的租赁。在中国历史上,文献记载的租赁可追溯到西周时期。《未鼎(甲)铭》记载,邦君厉把周王赐给他的五田,出租了四田。这是把土地出租的例子。据历史学家们考证,涉及租赁叛乱的诉讼,在西周中期以后已不少见了。故采我能找到的最早的前秦广武将军碑体习书"租"字,采汉张迁碑体习书"赁"字。

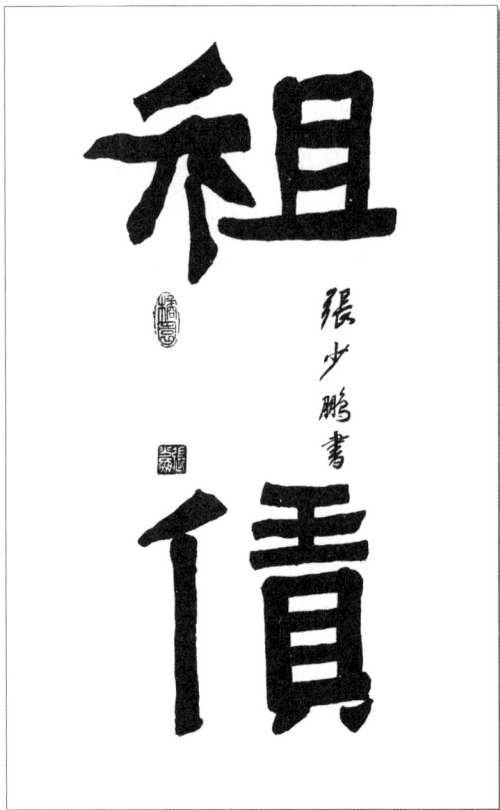

租
赁

张少鹏书

悟源

2017 年 5 月 20 日上午 8:00,中央电视台新闻联播节目播出这样一则新闻:住房城乡建设部在其官网上公布《住房租赁和销售管理条例(征求意见稿)》公开征求意见,意见反馈截止时间为 2017 年 6 月 19 日。于是,想到应该写写"租赁"。上住建部官网查到该"条例"的征求意见稿,叫秘书打印一份出来后细细拜读该"条例"中涉及"租赁"的规定,当天下午,即起草"关于《住房租赁和销售管理条例(征求意见稿)》之反馈意见",之后作若干修改后,于 6 月 5 日下午特快寄往住建部法规司。

应当记下在我国发生的一件重要事件:2017 年 5 月 18 日,中共中央、国务院电贺我国首次海域可燃冰试采成功(见《人民日报》2017 年 5 月 19 日头版头条)。

释义

租赁,租和赁都是租借、租用的意思。租赁,是指付出一定的代价,借用他人的东西。法律上,租赁的含义应表述为出租人将自己享有所有权的某种物品交由承租人使用、收益,承租人支付一定费用的行为。《法学词典(增订版)》上没有"租赁"一词,但有"租赁合同"一词,该书认为,租赁合同:出租人将财产交付承租人临时使用、收益,承租人支付租金的协议。租赁的产生源于私有制,私有制产生了人们对于不同物品的不同所有权,人们根据所有权暂时出让使用权,收取一定的使用费用,从而产生了租赁。随着生产力的发展,租赁业也逐渐发展起来。租赁发展分为三个阶段,即古代租赁、传统租赁和现代租赁。随着租赁业的发展,形成了各种不同类型的租赁。从租赁的目的分,可分为融资租赁和经营租赁;从征税角度分,可分为正式租赁和租购式租赁;从交易的程度分,可分为直接租赁、杠杆租赁、回租租赁和转租赁等。本文所及之租赁,仅以住房租赁为限。

自悟

1999 年 7 月,我离开华侨大学后,与人合伙创办了泉州正源(后因重名改为"泉泰")律师事务所。为了大展宏图,正值我帮过忙的某开发公司在田安路开发一楼盘,故以较优惠价格(1760 元/m²)且免首付的条件按揭贷款,以所里的名义买了三、四层两套约 320 多 m² 商品房。之后,我最信任的一合伙人闹散伙,其他合伙人无钱承买,只好全由我承接。再之后,我花十几万元将两套商品房装修成办公用房,三层这套用于重起炉灶后的合伙所和晟律师事务所的办公场所,四层这套偶尔出租。两套房屋收取的租金不够交按揭款,自应贴补。有必要提及的是:四层这套的第二个承租人是中介介绍的,前几个月还算按时支付租金,大概半年左右就不按时付租金了,有时要催讨好几天才付,后来就一欠两三个月不付。我向他发出再不付租金就要解除租赁合同的口头通牒,没效果。后来,几次上楼敲门,没人回应,才预感到可能"跑路"了。于是,联系公证处的人拟进入对室内物品进行公证,以防被讹诈。公证处不敢接这种案件,只好找几位朋友撬锁进入。值钱的东西没有,留下一些不好搬动的东西,如:一套铁做的简易沙发,几块只有桌面的简易工作台。此次租赁,没让他交押金,结果,我只拿到没几个月租金,还得代他付水、电费、物业费等。之后,这套房屋就没再出租,没时间添麻烦。2004年下半年,为了购买现住宅,以3200元/m²价格出售。概算起来,应该是盈亏基本平衡。此次租赁的教训应该是:我的心太软,总以善心待人,没有按租赁市场规则——收取数个月押金行事,结果吃了亏,却仍安慰自己:吃亏是福。

义全街的老宅因旧城改造,于1991年被征收,大约1993年8月份拿到安置房,没钱装修,便与一楼店面的承租人商量,预付一年租金,于是才有简易装修和添置点家具的钱。念着承租人的这点好,他经营空调大概一年多时间,因故无法经营,与我商量停租,新的承租人他负责找,我满口答应,只要他们协商好即可。二十几年来,他凡事都来找我咨询,我也从不收取咨询费。上个月,他祖遗房产遇到政府申遗旧城改造,但与原先的买方存在纠纷,这么大的事,我给他出了招,摆平了,他心存感激,一直要请我吃顿大餐,我婉言致谢。于是感叹:天下的出租人与承租人都像我们这样,多和谐啊!天下能有"贼"吗?由此,我便想到:在发生租赁合同关系之前,双方都应对对方的资信有个起码的了解,能在建立起互信的情况下签订租赁合同,履行起合同来也许会较为顺畅,也不易产生矛盾。各方能设身处地地理解对方的困难,建立起和谐、共赢的住房租赁关系,什么问题都易于解决。

上述店面后来换过几个承租人,最后一次闲置了几个月才找到新的承租人,且一直租赁至今。但是,租金却随行就市,先抑后扬。十几年来,这位租户每到约定的支付租金日期,每次都是他主动打电话给我,催我去取租金,极个别的时候,我因缺钱他用,打电话提前几天向他要租金,他也二话没说,爽快答应。十几年来,降租金时,他提出;涨租金时,我提出;双方口头商定一个价格,就这么履行着,无怨无悔。多么和谐的租赁关系啊。

上述三个亲力亲为的租赁实例,至少给住房租赁市场汲取了下列经验:

(1)合同当事人双方的诚信是完全履行合同义务的基石

作为立法者,在制定住房租赁规则时,应当将诚信原则贯入始终,以诚信引导租赁行为,以诚信惩罚违法行为;作为合同参与者,出租人与承租人都应诚信签约、诚信践约,一旦失信,将付出相应的代价。

(2)合同条款的约定是依约履行合同的前提

住房租赁合同有普遍适用的合同格式,亦可依具体住房和当事人的特殊需要作相应的补充、修改,总之,将合同条款约定好,遇到什么情况的出现,双方依合同的约定处理,将会减少不少矛盾。

(3)及时、妥善处理矛盾方能减少、降低双方的经济损失在合同履行过程中，或多或少会出现这样那样的问题，合同双方应平心静气地及时、妥善协商解决，肯定能减少、降低双方的经济损失。比如第二个实例，别人确实难以经营下去，你若不与人妥善处理，坚持按约定的租赁期限履行的话，他便停止支付租金，你若强制他搬出，势必扩大矛盾；你若到法院告他，等法院判决下来，逾期期限增加，损失加大，难以执行，届时，出租人的损失可能更大。

（4）合同双方应有共赢精神

承租人都知道我是律师，但我从不在租赁合同中设定什么条款来套承租人。我理解承租人也不易，人家租店（房）经营（居住），前提必须要盈利、降低成本，才能欣然付租金，实现共赢。你若条件苛刻，租金偏高，人家经营不善，没几天搬走，你再找新租户，闲置期间的损失同样得不偿失。因此，合同双方应当有共赢的精神，才能完全履约，正确处理矛盾。

泉州市廉租住房与公房管理所（下称"房管所"）系专管公共房屋及其租赁等的行政事业单位，隶属于市住建局。十几年来我们一直延续着一定的工作关系，也代理过一些租赁等案件，对公房租赁多少有些了解。

房管所的工作人员其实很辛苦的。拿的比公务员低的工资，奖金之类与公务员一样"阳光"，干的活比公务员还多，责任又不小，特别是遇到台风、下大雨天气，对老旧危房等的巡查、维护工作量很大……原所长吴兄当兵时干到副团级，转业后享受副处级，但非公务员副处级一样的收入，退休后比公务员副处级享受的退休金少一千多元，由此可见差距。他们的辛苦，换来了每年数千万元的租金收入，全入财政。租金收入每年递增，个人腰包依然故我，严重挫伤了大家的工作热情和积极性。吴兄在任时，我曾建议他打报告给上级部门，请求将每年递增的租金收入中回拨百分之几的比例作为所里的奖金，但吴兄是老实人，不敢做此事。于是，我在想，我们的人民政府不应"欺负"这种老实人，应当主动关怀，主动划出奖励资金，奖励他人，其实也是为了国有资产的保值、增值，双赢之事，何乐而不为？

对于房管所所涉公房租赁之事，有几点体会应当说说：

（1）判决书的执行问题

公房租赁纠纷案件基本上都是胜诉的，可是，胜诉之后的执行却是相当难的。吴兄在任时，曾拿一份报告给我看，反映的是十几个不是我代理的且已申请执行数年的案件没有执行的情况，他很尽职，我"瞄"了一下，也试图想办法解决，可碍于法院没有这个意思，我也就作罢了。我曾经花了很多时间、经历试图解决一座旧大厝内的三个租户的执行事宜，多次找了分管副院长、经办副庭长，虽启动了前期的执行工作，并找了两处供原租户搬迁的房屋，最终无法处理。我不知道卡在哪里，也许因为是公房，若是私房，会这么难执行吗？

（2）租金流失问题

我代理的一起解除店面租赁合同纠纷案，胜诉后，在执行时，房管所申请法院查扣店内物品，法院没有采取措施。等人去店空后，我们带着执行员到达现场，撬锁入室后，发现店内所有商品已无，连物品架等清洗一空，残留一堆垃圾。店是回收了，但十几万元的租金至今无法执行。国有资产就这么流失了，谁之过？

（3）公房失管问题

我代理的一起案件的简要案情是这样的：1949 年后，一寡妇死后，遗下 20 多 m^2 旧房及空地由政府接管，长期出租给邻居。几年前，此地旧城改造房屋被征收，邻居将之作为己有房与拆迁办签订补偿合同，并获安置。之后，房管所发现此事，便向房产管理部门、拆迁办反映，于是产生多起诉讼，最后是胜诉了。房管所下属片区的工作人员肯定存在失职，没有及时发现问题，还好房管所领导认真履职，一发现问题便及时采取有效的办法解决，否则，这一处面积虽然不大的国有资产便流失了。

兹将写给住建部的反馈意见披露如下：

关于《住房租赁和销售管理条例(征求意见稿)》之反馈意见

住房城乡建设部法规司：

兹就《住房租赁和销售管理条例(征求意见稿)》①提出下列反馈意见：

一、关于"条例"的发布者问题

按惯例，有权发布"条例"者，应为国务院，住建部无此权限。但是，查遍"条例"全文，没有看到哪个地方交代"条例"的发布者。由于"条例"是由贵部起草并向社会公开征求意见的，故我们有理由认为今后"条例"的发布者为贵部。若发布者真是贵部，建议将"条例"改为"办法"。

二、关于"职责分工"问题

"条例"第三条第四款规定："县级以上人民政府公安、国土资源、工商、税务、价格等管理部门按照职责分工，做好住房租赁和销售的管理工作。"第三十五条规定的是对前述部门不依法履职的法律责任问题。为此，建议如下：

1."条例"的发布者若是国务院，才有权对政府各有关部门的履职事宜作出规定，若是贵部，则无此权限；

2.查遍"条例"全文，未见对公安等部门的职责作出具体分工，看不到公安等部门应当如何"按照职责分工，做好住房租赁和销售的管理工作"的制度性安排；

① 以下简称"条例"。

3.没有上述第 2 项的规定,在第三十五条中凭什么证据可以认定"公安……"等管理部门不依法履行住房租赁和销售的监督、管理职责?

三、关于"质权"问题

"条例"第五条末段规定:"住房租赁企业……,可依法将住房租赁相关收益设立质权。"我不知道这一提法之前是否已有规定,我只知道这样的规定是我第一次见到。我想说的是:"住房租赁相关收益"除了金钱外,还有其他,但谁也想象不到有多少种具体情形的"相关收益"。有的"相关收益"依法不能设立"质权",而这一规定却笼统地允许其设立"质权",有违反《担保法》等的嫌疑。作为企业,它是否愿意设立"质权",有《公司法》和股东会(或董事会)管着;能否设立"质权",有《担保法》和《物权法》等管着。已经够用了,无须再开这样笼统的口子,否则,在司法实践中还得有专门的可供执行的规定和限制,实无必要。

四、关于"租赁期限"问题

"意见"第十一条第三项规定:"住房租赁企业出租自有住房的,除承租人另有要求外,租赁期限不得低于三年。"我以为,这里规定的"不得低于三年"不妥。试想:1.假如,住房租赁企业根据自身的规划,拟在二年内出售自有住房,但碍于"不得低于三年"的限制,只好选择不出租,于是,住房租赁市场上就少了这一处出租房源,显然由于这样的规定,无形中压缩了住房租赁的数量,不利于住房租赁市场的健康发展;2.出租人必须懂得这一规定,并且在合同中设立这样一个条款"因承租人仅需租赁一年,故本合同租赁期限为一年"之类的内容,否则,出租人去哪里举证证明存在"除承租人另有要求外"的证据?等等。干吗要有"不得少于三年"的限制呢?多不符合市场需要啊?住房租赁市场亦应遵循《民法总则》《合同法》规定的自愿原则、平等原则、公平原则等,不应对租赁期限有过多的限制。

五、关于"转租住房"问题

自然人转租住房之事是长期以来形成的且失管的事实,有的将整座厂房承租后改造成单间公寓出租以赢取差额利益,等等。看了"意见"第十六条第二款和第三十八条这么简单、笼统、不痛不痒的规定,甚觉不妥。倘若政府认为"转租住房"行为应当监督、管理,就应当出台便于执行的、操作性强的规定。否则,似此规定,仍然会出现一定时间的政策、法律真空期。比如,前述规定将"一定规模"的量"踢皮球"给"直辖市、市区、县人民政府制定",如此,会出现这样的状况:其一,有的地方政府看到此规定,很积极,闻风而动,立马调研,随即出台了"一定规模"的规定……于是,"意见"生效后,有的地方立即有依据可以监管"转租住房"问题,有的地方便缺乏依据监管了。其二,不同的地方政府对"一定规模"的量的规定肯定不一致,这便使同一规定在不同地区的监管标准产生不一致,甚不严肃。故此,建议对这"一定规模"应该直接作出全国一致的标准,且能立马实施和监管,并对违反该规定应承担的法律责任作出明确、具体、可操作性的规定。

六、关于"无正当理由"问题

"意见"第十七条第(一)项规定的"无正当理由未支付或者迟延支付租金"中,将"无正当理由"作为出租人有权解除住房租赁合同的条件之一,甚为不妥。"意见"没有对"无正当理由"的含义作出解释,司法实践中很难举证和判断"无正当理由"。试问:难道有正当理由就可以无限期不支付或迟延支付租金吗?这能说符合《民法总则》和《合同法》的立法精神吗?故建议还是改为以往施行多年且已被出(承)租人普遍习惯了的规定"六个月未支付或者迟延支付租金"这种易于判断、举证的内容为妥。

七、关于"违反本条例规定"问题

"意见"第三十六条中的四项行为,仅表述为"违反本条例规定"似有不妥。按以往法律或法规等的规定,都是有具体针对性的条款,如:第(一)项行为,应具体规定为"(一)违反本条例第七条第一款的规定",以此类推。

八、关于"出租人"问题

总体感觉,"条例"对于"出租人"的要求、限制多(高)于对"承租人"的要求和限制,甚至有点放任"承租人"的嫌疑。这样的规定,客观上讲会限制房源在租赁市场上的流动,不利于"出租人"积极提供房源、满足租赁市场的需要。

九、关于"承租人"问题

"承租人"的法律责任承担仅"意见"第三十七条规定的一种情形,即"承租人擅自改动承租住房承重结构的"情形,其他情形便放任"承租人"为所欲为了。"承租人"的有些行为不亚于"意见"第三十六条规定的对"出租人"追究法律责任的社会危害,如:1.“承租人"利用黑恶势力等强行承租住房的;2.承租人利用什么手段强行降低租金的;3.承租人长期不付租金的①;4.承租人利用租赁住房从事违法犯罪活动的;5.未经出租人同意,承租人擅自转租住房谋取差额利益;等。难道"承租人"的如此行为可以不必承担法律责任?倘若放纵之,势必严重影响住房租赁市场的健康发展。

十、关于"住房租金发布制度"问题

看了"意见"第十条第二款规定的"建立住房租金发布制度"的内容,但没有看到"意见"对于建立这一制度拟起何作用作出规定,那么,这种制度即便建立了,又能依法行事吗?试想,在一个区域内,肯定会出现区域内的甲区域比乙区域租金高,因为甲区域较靠近闹市区或学区房等,乙区域却较偏僻。如此,甲区域能与乙区域的租金同价吗?但是,政府公布的该区域的"市场租金水平等信息"的价格却是同价的,此种

---

① 我代理的一起房屋租赁合同纠纷案,承租人近两年不付租金,欠租金金额已达30多万元。

情形,能说甲区域的租金违反"条例"的规定吗?可见,这种制度即便建立,也难以科学、客观、公正地起到设立这种制度的初衷之效用,反而有时会起反作用。故此,本人认为,住房租赁价格,还是由市场自行调节为宜,水涨船高,水落船低,也许更具合理性。

以上谨就"意见"中所涉"租赁"事宜提出十点反馈意见,敬请笑纳,冀望回复。

此致

法安!

反馈人、律师:张少鹏

工作单位:福建侨经律师事务所

2017 年 5 月 20 日

综语

租房须合法,赁宅应付费;

双双都履约,方能现和谐。

(本文写于 2017 年 5 月 20 日,此后作多次修改)

五、民间借贷

书法

民间的资金通融行为也 丁酉年春 张少鹏 书于泉州

货 借 间 民

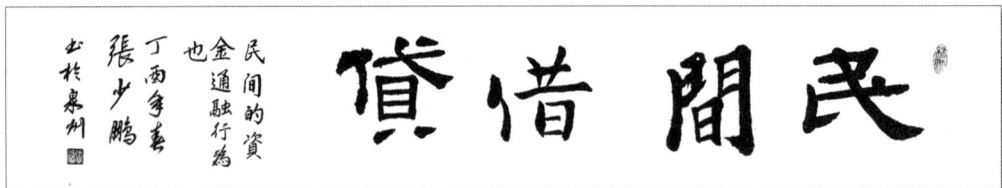

民间借贷,民间的资金通融行为也。

"借贷"一词可见《晋书·王衍传》:"父卒于北平,送故甚厚,为亲识之所借贷,因以舍之。"春秋时期,已经出现了赊贷业。《国语·晋语八》中叔向论忧德不忧贫时说,栾书的儿子桓子"骄泰奢侈,贪欲无艺(欲),假贷行贿",就是说放债取利是其增值财富的一种方法。因找不到同一晋代字体习书,故采汉华山碑体习书"民"字,采宋苏轼体习书"间"字,采南朝陈逸体习书"借"字,采晋墓志体习书"贷"字。

悟源

2017年4月1日是我离开中学43年的日子,故想写一篇文章以示纪念。

约自1987年起,我担任中国工商银行泉州分行的法律顾问,达10余年时间,其间,接触、代理、参与的借款合同案件至少在数百起以上,深知银行借贷的一些情况,因而于1994年与银行的朋友等人合作编著了《借款合同的理论与实务》一书,并于1995年2月由厦门大学出版社出版。担任专职、兼职律师工作以来的30余年时间里,至少也办理过数百起民间借贷案件,因而对借贷所涉诸事较为了解,不写点什么,似乎对号称"内行者"有点不相称;但深入研究之,又不是现在的我之本分。故而提笔简记一二,以示知晓。

释义

民间借贷,是指自然人、法人、其他组织之间及其相互之间进行资金融通的行为①。这一规定,与 1991 年 7 月 2 日最高人民法院审判委员会第 502 次会议讨论通过的《关于人民法院审理借贷案件的若干意见》第一条规定的"一、公民之间的借贷纠纷,公民与法人之间的借贷纠纷以及公民与其他组织之间的借贷纠纷,应作为借贷案件受理"之最大区别,主要在于扩大了民间借贷的主体范围,即新规定允许所有主体之间可以进行资金融通,将旧规定的篱笆彻底拆除了,如图:

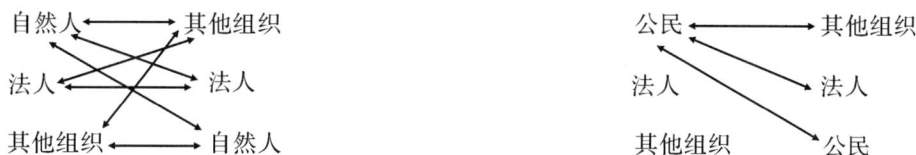

从上图即可直观地看出:新规定彻底放宽了民间资金相互融通的主体,有力地支持了当前经济发展对资金的需求。

自悟

民间借贷似魔鬼,令人着魔,又难以摆脱。

民间借贷,有时如美女般令人心花怒放,有时似豺狼般使人望而生畏。

民间借贷如洪水猛兽般大量地存在于民间。

民间借贷对于调剂社会资金的盈缺起着无可估量的作用。

民间借贷渗入到社会的各个毛细血管,在某一区域牵一发有时可动全身。

民间借贷使人又爱又恨,趋之若鹜,欲罢不能。

民间借贷使多少人从无到有,也使多少人从有到无。

民间借贷使人疯狂,使家破裂,使群丧财,使社会引发不安宁。

民间借贷助了胆大者,使其愈发壮大,使其走向不归迷途。

……说不完,道不尽的民间借贷。

---

① 此定义见法释(2015)18 号最高人民法院《关于审理民间借贷案件适用法律若干问题的规定》第一条。

大约在 1996 年,此间的我,处于钱刚花尽,初起蓄阶段①,一亲戚介绍同事向我借款 2 万元,信而借之,起初还算遵守约定,按约付息,但到了约定的借款期限届满之时,却停息并称暂无力偿还本息。首战失利,又急又沮丧,后经多次催讨,总算在没过多久之后还清。有此结果应属不错了,唯一让人不解的是,在催讨时,介绍同事来借款的亲戚却怪我:谁叫你将钱借给他? 我很费解:人是你介绍来向我借钱的,讨不着钱却反怪我将钱借给他? 真难做人! 从此,尽管没多少钱,但再也不敢将钱借给他人。也因此在孳息的征途上少了我的身影。

理论上,这样的设计是十分丰满的:甲向乙借款,月息 2%,甲将借得的款转借给丙,月息 3%,每月可轻松坐收渔利 1%,又不需要自己花一分本钱。不少人想到了,不少人去做了,可是,我接触过的却未见一位成功人士。原因很简单:现实很骨感。当丙无法还本付息时,链条断裂了,丰满的塔塌下来了,甲如何还本付息给乙? 有一个案例十分典型,不妨介绍一下:某甲觉得自己无技无历无钱又想骗称大款以取得女友欢心,有一天好像发现新大陆似的,开始干起大事来。某甲向某汽车租赁公司借车一部,将此车作为抵押物,向某乙借款 N 万元,月息 1.5%,随后将 N 万元转借给某丙,月息 3%,并取得第一个月利息。真似做梦,来钱又快。于是,如法炮制,向 N 个汽车租赁公司借进 N 部车,将 N 部车抵押借得的款全部出借。若干时间后,借款人找不到,玩失踪,此时,租赁时间早已逾期,接二连三的糟糕事出现了,出借人催讨借款本息。当汽车租赁公司知悉某甲如此做法后,马上报警,结果,某甲被以诈骗罪判刑,新婚后没几天的妻子得知内情后断然起诉与其离婚。

因为友情,资助朋友发展,结果不仅自己伤痕累累,还拖累了他人的民间借贷情形真不少,如:某甲为了支持某乙的公司发展,将自己多年积蓄的 N 万元借给某乙,又介绍某丙借款 N 万元给某乙。若干时间之后,某乙便失联了。某甲为了朋友之情,只好代某乙支付利息给某丙,直至自己再无法支付了,才取得某丙的谅解,一起将某乙诉至法院,得到的也仅是一纸至今仍无法执行的判决书。某甲因此家庭经济彻底崩溃,以致儿子难以娶媳妇;某丙略微好些,但是,养老的本钱已彻底无望回收。

某甲长期借款给某乙用于其公司开发房地产,至某乙失踪之际,累计借款本金 3 千多万元,利息 1000 多万元,虽诉至法院胜诉,但至今仍无法执行到位。之前,某甲借款 N 千万元给某乙的本息,在某乙跑路之前,已采用"以房抵债"的方式折抵某乙的公司在 N 市开发的商品房 N 套,但是,某乙失联后,N 市的房地产项目随即停工,

---

① 必须注释一下,否则,不了解我的人会对前述数个字误解我。1990 年 5 月份,刚建的房屋被征收;1993 年下半年,拿到补偿的房屋,无钱装修,与租户商量,一次性收了租户 1 年的租金,全部用于简单装修,购置新家具等,已弹尽粮绝,再拼老命合法赚钱,刚有少额积蓄之时。

后经 N 市政府出面将该房地产项目由其他开发公司竞拍走。某甲知道后,诉至法院要求落实以房抵债事由①,据说后来被法院以主体不适格为由驳回。前后两案,总额达一个多亿,已经数年,至今分文无得,要不是某甲还算有点资产,否则,日子不知如何过?

某甲将 N 万元借给某乙,某乙将某丙的小轿车抵押给某甲,某丁在某乙的介绍下与某甲签订《租车合同》,某丁取得该小轿车后,用了一个月后将小轿车"还"给某乙,某乙取得小轿车后没有交给某甲。某甲拿不到到期本息后,只能告某丁租借合同纠纷,告某乙民间借贷。尽管两个案件都赢了,但是,执行不到车与钱,某甲至今车、钱两空。

某甲是某地方商业银行某支行的副行长,私下里与所辖区域的大款们混熟了,便以各种名义向大款们借款,据说总额达一个多亿。不知何故某甲突然玩失联,大款们急了,纷纷起诉,最糟糕的是某甲之妻某丙,她确实不知某甲向多人借了如此大额的款项,依然故我地在单位上班,不时地收到法院给某甲和自己的传票,判决结果却都要求他们夫妻俩共同承担偿还借款本息的责任。由于一纸婚约而担上巨额债务的情况,比比皆是。

……各种类型的民间借贷层出不穷,上述几例仅是我所承办的民间借贷案件中略显典型的情形。

2011 年以来,在中国大地上,民间借贷领域曾发生过前所未有的震荡:温州引发民企老板跑路潮;鄂尔多斯房地产商自杀;江苏泗洪"宝马乡"高利贷崩盘;河南安阳陷入非法融资漩涡;厦门担保业频爆资金链断裂;青岛出现一房多贷乱象。浙江东阳吴英案二审维持死刑,迅速在全国范围内引发了关于民间借贷与非法集资的大讨论,尽管最高人民法院再审改判无期徒刑,但此案所产生的震荡波至今未息。温州立人集团再爆 22 亿民间借贷大案;长沙部分房地产商欠巨额民间债务失联……太多了,不胜枚举。好在我们伟大的祖国这三十余年来的改革开放,累积了庞大的资金、资产……不怕这些苍蝇、蚊子们的嗡嗡叫,累积经验,积蓄能量,再上一程。

民间借贷涉及的问题、法律关系甚多,但是,民间借贷可能引发的相关犯罪,则是必须提示一下的:根据最高人民法院《关于审理民间借贷案件适用法律若干问题的规定》第 26 条等规定,年利率在 36% 以内的,属于合法的民间借贷,超出年利率 36% 的这一部分,不受法律保护。一般情况下,判断是民间借贷还是高利贷,直观的判断依据就是年利率是否超过 36%,超过部分显然属于高利贷。社会上,高利贷的情况还

---

① 此案因较复杂,且每套房屋立一个案,近百个案件,某甲仅同意支付极少的律师费,故我婉言拒绝代理,因而无法谈及具体情况。

是比较严重的,也因此引发各种各样的矛盾,甚至犯罪。下面,仅就高利贷可能引发的有关犯罪问题,略述一二:

第一,高利转贷罪。

高利转贷罪,是指以转贷牟利为目的,套取金融机构信贷资金再高利转贷给他人,违法所得数额较大的行为。这种犯罪的最明显特征,就是从银行或其他金融机构借到资金后,高利转贷给他人,从中牟取数额较大的非法利润。与民间借贷的资金来源不同的是,民间借贷的资金来源一般是自有资金,以及非金融机构的资金。

目前,高利贷盛行,而实际生活中少有以自有资金从事高利贷行业,很多高利贷的主要资金来源便是银行贷款,因此高利转贷行为的存在具有一定的普遍性,只是它往往披着合法借贷的外衣,暗地里用于发放高利贷,不易被发现。这种行为严重地破坏了金融秩序,有很大的危害性,是不折不扣的犯罪行为。高利转贷罪是最直接打击非法高利贷行为的罪名,司法实践中应严格依照《刑法》第 175 条的规定加大此罪的查处力度。

第二,非法吸收公众存款罪。

非法吸收公众存款罪,是指违反国家金融管理法规非法吸收公众存款或变相吸收公众存款,扰乱金融秩序的行为。此罪的最显著特征是:非法向社会上不特定的群众,公开吸收存款或者变相吸收存款,而民间借贷则往往仅发生在特定的人员之间。

非法吸收公众存款属于非法集资,是高利贷从业者又一重要的资金来源,也是不折不扣的犯罪行为,根据《刑法》第 176 条等规定严厉打击可以掐断非法高利贷资金来源,净化民间借贷市场。

民间借贷纠纷所涉问题较为复杂,对于借贷双方,在发生民间借贷关系时,不应太感性了,应当理性地对待民间借贷所涉事宜,否则,一旦发生纠纷,会无形中带来许多麻烦。下面,仅凭自己历年来代理的民间借贷案件积累的一些间接经验,忠告借贷双方:

A. 给出借方的忠告

a. 关于借款方的信息问题

发生民间借贷关系之际,出借人必须要求借款人出具公民身份证、结婚证、电话、住址等基本信息。否则,一旦发生民间借贷纠纷,你连借款人的基本信息都不清楚,查证是十分困难的;有时出现借款人签的姓名与其身份证上的姓名不符,出借人要出具此两个姓名为同一人的证据也是相当难的,故应注意签名与身份证上的姓名要核对一致;有时,借款人身份证上的住址因各种原因已不存在,故还须了解现住址、经常住所地等信息,否则,一旦诉讼,无法送达。

b. 关于借款用途问题

出借人往往很看重利率,谁利率高就趋之若鹜。记得大概是在 1997 年,曾有一位亲戚对我说,他一朋友想借款 10 万元,月利率 10%,问我是否借给他。我心想:此人借钱去贩毒吗? 哪有这么高利润的营生? 心里决定不借给此种人,便回曰:只要他有房产作抵押,就借给他。之后亲戚回复:他可以拿外婆的房产证作抵押。我学法律的,有这么容易被忽悠吗? 于是答复:叫他外婆一起到房管局办理抵押登记即可。从此,没有音讯。看出门道了吧。谁知道他拿这钱去干什么? 去贩毒? 去开赌场? 去做什么来钱容易的违法之事? 否则,哪来的这么高利率的利息诱惑人? 一旦出问题,你也只能望"息"兴叹了! 赚点钱容易吗? 所以,我衷心地告诉各位出借人,别眼睛只盯着利率,还应考察借款人的借款用途、信用和偿还能力,最好要求借款人提供财产担保(如房产抵押、黄金质押等)或保证人担保,总之,要注意借款安全。

c.关于借据内容所涉问题

借款人必须向出借人出具借据,这是铁定的工作,不能碍于情面。但是,借据的内容必须写清楚。民间借贷不一定要像签订一份完整的合同那么烦琐,但是,借据中必须注意的几项内容应具体、明确,如:以现金方式支付借款本金的,必须写明"已借到现金"或"借款 N 元已收到"之类的能够表明已收到现金的内容;若是以汇款方式支付借款本金的,在借据中应当写明借款人的开户行、户名、账号等。如果约定借款期限的,出借人应当注意不要超过诉讼时效①,必须在诉讼时效内主张权利或向法院起诉或申请仲裁。有的案件当事人双方口头约定了利率,借款后也按约定支付了利息,但是,碍于面子或其他原因,不好意思写利率,结果,一旦发生纠纷,引起诉讼或仲裁,利息往往得不到依法确认,还可能将已还利息计入本金。在一份借据或借款合同中,下列几项主要内容最好不要缺席,因为每项内容都是很重要的,因不是学术研究,故不展开论证:(a)借款本金金额;(b)借款利率;(c)借款期限;(d)借款用途;(e)付款方式②及收款人姓名、开户行、账号;(f)借款人的身份证及其住址、电话;(g)争议的解决方式及诉讼(仲裁)费、律师费的承担;(h)担保条款;等等。

d.关于已婚借款人所涉问题

如果借款人是已婚者,且配偶尚在,出借人应当要求借款人的配偶在借据或借款合同上签字,并出示结婚证、身份证等。注意这一问题,主要是考虑:虽然法律上规定夫妻关系存续期间,一方所欠的债务推定为夫妻共同债务,但是,如果配偶能证明该债务未用于夫妻共同生活等,法院不会认定为夫妻共同债务。

B.给借款人的忠告

---

① 《民法通则》规定二年,《民法总则》规定三年。

② 最好是汇款,尤其是大额借款。

a. 信手书写借据的风险

必须确实存在民间借贷关系,借款人方能出具借据给出借人。实践中,有的是标会,会头也将会款写成借款,标会纠纷法院是不受理的,民间借贷纠纷法院就必须受理。有的在货款结算后将尚欠货款写成借款并约定利息;有的是介绍朋友借款给他人,自己却写借据给朋友;有的是没收到借款便出具借据给对方,事后也没有将借据讨还;等等。倘若是因为被胁迫或欺诈出具借据的,事后应及时报警,或诉至法院确认该借据无效。前述情形,若不注意,将给自己带来经济上的损失。

b. 注意在还款时及时收回借据

实践中,有的借款人用现金返还了借款本息,却忘了收回借据,或者出借人称借据没带在身上,下次再给。为了避免个别见利忘义者图谋不轨,借款人在偿还借款时应注意同时收回借据,或者让出借人出具收到还款的收条。

c. 注意法律风险

高利贷是坚决不能碰的,否则,可能产生对自己的身体、生命、财产安全的损害,除非你有本事偿还高利贷。注意不要向不特定的人大额借款,因向不特定的多人大额借款,扰乱国家金融秩序,违背民间借贷的初衷,可能涉嫌非法集资、集资诈骗等刑事犯罪,将面临刑事处罚。

2017 年 4 月 14 日,《法制日报》5 版刊登《乌市两级法院 3 年受理民间借贷纠纷案逾 1.2 万件　民间借贷缘何成社会风险"聚集地"》一文,该文主要反映新疆乌鲁木齐市中级人民法院近三年受理的 12011 件民间借贷纠纷案件的有关情况,由四个方面构成:①民间借贷风险激增,涉案金额成倍增长;②借款主体范围扩张,高息现象普遍存在;③缺乏监管乱象丛生,债务清偿风险加剧;④完善行业防控机制,提高风险防范意识。由于这是他悟(他人之悟)、公悟(吃公饭者之悟),而非自悟,故不能"抄袭"太多,有兴趣者可查阅之。

民间借贷纠纷还应注意审查是否存在虚假诉讼。最高人民法院认定的第一起虚假民事诉讼案,可谓典型。上海欧宝公司诉称,2007 年起陆续借款给辽宁特莱维公司共计 8650 万元人民币,辽宁特莱维公司以商品房滞销为由拒不偿还,上海欧宝公司请求法院判令辽宁特莱维公司返还借款本金 8650 万元及利息。辽宁省高级人民法院一审认为,上海欧宝公司要求偿还欠款的请求有理,应当得到支持,遂作出判决。但辽宁特莱维公司的另案债权人谢某提出申诉。辽宁高院在再审过程中,查明了大量复杂的事实,最终认为不足以认定双方之间存在真实的借款法律关系,判决撤销原一审判决,驳回上海欧宝公司的诉讼请求。上海欧宝公司不服判决,向最高人民法院提起上诉。围绕两家公司是否存在关联关系,是否存在真实的借款关系两大疑点,最高人民法院第二巡回法庭结合双方提供证据和依职权调查获得的相关事实,进行了深入的分析,确认两公司的实际控制人是夫妻关系,两人出于达到转移款项、躲避债权人追债等目的,虚构了这笔债权。最终,法庭当庭判决驳回上海欧宝公司的上诉,维持原判(见《人民日报》2017年4月19日18版《司法机关向"假官司"亮剑》一文)。作为律师,代理民间借贷纠纷案件,一定要注意审查当事人是否存在虚假诉讼问题,一旦发现或怀疑,不应受"丰厚"的律师费的诱惑,而应坚决拒绝代理,并劝导当事人不要虚假诉讼,以免带来新增的、不必要的经济损失。慎,慎之又慎!

结语

民间融资须谨慎,间接直接总关情;
借款本息应付清,贷出人生好信用。

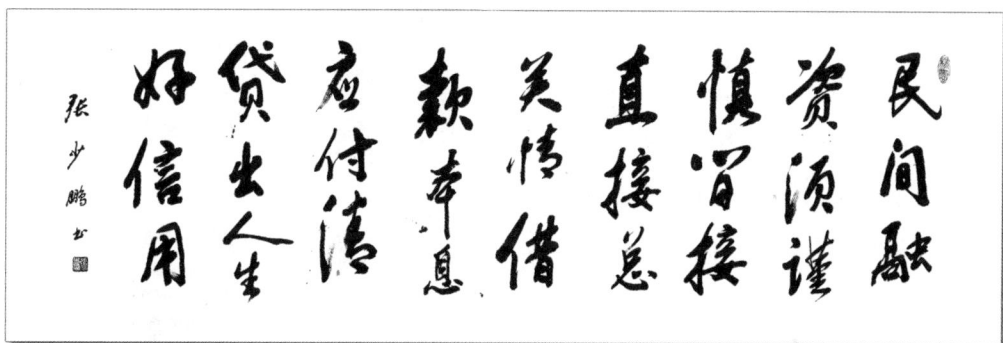

(本文写于2017年4月1日,之后作多次修改)

六、以房抵债

书法

以房抵债,用房产抵偿债务也。

以房抵债本质上亦是一种交易,但作为债权人而言,是被动的、不得已而选择的交易。《易·系辞下》曰:"日中为市,致天下之民,聚天下之货,交易而退,各得其所。"因系古人发明的交易,故采用篆体习书"以房抵债"四字。

悟缘

2016年8月份,五名当事人找我,称:其分别借给某开发公司的钱有的达千万元,后被抵了一大堆房产,现该楼盘尚未完工,但已过合同约定的交房时限和办理房产证的时间。目前,钱房两空,准备维权。我为他们准备了5份仲裁材料,到仲裁委立案后,秘书告诉我:"这种情况,法院存在两种不同观点,有的认为以房抵债是有效的,依法应予支持;有的认为以房抵债是无效的,应恢复到债的原状。最好以调解的方式结案。"我当时想,无论何种结果,对当事人都是有利的:倘若有效,依法应裁令对方支付逾期交房、办证的违约金;倘若无效,恢复到原来的民间借贷,还可多计算利息,对方若无法偿还,再拍卖房产不迟。但在我的内心里,始终认为是有效的,才会建议当事人按有效

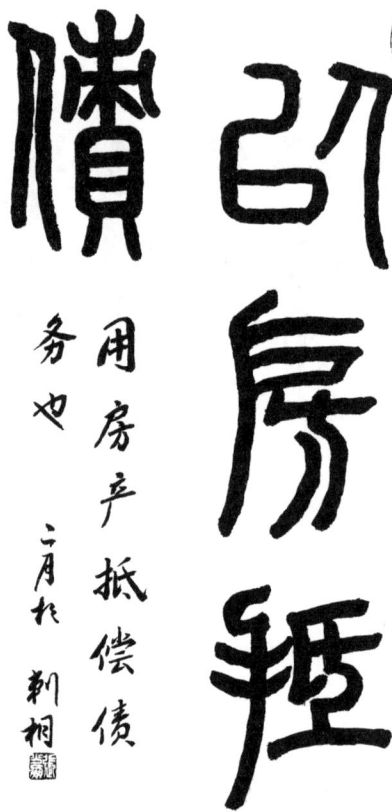

的角度提出仲裁请求。

以房抵债从外观上看类似 20 世纪 90 年代国务院批准的"债转股"方式,这种方式解决了大量的"三角债"问题,在当时,确实起了很好的效果,推动了经济的健康发展。以房抵债运用得好,同样是不可小觑的。

最高人民法院审判委员会讨论通过并于 2016 年 12 月 28 日发布的指导案件 172 号(2015)民一终字第 180 号民事判决书,确认"以房抵债"有效的理由:借款合同双方当事人经协商一致,终止借款合同关系,建立商品房买卖合同关系,将借款本金及利息转换为已付购房款并经对账清算的,不属于《物权法》第 186 条规定禁止的情形,该商品房买卖合同的订立目的,亦不属于《最高人民法院关于审理民间借贷案件适用法律若干问题的规定》第 24 条规定的"作为民间借贷合同的担保"。在不存在《合同法》第 52 条规定情形的情况下,该商品房买卖合同具有法律效力。

为预祝前述五个以房抵债案件的胜诉,故写本文志之。

释义

以房抵债,应指债务人以已有或他人所有之房产抵偿自己尚欠的债务之情形。为什么加了个"他人"?是因为也有可能发生他人愿意代债务人抵偿债务而提供房产作为抵偿物的情形。这里的债,可能是借款的本息,可能是工程款,可能是贷款,是实实在在的、有形的债务,而非无形的情债等。

自悟

在解决"以房抵债"纠纷时,同样应吸取处理"债转股"问题时的教训,以防被人利用这种合法有效的方式来达到其所掩盖的目的。由于代理的此类案件不多,故只能建议如下:

1. 债的存在依据

应当注意审查债是否确实存在。若是借贷,应着重审查借款发生当时的付款依据,如汇款凭证、借款合同等;若是工程款,应着重审查双方是否实际发生建设工程施工合同关系等,如建设工程施工合同,工程项目即施工状况、设计图纸、审批文件等;若是货款,应着重审查双方是否实际发生买卖合同关系等,如买卖合同、交货依据、货款支付情况等。

2. 债的结算依据

应当注意审查债是如何结算的。若是借贷,应特别注意利息的结算情况。最高人民法院上述指导案件指出:"人民法院对基于借款合同的实际履行而形成的借款本金及利息数额应当予以审查,以避免当事人通过签订商品房买卖合同等方式,将违法高息合法化。"这里所指的"违法高息",应指《最高人民法院关于审理民间借贷案件适用法律若干问题的规定》第 26 条规定的"借款双方约定的利率未超过年利率 24%,出借人请求借款人按照约定的利率支付利息的,人民法院应予支持。借贷双方约定的利率超过年利率 36%,超过部分的利息约定无效。借款人请求出借人返还已支付的超过年利率 36%部分的利息的,人民法院应予支持"等。

3.房的审批状况

以房抵债是否具有法律效力的前提是房产的合法性。若是房地产开发公司开发建设的房产,必须审查其"五证"是否齐全?"五证"即建设用地规划许可证、国有土地使用证、建设工程规划许可证、建设工程施工许可证、商品房预售许可证。这"五证"齐全了,方准许预售商品房。也只有将可预售的商品房抵偿债务,双方签订的商品房买卖合同方可生效,具有法律效力。

4.房的建设现状

房地产开发公司开发建设的商品房,只要封顶,即允许预售。因此,自封顶至竣工验收尚有一段时间。故此,在审查是否逾期交房、是否逾期办理房屋所有权证等情况时,应当到现场勘察该房产项目的建设现状,方能作出客观的判断。

结语

以往之债须清偿,房权合法方可当;

抵偿结算应循法,债权两讫天地宽。

（本文写于 2017 年 2 月 25 日,之后作多次修改）

七、执 行 难

书 法

执行难,法院执行中存在之困难也。

由于难,故采篆体习书之。

悟 缘

2016 年,曾在微信上首次看到大学同学张弓大律师转发的最高人民法院《关于落实"用两到三年时间基本解决执行难问题"的工作纲要》,我的第一反应是发评论内容:吹牛皮！近日,又陆续看到下列报道:

①2017 年 2 月 14 日,《法制日报》第 1 版:"周强与全国人大内务司法委员主任委员马驳一行座谈时强调:坚决打赢基本解决执行难硬仗";

②2017 年 2 月 16 日,《泉州晚报》第 16 版:"全国法院建立网络化查控体系,实现

多种财产'一网打尽',今年基本解决执行难";

③2017年2月16日,《法制日报》第3版:"老赖人没处躲钱没处藏 最高法执行局长评解执行难四大顽疾与对策"(以下简称"执行局长语录")。

看了上述报道的标题及内容,十分振奋,法院为解决执行难顽疾下了很大力气,也出现了明显的效果,应该点赞!但是,回想到接触过的执行案件,了解到的实际执行情况,闲聊时人们对法院执行情况的评价,等等,冗奋的心情却又降到了原点,故而急切地想写"执行难",记下此时的想法,以免成为"马后炮"。

释义

执行难,应指人民法院在执行工作中存在的困难,以致执行案件难以执结。这是我给下的临时定义,在法律上、网上、教科书上尚找不到此定义。也许是"执行难"一词较易理解,容易得连专家们也不愿给其下定义。执行难一词是法院创造的。在1999年最高人民法院给中央的《关于解决"执行难"问题》的报告中,吸纳、认可、创造了"执行难"一词。

最高人民法院官网2016年3月29日发布的《专访刘贵祥:用两到三年时间基本解决执行难问题》一文中,记者问:"什么是执行难?"刘贵祥局长的回答是:"执行难应是指有财产可供执行而不能得到及时全部执行的情况。被执行人丧失执行能力、无财产可供执行的情形……不应纳入执行难范畴……"这样的解释,显然与广大人民群众的认识相悖。倘若有财产可供执行,还会出现执行难问题,这完完全全是法院自身的问题,法院不被骂才怪。我理解的"执行难",应指全部执行案件。有可供执行的财产却无法执结案件,并非执行难,而是执行无能。因此,刘局长的定义,是一种自我保护式的定义,而非人民群众要求的定义。

自悟

写本文,并非在于研究"执行难"问题,主要还在于对最高人民法院发出的"用两到三年时间基本解决执行难问题"口号发发牢骚,也许有益,也许谬谈。

执行难问题不是新问题,已是老生常谈的旧问题。早在1998年3月10日第九届全国人民代表大会第一次会议上,时任最高人民法院院长的任建新老院长在《最高人民法院工作报告》中指出:"发生法律效力的判决、裁定等法律文书能否得到执行,直接关系到国家法律的尊严和当事人合法权益的实现。"次年,在最高人民法院给中央的《关于解决"执行难"问题》的报告中,将"执行难"形象地概括为:"被执行人难找,被执行财产难得,协助执行人难求,应执行财产难动。"近二十年过去了,前述四难依然故我。你以为在上述"执行局长语录"中谈及的法院采取了"网络查控""黑名单""司法网拍""执行案件一体化"措施之后,就可基本解决这四难了吗? 否! 为什么?回答如下:

A. 什么是"基本解决"

最高人民法院《关于落实"用两到三年时间基本解决执行难问题"的工作纲要》给出的解释是:"在两到三年内实现以下目标:被执行人规避执行、抗拒执行和外界干预执行现象基本得到遏制;人民法院消极执行、选择性执行、乱执行的情形基本消除;无财产可供执行案件终结本次执行的程序标准和实质标准把握不严、恢复执行等相关配套机制应用不畅的问题基本解决;有财产可供执行案件在法定期限内基本执行完毕,人民群众对执行工作的满意度显著提升,人民法院执行权威有效树立,司法公信力进一步增强。"乍看这些豪言壮语,令人像打了鸡血一样的振奋。但是,冷静后细细思考,觉得有种常年文字游戏的再现。我认真看了"工作纲要",试图找出"基本解决"的量化指标,但找不到。前述"目标",居然是以四个"基本"来解释"基本解决",这在逻辑上说得通吗? 这四个"基本"是无法定量分析、评价的,三年后,你用什么指标去评价你的豪言壮语是否实现呢? 比如,你要是能给出具体的、老百姓能看得见、看得懂的量化指标来解释"基本",三年后,拿你自定的这个量化指标来评价你是否吹牛,就十分容易了。否则,你继续玩让人无法评价的文字游戏,既当运动员又自定评价标准,三年后,评价结果仍然无法令人信服! 比如定个执行率(如:全部执结率%、无财产终结本次执行率%、历史遗留的执行案件之执结率%,等等)。再者,依我看,前述四个"基本"与"基本解决执行难问题"的内涵是不一致的,让人觉得比这一豪言壮语降了一格且难以自圆其说似的。我敢断言:为了实现豪言壮语,全国法院系统即使想尽一切招数,辛辛苦苦大干、巧干、累死累活干,三年后,仍无法实现"基本解决执行难问题"。

B. 关于历史遗留的执行案件

《工作纲要》没有将执行案件分为历史上遗留下来的执行案件与从何时起算的新执行案件,可见,《工作纲要》所及之执行难案件,应当包括人民法院历年来受理的执行案件,这样理解应该是正确的。果如此,那就更难了。咱们暂且从最高人民法院最先发出的"执行难"感叹的 1998 年起算吧,至今大概 19 年左右,在这 19 年时间里,法院有多少执行案件无法执结? 不知有否统计? 若将这 19 年累计的执行案件综合除以全国法院系统的全部执行员,即得出每位执行员应办理的执行案件总和。"两到三年",就按三年计算吧,总共 1095 天,恐怕每位执行员不休息,每天执结一个案件,都无法在"两到三年时间基本解决执行难问题"。光清理历史遗留的执行案件,两到三年都难以基本解决,更何况在这两到三年时间里诞生的新案的执行。

C. 难以理解的执行现状

法院的执行员是十分辛苦的。历年来,每位执行员手头都有数百个执行案件,卷宗像一座座小山,谁有本事记住这些卷宗里的每个案件的具体情况?领导一声号令,执行员们就陡长本事,就有能力铲平这一座座小山了?辛辛苦苦在法院工作了一二十年,现在无法入额的执行员们,还有执行的激情吗?我所知道的执行难情况不多,但所了解的执行情况与目前"轰轰烈烈"的基本解决执行难问题的情形却大相径庭:有一个房管所几年来的十几个执行案件如今仍躺在卷宗橱里睡大觉,不知何时能睡醒?有个别执行案件,已告知执行员,被执行人在跑路之前已将房产变更到他人名下,要求彻查,但是,没多久依然收到法院送达的终结本次执行之裁决书。个别案件已熟睡十余年,不知何时唤醒?有一多年的执行案件,申请人听说被执行人已逝,法院不审核调查,一直拖到如今。2017 年 3 月 8 日下午,一申请人收到法院执行员来电,告知已查被申请人的财产情况,反馈无可供执行的财产;申请人告知对方在某公司有股权、在香港有房产,执行员告知这些无法执行。2017 年 10 月 14 日某中级法院作出执行裁定书,随后,到现场在被申请人承租的店面外墙上贴了封条和执行裁定书,但没过几天,这些封条、裁定书已被撕去,至今一个多月,法院没有采取进一步的措施。2017 年 11 月,申请人来电说,法院告知:在系统上查无女方财产,告知丈夫名下有房产,法院说无法执行。刑事附带民事案件常年难以执行,被告人出狱后仍逍遥于赔偿责任的承担之外多年,仍无动于衷。有的基层法院真正执结的案件并非如上报的情形,但是,执结率却出奇地惊人,达到百分之九十几。最高人民法院在十二届全国人大十五次会议上的工作报告提供的信息:2016 年执结率达 82.60%(即:2016 年全国法院共受理执行案件 614.9 万件,执结 507.9 万件)。我不相信这个执结率,我没有了解的情况肯定更多。这样的现状,能实现上述宏愿吗?但愿可以。

2017 年 4 月 1 日,《重庆晨报》报道:全国失信人的名单中有 470 个乡镇以上的政府部门,其中 20 个县级及市级政府 22 次登上失信名单。2017 年 4 月 8 日,《法制日报》5 版刊登了《让"官赖"履行法院判决到底有多难》一文,从此文大家都可以看出:"官赖"和"民赖"一样"赖",看你奈我何?《法制日报》2017 年 4 月 21 日和 22 日 5 版"聚焦涉基层政府部门执行难"专栏,刊登了"涉案镇政府负责人拒绝与执行法官见面""'新官不理旧账'损害基层政府部门公信力",说的都是镇级政府"老赖"的事。我所了解的,还有地级政府、区级政府常年欠建设单位工程款以亿为计算单位的"老赖"之事。我突然想到:基本解决执行难的重点应当放在解决"官赖",官不"赖"了,官气上升了,树立了好的榜样,"民赖"也许就好解决了。

D. 解决执行难问题的根本是建立执行工作的长效机制

本文无意研究"长效机制"。

执行难的原因肯定是多方面的、综合的，但是，其中一个主要原因还在于法院。在上述"专访刘贵祥"一文中，刘局长谈到法院存在的问题："……法院执行手段匮乏，执行措施不力或出现消极、拖延执行，以及有关人员或部门干预执行等情形。"2017年2月15日，全国法院执行工作视频会议提出："在今年的规范执行行为专项整治行动中，将重点整治消极执行、滥执行、乱执行等不规范执行行为以及执行中吃拿卡要、冷漠硬推等现象，促进执行工作作风根本转变……"前述引用的内容，都是法院自揭伤疤，准备刮骨疗伤的表态，却让我们看到存在执行难问题，法院负有不可推卸的责任。几十年来形成的顽疾，靠一个信誓旦旦的口号，就能在两到三年时间基本解决，有点像西医，治标不治本。解决执行难问题，还得学学中医，用治本的方法——长效机制，才能根治。

谈到长效机制，我想起了一个罪名：拒不执行判决、裁定罪。这一罪名出台也有几十年光景了，但是，依此罪名追究被执行人刑责的案件，却屈指可数。司法实践中，恐怕连如何依此罪适用刑法都没有准则。2015年7月6日，最高人民法院通过《关于审理拒不执行判决、裁定刑事案件适用法律若干问题的解释》以后，才偶见报纸上报道个别案件，这在司法实践中确实不多见。其实，这一罪名，是解决执行难问题的一把利器，运用得好，威力不小，可惜的是让它躺在保险箱里熟睡了这么久。然而，《刑法》第113条规定的刑期，最高仅3年有期徒刑，惩罚力度显然不够，似挠痒痒一样，起不到震慑作用，故建议全国人大常委会对这一条文进行修订，增设几种情节，增设几种法定刑，以提升这一罪名的威慑力。

谈到长效机制，我想起一个现象：转移财产。这一问题已经成为执行难问题的拦路虎，且为普遍现象，任你执行呼声如雷，我自依然享受。凭什么？法院就是穷尽查找手段，挖地三尺，也找不到被执行人的财产，但是，被执行人依然吃香的喝辣的住豪宅乘豪车，拿他没办法。因为，财产早已被通过各种方式转移到他人名下。近日，在中国法院网北京频道看到作者何婉如写的最高院判例《老赖，未成年子女名下无正当来源大额存款可执行》一文，颇有感触。被执行人将财产转移到其子女、亲属名下，这已是路人皆知的转移财产的方法之一，但是，长期以来，法院在执行中对此却无计可施。看了该文后，我认为，执行法院的理由"在查询被执行人财产时，应将被执行人的未成年子女银行存款等财产列入查询范围，当被执行人不能举证证明该款系未成年人接受的奖励、报酬等收益的，可以将该财产认定为被执行人的财产"是正确的。因此，必须研究一个根本解决转移财产问题的办法。这个问题处理得好，执行难问题将成为"执行不难"。

谈到长效机制，我想起了一个机制：执行员的工作机制、保护机制、待遇机制、社会保障机制，等等。

中共中央办公厅、国务院办公厅印发的《保护司法人员依法履行法定职责规定》和最高人民法院《人民法院落实〈保护司法人员依法履行法定职责规定〉的实施办法》，对执行员依法履行执行职责将起到十分重要的保障作用，但在司法实践中还须作进一步地细化和完善，形成长期有效的工作机制。

但是，执行员也是人，不能总对他们在工作上提出高要求，而不管不顾他们的生活。我历来主张对法官要高薪、高福利，以促使他们主动养廉。试想，倘若政府给予执行员高薪（如与公务员相同职级的工资＋执行员岗位津贴等），并在他们退休后给予较高的待遇（如近日与几位法官在办公场所闲聊，我的头脑里突然冒出一个想法：要求法官们平时清正廉洁，客观上必然造成法官们少有朋友，退休后少有去处，政府能否建设一个"法官养老区"，让他们退休后有个地方休养、续研法律、继续发挥余热？），一旦他们在权衡是否接受贿赂时，天平自然会倾向职责，谁愿意因接受区区一万元贿赂而丢掉因工作职责而带来的丰厚回报？腾讯网 2017 年 2 月 26 日报道：澳大利亚前议长 Peter Slipper 在 2010 年担任联部议员时为满足个人嗜好，滥用纳税人补贴，公款搭乘出租车对首都堪培拉的酒店进行了游览，滥用公款总计 954 澳元（约合人民币 5498 元）、滥用纳税人补贴罪名成立。他将面临最高 5 年有期徒刑，而且失去领取议员每年 15 万澳元的退休金的资格。这么天壤之别的差额，谁不会掂量？反之，以高薪促主动养廉，比多少次的开会更有实质的效果。

我深信，执行员的工作机制、保护机制、待遇机制、社会保障机制等做好了，将极大地焕发出执行员的工作热情和主观能动性，执行工作将顺利、正常开展，执行难问题将被抛到九霄云外。

谈到长效机制，我想起一个办法：综治。解决执行难问题，靠法院一方单枪匹马行天下肯定不行，必须依靠社会力量的综合治理。看了《福建日报》2017 年 2 月 20 日第 4 版刊发的中共福建省委办公厅、福建省人民政府办公厅印发的《关于加快推进失信被执行人信用监督、警示和惩戒机制建设的实施意见》，深感各级党和政府切实贯彻中共文件精神，切实从机制建设方面全力支持法院工作的重要性。2017 年 4 月 11 日，《法制日报》11 版刊登了《青海省人大常委通过决定加强法院执行工作》的报道。该决定从五个方面支持法院的执行工作：①构建综合治理的执行工作局面；②全面加强和规范执行工作；③深入推进执行网络查控系统建设；④建立和落实联合惩戒机制；⑤依法惩治拒不执行犯罪。各个省、市党、政、人大陆续出台支持人民法院的执行工作的规定，这么强有力的支持，法院再喊"难"，也必须迎"难"而上了。

谈到长效机制，我想起了一个立法。解决执行难问题，长期以来，首先想到的就是如何在立法上有个突破，制定出专门解决涉及执行的横向、纵向、纷繁复杂的问题的执行方面的法律，以从法治的角度根本解决执行难问题。近日，很高兴看到安徽省高级人民法院张坚院长在十二届全国人大五次会议上建议:"尽快出台强制执行法,为从根本上解决'执行难'提供制度保障"(见 2017 年 3 月 10 日《法制日报》第 5 版《"执行难"痼疾亟须专门立法根治》一文)。张坚说,从 2000 年起,受全国人大常委会委托,最高人民法院就成立专门小组,着手起草民事强制执行法草案,经过对国内外执行工作、执行立法、执行理论的广泛调研与论证,目前已经完成第六稿的民事强制执行法草案制定,相关法律规制进一步成熟、完善。当前,在基本解决执行难的大时代背景下,出台强制执行法进入难得的历史机遇期,其时已至,其势已成。说得好,倘若全国人大能及早出台强制执行法,使执行工作能在法治的轨道上正常运行,使人们逐渐对强制执行的威力产生共识,运行若干年后,"执行难"问题才能真正基本解决。

谈到长效机制,我想起了一个词:制度设计。一项制度设计得好,肯定能使该项工作如虎添翼;但倘若设计不好,必然处处受阻,难伸手脚。

最高人民法院《关于民事执行中财产调查若干问题的规定》(2017 年 1 月 25 日最高人民法院审判委员会第 1708 次会议通过,自 2017 年 5 月 1 日起施行),对于民事执行中的财产调查工作作了很详细的规定,肯定是有益的,赞美的语言就不表达了。我考虑的是这样一个问题:

第六条 被执行人自收到执行通知之日前一年至提交书面财产报告之日,其财产情况发生下列变动的,应当将变动情况一并报告:

(一)转让、出租财产的;

(二)在财产上设立担保物权等权利负担的;

(三)放弃债权或延长债权清偿期的;

(四)支出大额资金的;

(五)其他影响生效法律文书确定债权实现的财产变动。

这里规定了一个时间界限:"自收到执行通知之日前一年。"我认为,这样的设计,是自绑手脚。有些案件,从起诉之日起,经历一审、二审,其间又出现公告送达,等等,直至执行通知之日,已经一年以上了,债务人有足够的时间做第 6 条要求报告的五种情况。这个规定一出台,债务人就可以不报告一年前所做的这五个方面事情了,并不违反这一规定。我想不通的是:为什么要设计个"一年"? 这"一年"有何科学依据?我们这种在司法第一线摸爬滚打了三十几年的老者,最不理解的就是在这种重要的节骨眼上,给你来个时间上的限定,好事往往就在这个时间限定上给办成孬事了。

我经办的一起民间借贷纠纷案件,借款人在跑路之前,已将其名下的三个店面和一套商品房变更在其员工名下。出借人在联系不上借款人之后,才考虑是否起诉。起诉后法院又经过较长的送达、审理、判决等过程,胜诉后的申请执行,出借人提供了前述财产线索,法院一查,已不是借款人名下的财产。执行员要是能调查新的"房主",要求其出具付款依据,肯定马上露馅。可是,执行员只给你来个终结本次执行裁定书完事。由此,我才想到要解决执行难问题,制度设计其实很重要。比如:为了防止转移财产,一定不能有时间上的任何限制,否则,有的人会钻这个时间的空子,让你止步于时间的界限。假如规定不论何时,只要发现是转移财产性质的,一律无效,该被转移的财产马上进入拍卖程序。如此,债务人再想转移财产,就觉得没有意义了,还得无端损失转移财产的成本。

谈到长效机制,我想起了一个词:强制(执行)力。法院执行案件,如何体现强制力十分重要。长期以来,法院执行软绵绵的,没有强制力,便失去威慑力,判决书成为一张废纸,就是因为没有强制力造成的。2017年5月4日,《福建日报》3版将这样的一起执行案件作为赞扬的例子报道了,即:

"福清法院依法强制执行被占房屋

本报讯(记者 陈则周)因祖父老宅拆迁,俞某等人分得8套安置房,不料竟被占用20多年。日前,福清市法院执行局对这起案件进行强制执行,强制腾空了被占住房。

据了解,此次申请执行人俞某等13人是华侨,长期在国外。俞某祖父老宅拆迁后分得8套安置房,由亲戚魏某等人代管。不料时间一长,魏某等人竟鸠占鹊巢,不肯搬离。无奈,俞某等将魏某等4人诉至法院。2004年9月10日,福州市中院民事判决生效,责令魏某等返还房屋,但遭拒绝。2005年1月,俞某等人申请强制执行。后十几年间,福清市法院多次进行强制执行,均未果。

据了解,本次强制执行的8套房产,其中3套已腾空交付申请执行人的家属及代理人,2套房屋现场达成租住和解,剩下3套将由各自代理人前去法院协调解决。

看了之后,我首先为申请人庆幸,拖了十几年的执行案件终于见到曙光了。但是,反思此案,8套安置房的执行标的是现成的,可执行的,为何要拖十几年?这里面有何猫腻?难道法院的执行力就这么差吗?不信!法院欠债十几年了,还当典型来曝光!通过此案,我们也可看出,倘若法院长期以来就具有很强的执行力,被执行人早就闻风丧胆了,还敢拒执十几年?执行力的提升,涉及法院的内功修炼问题,我就不多评价了。

《法制日报》2017年5月27日7版刊登了重庆市第四中级人民法院党组书记、院长孙海龙《基本解决执行难要构建长效机制》一文,仅从孙院长此文的标题,足证其与本文所及的两个主旨内容是一致的:其一,解决执行难必须构建长效机制;其二,目前,长效机制还没构建完毕,执行难怎能基本解决?

近来,我欣喜地看到最高人民法院为落实"用两年到三年时间基本解决执行难"之承诺开展了一系列活动,特别是最高人民法院官网于2017年4月19日发布了《最高法开展规范执行行为专项整治行动"十个严禁"划出执行工作"高压线"》。其中，《人民法院规范执行行为"十个严禁"》的内容为"一、严禁在办理执行案件过程中'冷硬横推'及消极执行、拖延执行、选择性执行；二、严禁明显超标的额查封、扣押、冻结财产及违规执行案外人财产；三、严禁违规评估、拍卖财产及违规以物抵债；四、严禁隐瞒、截留、挪用执行款物及拖延发放执行案款；五、严禁违规适用终结本次执行程序及对纳入终结本次执行程序案件不及时定期查询、司法救济、恢复执行；六、严禁违规使用执行查控系统查询与案件无关的财产信息；七、严禁违规纳入、删除、撤销失信被执行人名单；八、严禁在办理执行案件过程中违规会见当事人、代理人、请托人或与其同吃、同住、同行；九、严禁在办理执行案件过程中"吃拿卡要"或让当事人承担不应由其承担的费用；十、严禁充当诉讼掮客、违规过问案件及泄露工作秘密。"专项整治活动的内容为消极执行、选择性执行、乱执行、执行不廉、作风不正、有令不行。这次专项整治活动，明显是在整饬队伍，对于依法开展执行工作具有相当重要的作用。但是，毕竟执行工作不仅仅涉及法院，还涉及上述所及的各个方面，且刮骨疗伤无法一蹴而就，必须建立执行工作的长效机制，方能长治久安。

　　《法制日报》于 2017 年 3 月 29 日、4 月 5 日、4 月 19 日的 11 版刊登了最高人民法院党组副书记、副院长、二级大法官江必新的文章：《执行难破解之策（一）》《执行难破解之策（二）》《执行难破解之策（三）》。江必新副院长可谓专家型大法官，他在文中谈及之"策"，更多地仅涉及法院内部的执行工作之策，而对于涉及法院外部的执行工作之策，落笔甚少。执行难不仅是法院的问题，更多的还主要是外部且长期积重难返的问题，靠一役之功，解渴而已。故还应再考虑一些解决执行难问题的外部之策。内、外结合，长、短兼修，我不信：如同修长城那样，坚持 N 年，不就修了个万里长城吗？解决执行难问题的各项工作汇聚共抓 N 年，将这"难"字逐渐化解为"较难""有点难""不难"……还是有可能的。

　　2017 年 4 月 27 日，看《法制日报》2017 年 4 月 26 日 11 版，很醒目且熟悉的标题《执行难破解之策（四）》，有点欣喜，以为江院长提出了解决执行难问题的外部方案，则我写的上段文字内容必须修改。然而，一经细读，再拿来《执行难破解之策（一）》对比，原来"（四）"的全文系"（一）"的上半部内容，一字不落照抄，我一头雾水。这肯定不是江院长的问题，不知该版编辑什么意思？若是全文重发，不应该有"（四）"，你按"（一）""（二）"……顺序照来，有了"（四）"，就肯定是错误的，不想猜测，不想批评人家，都不容易，且看今后《法制日报》对此有否解释再说吧。

　　次日晨起，想想还是得给总编写个信，问问缘由。于是，提笔写了这样的内容：

雷晚路 总编辑：

你好！

看了《法制日报》2017年4月26日第11版刊登的《执行难破解之策（四）》一文，乍看内容，似曾相识。故找来《法制日报》2017年3月29日第11版刊登的《执行难破解之策（一）》核对，原来，"（四）"的全文系"（一）"的上半部内容。我觉得这样发表文章似有不妥，不知为何如此安排？望能回复，以解此惑。

此致

编安！

律师：（签名）
2017.4.28.

通讯地址：福建省泉州市鲤城区北门街华侨新二村2排14号
电话：13505021234　　　邮编：362000

福建侨经律师事务所　　　　　　　　　第＿＿页 共＿＿页

信是特快寄出的，还没收到回复之际，看到《法制日报》2017年5月3日11版刊登的《执行难破解之策（五·完）》一文，以为又有新东西学习了，谁知拿来《执行难破解之策（一）》对照，如出一辙，原来，"（五）"系"（一）"的后半部内容，一字不落。此时的我，唯有叹息，又能何为？谁之错？客观地说，江院长的《执行难破解之策》的全文内容，就仅有"（一）""（二）""（三）"，本来全文在一个版面上发表就完事了，编辑非得将它分开发表,且"(四)""(五)"的内容与"(一)"的内容全部相同,不知何意?我以为,肯定不是江院长的想法,说不定江院长至今还不知道如此安排。我敢肯定地说,这种做法肯定是错误的。相信总编看到我的信,应该会有妥善的处理意见的。结果如何?唯有恭候。

看了《法制日报》2017年5月23日11版报道的《山东出台推动法院执行工作意见　确保年底前基本解决执行难》一文,在对其"初生牛犊不怕虎"的精神感动之余,为其捏了一把汗:剩七个月时间了,口号喊得这么响,真能完成任务吗?解决执行难问题显属系统、长期工程,千万不要将它搞成"豆腐渣"工程,以免政府带头失信于民。

《法制日报》2017年6月13日12版刊登了《河北省人大常委会首次评议法院执行工作　推动形成解决执行难强大合力》一文,乍看这一标题,以为河北省人大常委会组织一个什么评议组对法院执行工作进行评议,然而,细看该文第一自然段所写内容:"河北省第十二届人大常委会第二十九次会议近日听取并审议了河北省高级人民法院《关于全省法院执行工作的情况报告》,会议以无记名投票的方式进行了满意度测评,总体满意度为98.64%,测评结果为满意……"

原来,是通过参会要员投票的方式评议的,可信度如何?阅者心里自有一杆秤。

凭良心说,几十年累计下来的老大难问题,让现任法院院长、法官们在本任内去清理积弊,是很为难人家的。对法院执行工作进行"评议",是一种苛求,完全没有必要;像这种投票式的"评议",形式而已,更无必要,简直是浪费有限的各方面资源。对法院工作的审议,在每年一度的人大会议上已经审过了,将执行工作专列投票"审议",是重复的,也是不好的先例,依此逻辑,今后还可以单项"评议"法院的刑事审判工作、民事审判工作……那还得了。果真需要评议,应当组织各界的专家组,首先制定评议标准,再依该标准进行评议,才有评议依据,才能令人信服。

2017年8月8日,《泉州晚报》6版刊登了《泉州市中级人民法院关于民事执行中实行悬赏执行的规定(试行)》,看来,各地都在快马加鞭地落实基本解决"执行难"问题,我十分欣慰,但愿诺言成真!

在房管所一租赁合同纠纷仲裁裁决执行案中,某中级法院于2017年7月14日作出执行裁定书,于2017年9月19日下午到该房屋(店面)外墙上贴封条和该执行裁定书。过几天,该封条和执行裁定书皆无。我拍照反映,没有动作。2017年12月18日打电话问此案的执行情况,被告知:因执行案件多,本市所有仲裁执行案件拟全部移至基层法院执行,本案亦同时移送某区法院执行。我顿觉十分无奈。租赁合同终止,执行店面是十分简单的事情,还得如此折腾?是法院的问题,还是什么问题?难道这么容易执行的案件也叫执行难吗?我顿时对"用两到三年时间基本解决执行难问题"感到无比的失望。两年时间快用完了,易案都在如此呼声中变成难案了,剩余的一年左右时间还有望吗？唯留一丝伤感：法院推责，执行何易？

综语

执结案件靠法制，行使权力莫放肆；

难案不难须智慧，长效机制永顺济。

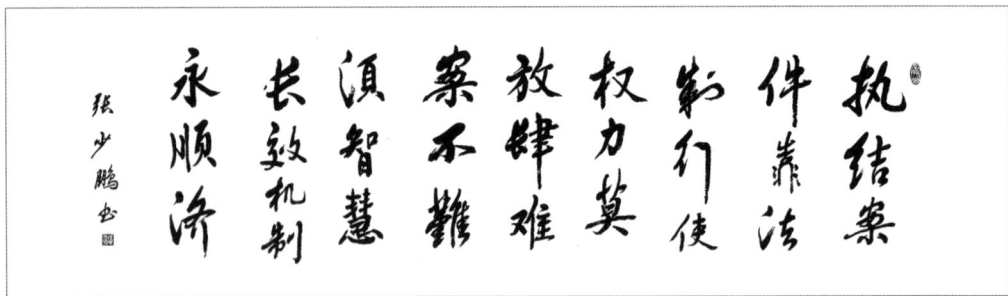

（本文写于 2017 年 2 月 20 日，之后作多次修改）

八、反腐败

书法

反腐败：反对腐败，倡导廉政也。

2017年5月5日为立夏。《礼记·月令》谓立夏之日，"蝼蝈鸣，蚯蚓出，王瓜生，苦菜秀"，故采汉说文解字体习书"反腐败"。

悟源

2017年五四青年节，我看到微信朋友圈上传的习近平总书记到中国政法大学考察的照片；第二天，看到中央电视台新闻联播播放的习总书记考察中国政法大学的新闻，倍受鼓舞。有朋友发微信向我祝贺五四青年节快乐！我不假思索地回了这样的内容：从外观（年龄）上看，我已进入老年行列；但在内心里，我依然有颗年轻的心。所以，祝内心里的青年节快乐！是啊，若无年轻的心，哪有兴趣写本书？

2017年5月5日是立夏，正值反腐电视连续剧《人民的名义》在中央电视台热播结束后的反思期，故想写写涉及反腐败的问题。

古人写立夏之诗者不少，其中，写得最多者：南宋诗人陆游25首，宋末元初的诗论家方回16首，明末忠臣（官至礼、兵两部尚书，太子太保，武英殿大学士）郭之奇12首。可见，古人多重视这一节气啊！为表示我对这一节气的敬重，特地选个重大题材的话题写写，以慰先人，以儆后人。近来，我们伟大的祖国捷报频传：港珠澳大桥海底隧道全线合龙;国产大型客机 C919 首飞成功;超越早期经典计算机——世界首台光量子计算机在中国诞生;等等,也就要求我必须写写能与之配套的重大题材。

释 义

给"反腐败"一词下定义,已无必要,这是众所周知的东西。以习近平为总书记的新一届中央领导集体,对于反腐败工作极为重视。2012 年 11 月 17 日,在十八届中共中央政治局第一次集体学习时,习近平总书记发表的《紧紧围绕坚持和发展中国特色社会主义 学习宣传贯彻党的十八大精神》重要讲话中指出:"反对腐败,建设廉洁政治,保持党的肌体健康,始终是我们党一贯坚持的鲜明政治立场,党风廉政建设,是广大干部群众始终关注的重大政治问题。'物必先腐,而后虫生。'近年来,一些国家因长期积累矛盾导致民怨载道、社会动荡、政权垮台,其中贪污腐败就是一个很重要的原因。大量事实告诉我们,腐败问题越演越烈,最终必然会亡党亡国! 我们要警醒啊! 近些年我们党内发生的严重违纪违法案件,性质非常恶劣,政治影响极坏,令人触目惊心。各级党委要旗帜鲜明地反对腐败,更加科学有效地防止腐败,做到干部清正、政府清廉、政治清明,永葆共产党人清正廉洁的政治本色。各级领导干部特别是高级干部要自觉遵守廉政准则,既严于律己,又加强对亲属和身边工作人员的教育和约束,决不允许以权谋私,决不允许搞特权。对一切违反党纪国法的行为,都必须严惩不贷,决不能手软。"2013 年 1 月 22 日,习近平总书记在中国共产党第十八届中央纪律检查委员会第二次全体会议上发表的重要讲话,不但为中国反腐倡廉指明了方向,也为他个人的"反腐观"再添三项新内容,即:一是反腐倡廉关键在"常""长"二字;二是要坚持"老虎""苍蝇"一起打;三是反腐倡廉建设必须反对特权思想、特权现象。

习总书记的谆谆教导,就是反腐败定义的最好诠释。我辈无能,就不要为难我下此定义了。

自 悟

《律师法》第 2 条规定:"律师应当维护当事人合法权益,维护法律正确实施,维护社会公平和正义。"依此规定,律师依法维护委托人(刑事案件大多为被告人、犯罪嫌疑人)的合法权益,是其天职,更是其法定义务。但是,律师要真能做到这一点,还真不容易,因为,此时还要考验律师的责任心和专业水平。腐败者是社会公敌、罪人,但是,其在被依法惩处之际,同时也有法律给予的合法权益,应予同时维护,不能为了打击而疏于维护其合法权益。为了担心人们对我的误解,只好先铺垫前述内容,以为避嫌,说我假"反腐"。

大约在 1990 年期间,原晋江专区泉州市(即现鲤城区、丰泽区、洛江区三个区的区域范围,1996 年原晋江专区改名为泉州市,1997 年 6 月经国务院批准,原泉州市区划调整为鲤城、丰泽、洛江三个市辖区)交警部门出现干警腐败事件,在当时影响很大,街谈巷议。反腐的结果,就是逮捕的三名警察以受贿罪依法处理结案。当时,我刚办理完一起边防副营级参谋涉嫌犯罪①的案件,一审判无罪释放。此案亦产生重大的社会影响。这位无罪释放者与前述三名警察熟悉,便推荐我为其中的两名警察辩护。乍听此案,我直摇头。领导抓的重要案件,我能辩出什么好的效果来? 办理第一起案件时,正值我母亲病重住院期间,一边要上课,一边要看护母亲,一边要办案,还好当时年轻顶得住,总算将此案辩成缓刑。办理第二起案件,由于受贿数额 3 万多元在当时已是较高的,要判缓刑难度更大,必须找个突破口。由于此人在主动投案后没有讲清全部犯罪,故公诉机关在起诉书中没有认定其属于自首。而此案要达到缓刑的效果,就必须认定自首方可。在当时,对于自首的法律规定、司法解释、刑法理论,可以找到的判例等等都较少,一向责任心较强的我,为了找到理论上的突破口,想了好几天,还想不出一个易于让法官们采纳的理由。第二天要开庭了,当晚再想不出,他的命运就算栽在你手上了。直想到子夜一点多钟,突然一个想法冒了出来:犯罪嫌疑人只要如实交代了本案的主要犯罪事实,就应视为如实供述自己的罪行,在其他条件同时具备时,依法应当认定其为自首。想到此,高兴得要命,立即决定睡觉。庭审后,这一辩护意见被法官采纳,被告人被认定为自首,并适用缓刑。我无法考证这一主张是否系本人首创,欣喜的是,在 1998 年 4 月 6 日最高人民法院审判委员会第 927 次会议通过的《关于处理自首和立功具体应用法律若干问题的解释》中,已经采纳了这一主张。

1997 年《刑法》于 1997 年 10 月 1 日起施行。记得在 1997 年 9 月份,我办理的一起受贿案开完庭,按旧法规定,受贿 3 万多元是不可能判缓刑的。庭审后,我向法庭建议:此案的判决时间最好在 10 月 1 日之后,否则,法庭按旧法判决,当事人肯定上诉。二审审理期间,新法生效,按新法的规定,一审判决结果肯定会偏重,必须改判,这样就影响到法院判决的严肃性等。法庭采纳了我的建议,在 10 月份作出判决,依新法量刑,并宣告其缓刑。当事人服判,没有上诉,公诉机关亦无抗诉。

2016 年 1 月份,我受理的一起受贿案开庭,受贿金额 135000 元。此案若依照 1997 年《刑法》第 386 条、第 383 条的规定,属于判处 10 年以上有期徒刑范围,之前的司法实践已多有判例。此人的命运虽孬亦佳,孬的是他"运气"不好被逮着,佳的是这一时间点,正值司法部门在调整贪污贿赂犯罪数额与量刑的关系。我在网上查到了

---

① 见本书第一编"一、盗运珍贵文物出口案",此处不赘述。

北京市高级人民法院对原国家体育总局跆拳中心副主任赵磊受贿30万元获刑3年的"试水"判决,以及北京市第二中级人民法院对隰某受贿13万元自首判一年半的"试水"判决,根据被告人的自首、坦白交代、退赃等情节,结合"试水"判决,我向法庭提出判处3年以下有期徒刑并宣告缓刑的建议。庭审后,迟迟未收到判决书。快过年了,家属望眼欲穿地盼望他能回家过年,多次询问何时下判。经多方了解,原来,泉州地区的此类案件已开庭的不少,都在等新规定的出台,否则,一审按1997年《刑法》判了,二审还得依新的司法解释的规定改判。当事人及其亲属们煎熬了3个多月,终于等到了佳音:《最高人民法院、最高人民检察院关于办理贪污贿赂刑事案件适用法律若干问题的解释》自2016年4月18日起施行。随即,收到法院的判决书,采纳了我的前述建议,被告人被当庭释放。

我们反腐败,是反对腐败分子违反法律的行为,腐败分子的合法权益,仍然是受法律保护的,依然应该依法保护。

说到腐败,我想起了来自《吕氏春秋·尽数》里的一句话:"流水不腐,户枢不蠹,动也。"毛泽东同志在《论联合政府》一文中指出:"有无认真的自我批评,也是我们和其他政党互相区别的显著标志之一。我们曾经说过,房子是应该经常打扫的,不打扫就会积满灰尘;脸是应该经常洗的,不洗就会灰尘满面。我们同志的思想,我们党的工作,也会沾染灰尘的,也应该打扫和洗涤。'流水不腐,户枢不蠹',是说它们在不停的运动中抵抗了微生物或其他生物的侵蚀。""流水不腐,户枢不蠹"一语引申到反腐败中,主要解决的是思想上的"动"——领导干部在思想上经常"三省吾身",自觉筑起在思想上抵御腐败的篱笆,在思想上自律、自警,在思想上自我批评,而非组织上的"动"——经常调动领导干部的工作岗位。毛泽东同志在这一方面为我党的领导干部树立了典范。他位高权重,却仍两袖清风,一尘不染!

说到反腐败,我想起了宋代的一首反腐诗。据记载,宋神宗元丰三年,刘瑾调任福州太守,刚一上任,就下令在元宵节大摆花灯。为此,他要求福州每户居民不论贫富,一律装点花灯十盏,悬挂在楼前屋檐下。一盏花灯要花二钱银子,十盏花灯就是二两银子。可当时,福州正值水灾之后,百姓生活十分艰难。福建诗人陈烈看到官府告示后义愤填膺,决心为民请命。于是,他登上福州鼓楼,在一盏大红灯笼上题上反腐诗一首:"富家一碗灯,太仓一粒粟;贫家一碗灯,父子相聚哭。风流太守知不知?惟恨笙歌无妙曲。"

这首诗开门见山、直截了当,像匕首一样直刺不管百姓死活、大搞形象工程的刘太守(见《法制日报》2017年3月5日13版《独树一帜的宋代反腐诗》)。

由此,我想到这样一个问题,中央决策层在对地方官员为政一方时的戒律,如何在制度设计上,有大体这样的规定:地方重大政务,必须经过科学论证,不能一把手一个人说了算。改革开放这么多年过来,已经发生过许多一把手拍胸脯的形象工程,有的已成鬼城,有的已经烂尾,经济损失、政府失信等等都被这种"一言堂"给毁掉了。我无力帮党中央设想一个什么方案,但是,我想到了,提出来,只能建议党中央找些能人在这一方面调研一下,做出科学的论证和可行的规定。

说到反腐败,我想到了最近在中央电视台热播的电视连续剧《人民的名义》,剧中有句台词写得真好:"得罪千百人,不负十三亿。"这是我们坚强的中纪委不负人民期望的生动写照。因此,建立一支有理想、有信念、有党性、有法纪、有水平的反腐败队伍是震慑腐败、坚决反腐的重要举措,更是反腐永远在路上的主力军。

说到反腐败,我想到了一篇文章:《反腐需要全民"捡垃圾"》(见《人民日报》2017年3月30日21版)。该文介绍:近日,一个名为"腐败观光游"的活动风靡墨西哥首都墨西哥城。从2017年2月起,这个完全由民间发起的免费观光游活动组织游客参观该国10处与腐败案关联密切的地方,其中包括因墨西哥警察与黑势力勾结导致43名学生失踪而立的"血色43纪念碑",以及因墨西哥大毒枭古斯曼两次从该国最森严监狱逃脱而备受质疑的内政部等等。活动推出没多久,计划的行程预约就已爆满。一位老人在参观完"反腐观光游"后感慨道,当人们看到地上有垃圾时就会毫无顾忌地再扔,但当地上没有垃圾时便会保持克制。反腐也是一样,每个人都行动起来,做好自己的那点事,那么根除腐败是迟早的事。自党的十八大以来,党、政官员们收敛了许多。有一位老板告诉我,以前,办什么事送礼请客是常事,大小官员们少有拒绝,现在,这些官员们礼不敢收,客不敢受请。看来,此场轰轰烈烈的反腐斗争,真的是收到效果了。为此,只要我们坚持"捡垃圾",一如既往,则风清气正的政治生态将指日可待!

说到反腐败,我想到了一本书:《防治腐败简论》(见《福建日报》2017年5月2日12版)。我还没看到此书,但是从郑传芳先生《防治腐败研究的新视角——读〈防治腐败简论〉》一文中窥见了该书的"新视角"。我想说的是,历年来,我国社会各界在研究反腐败问题方面出现了不少成果,政府有关部门应当重视这些成果,应当拨出科研经费重点研究一些难题。尽管这些年来我国在反腐败实践中已经取得了阶段性辉煌的战果,但是,反腐永远在路上,既然还"在路上",就有深入研究的必要。反腐败的研究成果,对于今后的立法、司法、制定新政策、建立新秩序等等方面,将起重要作用,故应予以特别重视。

说到反腐败,我又想到了一篇文章:《念好"紧箍咒" 织密"防腐网"——如何建立健全党内监督体系》(见《人民日报》2017年5月3日9版)。作者从四个方面阐析了该文的主旨:一,党内监督无禁区;二,构建严密完整监督体系;三,强化党内监督执行力;四,积极发挥外部监督作用。这是从党内监督的角度论述构建党内监督体系问题,看了令人振奋。2016 年年底,中央决定在北京、山西、浙江三省市开展国家监察体制改革试点工作,这是一项十分重大的组织和制度创新。我深信:通过这一工作的开展,只要全党上下同心、不懈努力,就能构筑起一道坚固不破的监督屏障,共同维护党内政治生态洁净的天空。

说到反腐败,我想到了"22 份忏悔录"。看了 2017 年 4 月 7 日《法制日报》5 版《22 份忏悔录反思堕落原因 17 人丝毫未提监督问题 一些落马官员无接受监督意识成"一霸手"》一文谈到的"17 人丝毫未提监督问题",深刻地告诫我们,长期以来,党内外的监督制度不是没有,而是形同虚设,党、政部门的一把手毫无监督意识而成为该单位的"一霸手"。这就要求我们在制度设计上,如何变被动监督为主动监督,变长期失监为随时受监等局面,使一把手们牢固树立被监督的习惯,随着党规党纪不折不扣地落实,"不敢腐、不能腐、不想腐"才会成为我国的政治生态。

说到反腐败,我想到了中央纪委曝光的八起扶贫领域腐败问题的典型案例(见《人民日报》2017 年 3 月 30 日 4 版)。看到这八起典型案例,真令人毛骨悚然,小小"八品芝麻官",如此胆大妄为,连扶贫款都敢贪占。由此,我想到,在专项领域的反腐更应引起有关部门的高度重视。中央十分重视"精准扶贫",同时,还应重视精准打击重点领域的腐败现象,使党的决策能够一贯到底,不打折扣,不雁过拔毛,重树人民对党的信任,各项工作才能顺利开展。

说到反腐败,我想到了一个立法问题。查阅 360 百科,突然把我吓了一小跳:"中华人民共和国反腐败法。"我怎么不知道有这样一个法呢?难道我真的老了,失忆了。我进一步查看该词条内容,原来是南京市人大常委会主任陈绍泽建议全国人大常委会起草《反腐败法》草案。只是个建议,360 百科也太不懂事了,这么隆重地推出这么一个法来吓唬我这宠辱不惊的老律师,好意思吗?尽管如此,我倒觉得,陈绍泽主任的这一建议是可取的,应当引起全国人大常委会的重视,并开始着手开展此项工作,从立法上根本解决反腐败问题。

说到反腐败,我想到一个现状:小官大贪。近日,一个微信消息谈及某村书记贪污该村公款 1 个多亿,因没看到报纸上的报道,不敢确认。《法制日报》2017 年 4 月 26 日 8 版刊登的《"组团"贪腐两千余万元 一个贫困乡乡长的不归路》一文,报道了山东省德州市陵城区一个名不见经传的小乡镇——于集乡,辖区只有 1.8 万人口,2011 年到 2015 年,该乡人均纯收入只有 7554 元到 11234 元,属于经济落后乡镇,但却出了一个涉案千万元的巨贪——刘传银。2005 年至 2015 年 3 月,刘先后担任该乡乡长、党委书记,却伙同他人非法侵吞公款 823 万余元,还有 1082 万余元不能说明合法来源。2016 年 10 月 12 日,刘因犯贪污罪、巨额财产来源不明罪被法院判处有期徒刑 16 年。小小一名正科级"芝麻官",居然在一个如此贫困的乡镇,有如此巨大的贪欲。这些小官的腐败行为已经严重地侵蚀着党的肌体,使党和政府的光辉形象在人民群众的最底层被严重地损毁。因此,反腐败,虽然人们喜好的是看到抓到"大老虎"级的高官,但是,在基层的层面上,小小"苍蝇"的被捕,对基层人民群众更有贴身的体验,更应引起党和政府的足够重视,以免泛滥成灾!

说到反腐败,我再想起一篇文章:《摈弃"法不责微"的心态》(见《人民日报》2017年5月10日4版凌焕新文)。文中提到的"微",如:吃喝不去大酒店了,改去农家乐;公款报销不搞大数额了,化作小发票;办私事不再开公车了,变成私车加"公油"……如此种种。这些看似小事,数额不大,但是,如"一日一钱,千日千钱,绳锯木断,水滴石穿",故在苗头刚出现时,应见微知著,防微杜渐,及时作出制度性安排,以防积重难返。

说到反腐败,我想到一个报道。2017年5月17日,《法制日报》8版刊登的《"贪腐夫妻档"唱起腐败"二人转"》一文,说的是原海南省万宁市人大常委会副主任兼万宁市总工会主席符玉霞夫妇贪腐及毁林建造别墅之事。由此,我想到,历年来,在反腐战线上查处的夫妻共同贪腐案例也不少,有的是夫唱妇随型的,有的是妻收贿夫为请托人谋利型的,有的是夫收贿妻藏贿型的,等等。其共性就是典型的夫妇贪腐。俗话说:"妻廉夫祸少,家廉幸事多。"家庭是构成社会的细胞,夫妻双方潜移默化的影响,对于领导干部预防和抵制腐败具有不可替代的作用。因此,夫妻之间相互恩爱,就应共同珍惜、相互提醒、相互监督、多吹良性枕边风,让家庭成为拒腐防变的一道重要防线和预防、抵制腐败的重要阵地。

在2016年1月12日举行的十八届中纪委第六次全会上,习近平总书记发表重要讲话,指出:"三年来,我们着力解决管党治党失之于宽、失之于松、失之于软的问题,使不敢腐的震慑作用充分发挥,不能腐、不想腐的效应初步显现,反腐败斗争压倒性态势正在形成。"2016年12月28日,习近平总书记召开中央政治局会议,研究部署党风廉政建设和反腐败的工作,会议指出:

十八大以来,以习近平同志为核心的党中央把全面从严治党纳入战略布局,推动全面从严治党取得重要阶段性成果,党内政治生活呈现新的气象,反腐败斗争压倒性态势已经形成,得到人民群众称赞,党心民心得到极大提振。确实如此,这几年的经历,我们深信:在党中央的坚强领导下,我国的反腐败斗争必将取得全面的胜利,党中央倡导的"干部清正、政府廉洁、政治清明、永葆共产党人清正廉洁的政治本色"之政治生态的形成将指日可待。

2017年4月28日,《人民日报》15版刊登了《中央反腐败协调小组国际追逃追赃工作办公室关于部分外逃人员藏匿线索的公告》。《公告》显示:截至2017年3月31日,通过"天网行动"先后从90多个国家和地区追回外逃人员2873人,其中国家工作人员 476 人,"百名红通人员"40 人(截至 4 月底),追回赃款 89.9 亿元人民币。成绩斐然！但是,追逃追赃任务依然繁重。据统计,截至 2017 年 3 月 31 日,尚有涉嫌贪污贿赂等职务犯罪的外逃出境的国家工作人员 365 人,失踪不知去向的国家工作人员 581 人,共计 946 人。这些外逃人员有的在"红色通缉令"公布后变换身份、躲避追捕;有的深居简出、不再露面;有的投案犹豫、决心难下;有的执迷不悟、负隅顽抗。艰难繁重！有喜有忧,可见,反腐败国际追逃追赃仍无法歇脚,仍在路上,只要一人不归,始终在路上。

综语

反腐倡廉立规纪,腐败土壤须清理;
败坏党国应严惩,风清气正永树立。

(本文写于 2017 年 5 月 5 日,之后作多次修改)

反腐倡廉立规纪腐败土壤须清理败坏党国要惩风清气正永树立

丁酉年立夏 张少鹏书于古城泉州

九、正当防卫

书法

正当防卫：合法行为阻止非法行为也。

采自诩的张体书"正当防卫"。

悟源

2017 年 3 月 23 日，《南方周末》发表《刺死辱母者》一文，该文报道的内容如下[①]：

血案发生于 2016 年 4 月 14 日，因暴力催债引起。女企业家苏银霞曾向地产公司老板吴学占借款 135 万元，月息 10％。在支付本息 184 万和一套价值 70 万的房产后，仍无法还清欠款。

近 4 个月后，吴学占因涉黑被聊城警方控制。杜志浩是吴学占涉黑组织成员之一，被刺前涉嫌曾驾车撞死一名 14 岁女学生并逃逸。

2017 年 2 月 17 日，山东省聊城市中级法院一审以故意伤害罪判处于欢无期徒刑。

还不清的高利贷

山东源大工贸有限公司（以下简称"源大工贸"）职工刘晓兰看到三辆没有车牌的

---

① 　为与终审法院查明的事实及评析有个比较，故将全文引述如下。

轿车进入工厂，是在 2016 年 4 月 14 日下午 4 时许。她预感不妙。

他们一行约十人，拉来了烧烤架、木炭、肉串、零食和啤酒，将烧烤架支在公司办公楼门口，若无其事地烤串饮酒。

堵门，是这伙人催债的方式之一。此前，他们曾拉来砖头、木柴和大锅，在公司内垒砌炉灶烧水喝。"在当地只有出殡才这样烧水。"刘晓兰说。

位于冠县工业园内的源大工贸，2009 年由苏银霞创办，主要生产汽车刹车片。因公司资金困难，2014 年 7 月和 2015 年 11 月，苏银霞两次分别向吴学占借款 100 万元和 35 万元，约定月利息 10%。

苏银霞提供的数据显示，截止到 2016 年 4 月，她共还款 184 万元，并将一套 140 平方米价值 70 万的房子抵债。"还剩最后 17 万欠款，公司实在还不起了。"于欢的姑姑于秀荣告诉南方周末记者。

于欢的上诉代理人、河北十力律师事务所律师殷清利表示，10% 的月息已超出国家规定的合法年息 36% 上限；吴学占从苏银霞手里获取的绝大部分本息，属于严重的非法所得。

工商资料显示，2012 年吴学占成立冠县泰和房地产开发公司，注册资本 1000 万。网上流传的一封举报信显示，吴学占以房地产公司名义高息揽储，招揽社会闲杂人员从事高利贷和讨债业务。

在山东冠县，不少企业热衷于向吴学占借款。一位企业负责人告诉南方周末记者，现在经济下行压力较大，企业很难从银行获得贷款，为了资金周转，部分企业宁愿铤而走险，互相担保向吴学占借高利贷。

一旦企业无法还清高额本息，将面临暴力催债。"工业园有几家企业还不上钱，被卡车堵门，我也被恐吓过。"园区内一位企业负责人告诉南方周末记者。

案发后不久，冠县工业园区 22 家企业联合凑钱，给源大工贸送来十多万捐款，帮助苏银霞打官司。"捐钱是因为同情她的遭遇。"上述企业负责人说。

2016 年 4 月 13 日，苏银霞到已抵押的房子里拿东西。据她提供的情况说明，在房间里，吴学占让手下拉屎，并将苏银霞按进马桶里，要求还钱。

南方周末记者获取的通话记录显示，当日下午，苏银霞四次拨打 110 和市长热线。随后，她将自己的恐惧和绝望，哭着告诉了职工刘晓兰。

民警过来了解完情况，准备离开时，苏银霞试图跟着警察一起离开，被吴学占拦住。多名源大工贸员工证实，工厂多次被卡车堵门，不让员工进出。

"只有死路一条"

第二天，2016 年 4 月 14 日，催债手段升级。

苏银霞和儿子于欢被限制在公司财务室，由四五人看守，不允许出门。"在他娘俩面前,他们用手机播放黄色录像,把声音开到最大,说的话都没法听。"于秀荣说。

当晚8点多,催债人员杜志浩驾驶一辆迈腾车进入源大工贸,将苏银霞母子带到公司接待室。接待室内有两张黑色单人沙发和一张双人沙发,苏氏母子分别坐在单人沙发上,职工刘晓兰坐在苏银霞对面。11名催债人员把三人围住。

刘晓兰说,杜志浩一直用各种难听的脏话辱骂苏银霞,"什么话难听他骂什么,没有钱你去卖,一次一百,我给你八十。学着唤狗的样子喊小孩,让孩子喊他爹"。

其间,杜志浩脱下于欢的鞋子,捂在苏银霞的嘴上。刘晓兰看到母子两人瑟瑟发抖,于欢试图反抗,被杜志浩抽了一耳光。杜志浩还故意将烟灰弹在苏银霞的胸口。

让刘晓兰感到不可思议的是,杜志浩脱下裤子,一只脚踩在沙发上,用极端手段污辱苏银霞。刘晓兰看到,被按在旁边的于欢咬牙切齿,几近崩溃。

接待室的侧面是一面透明玻璃墙,在外面的一名工人看到这一幕,赶紧找于秀荣让她报警。当晚,于秀荣老伴的电话一直拨不出去,他走出去几百米,才打通了110。

22时13分(监控显示),一辆警车抵达源大工贸,民警下车进入办公楼。

于秀荣告诉南方周末记者,一名催债人员拦住她,"他问是你报的警不,接着抢走了我的手机,翻通话记录没查到报警记录,就把我的手机摔了,然后把我踹倒在地"。

判决书显示,多名现场人员证实,民警进入接待室后,说了一句"要账可以,但是不能动手打人",随即离开。

4分钟后,22时17分许(监控显示),部分人员送民警走出办公楼,有人回去。

看到三名民警要走,于秀荣拉住一名女警,并试图拦住警车。"警察这时候走了,他娘俩只有死路一条。我站在车前说,他娘俩要死了咋办,你们要走就把我轧死。"于秀荣回忆说。

而警方的说法是,他们询问情况后到院内进一步了解情况。

这期间,接待室内发生骚动。刘晓兰告诉南方周末记者,看到警察离开,情绪激动的于欢站起来往外冲,被杜志浩等人拦了下来。混乱中,于欢从接待室的桌子上摸出一把刀乱捅,杜志浩、严建军、程学贺、郭彦刚四人被捅伤。

又过了4分钟,22时21分许(监控显示),于秀荣看到有人从接待室跑出来。她和民警一起返回办公楼。

"不存在防卫的紧迫性"

紧接着,第二辆警车赶到源大工贸,警察让于欢交出刀子,并把他带到派出所。于秀荣说,那是一把水果刀,加刀把十几厘米长,平时放在接待室的桌子上用来切水果。

在办公楼门口,于秀荣迎面看到,杜志浩捂着肚子走出来:"他还说了句,这小子玩真的来。我的迈腾呢?"其他人也陆续走出办公楼,开车离开。

杜志浩等人受伤后,自己开车去了冠县人民医院。于秀荣的老伴说,事发后他曾去医院打听,杜志浩因琐事还在医院门口跟人发生争执。

尸检报告显示,杜志浩因失血性休克死亡。另外有两人重伤,一人轻伤。

2016年12月15日,聊城市中级法院开庭审理于欢故意伤害一案。庭审中的争议点在于,是故意杀人还是故意伤害,以及是否构成正当防卫。

杜志浩的家属提出,于欢构成故意杀人罪,应判处死刑立即执行,并索赔830余万元。于欢的辩护律师则提出,于欢有正当防卫情节,系防卫过当,要求从轻处罚。

法院经审理认为,于欢面对众多讨债人长时间纠缠,不能正确处理冲突,持尖刀捅刺多人,构成故意伤害罪;鉴于被害人存在过错,且于欢能如实供述,对其判处无期徒刑。

为何不认定正当防卫,法院的解释是,虽然当时于欢人身自由受到限制,也遭到对方侮辱和辱骂,但对方未有人使用工具,在派出所已经出警的情况下,被告人于欢及其母亲的生命健康权被侵犯的危险性较小,"不存在防卫的紧迫性"。

目前,于欢已提出上诉。他的上诉代理人殷清利仍继续主张,在遭遇涉黑团伙令人发指的侮辱、警察出警后人身自由仍然得不到保障的情况下,于欢的被迫还击至少属于防卫过当。他还认为,于欢听从民警要求交出刀具并归案、在讯问中如实供述等行为,应当认定为自首。

"他要坐监狱也就不会死了"

在冠县工业园内,与源大工贸邻近的一家企业老板说,事发不久,他曾被警方喊去了解情况,"第二天吴学占就给我打电话,问我在公安局说了啥"。

警方对吴学占涉黑团伙介入调查。苏银霞则另因一起涉嫌非法吸收公众存款案,也被警察带走。

聊城市公安局东昌府分局张贴在源大工贸门口的布告显示,受聊城市公安局指派,2016年8月3日,东昌府分局将冠县"吴学占黑恶势力团伙"摧毁,首犯吴学占已被抓获,迅速查清了吴学占等人部分违法犯罪事实。公安机关鼓励群众举报,并呼吁在逃人员主动投案。

聊城警方内部人士向南方周末记者证实,源大工贸一案是吴学占涉黑案件的一部分。

南方周末记者注意到,三名伤者中,严建军、程学贺提出附带民事诉讼。这两个被害人在于欢一审受审时已被"羁押于山东省聊城市看守所"。

死者杜志浩出生于冠县斜店乡南史村,因在家中排行老三,被人称为"杜三"。

南史村一名村民告诉南方周末记者,杜三常年不在家,一直住在县城或东古城镇,给村民留下的唯一印象是,因琐事"揍他舅舅"。

杜志浩曾因一起交通肇事案被冠县东古城镇人所熟知。2015 年 9 月 30 日,东古城镇一名 14 岁女学生被撞身亡,身首异处,肇事司机逃逸。

这名女学生的母亲告诉南方周末记者,肇事当天杜的父母来给她送过东西。她后来收到了中间人给的 28.5 万元赔款,但自始至终没见过肇事者一面。"交警说抓不到人。我一个农民能怎么办呢? 不然他得坐监狱,他要坐监狱也就不会死了'。"

此文一出,立即引发中国社会的广泛关注,各种评论文章、微博、微信、采访、专家意见,等等纷至沓来,无异于刑法界的一场大地震。在这短短几天里,我看到了这一场"另类普法"的积极意义,搜集了各种意见,记录下必将又是一起刑界经典案件的有关情况,同时表达了自己的所思所虑。

2017 年 3 月 27 日《法制日报》头版汇集了下列信息:(1)最高检派员调查于欢故意伤害案;(2)山东省检察院对"于欢故意伤害案"依法启动审查调查;(3)山东高院受理于欢故意伤害案上诉;(4)山东省公安厅派出工作组核查"辱母杀人案"。

2017 年 3 月 30 日《泉州晚报》16 版报道:"山东高院通报于欢案二审合议庭已于 28 日通知双方查阅卷宗。"

2017 年 4 月 3 日《法制日报》头版报道:"'辱母杀人案'最新进展 聊城对于欢案处警民警立案审查。"

释 义

正当防卫在《刑法》第 20 条中有明确规定,为了正确理解正当防卫,不妨将整个条文引述如下,以为完整的定义:

为了使国家、公共利益、本人或者他人的人身、财产和其他权利免受正在进行的不法侵害,而采取的制止不法侵害的行为,对不法侵害人造成损害的,属于正当防卫,不负刑事责任。

正当防卫明显超过必要限度造成重大损害的,应当负刑事责任,但是应当减轻或者免除处罚。

对正在进行行凶、杀人、抢劫、强奸、绑架以及其他严重危及人身安全的暴力犯罪,采取防卫行为,造成不法侵害人伤亡的,不属于防卫过当,不负刑事责任。

我无法统计正当防卫的规定自出台以来,司法实践中被定性为正当防卫的刑案有多少? 据说甚少,我经历的案件有的连存在"防卫"的情况判决书都不敢提及。实践中,正当防卫现有规定实质上已经束缚了人们依法阻止犯罪的继续发生的手脚,使正义难以及时声张。

百悟

"刺死辱母者"案经《南方周末》披露后,各界舆论不断,兹摘录有关人士发表的意见供大家分享:

1.2017年3月26日,现年87岁,原中国政法大学校长陈光中教授在接受《财新网》记者单玉晓的采访时表示:"就现有公开信息而言,于欢案定罪量刑可以说是明显不公正甚至是错误的。如果最终于欢构成正当防卫且没有防卫过当,不负刑事责任,那一审就完全错了。"(见《财新网》2017年3月27日8:27)

2.2017年3月26日,《财新网》刊登了实习记者宋丽娟、郑丹娟采访中国刑法学研究会会长、北京师范大学刑事法律科学研究院赵秉志教授的报道。赵秉志表示:"于欢的行为属于防卫过当,应当减轻处罚,即在10年以下有期徒刑幅度内考虑并显著减轻裁量。"

3.2017年3月26日,湖南大学刑事法律科学研究中心主任、湖南大学法学院邱兴隆教授在《醒龙法律人》上发表了《五问刺死辱母者案——限于法教义学的分析》一文,认为:(1)一审将本案定性为故意伤害而非故意杀人,于法于理均无可挑剔。(2)一审以被害方无人持有行凶的工具与派出所已经出警为由所否定的只能是针对已告终结的侮辱与殴打行为的防卫前提,而无法否定针对寻衅滋事与非法拘禁的防卫前提。(3)一审在认定被告人构成故意伤害罪,否认其属于正当防卫同时,没有将其是否构成防卫过当纳入考量范围,显属一种不应有的疏忽。(4)一审所做的无期徒刑判决明显罚不当罪,因量刑畸重而失当。(5)二审即使改判被告人三年有期徒刑同时宣告缓刑,也于法有据,与例相符,因而尽在情理之中。

4.2017年3月27日,清华大学博士生导师张明楷教授在《中法实务》发表《正当防卫与故意伤害罪的界限(含于某案的走向提示)》一文,对于我们进一步认识正当防卫与故意伤害罪在司法实践中如何分清其界限有积极意义。

5.2017年3月26日,《法学学术前沿》刊登了华东政法大学李翔教授《正义者毋庸向非正义者低头——兼论正当防卫中的"不法侵害"》一文认为:"……警察的所谓'出警'并未使'不法侵害'停止。限制人身自由权利在继续,辱骂在继续、羞辱在继续甚至变本加厉。这无论如何也得不出否定'防卫性质'的结论。至于是否防卫过当,从本案的实际情况来看,是存在的。而'防卫过当'则属于责任减轻事由,'应当减轻或者免除处罚'。"

6.2017年3月27日,《刑法规范总整理》刊登了南开大学法学院王强军副教授《"刺死辱母者判无期"可能隐含的三点理论缺失》一文认为:"就判决书反映的内容,笔者从一个纯理论的角度看,该案可能存在以下三个方面的理论确实,这可能也是该案件在二审判决中会被重点讨论的问题:(1)正当防卫的适用原则及适用条件。(2)被告人过错及其程度的深入分析。(3)被告人精神高度紧张之下的'激愤犯罪'的归责与量刑。"

7.中国知名作家、学者、教育家,厦门大学教授,现自诩为"退休金领取者"的易中天先生也坐不住了,2017年3月26日在微信公众号"易中天"中发出了"血性男儿哪有罪? 刺死辱母者既是正当防卫,更是见义勇为!"的呐喊。

8.2017年3月26日,广东旗轩律师事务所唐柏成律师在微信《于欢的行为就是正当防卫,并不过当!》一文中发出了"刑法设立正当防卫制度,是为了鼓励公民敢于、勇于利用正当防卫制度来同违法犯罪行为作斗争的,不是用来看、不是用来玩的! 如果我们对防卫人要求过严,实际上就等于是剥夺了防卫权,无异于是对不法侵害行为在进行鼓励! 如果我们对防卫人要求过严,动不动就要求防卫人承担刑事责任,试问:以后还有谁会愿意为保护国家、社会、他人的利益见义勇为、挺身而出!"的感慨。我在微信上转发此文后,附上微言:"如果于欢在那种极其悲愤的情况下无法使出如此洪荒之力,肯定被拳打脚踢致死,何需法院所需之'工具'! 无罪是必须的,否则,无言告慰老母,无力折服天下,无义诚服人民,无人不畏强敌!"

9.2017年3月28日,广州刑事辩护律师网刊登的《陈兴良等刑法学界21位著名专家评论山东聊城于欢"辱母杀人案"观点汇总(二审有望改判无罪)》,其中,北京大学法学院陈兴良教授认为:于欢构成正当防卫,不应负刑事责任。主要理由有三:第一,本案存在不法侵害。第二,本案的不法侵害正在进行。第三,本案不属于刑法第三款的无过当防卫。

10.2017年3月30日,《香港法律专栏与实务》刊登了香港律师张元洪撰写的《香港是如何处理"辱母杀人案"的?》一文,张元洪律师认为:"……于欢的行为被陪审团裁定为正当防卫的可能性较大。"

相关评论太多了,无法一一引述。

大咖、中咖、小咖们都发表了真知灼见,我这不知归属于哪种咖者也该浮上水面了。

发表意见的依据,本应是卷宗材料中的证据,但我们看不见,按以往我的做法是不轻言,因为事实重于道听途说。微信上曾看到有人发出的判决书,在手机上看不太清,故转发给秘书打印,秘书拟打印,却已被屏蔽,看不见了。《南方周末》的上述报道,2017年3月31日看到微信上有篇文章(见2017年3月29日小警之家刊登的《最新! 山东'辱母案'又爆出大新闻!》,认为:殷清利律师"在上诉前找到了他的朋友南方周末记者王瑞峰,合著撰写了一篇《刺死辱母者》的新闻报道,编造夸大了几个关键细节,从而调动网民情绪,引爆舆论,告知大V们积极配合,赚得盆满钵满"),说不一定真实。看来有点为难,现只好综合各说,理性点表达一下所思所想。

所谓的"不存在防卫的紧迫性",看来是不成立的。我总结了四个字,即:无望而为。本案经历三部曲。一曲:母子被非法拘禁6小时左右,其间,母被辱,子被殴等;二曲:民警到达现场,居然无法救人,人还被继续非法拘禁;三曲:民警走后,有催债者拿椅子朝于欢杵着,于欢一直后退,退到一桌子跟前。他发现,此时,于的手里多了一把水果刀(详见《凤凰网》2017年3月26日《"辱母杀人案"细节还原:于欢被"杵"后反击》一文)。一个涉世未深的年轻人,在有生以来从未经历的这种精神摧残、极度恐惧、救星(警察)无望、继续被杵等情况下,奋力自救的行为,不是防卫又是什么? 不是紧迫性又是什么? 难道真该让裁判者去体验下如临大敌的现场,才能有切身的感悟吗? 作为裁判者,真该如张元洪律师的上文中谈及的"……香港陪审团成员会把自己置于于欢母子所处险境之下,去衡量自己如果处于类似险境之下可能会如何做出本能的反应。……"那样去体验、认知,而不应站着说话不腰疼。

所谓的"工具"之说简直就是苛求。试想:徒手的弱母子二人,面对如此穷凶极恶的11名催债者6个小时的折磨,需要工具吗? 难道精神摧残比肉体损伤更轻吗? 11个人的每人一拳、一脚足以打(踢)死N人,还需具体的工具吗? 难道拳、脚就不是工具? 下体不是工具? 无法挣脱的被11个人的限制,如同困在笼内,这无形的笼不算"工具"? 比"工具"更令人精神崩溃的折磨,没有经历的人是无法体会这种"工具"对肉体的伤害的,何需作为具体物之"工具"?

一审疏于考究当于欢反抗未果将给于欢及其母可能带来的惨剧。以吴学占为首的11名催债者,是一帮具有黑社会性质的高利贷放贷组织。试想:借款本金135万元,一年多后,已支付本息184万元和一套价值70万元的房产,总值254万元,扣除本金135万元,利息已支付了119万元,此种情况,换成一般的民间借贷,出借人大多选择放弃。唯有黑社会人员才会借口穷追,变本加厉,以图获得更大的非法利益。他们"勇于"催债,靠的就是黑恶势力。这种黑社会人员经常欺压百姓成性,哪容得你任何的反抗? 假如于欢当时持有的水果刀被吴学占的人缴下,那随之而来的必将是雨点般的拳打脚踢,其后果,于欢可能被殴致伤,也可能被殴致死,还可能殃及其母,其母见状必定会奋力护子,其结果便可想而知。我们无法设想残局是如何一步步发展的,仅从当时11个穷凶极恶的黑社会人员对着俩母子,就足以令人不寒而栗。于欢在当时,也必定是从惊恐到愤怒,到忍无可忍,这种情况下的人所使出的力量就如同怒吼的狮子那样,以自己最大的洪荒之力抗击对方,才能有本案的效果。评估这一情形,对于正确处理本案肯定有益。

由于没有看到卷宗材料,无法"引经据典"作出评判。上述大咖们已经从法理上作了多方面的阐析,我再重复已无必要。但是,我更愿意看到二审法院能够以正当防卫宣告于欢无罪!这也许是人们的企盼和社会的期许。

综合有关材料,从了解到的涉及本案有关情况发现,直接或间接与本案相关的问题,至少有下列几个方面必须从法律层面处理:

(1)黑社会性质组织犯罪。以吴学占为首的 11 人或者还有其他人,在当地能够长时间地发放高利贷,怨声载道,为非作歹,等等,是否构成《刑法修正案八》规定的黑社会性质组织罪?

(2)民警渎职问题。民警出警、处警不力,致酿成本案后果,是纯粹的个案渎职,还是有其他隐情?

(3)保护伞问题。以吴学占为首的一伙人形成多久?当地公安机关为何没有察觉?是否在公安机关内部存在其"保护伞"?

(4)政法队伍的素质问题或存在腐败问题。于欢案必须经过侦查、审查起诉到审判三个阶段,难道这一过程中无人质疑,纯粹因为三个部门的工作人员的法律业务素质较低而导致本案的一审判决结果,或者背后存在腐败问题?

(5)本案存在的非法拘禁、侮辱问题是否处理?若已处理,应当公布处理结果;若无处理,为何?

(6)吴学占等人是否实施了本案之外的其他犯罪?如何处理?处理结果应当公布。

(7)本案揭示的吴学占等人侵犯他人人身、财产等情况,是否依法处理?受害人是否得到赔偿?

这些问题的处理当然是后话,但毕竟已经使人产生遐想,在当地投资、旅游、居住……安全吗?

《刺死辱母者》案给社会带来的已经是负面的影响,但是,它给予全民的关注、讨论,则会产生正面的效应,无异于是一次另类普法,也必将催生对"正当防卫"的新的司法解释的出台。从这一角度认识,则有其积极意义。

2017 年 4 月 7 日,《人民日报》5 版刊登最高人民法院党组副书记、常务副院长沈德咏《让热点案件成为法治公开课》一文认为:"更加积极主动听取社会公众意见,认真回应人民群众关切,以严谨的法理彰显司法的理性,以练达的情理展示司法的良知,以和平的姿态体现司法的温度。""司法的社会效果建立在依法裁判基础上,是自然形成的一种司法公信。没有良好的法律效果,良好的社会效果就无从谈起。将更多精力放到提高司法审判能力上来,严格司法、公正裁判,讲求司法公信和法律效果,同时注意以案释法,通过入情入理的传播,培育和增强群众的法治意识和法律观念,就能努力实现裁判法律效果和社会效果的有机统一,就能更好地做到公正司法、司法为民,让人民司法在历史的长河中,焕发应有的光彩,在实现'两个一百年'奋斗目标、实现中华民族伟大复兴中国梦的进程中,发挥更大的作用。"

2017年5月27日,《泉州晚报》8版报道:"山东省人民检察院26日通报称——'于欢案'处警民警不予刑事立案。"

2017年5月29日,《泉州晚报》4版报道:"最高检披露于欢案检察机关调查详情,认为——于欢具有防卫性质但明显过度。"该文的主要内容如下:

5月27日,山东省高级人民法院二审开庭审理于欢故意伤害案,检察官在法庭上充分阐述了检察机关的意见:

第一,从防卫意图看,于欢的捅刺行为是为了保护本人及其母亲合法的权益而实施的。

第二,从防卫起因看,本案存在持续性、复合性、严重性的现实不法侵害。

第三,从防卫时间看,于欢的行为是针对正在进行的不法侵害实施的。

第四,从防卫对象看,于欢是针对不法侵害人本人进行的反击。

第五,从防卫结果看,明显超过必要限度,造成重大损害。

2017年5月29日,《人民日报》4版报道:"最高检公诉厅负责人接受采访　披露于欢案检察机关调查详情",各家报纸亦作了大抵相同的报道。

2017年5月31日,《法制日报》头版报道:"网民'身临其境'观看庭审　山东高院对于欢故意伤害案二审庭审全程微博直播。"

2017年6月24日,《泉州晚报》8版报道:"山东省高院二审宣判　于欢犯故意伤害罪　改判有期徒刑五年。"由于此次报道的有关情况及事实与上述转载的有关媒体的报道有些不同,故将该报道全文记下:

新华社济南6月23日电　6月23日上午,山东省高级人民法院对上诉人于欢故意伤害一案二审公开宣判,以故意伤害罪改判于欢有期徒刑五年,维持原判附带民事部分。

聊城市人民检察院指控于欢犯故意伤害罪,向聊城市中级人民法院提起公诉,建议对于欢判处无期徒刑以上刑罚。2017年2月17日,聊城市中级人民法院作出一审判决,以故意伤害罪判处于欢无期徒刑,剥夺政治权利终身,并承担相应民事赔偿责任。宣判后,附带民事诉讼原告人杜洪章等和被告人于欢不服,分别提出上诉。2017年3月24日,山东省高级人民法院受理此案,并依法组成合议庭,5月20日召开庭前会议,5月27日公开开庭进行了审理。

山东省高级人民法院二审查明:2014年7月至2015年11月,上诉人于欢的父母于西明、苏银霞两次向吴学占、赵荣荣借款共计135万元,双方口头约定月息10%,苏银霞先后偿还184.8万元。其间,因于、苏未如约还款,吴学占、赵荣荣指使他人采取在苏银霞公司院内支锅做饭、强行入住于家住房等方式催债。2016年4月14日

16 时后,赵荣荣先后纠集郭彦刚、杜志浩等十余人到苏银霞公司讨债。当日 21 时 53 分,杜志浩等人在该公司接待室内以辱骂、弹烟头、裸露下体等方式侮辱苏银霞,并以拍打面颊、揪抓头发、按压肩部等肢体动作侵犯于欢人身权利。当日 22 时 22 分,杜志浩等人阻拦欲随民警离开接待室的于欢、苏银霞,并采取卡于欢项部等方式,将于欢推拉至接待室东南角。于欢持刃长 15.3 厘米的单刃尖刀捅刺杜志浩腹部、程学贺胸部、严建军腹部、郭彦刚背部各一刀,致杜志浩死亡,郭彦刚、严建军重伤,程学贺轻伤。

山东省高级人民法院二审审理认为,上诉人于欢持刀捅刺杜志浩等四人,属于制止正在进行的不法侵害,其行为具有防卫性质;其防卫行为造成一人死亡、二人重伤、一人轻伤的严重后果,明显超过必要限度造成重大损害,构成故意伤害罪,依法应当负刑事责任。鉴于于欢的行为属于防卫过当,于欢归案后能够如实供述主要罪行,且被害方有侮辱于欢母亲的严重过错等情节,对于欢依法应当减轻处罚。于欢的犯罪行为给上诉人杜洪章等和原审附带民事诉讼原告人严建军、程学贺造成的物质损失,应当依法赔偿。原判认定于欢犯故意伤害罪正确,审判程序合法,但认定事实不全面,部分刑事判项适用法律错误,量刑过重,故依法作出上述改判。

二审查明的事实,至少在"辱母"情节、"暴力"情节、犯罪工具、伤害程度等方面与《南方周末》"刺死辱母者"一文所反映的情节存在明显不同。我不想改掉上述意见,只想留下该不成熟的看法,同时告诫自己:在不清楚案情时,必须秉持自己的一贯作风,不随便发表意见。二审宣判后,特别是看了上述报道,我更愿意相信二审查明的事实,更倾向于同意二审作出的判决。

《法制日报》2017 年 6 月 24 日 5 版刊登了两篇报道:

①"于欢案:法律事实是改判之'定海神针' 从山东省高院判决书审理查明事实部分说起。"

②"山东省高院二审以故意伤害罪改判于欢有期徒刑五年 法官详解于欢行为缘何属于防卫过当。"

至此,于欢案应当可以结案了。但是,作为律师应当记住评判案件的教训,秉持查明事实,公正断案,正确适用法律的精神,以"铁案"提升律师的办案水平,学习史上名律师的办案作风,重树律师的良好形象,为依法治国奉献薄力。

2017 年 11 月 27 日澎湃新闻网报道:吴学占等 15 人共被起诉 8 个罪名,包括组织领导参加黑社会组织罪、非法侵入住宅罪、非法拘禁罪、强迫交易罪、故意毁坏财物罪、破坏公用电信设施罪、故意伤害罪、强奸罪。其中,前 3 个罪名所涉案情与苏银霞、于欢相关。

综语

正在进行不法侵害，当即采取合法行为；
防止危害后果发生，卫住法定生命财产。

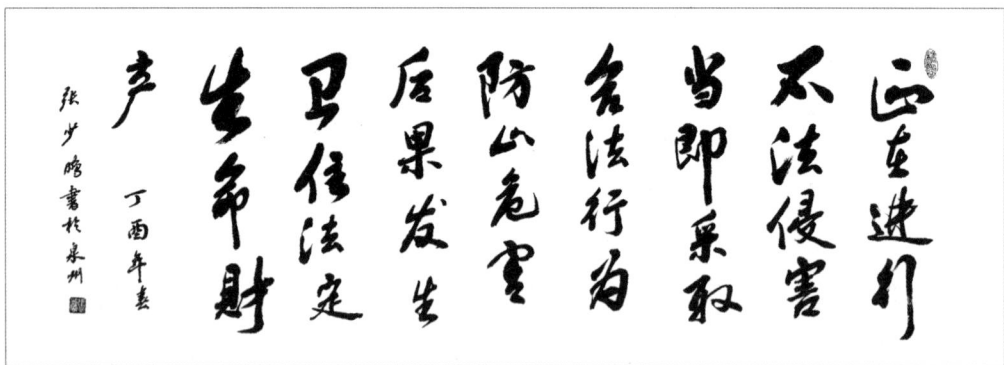

（本文写于 2017 年 3 月 31 日，之后作多次修改）

十、见义勇为

书法

见义勇为,见正义之事勇敢去做也。

见义勇为源自《论语·为政》:"见义不为,无勇也。"故采周墙盘体习书之。

悟源

2017 年 3 月 18 日,《法制日报》头版头条刊登《见义勇为人员奖励和保障条例草案公开征求意见 见义勇为引起合理费用拟由加害人等承担》一文,起初没有在意,之后想想,将"草案"调出来看看,没有深入研究,此前对"见义勇为"所涉问题也没有太多的关注,乍看该"草案"第 22 条内容,觉得该条文内容尚存不足之处,便草拟了修改意见,因而产生写本短文的想法。

释义

通俗地讲,见义勇为,是指看到正义的事情就勇敢地去做的情形。依照《见义勇为人员奖励和保障条例(草案公开征求意见稿)》第 2 条的规定,见义勇为,是指不负有法定职责、法定义务或约定义务,为保护国家利益、社会公共利益或者他人的人身财产安全,挺身而出,同正在实施的违法犯罪行为作斗争,或者抢险、救灾、救人,事迹突出的行为。由此规定,便构筑了见义勇为的如下法律特征:

1.见义勇为的主体,必须是不负有法定职责、法定义务或者约定义务的自然人。

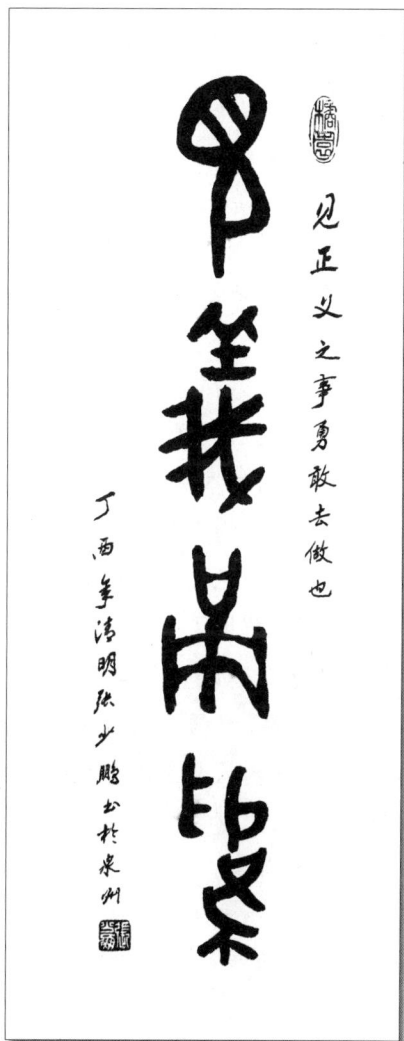

自然人实施的与其法定职责、法定义务或者约定义务有关的行为,系其履行职责、履行义务的行为,显然不能归入见义勇为范围。法人不是见义勇为的主体。

2.见义勇为所保护的客体,必须是国家利益、社会公共利益或者他人的人身、财产安全。自然人为保护本人的人身、财产安全而与正在实施的违法犯罪行为作斗争,不能认定为见义勇为。

3.见义勇为在主观方面的表现,必须是"故意"的,即积极作为,主动实施,不顾个人安危,挺身而出。

4.见义勇为在客观方面,表现为在国家利益、社会公共利益或者他人人身、财产遭受正在进行的不法侵害时,义无反顾、挺身而出地与违法犯罪行为或者自然灾害作斗争的行为。

自悟

本文不对"见义勇为"作研究。

公安部网站公布的《见义勇为人员奖励和保障条例(草案公开征求意见稿)》第22条原文:

"第二十二条 见义勇为人员的医疗费、康复费等因见义勇为引起的合理费用,由加害人、责任人、受益人依法承担;无加害人、责任人、受益人的,参保见义勇为人员的医疗费用由基本医疗保险按规定支付;加害人、责任人、受益人逃避或者无力承担的,参保见义勇为人员的医疗费用由基本医疗保险按规定先行支付,并有权依法追偿;其余部分由见义勇为行为发生地的县级人民政府解决。"

之后,我草拟了《关于对〈见义勇为人员奖励和保障条例(草案公开征求意见稿)〉第二十二条之建议》,内容如下:

公安部《见义勇为人员奖励和保障条例(草案公开征求意见稿)》起草小组:

《见义勇为人员奖励和保障条例(草案公开征求意见稿)》第二十二条的规定,基本符合《民法总则》第八章的规定,但是,尚应考虑如下情形:

1.在有加害人、责任人、受益人的情况下,该规定由这些人依法承担"合理费用",但是,当这些人都无力承担"合理费用",且"合理费用"已经并还在发生,此时,应如何先行解决"合理费用"?否则,见义勇为人员的治疗可能难以继续。为此,建议增加一项条款,即:

"见义勇为人员的医疗费、康复费等因见义勇为引起的合理费用,当加害人、责任人、受益人暂时无力承担时,可由国家、社会、个人等先行垫付,并有权追偿。"

2.该条规定了"参保见义勇为人员"医疗费用的承担问题,但是,没有考虑到没有参保见义勇为人员的医疗费用的承担问题,故建议对之补充作出规定。

3.该条规定了"基本医疗保险",但是,在医疗实践中,有些药未列入基本医疗保险范围,但又必须使用该药,这种情况下,难道让见义勇为人员去承担此笔费用?

为鼓励全民勇于见义勇为,弘扬社会正气,立法者更应在多方面考虑如何对见义勇为人员所涉权益的保护,使大家彻底无忧于见义勇为。

以上建议,请慎处。

建议人:福建侨经律师事务所

律师:张少鹏

2017 年 3 月 20 日

我认为上述建议有一定的道理,但是否被采纳,不得而知,反正尽了公民的义务即可。

刚刚通过的《民法总则》之第 184 条被称为"好人法"条款。从轰动全国的"南京彭宇案"①,到"达州三孩子扶老人被讹",再到广东佛山"小悦悦事件","见义勇为"曾一度变得谨小慎微。"好人法"条款的确立,有助于鼓励大家见义勇为,做善事,对于唤起社会良知,端正社会风气,引领社会潮流,具有重要价值。"好人法"条款的确立,扶起的不仅是老人、小孩,更是社会的风尚、民众的良心。全国政协委员、四川鼎立律师事务所主任施杰律师认为:"'好人法'条款承载深刻社会意义,导向式法条为见义勇为者撑腰"。(见《法制日报》2017 年 3 月 28 日 10 版)

《民法通则》第 184 条规定:"因自愿实施紧急救助行为造成受助人损害的,救助人不承担民事责任。"这一规定被称为"善意救助者责任豁免规则",其立法用意是鼓励善意救助伤病的高尚行为。

这一条文的最重要的法律价值,就是保护善意救助者不受民事责任追究。为鼓励公民对不负救助义务的他人实施救助,赋予善意施救者必要的责任豁免权,大大降低善意救助者所要承担的救助风险,保护好善意施救者。善意施救者的责任豁免须具备以下条件:第一,行为人为善意救助者,即具有救助他人的善意;第二,行为人实施了救助行为,在他人处于危难或困境中时,采取了紧急救助措施;第三,善意救助者的救助行为不当,造成了被救助者的损害。符合前述三个条件,方可免除善意救助者的民事责任。

这一条文,同样为见义勇为者提供了免除民事责任的法律依据,对于鼓励人们勇于见义勇为、舍己救人具有重要意义。

---

①　《法制日报》2017 年 6 月 15 日刊登舒锐《十年前彭宇案的真相是什么?》一文,认为:"……一审法院认定彭宇与老太太相撞并无不妥。而从客观真实看来,事过多年后,彭宇也承认了当年确实和老太太发生过相撞。"

见义勇为者的权利与保障并不仅限于最基本的免责权,不少法律问题与制度设计亟待上升到国家立法的层面,在梳理、重申现行法律保护的基础上,对见义勇为的实体规定、程序认定、相关法律纠纷的处理规则、激励机制、保障机制作出明确、统一规定,让国家和社会真正全面承担起对见义勇为者的保护责任,让全体公民无论在哪个省市,都无后顾之忧,敢于勇为。

看了《法制日报》2017 年 5 月 23 日 2 版刊登的报道:《董仚生在河北见义勇为工作座谈会上要求　强化见义勇为人员权益保障》,董仚生的讲话内容令我十分欣慰,故录之作为本文的结束语:"河北各级党委、政府要把见义勇为工作摆上重要日程,切实加强组织领导,进一步统筹规划、完善政策、强化保障;社会各界和广大党员、干部、职工要积极参与见义勇为工作,把学习英雄的崇高精神转化为崇尚英雄、争当英雄的自觉行为,转化为不忘初心、加快发展的实际行动,转化成攻坚克难、奋力拼搏的精神力量。各地各部门要把推进见义勇为事业作为社会主义精神文明建设的重要载体和社会道德规范的基本内容,使见义勇为、扶正祛邪、助人为乐的良好社会风尚蔚然成风。各级财政部门要把见义勇为专项资金列入预算,各级见义勇为工作机构要积极拓宽筹资渠道,确保见义勇为人员社会上有地位、经济上有待遇、生活上有保障。"

🏛 结语

见义是明心,勇为是见性。

［本文写于 2017 年清明节(4 月 4 日),之后作多次修改］

十一、著作权

书法

著作权:作者之人身、财产权利也。

1709 年,英国议会颁布了《为鼓励知识创作授予作者及购买者就其已印刷成册的图书在一定时期内之权利的法》,又称安娜女王法令,于 1710 年生效,是世界上第一部保护作者权益的法律。在公元 600 年的唐朝初期,出现雕刻印刷。宋仁宗庆历年间(1041—1048 年),毕昇发明了胶泥活字印刷术。这是我国古代的四大发明之一。虽然没有像英国那样从法律上保护作者的权利,但是,它对社会的影响和贡献远远大于安娜女王法令。故采唐颜真卿体习书"著"字,采唐柳公权体习书"作"字,采唐欧阳询体习书"权"字,以示敬意!

悟源

2017 年 4 月 26 日,是世界知识产权日。总觉得应该写点与之相关的东西,但又觉得自己对知识产权问题平时很少涉猎,写不出太多东西。但是,手又伸向笔身,提笔了,记点经历,以示参与纪念吧,于是想到了一些与著作权有关的往事,随笔记下。

释义

著作权,以前称为版权。《著作权法》没给定义,《法学词典》(增订版)给的定义为:著作人(包括公民和法人)从事学术论著、文艺创作、翻译、编纂、演讲、说唱等而产生的对文学作品、口头作品及其他作品应当享有的权利。根据《著作权法》第 10 条的规定,著作权包括著作人身权和著作财产权。人身权又称为精神权利,是指作者通过创作表现个人风格的作品而依法享有获得名誉、声望和维护作品完整性的权利,包括发表权、署名权、修改权、保护作品的完整权等。财产权又称为经济权利,是指作者对其作品的自行使用和被他人使用而享有的以物质利益为内容的权利,包括复制权、发行权、出租权、展览权、表演权、放映权、广播权、信息网络传播权、拍摄权、改编权、翻译权、汇编权、应当由著作人享有的其他权利等。

自悟

大约在 1987 年左右,我推荐聘请时任华东政法学院国际经济法教研室主任、兼任宁波大学法律系主任余先予教授到华侨大学法律系为近十位青年教师(助教)上研究生课程《国际经济法》。没过多久,以余老师为首组织二十几个"第三世界"法律系编写自用教材系列。其中,安排我写《中国经济法教程》一书中的"知识产权"篇。这不是我的强项,且在当时几乎是弱项。我这人历来不用扬鞭自奋蹄,为了完成任务,我买、借了好几本有关的书籍,赶鸭子上架,"现学现卖",边学边思考边写,按规定体例、字数等完成了一万多字的写作任务。该教材出版了,核对了我写的部分,几乎没被修改,总算欣慰了,首次参加编写教材成功。在当时,没人给你鲜花和掌声,就连一句鼓励的话,更别说表扬的话都没有,还好我从来不在意这些,权当没有做过这件事似的,静静地来,悄悄地去,但却锤炼了我的写作能力。

1999 年 7 月,我离开华侨大学之后没多久,法律系一位老师来找我,说他发表在《华侨大学学报哲社版》的一篇论文因部分抄袭,被作者告到北京的法院,想委托我代理此案。虽然是好朋友,但在这种原则问题上是无法护短的,只能理性地处理。确认了确实存在抄袭事实的前提下,我们商妥了解决方案。基本原则:尽管我已将校长炒了鱿鱼,但是,我对学报还是有感情的,学报工作人员曾经大力支持过我的工作,我不能让他们因此受任何影响。庭审后,在将有关事实摆清楚后,将道歉的话多次代述之后,在法官的主持下,三方(作者、学报、我)达成和解协议,我当场将该老师寄的补偿款 6000 元付给作者,作者当庭撤诉。这是最佳结果,三方皆大欢喜。唯独我没有收一分钱的律师费。损失多少脑细胞? 回泉州后,收到的就两个字:"谢谢!"连一个小酌也没有,但已释怀。

我历来反对论文抄袭。我写的论文深度不深、不宽、少有引经据典,但是,字字、句句多是原生态的,都是手持笔杆一笔一画整出来的。写到此,一件令人不快的往事蹿了出来,本不想写,但是想想也算经典,记下也许亦有益于他人:

《中国法学》1997 年第 3 期刊登了我的论文《关于房地产抵押法律制度若干问题

的研究》①,实属不易。喜极而悲的是:有人向校领导告状,说我的这篇论文是一名刚考上的硕士研究生写的,我盗用她的名义发表了。这下我的光荣传统发挥作用了:我找来写此文的全部资料,找出几次大篇幅手写修改的材料,亲手交给校纪委书记审查。铁的事实我怕什么?这件事深深地告诫我及善良的人们:咱不害人,但防人之心不可无,防的依据就是证据。几十年来,我发表的20余篇论文,手写材料都在,这就是防的证据。

论文抄袭是不道德的,论文抄袭是违法的,论文抄袭是侵犯著作权的,不应纵容,从我做起。

大约在2002年左右,中国工艺美术大师卢思立老先生问我:他创作的安置于泉州丰泽广场上的"千禧龙球"②被一家在福州的房地产开发公司仿制,设置在该小区内,如何维权?我在泉州市工艺美术公司工作7年半期间,闲暇时学习雕塑,偶尔会找卢大师请教,故卢大师也算是我的师傅了。"千禧龙球"系卢大师创作的,这是泉州人民众所周知之事,但此时他还没有申请版权。经商量后,有一天,我开着刚买不久的新车带他到福州做两件事:其一,到省版权局申请版权;其二,到该小区对侵权作品拍照、取证。两件事完成后,没多久,拿到省版权局寄来的著作权证书。开始准备做诉讼前的工作时,卢大师问我:告他侵权,能得到多少赔偿?说实话,在当时,这类侵权还较少,我还未接触过,连法院都是民一庭管的,当时还没有专门设立知识产权庭,故无法马上回答,便告诉他:等我问一下法院的朋友再告诉你。经电话咨询市中级法院民一庭庭长,郭庭长说:似这种情况最多只能赔偿5万元左右。我随即转告卢大师。他考虑数日后回复我:赔偿这么少,就算了。也许是大师宽容,也许是大师嫌麻烦得不偿失,十几年过去了,卢大师没有因此事提起诉讼,我更不会鼓动他诉讼。

人人享有法律赋予的权利。心宽者令人蹂躏得伤痕累累而无动于衷,心窄者即便小小的侵权立马对簿公堂。权利是神圣的,不容亵渎!但是,像卢大师这样息事宁人,却也不失风范,知者也许会对他更加敬佩。维护权利,还是不要斤斤计较,退一步海阔天高,"让他三尺又何妨"?

为配合世界知识产权日,各地纷纷发布"十大知识产权案件",其中,涉及著作权方面的典型案件如:

1. 最高人民法院发布的"十大知识产权案件"之八:"大头儿子"著作权纠纷案

该案的典型意义:本案涉及动画人物形象权利归属及后续使用引发的纠纷。随着人们对优秀国产动画片价值认识的不断加深,近年来引发了不少类似的争议。本

---

① 此文在1996年中国房地产法制学术研讨会上被评为一等奖。
② 球体外以数条龙构成,此名系本文暂定名。

案中,由于在创作之初,投资拍摄的制片厂、电视台,以及参与造型的创作人员等,各方对其权利义务均没有清晰的认识和明确的约定,法院需要在时隔多年后,适用法律规则,合情合理合法地制定其权利归属,本案的处理对同类问题具有一定指导作用。同时,本案在认定侵权成立的前提下,综合考虑了创作背景和本案实际情况,在平衡原作者、后续作品及社会公众利益以及公平原则的基础上,将提高赔偿额作为被告停止侵权责任的替代方式,亦充分考虑了保护著作权人和鼓励作品创作和传播的公共政策的平衡。我认为:以"提高赔偿款作为被告停止侵权责任的替代方式"似无现行法律依据,最高人民法院将它作为典型案件,证明该院已认可其创新性,但仍有待于司法实践及社会检验这一做法的社会效果,方可作出最终评价。

2. 福建省高级人民法院发布的"十大知识产权案件"之九:国内已有版权登记进口商标需另举证

案情:江道济向国家版权局申请对作品《圣牛士图标》进行登记,授权给杰诗宝公司使用。杰诗宝公司的葡萄酒广告及标贴均显示西班牙进口,而酩涛公司销售的贴有"圣牛士"图标的葡萄酒也从西班牙进口。杰诗宝公司起诉酩涛公司侵犯其著作财产权。法院认为,杰诗宝公司没有提供委托生产合同或涉案图标的创作底稿,其事实依据不足,驳回上诉。

评析:本案当事人虽然在国内对作品进行了版权登记,但当该作品最早使用于进口商品时,并不能当然地认定当事人即为作者。本案对于进口商品标贴图案的著作权属认定具有借鉴意义(见《福建日报》2017年4月28日5版《省高院发布2016年知识产权司法保护十大案例》)。再解释一下也许更清楚:"圣牛士"图标在江道济申请登记之前,西班牙的公司已经作为葡萄酒的图标了,你要禁止人家使用这一图标,就要出示西班牙公司使用的图标之原稿,以证明该图标是你设计的,或者西班牙公司与你签订的生产合同,以证明你享有该图标的使用权。此二者皆无,便无法证明你有权禁止他人使用该图标。此案对于我国近些年对外开放、大量进口外国产品,在涉及图标著作权的保护方面具有借鉴意义。

3. 泉州市中级人民法院发布的"十大知识产权案件"中,有四起案件涉及著作权,即:(1)原告泉州富丽礼品有限公司诉被告石狮市家和美商贸有限公司等侵害著作权纠纷案;(2)原告德化县宏鹏瓷业工艺厂与被告德化县盛顺陶瓷研究所等著作权侵权纠纷案;(3)原告华盖创意(北京)图像技术有限公司与被告晋江家博园建材贸易有限公司侵害作品网络传播权纠纷案;(4)原告德化县韵意工艺品厂与被告福建省德化县优彩陶瓷有限公司著作权侵权纠纷案(见《泉州晚报》2017年4月26日5版)。

全国各省的各级法院、检察院、文化市场综合执法部门等,纷纷发布了所辖地区的"十大知识产权案件",以示重视。

2016年,我国网络核心版权产业规模超5000亿,版权产业增加值突破5万亿,对国民经济贡献率增值7.3%(见《法制日报》2017年4月25日6版);版权已成互联网产业发展重要资源(见《法制日报》2017年4月27日6版);微信在两年内收到公众号文章侵权投诉6万余件,互联网著作权商标权成为侵权"重灾区"(见《法制日报》2017年4月27日3版);等等。2017年4月26日,在国家版权局举办的"2017中国网络版权保护大会"上,公布了2016年度全国打击侵权盗版十大案件,即:"风雨文学网"侵犯文字作品著作权案、"echo回声"APP侵犯音乐作品信息网络传播权案、"九九漫画"等网站侵犯漫画作品信息网络传播权案、吴某某侵犯网络游戏著作权案、汇梦影视茶吧侵犯影视作品著作权案、青岛约吧有限公司侵犯影视作品权案、霍某某销售盗版图书案、巩某某等销售盗版光盘案、邹某等制售盗版图书案、竹林新华包装材料厂盗印教辅案(见《法制日报》2017年4月27日6版)。

从以上公布的各级、各部门所列的典型的涉及著作权的案件,可以看出,近些年来,侵害著作权案件的类型多种多样,涉及各种人身权和财产权,比以往仅限于盗版、肖像侵权等情形发生了很大的变化,侵权者无孔不入,执法者更应掌握制止侵权的多种办法,方能防患于未然,止燃于燎原之前。

对于著作权的保护,我觉得,在下列几个方面应予特别关注:

第一,赔偿问题。

全国各地对于侵犯著作权的赔偿数额尚无统一标准,似觉有点难以适从。有关部门如版权局、协会等应与最高人民法院组织一个调研组,专门研究赔偿问题,并出台一个赔偿标准。这一问题很重要,不仅涉及著作权本身的价值,还涉及维权成本问题。试想,假如一起侵犯著作权案件最终只能赔偿人民币1万元,作为著作权人,他必须考虑维权成本,在这1万元都不够支付律师费的情况下,谁愿意轻易启动维权工作?再假如,一位明星的一张照片也许比一本名著的赔偿数额要高,这种价值如何评估?因此,若真心希望侵权行为遁形,就必须从根本上解决赔偿问题。假如罚(赔)它个倾家荡产,也许侵权行为就真销声匿迹了。

第二,举证责任问题。

作为著作权人,只须要求举证证明他是这一作品的著作权人即可;作为使用者,就必须要求其出具使用证据,无此证据,就应认定其为侵权人。否则,既要求著作权人出具著作权依据,又要求著作权人出具对方的侵权证据,这无疑给著作权人徒添了一道栅栏,使他很难迈出维权的第一步,使侵权者依然逍遥法外致侵权行为比比皆是。

第三,销毁侵权作品问题。

以前,在电视上经常看到有关部门组织的销毁侵权作品的场面:泼上汽油,点一把火,烧了。我一直觉得这样做很可惜,既浪费汽油,又污染空气,且侵权作品又无法回收利用,今日,看到电视上一个镜头:将 CD 破碎,将纸质东西送造纸厂回收利用。有很大的进步了。我认为,还应再进一步研究如何回收利用问题。比如,破碎后的东西能否再度废物利用?侵权作品的材质多种多样,如何物尽其用?填埋绝非最终办法,有的东西往往很难降解,反而会使土壤受害。废物充分利用了,销毁侵权作品的成效才能做到极致。

第四,版权保护与互联网技术的融合问题。

一件作品的完成,有时需要作者经历几年甚至几十年的艰辛创作。现实生活中,"你辛苦种草,我免费放羊"的例子不胜枚举。特别是在互联网时代,往往一件作品开播,盗版作品便随处(时)可见。最近热播的《人民的名义》,播出期间,样片泄露事件便成为街谈巷议。《人民日报》2017 年 5 月 2 日 5 版发表的《版权保护需要立足网络特性》一文中介绍的办法,很有借鉴意义:将版权保护理念融入技术的开发设计中,已成为维护原创者与版权人利益的重要渠道。比如微信公众号推出的原创功能:一旦作者给文章设置原创,系统就会通过内容比对精确识别那些复制和转载的文章,并用前者强行替代后者,以保证文章独此一家。这样不仅效率更高,也起到了预防式保护的效果。换句话说,技术架构为互联网时代的版权保护开辟出新的可能。因此,在著作权立法时,应当注意将在互联网技术的开发阶段如何保护版权作为制度设计,以为防患。

第五,网络原创作品保护与互联网思维问题。

随着互联网的发展,互联网上的不少内容生产者都遇到了"伪原创"问题,即去掉作者名字、修改标题、视频内容截图,把视频配音转成文字模式……等等。这种"伪原创"涉及侵犯原创者多方面权利,如:未经授权转载,甚至还没有署名,侵犯了作者的署名权;修改作品名字或者给文章做一些简要的调整、删减,侵害作品的修改权;此外,还有侵犯作品的完整权、信息网络传播权、复制权等。由于"伪原创"较容易,而原创作者维权成本高、维权难这一矛盾的客观存在,这就要求政府有关部门应当拓宽对网络原创作品保护的思维,结合互联网的特点,制定行之有效的解决办法。出台的解决办法,应当紧密地与互联网思维联系在一起,刚性要求互联网企业发现一起立马处理一起,特别是采用互联网技术,在技术上解决互联网原创作品的保护问题,切实做到"伪原创"作品一旦露出即被互联网技术消灭的效果,则"伪原创"作品便无法生存而销声匿迹(参见《法制日报》2017 年 5 月 9 日 5 版《网络原创作品保护应跟上互联网思维》)。

第六,专项版权的法律保护问题。

《法制日报》2017 年 5 月 10 日 11 版刊登的《中国传统音乐的传承与法律保护》一

文中写道:"……随着社会风气的转变和世界各地文化的交融,中国传统音乐的传承及保护正遭受着前所未有的冲击,传统音乐发展现状不容乐观,最为突出的问题就是传统音乐的篡改和侵权现象严重"。这让我陷入深深的沉思。传统音乐是民族的魂,这魂被侵了那还得了。于是,我想到专项版权如音乐、杂技、绘画、工艺等等的法律保护问题。法律上不可能对每一专项版权的法律保护作出规定,但是,可以对某一专项版权的特殊情况专列特殊的法律保护办法,这样才具有针对性,法律保护的效果才能凸显出来。

《著作权法》是今年全国人大常委会执法检查的 6 部法律之一。全国人大常委会于 1990 年通过《著作权法》,并于 2001 年、2010 年对其进行了修改。该法自 1991 年实施以来,全国人大常委会一直未对其开展过专门的监督工作。此次执法检查的重点为:我国著作权事业改革发展总体情况及下一步工作思路和举措;促进著作权创造和运用,加强公用服务;推动文化事业和文化产业发展的情况;打击侵权盗版,加强著作权保护和管理的情况,特别是网络环境下著作权保护、著作权集体管理等情况;著作权法实施中的主要问题;对修改完善著作权法的建议。修改《著作权法》系本届全国人大常委会立法规划中的一类项目(见《法制日报》2017 年 5 月 23 日 9 版),本文对之也许有所裨益。

中共中央办公厅、国务院办公厅印发的《国家"十三五"时期文化发展改革规划纲要》(见《福建日报》2017 年 5 月 8 日 6 版)规定:

五、繁荣文化产品创作生产

……

(五)加强版权保护。全面实施国家知识产权战略,以版权保护促进文化创新。完善版权相关法律法规、行政执法体制和社会服务体系,推进国家版权监督平台建设,依法打击侵权盗版行为,保护版权权利人利益。建立健全信息网络传播权长效保护机制,推进软件正版化工作。推进原创文化作品的版权保护,规范网络使用。完善版权运用的市场机制,推动版权贸易规范化。发展版权产业,形成全产业链的版权开发经营模式。

这一规定,如沐春风,将有力地促进版权保护工作向纵深发展,促进版权产业的发展,以造福社会,造福人民。

综语

著者人身权,作者财产权;

权权皆著权,权晰好维权。

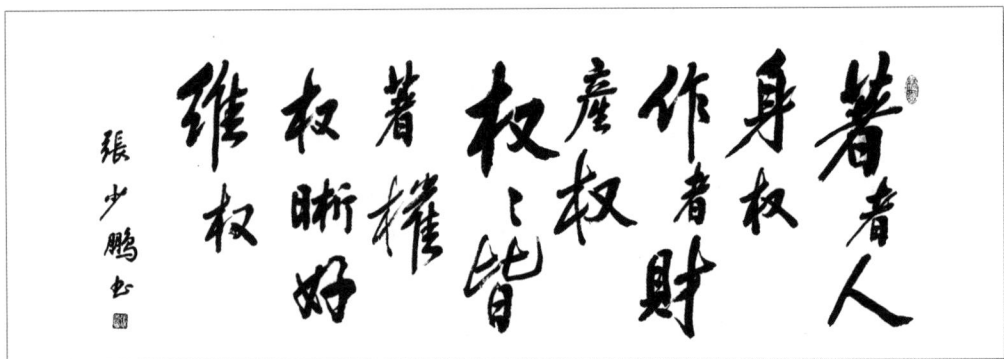

著作人身权
作者财产权
权之皆
著作权晰好
维权

张少鹏书

（本文写于 2017 年 4 月 26 日，之后作多次修改）

十二、征 收

书法

征收:依法收取也。

"征"字的出处:《史记·儒林列传》:"孝惠、吕后时,公卿皆武力有功之臣。孝文时颇征用,然孝文帝本好刑名之言。"因孝文帝生于北魏,故采北魏贺兰汗造像体习书"征"字,采唐颜真卿体习书"收"字。

悟源

2017年2月4日,看到《泉州晚报》第2版刊登的《市区爱国路今年将拓改》一文,因涉及房屋征收及补偿问题,亦因多年来对这一问题有所了解,因而写之。

释义

征收的含义,查《法学词典》(增订版)1984年第2版,系国家依照法律规定的条件无偿地将公民或集体的某项财产收归国有的措施。但查"360百科",其给出的定义为:征收是指征收主体国家基于公共利益需

要,以行政权取得集体、个人财产所有权并给予适当补偿的行政行为。再查《国有土地上房屋征收与补偿条例》辅导读本,其认为:征收,是指为了公共利益的需要,将集体所有土地或者公民私有财产强制收归国有,并给予补偿的行为。前者与后二者对征收含义的表述不一致,其焦点在于:征收的含义是否应包含补偿这一内容。为免发生歧义,我又查阅了:(1)《现代汉语词典》(修订本),征收:政府依法向个人或单位收取(公粮、税款等)。2.《新华汉语词典》(彩色版),征收:国家依法收取赋税或生产资

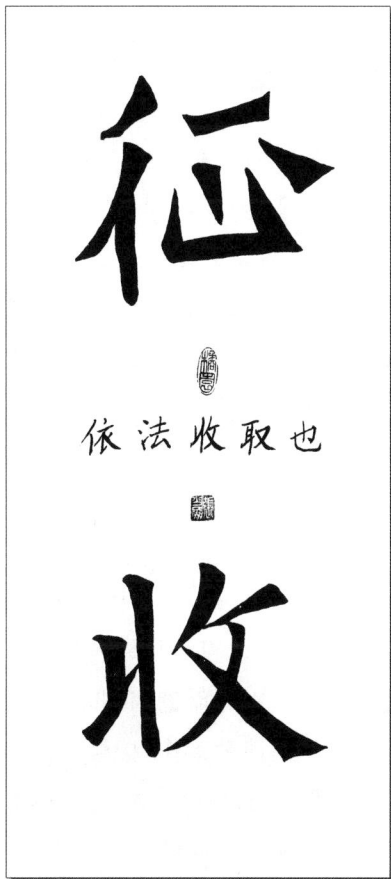

料。依此，征收的本意仅为单向的，即国家依法无偿性地收取，此时，无须补偿。试想，国家征收了税赋，还用补偿被征收人什么？顿悟：不论何门学科，无论何种场合，对一个词的解释，必须严谨，不应作任意的扩张解释。因为，倘若《法学词典》《现代汉语词典》《新华汉语词典》等对"征收"一词的解释是正确的，则国务院于 2011 年 1 月 19 日通过的《国有土地上房屋征收与补偿条例》的表述便是正确的；倘若如"360 百科"和"辅导读本"的解释，则该条例应改为《国有土地上房屋征收条例》。我更愿意相信《法学词典》等的定义是正确的。

学术是严谨的，解释词条更是不能马虎的。

百悟

房屋征收关乎民生重大事宜，应引起各级政府的高度重视。改革开放以来，大量的城市改造、建设，征收了无数房屋，也引发了许多矛盾，不可不引以为戒。房屋征收与补偿，最重要的是如何把握一个"度"字，即：如何因时、因地制定出合理的补偿标准。补偿标准让被征收人接受，则征收工作顺利进行；补偿标准难以让被征收人接受，则阻碍重重，甚至上访，发生群体性事件，征收工作难以开展。

我应属被征收人中的受益者之一，应归入受益者之列，应属于较有发言权者。1989 年，我刚毕业 5 年左右，凭借到的几乎全部建设资金，辛辛苦苦在祖厝的 50 余平方米旧厝上（加上一条长约 13 米，宽约 1.5 米的出入通道，合计约 70 平方米）建了两层半房屋，没住上几个月，便在报纸上看到新建房屋属于被拆迁范围，有些沮丧。但庆幸的是，在建房时，因建筑师傅没有处理好相邻之间的排水问题，凡遇雨天，邻居的房屋便漏水，因而与邻居产生矛盾。幸好拆迁，免去了这一可能长期存在的难以解决的矛盾。平心而论，我非常感激此次旧城改造工作。

多年的律师工作，接触了涉及房屋征收案件若干，算是业内人士。因而对房屋征收与补偿工作中应注意的问题，有了如下的感悟：

1. 房屋产权问题

房屋征收工作，地方政府一般都要设立一个临时拆迁指挥部。指挥部的工作人员都是"临时工"，因而临时思想十分严重。特别是在上级领导的限时完成拆迁工作的号令下，这些"临时工"们为了完成任务，加上自身法律素养不及格，往往产生一种临时心理：只要被征收人顺利搬出旧宅，顺利与指挥部签订了补偿协议，在产权归属的审查上，能混就混过去。由此，也产生了一些后遗症，如：①将属于他人产权[①]的房

---

① 此时，他人不知征收之事，事后方知。

屋被"被征收人"欺骗而记入该"被征收人"产权范围;②"被征收人"恶意将无主房产登记入自己的产权范围;③将继承人不明的产权归入"被征收人"产权范围;等等。凡此种种,要求作为指挥部的工作人员,特别是手握签字大笔者,必须有高度的产权意识、法律意识,认真细致的工作作风,努力减少直至避免此类问题的出现。

2.抢建问题

所谓抢建,即指未经依法批准,在知悉政府确定征收事宜后,在征收范围内违法建设房屋,以待今后得到征收补偿。抢建之风历来已久,有的地方更甚。胆大妄为者甚至创造了建设奇迹:将细竹代替钢筋作为楼板的替代材料。究其原因,还是当地政府执法不力,迁就被征收人使然。倘若一开始便将抢建房屋彻底地列入不予补偿范围,也就不会发生此后的一而再地抢建、获赔、抢建、获赔……之恶性循环;更不会发生地方政府组织公安、检察、法院、政府机关工作人员100多号人马开赴现场拆除抢建房屋之壮观景象[①]。

近年来,有些地区开展每年一次的城市航拍工作,并以航拍结果作为房屋征收面积的依据,一定程度上扼制了抢建之风,不失为很好的实践。

3.法制宣传问题

多年来,看不到一次征收工作开展过像样的法制宣传工作。其实,开展法制宣传工作不难,难就难在负责该项征收工作的主要领导本身不懂法,更不存在法治思维。我以为:①指挥部的主要领导者中,至少应当配备一位懂法的人;②征收工作开展之前,应当对全体"临时工"们进行法治宣传教育;③应当印制涉及本次征收工作有关的法律、法规、政策、征收补偿方案等等,分发至每位被征收人,并开展相关的法制宣传;④整个征收工作应当严格依法征收。倘能如此,亦对今后的征收工作起到很好的示范作用,杜绝了许多可能引发的各项矛盾。

4.征收诈骗问题

征收诈骗在征收工作中偶有发生,往往是多人共同作案,形成一个征收诈骗链条,如:指挥部个别负责人——村委会(社区)个别负责人——被征收人等,这些人以不存在的房屋虚构出产权资料,骗取补偿款,进而分赃(或行、受贿)。问题的症结还在于监督机制的缺失。具体如何设计监督机制,因未调研,无法提出具体的方案。但是,有一点应当是可行的,即在征收公告发布之前,政府有关部门即应开展尽量详细的征收范围内的被征收房屋建筑面积的测量,以此为依据,在补偿协议全部签订后,与总补偿面积核对,倘若面积相差不大、合理,则基本不存在征收诈骗问题;反之,则

---

① 2017年4月24日百事通报道:"公安部:严禁公安参与拆迁等非警务行为"。迟来的禁令,总比不来好。多一些依法办事,少一些公权力的强制干预,才能令人心服口服,由衷地支持征收工作。

应由征收工作监督机构审核,及时发现问题,及时处理。这种机制的存在,一定程度上势必制约着个别人产生征收诈骗的念想。

5.房屋所有权人与居住人关系问题

这一问题涉及的是如何判断居住人系产权人问题。

有些被征收人房屋因年代较久,继承所涉人员的亲属关系难以证明,比如,产权凭证上表明的产权人为爷爷辈,但因爷爷在 1949 年前已去世,无法提交父辈与爷辈之间的亲属关系证明,但该房屋确实历史上就由爷辈的晚辈直系亲属使用至今。类似这种情况,实践中,拆迁部门为了按时完成征收任务,往往采取将产权凭证上登记的产权人作为被征收人,并由居住人作为补偿协议的签订人。这种做法,虽然解决了征收问题,但是,仍然没有解决该房屋的产权问题。因为,倘若居住人无权继承该房产,则可能出现该房屋被居住人变相攫为己有。又如,代理人在代理期限届满后,因产权人去世或因其他情形难以继续办理授权手续,在征收工作开始时,指挥部为了顺利拆迁,仍由原代理人代为签订、履行补偿协议,房屋安置后,补偿款或补偿的房屋实际上由原代理人控制。再如,无继承人的业主死亡后,租户仍长期居住该房屋,造成"久租成业主"的情形。凡此种种,皆涉及法律规定的完善问题,也涉及负责征收工作的人员的法律知识水平的提高问题,还涉及政府部门行使代管权问题,很有进一步研究的必要。

6.房屋征收货币化安置问题

倘若政府有钱,在房屋征收时采用货币化安置的办法,亦不失为良策。既然是良策,为什么泉州市以往被征收的房屋约 95% 选择了产权置换方式(即以房换房),关键问题在于:第一,货币补偿标准偏低;第二,货币化安置没有明确的优惠政策。近年来,国务院、省政府出台了相关文件,要求地方政府在房屋征收过程中推行货币化安置,看来,这已是大势所趋的做法。推行的结果如何?主要看当地政府制定的货币化安置政策是否能让被征收人买账(参见《泉州晚报》2017 年 3 月 10 日 3 版《房屋征收货币化安置新政出台——让被征收房屋评估价值更合理》一文)。2017 年以来,泉州市区旧城区的征收工作如火如荼,除了本文开头的爱国路征收事宜,《泉州晚报》2017 年 4 月 7 日 3 版刊登了《西郊片区改造项目(鲤城区)征收补偿方案出炉》《西郊片区改造项目(丰泽段)征收补偿方案出炉》。《泉州晚报》2017 年 4 月 10 日 2 版刊登了《聚宝城南文化街区一期项目房屋征收补偿征求意见出炉》。从前述方案,我发现,在货币补偿方面,比以前的规定更具灵活性、可行性,被征收人得到的补偿提高了,其选择货币补偿的比例肯定会更高。有些货币补偿规定是以往所没有的,比如:①属于住宅的被征收人全部选择货币补偿的,在规定期间内签订协议并搬迁,给予被征收住宅房屋价值补偿单价(含装修)20% 的奖励;②自领取房屋征收补偿款并在房屋征收公告规定的签约期限届满之日起两年内购买经济适用房、限价房或一年内在鲤城区辖区内购买普通商品房(含二手房),可按购买情况向房屋征收部门申请相应的购房补助;③重新购置普通住房自住的,并且购房成交价格不超过货币补偿的,对新购房屋免征契税;购房成交价格超过货币补偿的,对差价部分按规定征收契税;④施行货币补偿的被征收人,可以选择将货币补偿出资入股;⑤自签约期限届满之日起 5 年内,可凭房屋征收补偿协议办理其直系(孙)子女在原被征收房屋所在片区的公办、初中、小学、幼儿园入学入托等事宜;等等。

7.房屋征收的安置与办证问题

房屋征收的安置、办证工作,都是政府该干的活,此项工作没做好,必将严重地影响到政府的信誉。实践中,没有及时安置,没有及时办证的情况屡见不鲜。2017 年 4 月 12 日,《泉州晚报》15 版报道:"惠安县南阳小区拆迁业主致电 96339 反映——房子动迁 11 年未安置。"我原自建房屋 1993 年下半年安置后,十几年没办产权证,经多方反映后才给办证。我无法在这方面给政府什么建议,也大可不必建议,但是,送给负责房屋征收工作的人员一句话:"心中有人民,心中有政府。"只要每位工作人员坚持这两个"心中",绝对不会存在这一问题。

我欣喜地看到《泉州晚报》2017 年 4 月 30 日 3 版报道《城东至北峰快速通道征迁、建设亮点多,2019 年初将通车》,文中介绍一项他们自以为豪的经验:"从去年 7 月启动至今,城东至北峰快速通道的征迁进程快,现已征收房屋 619 宗,占总量(690 宗)的九成,成绩斐然,已吸引多个项目前来'取经'。成绩背后,是项目指挥部、丰泽区政府、征迁人员的合力突围,是征迁方案的创新。尤其是在了解民情、尊重民意基础上,因势利导制定的房屋征收补偿安置实施方案,让利于民,货币补偿标准高、优惠力度大。补偿金到账快,目前七成被征收人选择货币化安置。""让利于民"的补偿政策,被征收人当然积极配合;与民争利的补偿政策,征收工作自然难以顺利开展。看来,还是只有"恶法"催生"刁民",没有良法逼良为娼。但愿人性化的征收补偿政策多一些,"刁民""钉子户"便自然遁形。

2017 年 11 月 17 日中原文艺网刊登李承鹏《毛泽东论拆迁》一文,兹摘取毛主席于 1956 年 11 月 15 日在中国共产党第八届中央委员会第二次全体会议上的讲话中的下列一段话作为本文的结束语,此语真像教小孩子般教育干部们应当如何做好拆迁工作,颇有感受:"早几年,在河南省一个地方要修飞机场,事先不给农民安排好,没有说清道理,就强迫人家搬家。那个庄的农民说,你拿根长棍子去拨树上雀儿的巢,把它搞下来,雀儿也要叫几声。邓小平你也有一个巢,我把你的巢搞烂了,你要不要叫几声?于是乎那个地方的群众布置了三道防线:第一道是小孩子,第二道是妇女,第三道是男的青壮年。到那里去测量的人都被赶走了,结果农民还是胜利了。后来,向农民好好说清楚，给他们作了安排，他们的家还是搬了，飞机场还是修了。这样的事情不少。现在，有这样一些人，好像得了天下，就高枕无忧，可以横行霸道了。这样的人群众反对他，打石头，打锄头，我看是该当，我最欢迎。而且有些时候，只有打才能解决问题。"

综语

国家大计有征收，民生补偿须周全；
依法行事万事顺，城市建设胜美欧。

（本文写于 2017 年元宵节，此后作多次修改）

国家大计有征收民生补偿须
全周依法行事为事顺城市建
设胜美欧

二零一七年上元 于泉州

十三、旅游合同

书法

旅游合同:旅行游览之合同也。

旅游应该自由、轻松、浪漫些,故采自诩的、随性的张体书之。

悟源

2017 年 5 月 1 日是"五一"国际劳动节,再过 19 天(5 月 19 日)就是中国旅游日了,写点轻松的东西吧。前天,听中央电视台"新闻联播"报道:国家旅游局 28 日发布"五一"小长假旅游市场预测,预计小长假期间旅游市场将接待 1.3 亿人次,同比增加 11％;国内旅游收入将达 780 亿元,同比增长 13％。中国旅游研究院二季度居民出游意愿调查的数据显示,"五一"小长假及 5 月份期间,超过五成的人有外出旅游意愿,居民出游以近郊游为主(占 42.4％),其次是跨省游(占 34.7％)。从游客流向看,国内二、三线城市居民的休闲需求增长迅速①。发展之迅,增长之速,回首 30 年前给华侨大学旅游系的学生上《旅游合同法》之际,简直不敢想象。缘分啊,既然有缘,今天就写写旅游合同吧。

---

① 此后在《人民日报》2017 年 4 月 29 日 2 版查到此报道,故抄入。

释义

　　旅游合同,是指作为平等主体的旅游企业与自然人、法人和其他组织、旅游者之间设立、变更、终止民事权利和义务关系的协议。在《法学词典》(增订版)上,找不到"旅游合同"或"旅游合同法"的词条,可以想象的是:在编写这部词典的1984年之前,我国的旅游市场还很弱,"旅游合同""旅游合同法"之类的词条,在编者眼里应该是没感觉的,不被重视的。几十年来,在国家层面设立了一个"国家旅游局",部级单位,却研究不出一个"旅游合同"或"旅游合同法"来,汗颜啊! 2013年4月25日,第十二届全国人民代表大会常务委员会第二次会议通过的《中华人民共和国旅游法》第五章规定了"旅游服务合同",并非"旅游合同",且没有明确的法定定义,再次汗颜!!

自悟

　　我于1985年11月从厦门大学政法学院调到华侨大学法律系筹备组。之所以是筹备,就是还没招本科学生,只招了一班大专班学生。领导安排我为学生上《刑法》课,我想,号称国际贸易法专业的学生与"刑法"有何直接关联? 于是,向领导建议改为《经济刑法》。胆子够大的,当时有哪位专家研究"经济刑法"? 又有哪里出了"经济刑法"的教材? 领导稀里糊涂地同意了我的建议,我也就赶鸭子上架了,边学习、边研究、边"忽悠",上完了,没听说我这样上不行,反正没感觉有些许的不良反应。1987年,领导叫我多上一门旅游系的"经济合同法"课①,一学期36节课。我于是又如法炮制,大胆地将之改为"旅游合同法",与系名相呼应,与专业相映称,名副其实,可是,苦了我自己。你想想,《法学词典》上都找不到的词,我居然将它当成课程名称上,够能耐的吧? 还居然叫我给上了几个学年才因无暇上而换人。如此有缘,今天好意思不写写旅游合同吗? 可是,要写什么,一头雾水。三十年过去了,没上该课后,因忙于主业(两大主业:本系的课和兼职律师的案子),哪顾得副业,且几次搬家,资料不知扔到哪去了。再从法律的角度重新研究旅游合同,也不现实。三十年来,连旅游合同的案件都没见过,自己也极少出去旅游,研究它干什么? 还是随心点,想到什么就写什么吧,不然叫什么"悟"? 反观历史,要是三十年如一日痴心不改研究"旅游合同"或"旅游合同法",现在应是这方面的大咖了。

　　旅游合同历来是我国法学研究领域相对薄弱的环节。我国在《合同法》制定初期,曾将旅游合同作为一种合同类型设计在分则中,但是,由于法学理论界对旅游合

---

　　① 当时称这个大名,现在改为"合同法"。

同的研究不足,不能为立法工作提供有力的理论支持,许多问题也无法取得共识,因而在 1999 年 3 月 15 日公布的《合同法》中找不到旅游合同的身影。

看了《旅游法》,第一印象是没感觉它是真正意义上的法律。好不容易折腾出一个涉及旅游方面的法律,为何不好好立法? 我没时间对这部法律作全面、深入地研究和分析,只想简要谈谈对该法第五章规定的"旅游服务合同"中涉及的个别内容的想法。

第一,第五章写的是"旅游服务合同",并非"旅游合同",二者肯定有明显的不同,具体如何不同,我不想去研究,仅仅提示而已。

第二,既然是专章规定"旅游服务合同",为何不对"旅游服务合同"下个定义? 难道下个定义就这么难吗?

第三,我不知道立法者心中的"旅游服务合同"有哪几种类型,看了此章的所有条文内容,感觉似乎"旅游服务合同"等同于"包价旅游合同"似的。整章从第 57 条至 75 条计 19 个条文,有 8 个条文是对"包价旅游合同"的规定,其余条文虽没写上"包价旅游合同"的大名,却也如同"包价旅游合同"的陪衬似的。全章看不出还有第二种旅游合同。

第四,这一章的标题是"旅游服务合同",不论从语法上看,还是从法律逻辑上看,抑或从立法上看,整章的 19 个条文都应与"旅游服务合同"相关联,但是,我看不到这一关联。在 19 个条文中,仅有第 75 条一个条文写了"旅游服务合同",即便是第 62 条规定的合同格式,也仅是对"包价旅游合同"的要求,并没有规定"旅游服务合同"可以参照这一格式订立合同。这种文不对题的立法,看来是经典的、世界性的独创,难道我国的旅游立法理论研究就弱到如此地步? 真不敢想象!

第五,在这一章中,有两个合同名称,即"旅游服务合同"和"包价旅游合同",你要说是相同的,为何名称不予统一,而要起两个不同文字的名称,立法能这么随性吗? 你要说不同的,确实使用的文字是不同的,内涵外延肯定是有所区别的,但是,在这一章中找不到这两种合同的定义,从法条上看还真难以判断其不同之所在。

第六,这样的立法,不仅会限制经济的发展,也与我国目前各地如火如荼大范围开展的"农家乐""牧家乐"旅游背道而驰。根据这一章的规定,一方主体只有旅行社,没有别的主体。那么,我要请问:当旅游者自驾到某"农家乐"或"牧家乐"基地①,此时,旅游者要与谁签订在这一基地旅游的合同? 旅行社的业务不可能延伸到基地内吧? 自驾游者就是因为不喜欢旅行社的介入,才会自驾到基地。如果按这一章的规定,基地就不能成为合同的一方主体了,旅游者此时只能在基地门口干着急了。立法

---

① 场地很大,服务项目很多。

者怎么没有考虑到这一层面的问题呢？

　　总之，这一章存在的问题确实太多了。如何完善、修改、补充，那就不是本文该研究的了，容我在今后有时间、有兴趣时再说吧。

　　近来，旅游交通事故、旅游设施"过载"事故、游客食物中毒、马来西亚中国游客船只失联、丽江恶性毁容抢劫、大理客栈老板猥亵女游客等旅游安全事故频发（参见《法制日报》2017 年 5 月 14 日 7 版《旅游风险加剧呼吁多元解决体系》一文），这一切，不仅旅游从业者和游客应引起足够的重视，也应当引起立法者对于旅游合同立法的重视。

　　2016 年，国家旅游局牵头，联合多个部门开展了史上最强旅游秩序整顿风暴，处罚了 819 家旅行社；2017 年，国家旅游局正在研究出台在线旅游监督办法，推动 OTA（在线旅行社）实施旅游投诉先行赔付机制（见《法制日报》2017 年 2 月 23 日 6 版）；2017 年 2 月 23 日，国家旅游局召开新闻发布会，宣布从即日起至 5 月底，将联合公安部、国家工商总局在全国范围内组织开展旅游市场秩序综合整治春季行动（见《法制日报》2017 年 2 月 24 日 10 版）；2017 年 5 月 2 日《泉州晚报》12 版报道："国家旅游局公布 20 起典型案件"，其中，谈及未签订旅游合同案件 5 起；……所有这一切努力，都是为了我国旅游事业的健康、有序发展，在此，建议有关部门找几位法学专家好好修改一下《旅游法》，也建议全国人大像重视《民法总则》的立法那样重视一下《旅游法》的修改，冀望一视同仁。

　　旅游虽然只是关乎个人的"小事"，但在李克强总理的心里却是一件"大事"。2016 年 5 月 19 日，李总理在北京人民大会堂出席首届世界旅游发展大会开幕式的致辞中说道："旅游是人类对美好生活的向往与追求，是认识新鲜事物和未知世界的重要途径。"国务院十分重视我国旅游业的发展，近年来，出台了多项政策，为旅游业保驾护航，如：(1)2016 年 12 月，国务院印发《"十三五"旅游业发展规划》。(2)2016 年 11 月，国务院办公厅印发《关于进一步扩大旅游文化体育健康养老教育培训等领域消费的意见》。(3)2016 年 2 月，国务院办公厅印发《关于加强旅游市场综合监管的通知》。(4)2015 年底，国务院办公厅印发《关于进一步促进旅游投资和消费的若干意见》。(5)2015 年底，国务院印发《国家标准化体系建设发展规划（2016—2020 年）》，其中提出在旅游行业，开展网络在线旅游、度假、休闲旅游、生态旅游、中医药健康旅游等新业态标准研制；2017 年 4 月国家旅游总局印发《全国旅游标准化发展规划（2016—2020）》。(6)2014 年 8 月国务院印发《关于促进旅游业改革发展的若干意见》（见《中国政府网》2017 年 5 月 19 日）。在李总理和国务院的重视下，旅游业将如璀璨的明珠更加光彩夺目，旅游合同亦将"水涨船高"，日益备受人们的关注和重视。

综语

旅行是夙愿,游览系实践;

合法俱如愿,同系一条线。

（本文写于 2017 年 5 月 1 日,之后
作多次修改）

十四、职 称

书法

职称:职务名称也。

因本文主要写自己经历的参评职称之事,故采自诩的张体书之,以飨读者,以为纪念,以求赐教。

悟源

职称,对于在高校待过的人,是一种追求,硬着头皮、削尖脑袋地往职称的更高级别上钻,试图钻至最高级别的职称。我经历过在高校评职称和在律师界评职称的磨难,所以,更想记录下这一经历,以供后来者汲取其中的经验教训。

释义

职称,最初源于职务名称,在理论上是指专业技术人员的专业技术水平、能力、成就的等级称号,反映专业技术人员的学术和技术水平、工作能力和工作成就。就学术而言,它具有学衔的性质;就专业技术水平而言,它具有岗位的性质。职称的分类太多了,我只能简要谈谈我经历过的高校教师的职称和律师专业的职称。

高校教师的职称,分为助教、讲师、副教授、教授四个职级。我经历的助教、讲师职称,在本校评审即可;副教授、教授职级的职称,除了校高级职称评审委员会通过外,还必须送省教委高级职务评审委员会评审,这一层级的评审,比在本校难多了。在高评委内,还要经过三关:其一,学科组;其二,中评委①;其三,终评委(说明:我第一次破格申报副教授,中评委过关了,听说终评委缺没几票故没通过,可见其更难)。

律师的职称,分为四级律师、三级律师、二级律师、一级律师四个职级,一级律师为最高职级。有人自诩一级律师等于正教授级,我经历过,相比之下,一级律师比教授的评审容易多了。我 1999 年离开高校,2000 年申报将副教授转为二级律师。自2001 年起,省司法厅职称改革领导小组就聘我为高评委②评委,至今,已担任十几届评委,深知律师界评职称稍有不易,但比起高校,容易多了。律师职称的评审,一般要经过本所同意、区、市司法局职改办、市人事局职改办审批,报省人事厅职改办③,后交省司法厅职改办审核后报省律师高级职务评审委员会评审。

自悟

说起评职称,我算是幸运的,也是曲折的。

大学毕业后被分配到厦门大学,一年多后调到华侨大学,毕业七年后评上讲师,按当时的规定算,迟了一年。1994 年,我想通过破格评副教授,将这一年捞回来,于是申报破格。1995 年 2 月,华侨大学高级职务评审委员会召开,我将第一次主编的《借款合同的理论与实务》(厦门大学出版社 1995 年 1 版)一书用专车从漳州市华安县印刷厂取来样书,直送校评审会现场。学校这关过了,省教委高评委中的专科组、中评委都过了,唯独最后一关——终评委没过,原因主要是当时我仅发表四篇论文,按规定破格必须发表五篇论文。评委们都是教授,才不管你兼任系副主任(主持工作)和华达律师事务所主任,工作繁忙,耽误了写论文的时间因同情而放你一马。听到没评上的消息,我没有任何怨言,而是狠下决心:不是我不会写论文,我翻倍给你看! 立志以绝后路,践志以续前程。这一年,不知掉了多少头发,白了多少黑发。1996 年,我呈上了已发表的论文 8 篇,终于顺利地过五关斩六将,通过了破格评审副教授职称。

1999 年 7 月,我因故离开华大,转入专职律师队伍。2000 年转评为二级律师,此次非常顺利。本来 2001 年到年限可以参评一级律师,由于要考外语,没时间准备,就

---

① "中评委"的名称不一定准确,我曾担任过"中评委"评委一届,方知其难。

② 当时,福建省因一级律师人数不够,最高只能评二级律师。

③ 此前都是形式审核,较易过关,不像高校评职称,每一级都是学术审核。

不想了。2006年起,国务院下文对几个专业评高级职称不需考外语,其中包括律师。于是,像打了鸡血似的非常兴奋,一向重视职称评审工作的我,便开始按规定准备有关材料。当时,福建省高级律师评审委员会因一级律师人数甚少,无法组成高评委,必须送外省评审。2006年的评审,省司法厅委托河南省司法厅代评。河南省除了对发表的论文有同样的要求外,还要附加申请人亲自办理过的五个典型案例。这些要求对我来说肯定都具备,专职律师队伍中,应该少有像我写(编)过数本著作,评上副教授之后又发表过十余篇论文这样的人,以为肯定没问题。谁能想到:省司法厅职改办小刘来电话告诉我,没有通过,理由是所发表的论文都是在高校期间,进入专职律师队伍后没有发表一篇论文。这是啥理由? 评职称的规定里找不到依据! 小刘说省厅领导也很有意见,正缺一级律师,巴不得将我推上,明年换地方评。汲取这一教训,我赶紧写了一篇一万多字的论文,找了个期刊发表了。2007年评审,省司法厅也同样汲取教训,换到安徽省司法厅评审。这一次很顺利地通过了。像我这种在《中国法学》上发表过两篇论文的人,律师界应该是极少有的,居然被河南省的评委看不上,真无法理解。我的资格证书是福建省人事厅发的,评审组织写的是:安徽省律师、公证员系列高级职务评审委员会。这样的证书,将来也许是见证历史的证物吧。

记下我评职称的经历,不是为了张扬,而是想留给后人一个教训:无论办什么事,更无论评哪一级别的职称,首先必须自己具备评审条件,甚至超出评审条件,否则,再求何人也是枉然! 身正何惧影斜?

《人民日报》2017年1月9日刊登的"中办国办《关于深化职称制度改革的意见》(以下简称《意见》)"开宗明义规定:"职称是专业技术人才学术技术水平的专业能力的主要标志。职称制度是专业技术人才评价和管理的基本制度,对于党和政府团结凝聚专业技术人才,激励专业技术人才职业发展,加强专业技术人才队伍建设具有重要意义。"《意见》用18个条文对深化职称制度改革作出了明确的规定,对于职称制度改革来说,具有里程碑式的意义。我不对《意见》作出评价,我想乘此东风,试图通过自己的经历,发表点浅见,以示参与。

1. 应当充分认识到职称对于人这一个体的人生有时是十分重要的

搞专业的人,相对较为重视职称。职称职级在客观上反映了一个人的专业水平。这不仅是人们头脑中的固有的、传统的思维,社会亦是如此,政府亦如此。说一个事即可明白缘由:最高人民法院公开选聘法官,其中有一项硬性条件:具有高级职称,有的职位还特指一级律师。此时,有高级职称者的机会就显现出来了。《意见》的出台,体现了党中央对专业技术人才的重视和关怀,更凸显我国对壮大专业技术人才队伍的渴望。因此,正视职称对于人这一个体人生的重要性,在评职称时,才能对其有个客观、公正的评价。写到此,我想起了一件事:1998年初我第一次也是最后一次参加华侨大学高级职务评审委员会会议,建筑系一位系领导申报教授职称,宣读外聘专家的评语,结论是不具备条件评选该职级职称。我第一个发表意见:这位专家仅用两三行字的内容就判定其不具备,专家本身就过于草率、不认真,我们不能仅凭这两、三行字就否定参评者的专业技术水平。我不认识这位老师,我只是发表一下自己的看法而已。最后投票表决结果,绝大多数票同意这位老师参评教授职称。这是对人的尊重,只有尊重知识,尊重专业技术人才,才会促使其在人生的重要时刻迸发出创造力,为社会创造最佳效益。

2.应当科学设计评审各职级专业技术职称的条件

这个问题很重要。设计得好,有益于人才的培养和进步;设计不好,有时会起反作用。我作为省司法厅的高评委已有 16 年,每次评审,看到的都是 2003 年的文件,每次大家都发表了修改意见,每次都依然故我。之后,我就干脆不表态了,麻木了。科学设计评审条件,既要考虑专业技术人才队伍的现状,又要具有前瞻性,还得设置灵活性的条款,是不容易,但是,我们的修改、完善机制也太落后了,一个文件用了十几年,明知不符合新时代的要求,就是不改。举个例子:在专职律师队伍中,大家都在忙于实践,极少有人愿意静下心来写论文,要不是迫于评职称有发表论文数量上的要求,谁会主动去写?所以,每年参评高级职称的人数都甚少。参评高级律师职称,要求在 CN 刊物上发表 3 篇以上论文。假如,我的一篇论文在华东地区(或全国)律师论坛上被评为几等奖,但没在 CN 刊物上发表,能否充抵?现行文件无此规定,各级审核部门无法突破。试想,每年一届的律师论坛,能评上奖次的论文才几篇,而有的人为了评职称,花钱买版面,在多数评委熟知的个别 CN 刊物上发表,且发表的论文被专家评为不合格,此二者相较,谁的论文质量高?但是,我们的公正评价机制不灵活,由此也埋没了真正有专业水平的律师,打击了他们参评职称的积极性。因此,如何根据各个专业的特殊性设计出能够激励人们参评职称的评审制度来,是十分重要的。

3.应该对评委的资质作些规定

评委,首先必须是该专业的领军人物,因此,选聘评委,政治素质固然要考虑,德才兼备也是十分重要的。我的两次经历:第一次,1996 年破格评上副教授,1997 年华侨大学就聘我为华侨大学教师高级职务评审委员会评委,省教委就聘我为省教委高级职务评审委员会评委;第二次,2000 年由副教授转评为二级律师,2001 年省司法厅就聘我为福建省律师、公证员系列高级职务评审委员会评委。这一切似乎来得突然,角色一下子转变,有点赶鸭子上架。好在我评职称的道路并不顺,是经历过磨难的,二次考验的,较能适应宠辱不惊。若换成个别人论文靠抄袭、买版面发表,让这类人当评委,那评委队伍就被玷污了。具体对评委应当有什么要求,我没有研究,无法发表具体意见。

4.应该对专业论文如何评价制定评价标准

二十年的评委经历,没有看到哪一文件对参评者的论文应当如何评价作出具体规定。评审时,我们有时会遇到这样的尴尬:一篇论文,A专家认为基本符合参评资格,B专家大骂不具备参评资格。我们还算认真,调来该论文,评委们认真看看原文,发表各自的意见,投出神圣、慎重的一票。此时,专家评审意见便失去意义了。为什么不同的专家对同一篇论文会有如此悬殊的看法?我认为,除了专业水平外,主要原因可能是该专家的责任心问题。有的专家怕得罪人,较随和,就随便写两句让人通过;有的专家责任心较强,较认真地审阅论文,甚至上网查重复率,较客观地作出评价。省司法厅几乎每年都要寄两三篇论文让我写评语,我每次都认真地履行职责,及时、负责任地完成作业。记得凡是我认为论文不具备评审相应职级职称的,在评审时,评委们都很慎重,宣读了我写的评语,评审结果100%不通过。此时,评审专家的作用就显现出来了。至于如何作出评价标准,我就不代劳研究了。

5.应该对职称评审工作立法

二十年的评委经历,没有印象哪一次评审时,组织者在宣读评审程序、依据等时,谈及评审工作依据的是哪一个职称评审工作的法律,由此,我想到应该给职称评审工作安个法律上的家。既然是依法治国,对于关乎我国科学技术进步大业的职称评审工作,这么重大的事,更应该有个法。依法评审,评审组织者、评委、申报者等等都在法律这个框架内行事,评审结果才有个法律依据,才更能令人信服,更能促进科学技术人员依法参评,更能迸发出社会的正能量。我注意到上述两办《意见》中没有谈及建立职称评审法律制度问题,在《意见》第一部分第(一)条中只谈到"建立科学化、规范化、社会化的职称制度",因此建议增加一个"法制化",即"建立科学化、规范化、社会化、法制化的职称制度",也许更好一些。冀望这一小小的建议能够引起立法机关的重视。

6.应该对新闻媒体滥用"职称"二字作出限制性规定

乍看2017年5月13日《福建日报》2版报道文章:"晋江:村书记也能评'职称'"标题,心想应该属于思想政治工作类别的职称吧,但细看文章内容,原来是晋江市在全国首创的基层村书记人才认定机制,即将村书记纳入农村(社区)治理人才范围,评定为特级、高级、中级、初级农村(社区)治理人才。不知内情者还以为这是国家新设立的一种职称的名称,知道内情者方知这种写法有"忽悠"基层村书记的嫌疑。"农村(社区)治理人才"本身就不是一种专业职称,新闻报道用引号的"职称"作为标题,甚不严肃,与文中内容严重不符。我不反对晋江市委、市政府的这种创新做法,我反对的是将名不副实的名称冠以"职称",贬低了职称的性质,降低了职称的公信力,损害了职称在人们心中的光辉形象,故建议有关部门对新闻报道使用文字时应作出相应的限制性规定,同时亦维护报刊自身的严肃性。

综语

职级须由匠心构筑,称职方显职称本色。

（本文写于 2017 年 5 月 12 日,之后作多次修改）

十五、传　承

书法

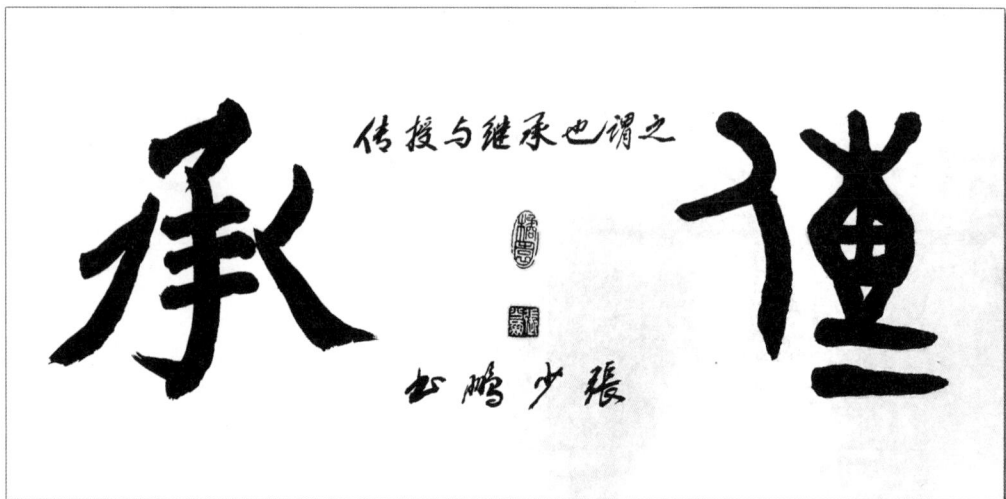

传承：传授与继承也。

既然是"传承"，故采我能找到的最早的字体周散氏盘体习书"传"字，采本人自诩的张体写"承"字。

悟源

1973 年 4 月，应该是高二上半学期，才开学一个多月，由于"读书无用论"以及张帅的"不学 ABC，照样干革命"等时髦口号盛行，高中毕业后没指望考大学，不少同学纷纷辍学出校门找工作。当时，我母亲工作的泉州市工业美术工业公司下属的脱胎漆器厂招收 50 多名临时工，不是我不想读书、不能读书，而是因为家里穷，我被内招入该学徒队伍中。依传统，学艺初始是没工资的，于是，我们享受的待遇便是：前半年没工资，从第六个月起月薪 3 元，三个月后涨 3 元，以此类推。于是，我便开始与艺术沾上边，与传承结上缘。又于是，才想起写些自己经历过的传承。再者，正值 2017 年 5 月 14 日是习近平主席倡导的"一路一带"国际合作高峰论坛开幕（次日，发表"一带一路"国际合作高峰论坛圆桌峰会联合公报、"一带一路"国际合作高峰论坛成果清单等),写"传承",更具承前启后、继往开来之蕴意。

释义

传承,泛指对某一学问、技艺、教义等等,在师徒间的传授和继承的过程。泱泱大国,五千年文明史,可传承的东西太多了,建筑、曲艺、技术、工艺、科技、农业、中医药、武术、地方文化……等等,是一辈子也写不完的传承。

自悟

1973年4月到脱胎漆器厂工作,安排我在脱胚小组任组长。起初安分守己,认真学习技艺,做了一段时间后,觉得枯燥,尽管生产的产品90%以上是一等品,颇受领导、师傅、学徒们的赞誉,一直被评为优秀,但是,不安分的心,驱使我抽空学了许多工艺,如雕塑、电工、刻纸、厂里所有工序的技术,等等。有一次,在工作台上学雕一个佛肚竹式样的烟缸,著名国画家李硕卿(后任中国美术家协会理事、中国工艺美术学会副理事长、福建省政协常委等职)老师从我身边经过,寒暄了几句后他去办正事了。第二天,他拿来一把佛肚竹的拐杖借我参考,并指导我如何雕塑。我高兴不已,没几天就创作出佛肚竹烟缸,并作为厂里的产品之一送去展销会订货、生产,为厂里创造了些许的经济效益。此后,不知是否厂领导的决定,厂里的雕塑师纪昆仑师傅将我叫到他的创作室,跟在他身边,闲暇时便跟他学雕塑。在他的指导下,我学雕了列宁半身像、关公读春秋像等作品。有一年,上级下达给公司一个指标,派一名年轻人到厦门艺术专科学校①进修一年。尽管有领导的子弟兵们在竞争,但毕竟我表现好,又正在学雕塑,最后,公司还是指定我报送有关材料送上级审批。不知何故,此事后来杳无音信。也许是命运,当时如果去进修了,这辈子走的就是艺术之路,不可能考虑参加高考了,更不可能从事法律工作了。

由于曾在泉州市工艺美术工业公司工作过7年多的原因,认识了当时的公司经理游宗根先生(现已80多岁高龄)。2015年的一天,原公司工作组②的部分成员小聚,游老也参加了。闲谈间,他说,他写了一些涉及工艺公司内的十几种著名的工艺品的文章,想整个册子发表。虽然离开工艺公司已近40年了,但我对艺术的喜爱之初心未泯。听了游老之言,我顿时兴奋起来,并承诺:我帮你出版,出版费用我负责。

---

① 当时系中专学校。
② 打倒"四人帮"后,公司成立了"一打三反"工作组,厂里派我参加该工作。

之后,我联系了出版社,出版社让我将书稿寄给他们审阅。后来,出版社来电告知:内容太单薄,能否想办法补强,提高一下质量。苦思了好些天,考虑了一个方案:将它提升为泉州地区非物质文化遗产传承项目,委托黎明大学文化传播学院的教师调研,并将游老的文章结合进去作为一个课题,有关费用由我承担。于是,几次与黎大的几位老师交流,他们起初有点兴趣,后来回复做不来,缺乏这方面的科研人才,只好作罢。此次写本书时,想起这件事,但不可能将游老的文章嫁接入本书,太文不对题了。于是,想想通过写《传承》一文,记下此事,也是一个交代。

游老的文章,写的都是工艺美术及其传承,多发表于《泉州青年》"闽南文化"专栏,择其中几篇文章的标题及扼要内容与大家分享:

(1)《技艺超群　群像生辉》。此文介绍的是享誉海内外的著名木偶头雕刻艺术家江加走先生,以及其传承人江朝铉(子)、江碧峰(孙)、江东林(曾孙)及江朝铉高徒黄义罗等的有关情况。

(2)《吉祥如意　古色古香》。此文介绍了当代最著名的泉州刻纸老艺人李尧宝先生及其高徒陈湛湛先生,艺徒、省工艺美术大师吴祖赞先生[①]等传承情况。

(3)《三花齐放　争奇斗妍》。文中的三花,指绢花、雕塑花和涤纶花,其中,绢花是鼻祖,始创于 20 世纪 50 年代。著名老艺人陈德良先生制作的绢花,曾轰动京城,以假乱真,具有"蝶扑蜂拥"之力。郭沫若先生看后,欣然命笔:"手下运东风,放出百花红,劳心结劳力,精巧夺天工。"毛主席曾将陈老制作的作品作为国礼赠送来访的印尼苏加诺总统。文中还介绍了陈老的传承人蔡淑惠、庄文山等人。

(4)《婀娜多姿　惟妙惟肖》。此文介绍的是泉州著名彩扎老艺人陈天恩先生及其传承人卢金钗、张丽华等情况。彩扎艺术缘由"糊纸"文化发展而来。泉州市最有名的糊纸店"金传炉",位于市区中山南路,是我外祖父陈條理先生创建于 1949 年前并传承至今。

(5)《火树银花　古城不夜》。此文介绍了李尧宝先生独创的塑料花灯和陈天恩先生独创的彩扎花灯及其传承的有关情况。

(6)《灰帽冠冕　兵器旗幡》。此文介绍了泉州戏剧道具艺术著名老艺人杨春木先生及其子、著名的泉州"聚复发"戏剧道具技艺第五代传承人杨长生先生等情况。

(7)《巧夺天工　博古创新》。此文介绍了泉州竹编艺术品创始人李硕卿、潘宗山、林进海及其传承人周泽山、凌文彬(2008 年被授予省级"非遗"传统竹编工艺传承人)等情况。

(8)《精雕细镂　鬼斧神工》。此文介绍了泉州木雕艺术及中国工艺美术大师卢

---

① 吴师傅未成大师时,已显露其才华,我曾向他拜学过刻纸。

思立先生等情况。

(9)《庄重古朴 漆艺新秀》。此文介绍了李硕卿先生和著名泥塑民间艺人詹梓泽先生合作研制创造"仿古铜"脱胎漆器工艺品、著名佛塑大师王静远先生的脱胎《东西塔》漆器等情况。

(10)《侨乡风采 漆画新现》。此文介绍了泉州的漆画艺术及国家一级美术师陈立德先生等情况。

等等。

这些都是实实在在的艺术创造和艺术传承,是与人们结合得非常紧密、颇受百姓爱戴的艺术及其传承。游老所介绍的,仅是庞大的、泱泱中华之艺术中的冰山一角,但却使我们窥见全貌,勾起我们对艺术品的兴趣和对艺术传承重要性的新的认识。老人家一生孜孜以求的,也就是为了艺术的传承。尽管他不是艺术家,更不是艺术传承人,但是,他记下的这些,提升了我们对保护艺术的重要性的认识。从某种角度看,他是文化艺术的传承者。

2005 年,国务院发布了《关于加强文化遗产保护的通知》,国务院办公厅印发了《关于加强我国非物质文化遗产保护工作的意见》。全国已开展了非物质文化遗产普查工作,建立了国家级保护名录。国务院于 2006 年和 2008 年公布了两批共计 1028 个国家级非物质文化遗产项目,文化部分三批共认定了 1488 名国家级非物质文化遗产项目代表性传承人,批准设立了 8 个国家级文化生态保护实验区,各地已基本建立了地方非物质文化遗产代表性项目名录体系(见文化艺术出版社 2011 年版《非物质文化遗产法律指南》)。

第十一届全国人大常委会第十九次会议于 2011 年 2 月 25 日通过,自 2011 年 6 月 1 日起施行的《中华人民共和国非物质文化遗产法》第四章专章规定了"非物质文化遗产的传承与传播",明确规定:"国家鼓励和支持开展非物质文化遗产代表性项目的传承、传播。"并对代表性传承人的条件等作出了制度性安排。受益于上述政策和法律,我的亲戚邱双炯先生[①]就是在此期间被评为国家级非物质文化遗产保护项目德化瓷烧制技艺代表性传承人。他创作的"十态弥勒"于 2006 年荣获中国工艺美术学会第二届展评会金奖。他创作了很多种形态的瓷塑弥勒,被誉为"弥勒王"。我有幸通过 20 余年时间陆续收藏到其 50 多种形态的弥勒,放置于大厅的大壁橱上,偶尔欣赏,心旷神怡。

2017 年 5 月 12 日,《泉州晚报》19 版刊登的《保护文化遗产 留住精神宿巢》一

---

① 生于 1932 年,中国陶瓷艺术大师,荣获"中国工艺美术终身成就奖",其创作的薄胎《贵妃醉酒》于 1993 年作为德化县委、县政府的礼品赠送给江泽民主席和李鹏总理。

文,介绍了:(1)吴文良、吴幼雄"父子"学者用 77 年的时光与心血,在泉州搜集、保护、研究古代泉州留下来的宗教石刻,先后出版《泉州宗教石刻》与《泉州宗教石刻(增订版)》;(2)黄真真在市文物部门工作长达 30 多年,日复一日地为保护泉州的文物作出了不懈地努力;(3)2017 年已 91 岁高龄的现尊阿姑,发现宝海庵内残遗的"三世尊佛""四根古代宫柱""一尊送子观音"等,佐证宝海庵始建于北宋雍熙四年(987 年),系天竺僧人在泉州修建的佛教寺院,等等。由此,我陡然想到这样一件事:传承固然重要,但守护绝不亚于传承。在对"传承"作出制度性安排时,不妨也考虑对"守护者"也作出制度性安排。我十分赞赏该文中的这样一段话:

"泉州文化遗产是先人文明创造的沉积与结晶,深镌下了这座城市的文化生命密码,也正是因为历朝历代以来,有许许多多像吴文良、吴幼雄、黄真真、现尊阿姑这样的守护者的存在,才使我们的城市文化生命延续着它独有的活力。如今,在敬畏文化的同时,我们也该向这些守护者说声:谢谢!"

中共中央、国务院十分重视文化传承工作,于 2017 年 1 月专门作出《关于实施中华优秀传统文化传承发展工程的意见》(以下简称《意见》)。《意见》十分重视从法律层面加强这一方面的工作。整个《意见》计 18 条,其中,专用 1 个条文从法律上作出制度性安排,即:

"17.加强文化法治环境建设。修订文物保护法。制定文化产业促进法、公共图书馆法等相关法律,对中华优秀传统文化传承发展有关工作作出制度性安排。在教育、科技、卫生、体育、城乡建设、互联网、交通、旅游、语言文字等领域相关法律法规的制定修订中,增加中华优秀传统文化传承发展内容。加大涉及保护传承弘扬中华优秀传统文化法律法规施行力度,加强对法律法规实施情况的监督检查。充分发挥各行政主管部门在传承发展中华优秀传统文化中的重要作用,建立完善联动机制,严厉打击违法经营行为。加强法治宣传教育,增强全社会依法传承发展中华优秀传统文化的自觉意识,形成礼敬守护和传承发展中华优秀传统文化的良好法治环境。各地要根据本地传统文化传承保护的现状,制定完善地方性法规和政府规章。"

自 2017 年 7 月 17 日起,中央电视台一套在每日晚上 8 时开播十集电视政论专题片《将改革进行到底》,《人民日报》全文刊登了该解说词,在第五集《延续中华文脉》中写道:"党的十八大以来,在创造性转化、创新性发展中,中华文化的生命力不断增强。《关于实施中华优秀传统文化传承发展工程的意见》的颁布,是第一次以中央文件形式推动延续中华文脉,传承中华文化基因,创新中国成立以来之先河。"(见《人民日报》2017 年 7 月 22 日 7 版)。

2017 年 5 月 7 日中办、国办印发的《国家"十三五"时期文化发展改革规划纲要》中,又专门用一个条文对传承弘扬中华优秀传统文化作出规定,即:

八、传承弘扬中华优秀传统文化

坚守中华文化立场，坚持客观科学礼敬的态度，扬弃继承、转化创新，推动中华文化现代化，让中华优秀传统文化拥有更多的传承载体、传播渠道和传习人群，增强做中国人的骨气和底气。

（一）加强中华优秀传统文化研究挖掘和创新发展。系统梳理中华文化的历史渊源、发展脉络、时代影响，阐明中华文化的独特创造、价值理念。厘清中华优秀传统文化的内涵，改造陈旧的表现形式，赋予新的时代内涵和现代表达形式。加强中华优秀传统文化典籍整理和出版，推进文化典籍资源数字化。推动文博单位开发相关文化创意产品。

（二）开展中华优秀传统文化普及。完善中华优秀传统文化教育，加强中华文化基因校园传承。推动中华优秀传统文化图书音像版权资源共享。加强戏曲保护与传承。普及中华诗词、音乐舞蹈、书法绘画等，举办经典诵读、国学讲堂、文化讲坛、专题展览等活动。鼓励媒体开办主题专栏、节目。利用互联网，推动中华优秀传统文化网络传播。加强语言文字研究和信息化开发应用，大力推广和规范使用国家通用语言文字，科学保护各民族语言文字。

（三）加强文化遗产保护。大力强化全社会文物保护意识，加强世界文化遗产、文物保护单位、大遗址、国家考古遗址公园、重要工业遗址、历史文化名城名镇名村和非物质文化遗产等珍贵遗产资源保护，推动遗产资源合理利用。加强馆藏文物保护和修复。建立健全国家文物督察制度，完善文物登录制度。规范文物流通市场，加大非法流失海外中国文物追索力度。加强考古发掘和整理研究。健全非物质文化遗产保护制度。加强国家级文化生态保护实验区建设，支持非物质文化遗产展览、展示、传习场所建设。推进非物质文化遗产生产性保护。

（四）传承振兴民族民间文化。加强对民间文学、民俗文化、民间音乐舞蹈戏曲、少数民族史诗的研究整理，对濒危技艺、珍贵实物资料进行抢救性保护。扶持民族民间文化社团组织发展。规范和支持非国有博物馆建设。把民族民间文化元素融入新型城镇化和新农村建设，发展有历史记忆、地域特色、民族特点的美丽城镇、美丽乡村。打造一批民间文化艺术之乡。

（五）保护和发展传统工艺。加强对中国传统工艺的传承保护和开发创新，挖掘技术与文化双重价值。推动传统工艺走进现代生活，运用现代设计改进传统工艺，促进传统工艺提高品质、形成品牌、带动就业。

一个接一个的文件，可见党中央、国务院多么重视传承弘扬中华优秀传统文化。上述规定，别看字数不多，但是，已经从横向、纵向作出了明确的规定，涉及面甚广，覆盖面甚宽，我暂时考虑不出什么别的建议，故引用此规定作为本文的结束语。

但结束不了。2017年5月30日，《泉州晚报》头版报道："'十大行动'推动传统文化传承发展"，称：近日，省委办公厅、省政府办公厅下发了《福建省优秀传统文化传承发展工程实施方案》，提出：从2017年起，每年整理一批文物典籍、提升一批文化遗产、建设一批教育基地、创作一批文化精品、办好一批主题活动、打造一批传播平台、推出一批研究成果。经过3至5年努力，推动优秀传统文化研究阐发、教育普及、保护传承、创新发展、传播交流体系初步形成，文化品牌战略成效日益显现，"化民成俗"取得积极进展。到2025年，优秀传统文化传承发展体系基本建立，具有福建特色、福建风格的文化产品更加丰富、文化品牌更加响亮，文化自觉和文化自信显著增强，文化软实力和影响力显著提升。看了这一报道，甚为振奋，具有地方特色的实施方案出台了，中华优秀传统文化的传承更有希望了，欣慰地期待着！

2017年6月16日，《明清家具之家》刊发由《瞭望东方周刊》采访马未都先生的谈话整理的文章："最终救中国的一定是传统文化。"马先生认为："如果有一天，中国重新成为世界最强国，依赖的一定是我们的文化，而不是其他。"太正确了！泱泱中华民族五千年的文化，需要多少代人的不懈传承。为了伟大的中国梦，我们要责无旁贷地、心底无私地将中华优秀传统文化有序地传承下去，一代一代！

乍看《人民日报》2017年7月30日6版刊登的《"打赢"是最好的传承》一文的标题，第一个闪念就是：传承也与战争有关联？细看全文，深觉有理！文中写道："对建军节最好的纪念，就是传承这支军队永不言败的血性品格，续写能打胜仗的不朽传奇。"在赞叹其铿锵有力、血性品格的思绪中，有句话在我的脑海中萦回：传承无处不在！是啊，我们伟大的中华民族，五千年的文明史，有多少优秀传统文化可以一代一代传承下去的？谁能说得清？

2017年8月1日，《泉州晚报》20版刊登的《我国形成世界规模最大的农耕文明保护群》一文介绍："住房城乡建设部总经济师赵晖说，经过四次全国性调查认定，我国已将4153个有重要保护价值的村落列入中国传统村落名录，形成了世界上规模最大的农耕文明保护群，对传统村落实施整体活态的保护理念与方法也走在世界前列。"是啊，这么悠久、伟大的中华农耕文明，没有保护，何来传承？

结语

传授弘扬中华优秀传统文化，
承载继承前人匠心技艺精神。

传授弘扬中华优秀传统文化
承载继承前人匠心技艺精神

张少鹏书

（本文写于 2017 年 5 月 14 日，之后作多次修改）

十六、法治自信①

书法

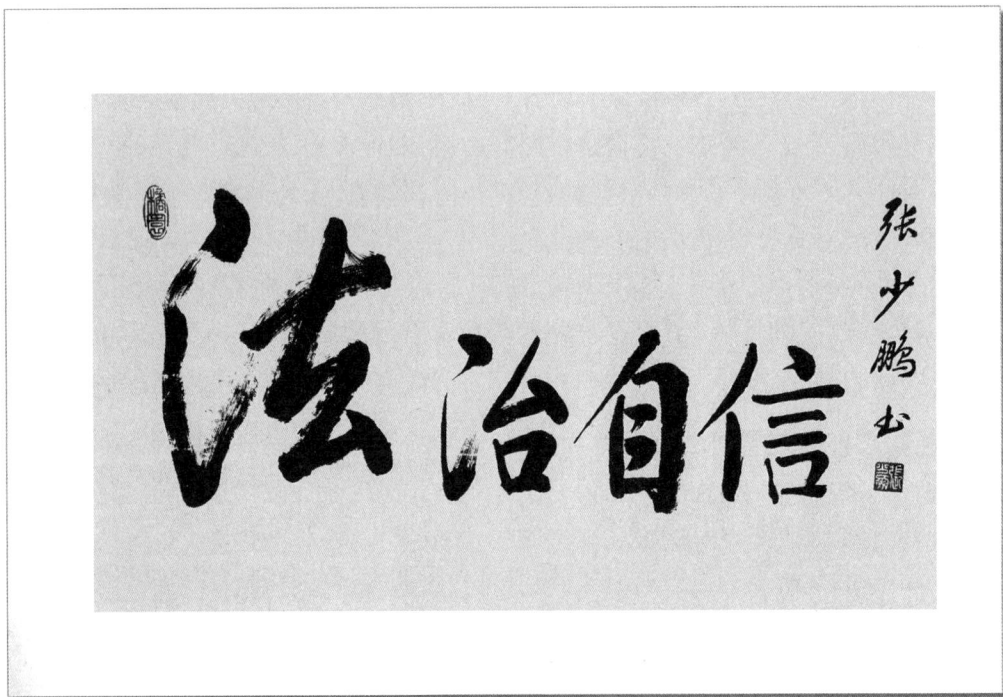

"法治自信"是本人建议的，以自诩的张体书之，必须的。

悟源

　　看完《人民日报》2017 年 9 月 1 日头版头条刊登的《中共中央政治局会议建议中国共产党第十九次全国代表大会 10 月 18 日在北京召开　中共中央总书记习近平主持会议》一文，再次看到"道路自信、理论自信、制度自信、文化自信"的提法，突然想到应当建议增加"法治自信"，于是，在本书"第二编一、法律"一文的末后，简要提出了

---

　　① 本文合作者：张贤达，大连海事大学在读博士生。

这一设想。之后,与张贤达探讨这一问题时,进一步坚信了这一建议的可行性。于是,我们觉得在本书中,应当作进一步地阐述,于是写了本文。由于临近本书出版,时间匆促,无法作进一步地论证,只能想到哪写到哪,提出不那么成熟的看法,以为抛砖引玉吧。

释义

"法治"一词,最早出现于古书籍之中。《晏子春秋·谏上九》:"昔者先君桓公之地狭于今,修法治,广政教,以霸诸侯"。《淮南子·泛论训》:"知法治所由生,则应时而变;不知法治之源,虽循古终乱"。

最早提出"以法治国"的学派为法家。早在春秋战国时期,法家就提出:富国强兵,以法治国。法家强调:"不别亲疏,不殊贵贱,一断于法"。法家对于法律的起源、本质、作用以及法律同社会经济、时代要求、国家政权、伦理道德、风俗习惯、自然环境以及人口、人性的关系等基本问题都做了探讨,而且卓有成效。法家学派的代表人物如管仲、李悝、商鞅和韩非等。

本文所说的法治,是指依法治国。

依法治国,就是依照体现人民意志和社会发展规律的法律治理国家,而不是依照个人意志、主张治理国家。要求国家的政治、经济、社会各方面的活动统统依照法律进行,任何组织和个人都不得超越宪法法律的特权,决不允许以言代法、以权压法、逐利违法、徇私枉法①。

2014年10月23日中共共产党第十八届中央委员会第四次全体会议通过了《中共中央关于全面推进依法治国若干重大问题的决定》。依法治国是中国共产党领导全国各族人民治理国家的基本方略。其基本内容:

一、依法治国的主体是中国共产党领导下的人民群众;

二、依法治国的本质是崇尚宪法和法律在国家政治、经济和社会生活中的权威,彻底否定人治,确立法大于人、法高于权的原则,使社会主义民主制度和法律不受个人意志的影响;

三、依法治国的根本目的是保证人民充分行使当家作主的权利,维护人民当家作主的地位。依法治国是一切国家机关必须遵循的基本原则;

四、全面推进依法治国基本方略的新方针:"科学立法,严格执法,公正司法,全民守法"。

---

① 见习近平总书记十九大报告第六部分。

五、立法机关要严格按照立法法制定法律,逐步建立起完备的法律体系,使国家各项事业有法可依。有法可依是实现依法治国的前提条件。

六、行政机关要严格依法行政。依法行政就是要求各级政府及其工作人员严格依法行使其权力,依法处理国家各种事务。它是依法治国的重要环节。

七、司法机关要公正司法、严格执法。总之,依法治国要求各级国家机关切实做到有法必依、执法必严、违法必究。

依法治国与以法治国的区别:依法治国是依据法律治理国家,法律就是一个尺子;以法治国,用法律治理国家,法律就是一部真理。

自悟

法治自信,源于内心自信,立于国家自信,基于法制自信,盛于四个自信[①]。

法治自信,初始于希冀,指明着前进的方向,树立起全民奔向伟大的中国梦的征程,同盛于"两个一百年"奋斗目标和中华民族伟大复兴的中国梦的实现。

法治自信,与时代同行,与国力同在,与民心同伴,与精神同驻。

确立法治自信,绝非朝夕之事,更非痴人妄想。经过多年的实践,特别是改革开放以来的实验,我们已经基本具备了提出"法治自信"构想的条件。

泱泱中华五千年文明史,其中的法治实践足以让今人汲取有益的经验。春秋战国时期法家的"以法治国"实践,秦朝的建立,汉代的承继,尽管其为的是封建社会的政治和统治者服务,但是,古为今用,我们有能力汲取其精华,摒弃其糟粕,为我所用。这么丰厚的法治实践经验,是世界上任何一个国家所无法比拟的。这就是我们建立新时代中国特色社会主义法治自信国度的历史自信。

1999 年第九届全国人大二次会议通过的宪法修正案规定:"中华人民共和国实行依法治国,建设社会主义法治国家。"将其作为宪法第五条第一款。这是中国近代史上破天荒的事件,是中华人民共和国治国方略的重大转变。2014 年 10 月 23 日中国共产党第十届中央委员会第四次全体会议上通过了《中共中央关于全面推进依法治国若干重大问题的决定》,并于同年 10 月 28 日发布。习近平在中国共产党十九次全国代表大会上的报告中指出:"新时代中国特色社会主义思想……明确全面推进依法治国总目标是建设中国特色社会主义法治体系、建设社会主义法治国家;……[②]

---

① 此地之"盛",非比四个自信更盛,而指与四个自信比翼齐飞,繁茂盛长;四个自信即:道路自信、理论自信、制度自信、文化自信。

② 见《福建日报》2017 年 10 月 19 日 2 版、3 版"决胜全面建成小康社会 夺取新时代中国特色社会主义伟大胜利——习近平在中国共产党第十九次全国代表大会上的报告(摘要)"。

"成立中央全面依法治国领导小组,加强对法治中国建设的统一领导"。① 这些决定,是从党、国家和立法机关的层面确立的依法治国的治国方略,这是任何国家都没有的做法。这就是我们建立新时代中国特色社会主义法治自信国度的党的自信和国家自信。

截至 2017 年 5 月,我国现行法律达 259 部,修正案 13 个,立法解释 25 件,条例 424 项,加上法规、规章、司法解释、地方性法律等等,已经形成庞大的法律群。可以自信地说,我国已经基本建立了日臻完善的从中央到地方的法律体系。这就是我们建立新时代中国特色社会主义法治自信国度的法制自信。

特朗普总统上台不久,即宣布美国退出由 12 个国家谈判 5 年多最终达成的 TPP(英文:Trans-Pacific Partnership Agreement;中文:跨太平洋伙伴关系协定);2017 年 6 月 1 日美国总统特朗普宣布退出由 170 多个国家共同签署的气候变化问题《巴黎协定》;2017 年 10 月 12 日美国国务院发表声明称,美将退出联合国教科文组织;2017 年 10 月 13 日美国总统特朗普在白宫宣布,拒绝证实伊朗遵守由六国共同签署的《伊核协议》,并公布美国最新对伊朗的战略。美国如此"任性"地说退出就退出,谁还相信美国的国内法律会正确实施呢?而我国自 1949 年以来参与签署了许多国际法,从未如美国这么"任性"地随意退出,充分展示了我国作为一个大国的责任和担当,并一如既往地全面履行已经签署的国际协定(议)。对于国际法的如此尽职履行,昭示着我国必将一以贯之地正确履行国内法,取信于国际社会,取信于国内人民。这就是我们建立新时代中国特色社会主义法治自信国度的国际自信。

在习近平全面依法治国新理念新思路新战略科学指引下,五年来,以习近平同志为核心的党中央领导全国人民全面推进依法治国,在建设中国特色社会主义法治国家,推进国家治理体系和治理能力现代化的道路上攻坚克难、砥砺奋进,成就卓著②。这就是五年来依法治国实践给予我们的充分的实践自信。

想到"法治自信"之后,又犹豫了一下:是"法律自信"好? 还是"法制自信"好? 抑或"法治自信"贴切? 权衡了一下,觉得"法治自信"的提法更妥。法治的前提,必须有法律、法制,法治是治国理政的终极目的,法律、法制皆为法治的工具,故确定了"法治自信"妥于"法律自信"、"法制自信"的提法。

想到"法治自信"之后,还考虑到法制是否包含在制度之内。重温了《习近平谈治国理政》中的有关内容,找不到包容关系。看了《中国为何有坚定的制度自信》(见《人民日

---

① 见《福建日报》2017 年 10 月 19 日 2 版、3 版"决胜全面建成小康社会 夺取新时代中国特色社会主义伟大胜利——习近平在中国共产党第十九次全国代表大会上的报告(摘要)"。

② 见《法制日报》2017 年 10 月 9 日第一版《开辟法治中国新天地 党的十八大以来推进全面依法治国纪实》一文。

报》2017年10月11日7版赵剑英文)一文及其所述之:"中国制度已经形成独具特色的体系。近40年来,在改革开放的进程中,我们逐步确立公有制为主体、多种所有制经济共同发展的基本经济制度,进一步完善人民代表大会制度这一根本政治制度,完善中国共产党领导的多党合作和政治协商制度、民族区域自治制度和基层群众自治制度等基本政治制度;逐步完善以这些基本制度为基础的经济体制、政治体制、文化体制、社会体制、生态文明体制等各项体制机制;还有我们党的民主集中制、领导干部任期制、党内监督制度等一系列党内制度。这些制度相互联系、相互协同,形成一整套科学系统的制度体系。"更加肯定了我们的看法:制度自信的内涵,不包括法制。

2012年11月,胡锦涛同志在十八大报告中指出:中国特色社会主义道路,中国特色社会主义理论体系,中国特色社会主义制度,是党和人民九十多年奋斗、创造、积累的根本成就,必须倍加珍惜、始终坚持、不断发展;全党要坚定这样的道路自信、理论自信、制度自信。此时,尚未提及文化自信。

2014年2月24日习近平在主持十八届中央政治局第十三次集体学习时的讲话中,提及:"要讲清楚中华优秀传统文化的历史渊源、发展脉络、基本走向,讲清楚中华文化的独特创造、价值理念、鲜明特色,增强文化自信和价值观自信。[①]"在此后的多个场合,习大大多次提到"文化自信"。此次中共中央政治局的建议文中,明确提出了"文化自信"。可见,"文化自信"经历过从无到有的过程,"文化自信"肯定载入十九大的文件中。我们相信:在十九大之后的中共中央的决定中,将增加"法治自信"这一提法。这是我们的自信!

良法善治[②]是依法治国的基石,依法治国是法治自信的前提,法治自信是依法治国的最终目标。

---

① 《习近平谈治国理政》,外文出版社2017年6月第1版第16次印刷P164。
② "良法善治"源自习近平总书记在十九大报告第六部分首次提出的:推进科学立法、民主立法、依法立法、以良法促进发展、保障善治。

依法治国已经成为新时代中国特色社会主义思想的范畴,我们有这么伟大、坚强、正确的党的领导,没有理由不将我国建设成为法治自信的国度。基于此,故提出本建议,冀盼同仁们赐教。

综语

自信人生二百年,
会当水击三千里。①

[写于 2017 年 10 月 14 日(农历八月廿五日)孙女张法怡出生之日,之后作若干修改]

---

① 此两句诗为毛泽东主席青年时期诗歌中的残句。

毛主席诗残句

自信人生二百年
会当水击三千里

丁酉年张少鹏敬书

编 后 记

最后的校对结束了,终于可以歇息了!

10个月的辛劳,换来了30余万字的书稿,100余个不同的"法"字,40余幅阶段性的书法,值了。

"法治自信"的建议,应是本书的重中之重。一本书,作者希望有多个亮点,可以理解,但是,若能有一个内容被人认可,此书也就值了。平时办案,为案件的需要买书时,也就因图书中的某个内容是办案所需,轻易就把书买下了。

写书不易,虽时间不长便完稿,但没有30余年的多方面积累,没有厚积,哪来薄发?

写"编后记"时,看到《人民日报》2017年11月28日18版刊登的郑学伟先生文《毛泽东书信教子显家风》,文中写道:1941年1月31日毛泽东在致毛岸英、毛岸青的信中写道:"人家恭维你抬举你,这有一样好处,就是鼓励你上进;有一样坏处,就是易长自满之气,得意忘形,有不知脚踏实地、实事求是的危险。"看到这里,自省吾身:本书无论写得如何,"丑媳妇"也已见"公婆"了,任人评说。在自己的内心里切勿忘了自知之明,几斤几两,别不知天高地厚,自以为是。还有续篇候着哩,也许续篇能有所提高。

都说"老有所为",未"老"时,还真不知真到老时应如何"所为"。写着写着,突然觉得我选择的写书之路也许就是"所为"。倘若如此,还真想继续如此"所为"。

本书的书法纯系爱好,将几十年前的爱好捡起,将尘封了几十年的毛笔提起,亲朋好友先别问我要字,我自知尚不宜送人,也许再练习N年,待有所提高后再送人不迟。

2017年11月30日下午在某中级法院开完一起一审合同纠纷案件,在核对笔录时,听速录员说,按规定法官要10年轮岗一次。我深感不妥。好不容易花10年时间培养出一名专家型法官,将他轮岗到别的庭去办理不熟悉的案件,几乎要从头学习,太浪费有限的法官资源了。我不知这种轮岗制出于何意?我只知这种做法肯定弊大于利。故建议让"轮岗制"休眠,则办案质量、"军心"也就稳了。

2017年12月1日上午，被派到云南省红河州河口县某派出所调查一起民间借贷纠纷案件被申请人的公民信息的同事来电话说：派出所认为律师持仲裁委的受理通知书、委托手续等不能查公民信息，必须是公、检、法才可以查。我告知：这是全国公安系统的统一规定，我们在泉州等地凭前述材料查了多次，畅行无阻。经交涉，派出所称要请示法制办和法院。我不知为何会出现这种情况，不想评论；我不知这是否属于"最后一公里"，不想研究；我不知为何文件出台了一段时间了，还传不到祖国的边陲，不想多虑；我不知我们的派出所领导是如何与时俱进的，不想批评；……（注：一个多小时后同事来电，已同意查了，但却不同意盖章）。别以为做律师工作的收入高，遇到这种事情我们常常欲哭无泪！

本书结稿时，有3个案件的判决书尚未出台，只好待本书出版后，将判决结果简要补贴在相关地方，阅者应能理解。

2017年12月4日《法学》编辑部主任王申到厦门开会，顺道来泉州看我。看了本书的部分书稿后，他认为：本书的副标题"一名老律师对法律的些许感悟"太谦虚了，结合"代前言"的建议及作者出于自信而完成本书书稿，建议将副标题改为"法治的自信与感悟"。分别后，王老弟的建议一直萦绕在我的思绪中，故改为现名。

在核对书稿时，福建省金燕海洋生物科技股份有限公司有4个诉讼案件委托我代理。经与陈总商量，就以该4案的律师代理费作为本书的出版费用。这也许是双赢吧。

写到这里，看到朋友发来的一则微信："美国历史上最伟大的市长。"看后，不知这个故事是否真实，但内心里情愿相信是真实的，不禁记下：

1935年冬天，美国陷入最严重的经济危机之中，在纽约最贫穷的社区正进行一场审判，一名将近60岁的妇人偷了一大块面包，女人憔悴的脸上表情很尴尬，她的衣服破旧起皱。法官名叫菲奥雷洛（Fiorello La Guardia），也是该市市长。他问女人："你因偷窃面包被起诉，你认罪吗？"那女人吞吞吐吐回答："是的，是我偷的。"法官问："你为什么偷东西？是不是因为你饿了？"女人说："我很饿，但如果只是因为饿，我不会这样做的，我的女婿已经离开了，女儿正在生病，我需要这面包给两个孙子吃，他们真的很饿。"法官说："法律是公平的，毫无例外。你必须支付10美元的罚款或被监禁10天。"女人说："我愿意被监禁10天。但如果我有10美元，我就不会偷面包了。那谁来照顾我的女儿和孙子呢？"市长拿出10美元放进他的帽子里，说："这是10美元，你已经自由了。"他对众人说："你们每个人要支付5毛钱的罚款。"所有人都惊呆了！"因为你们太冷漠了！"礼堂安静得一根针落在地上都可以听到。大家都站起来鼓掌。市长把10美元放进帽子并要每人缴5毛钱罚款，连面包店老板也把50美分放进市长的帽子里。法官把47.5美元的罚款交给那位贫穷妇女。她说："谢谢市长和大家。"

第二天,纽约所有的报纸都报道了这次特别的审判。市长和法官菲奥雷洛以包容、富有人情味的方法来判刑。故事唤醒了法庭里所有冷漠的人。爱因斯坦曾经说过:"世界不是毁在作恶者的手中,而是毁在袖手旁观者的手中。"

看完这则故事,我突然想到:

法律似一座桥,顺桥而过,一路平安;倘被桥外的东西诱惑而越桥,徒增风险。

倘若我们所处的社会能去除掉滋生违法的土壤,也许真的就天下无"贼"了。努力吧!

法与情并不相悖,运用得当,将使社会效果倍增。

良法善治,天下太平!

本书由福建省金燕海洋生物科技股份有限公司提供全额出版资助。

张少鹏

写于 2017 年 12 月 3 日孙女张法怡出生五十日之际